Das Leben ist eine Karawanserei
hat zwei Türen
aus einer kam ich rein
aus der anderen ging ich raus

Emine Sevgi Özdamar

Das Leben
ist eine Karawanserei
hat zwei Türen
aus einer kam ich rein
aus der anderen ging
ich raus

BÜCHERGILDE
GUTENBERG

Lizenzausgabe für die Büchergilde Gutenberg,
Frankfurt am Main, Wien
mit freundlicher Genehmigung
des Verlages Kiepenheuer & Witsch, Köln
© 1992 by Verlag Kiepenheuer & Witsch, Köln
Alle Rechte vorbehalten. Kein Teil des Werkes darf in irgendeiner
Form (durch Fotografie, Mikrofilm oder ein anderes Verfahren)
ohne schriftliche Genehmigung des Verlages reproduziert
oder unter Verwendung elektronischer Systeme verarbeitet,
vervielfältigt oder verbreitet werden.
Texterfassung Gudrun Grundmann, Berlin
Druck und Bindearbeiten Mohndruck, Gütersloh
ISBN 3-7632-4138-8

Die Arbeit der Autorin an dem vorliegenden Text
wurde durch den
Deutschen Literaturfonds e.V.
gefördert

Erst habe ich die Soldaten gesehen, ich stand da im Bauch meiner Mutter zwischen den Eisstangen, ich wollte mich festhalten und faßte an das Eis und rutschte und landete auf demselben Platz, klopfte an die Wand, keiner hörte.
Die Soldaten zogen ihre Mäntel aus, die bisher von 90.000 toten und noch nicht toten Soldaten getragen waren. Die Mäntel stanken nach 90.000 toten und noch nicht toten Soldaten und hingen schon am Haken. Ein Soldat sagte: »Mach für die schwangere Frau Platz!«
Die Frau, die neben meiner Mutter stand, hatte in einer Nacht weiße Haare gekriegt, weil sie hörte, daß ihr Bruder tot war. Sie hatte nur einen Bruder und einen Ehemann, den sie nicht liebte. Diese Frau nannte ich später im Leben 'Baumwolltante', und ab und zu mal, wenn ich ihr die Tür aufmachte, hörte ich von ihr: »Mädchen, du warst eine kleine Scheiße im Bauch deiner Mutter, als ich dich und deine Mutter den Soldaten im Zug übergab.«
Die Baumwolltante sagte zu den Soldaten: »Schützt diese Frau wie eure eigenen Augen. Ihr Mann ist auch Soldat, sie fährt zu ihrem Vaterhaus zurück für die Geburt. Wenn ihr diese unschuldige Frau bis zu ihrem Vater über euren Köpfen tragt, trägt Allah eure Mütter und Schwestern auch über seinem Kopf.«
Der Zug schrie, die Baumwolltante stieg aus und rief ins Zugfenster: »Fatmaaaa, keiner bleibt drin, alle kommen raus! Aber warte noch, bis du im Haus deines Vaters bist!« Der Zug fährt ab.
Damals war der Weg einfach, keiner wußte, wie die Berge heißen und wie die Flüsse heißen, man wußte, daß der Zug 'schwarzer Zug' heißt, und die Soldaten heißen alle Mehmet, und wenn sie in den Krieg geschickt werden, heißen sie Mehmetçik. Man holte sie mit dem

'schwarzen Zug' aus ihren Mutterschößen und schickte sie kopfrasiert auf die leeren Felder. Rauf, runter, Feuer. »Zwiebel«, schrie der Hauptmann, das heißt links, »Knoblauch«, schrie der Hauptmann, das heißt rechts, und Abend heißt den Holzboden vom Hauptmann saubermachen.
Ich dachte im Bauch, mein Vater ist auch Soldat, sein Mantel stinkt wahrscheinlich wie die Mäntel hier. Ich werde später die Stinkvatertochter.
Der Berg stand draußen wie ein von einem großen Vogel gelegtes Ei und schaute auf den Bauch von Fatma, und der Fluß, der an dem schwarzen Zug vorbeilief, hatte sich entschlossen, die längste silberne Schlange zu sein, tagsüber zu fließen und die Lehrlingsjungs mit langen Baumwollunterhosen in sich baden zu lassen und nachtsüber in den Träumen der Mädchen zu fließen und mit ihnen zu sprechen.
Es ist Nacht geworden, die silberne Schlange blieb hinter den Bergen, und meine Mutter Fatma machte die Augen zu. Draußen zu sehen war nur der Wind, der den Geruch der in der silbernen Schlange gewaschenen, frischen Knaben und den Geruch der Baumwolltante, die wie zu lange in einer Holztruhe wartende, gefaltete weiße Wäsche roch, mit sich trug und über die dünnen Dächer von ein paar einsamen Häusern schmierte. Der schwarze Zug fährt, und mit ihm der Wind wie eine wohnungslose Schnecke, die ihre Weisheiten und Bilder als glitzernde Spuren hinterläßt, die aber nicht mit den Händen der Menschen zu sammeln sind. Der Zug hält. Meine Mutter machte die Augen auf, ihr gegenüber saßen vier Soldaten, alle hatten Zigaretten zwischen Daumen und Zeigefinger, rauchten in ihre feuchten nassen Mäntel gehüllt, still, und schauten auf die schwangere Frau. Es klopfte am Fenster. Der Wasserverkäufer. Der erste

Soldat zog das Fenster herunter, kaufte Wasser, gab es meiner Mutter, meine Mutter trank es, ich sagte im Bauch: Ich habe so viel Wasser hier, ich ertrinke hier, ohne meinen Vater gesehen zu haben, gib' mal was zu essen her. Nichts kam, ich biß in eine Schnur und sah, daß auch meine Mutter kräftig in ihre Lippe biß. Ein Soldat machte große Augen und fragte: »Was ist, Schwester? Ist was?« Meine Mutter sagte: »Nein, es ist kalt hier.« Ich sagte im Bauch: Hier ist es auch kalt und dunkel und naß. Und so viele Sachen, an die ich immer mit meinem Kopf anstoße. Die Soldaten hatten das Fenster zugemacht und einen Soldatenmantel auf den Bauch meiner Mutter gelegt. Ich fiel in Ohnmacht und bin erst an einem Augusttag wach geworden und habe sofort geweint. Ich wollte wieder ins Wasserzimmer rein und den Film mit den Soldaten weitersehen, der Film war zerrissen, wohin sind die Soldaten gegangen?
Das neue Zimmer war sehr hell und sehr hoch, da saßen viele Frauen, und eine Biene guckte ins Fenster rein, auf mich, auf meine Beine. Meine Mutter sagte: »Sie streckt ihre Beine wieder aus dem Wickel raus. Mein Vater mag keine Kinder, die neu geboren sind, weil sie Katzenkindern ähnlich sind, aber beim Vorbeigehen hat er zufällig in die Richtung dieses Kindes geguckt, und seine Augen blieben auf dem Kind kleben, und er hat gesagt: 'Aman, Fatma, was für ein schönes Kind ist denn das?'« Nach diesen Sätzen sind die Frauen gegangen. Sie stiegen auf das flache Dach und legten Getreide auf die Baumwolltücher zum Trocknen. Alle fünf Frauen waren Ehefrauen meines Großvaters, nur die Mutter meiner Mutter war nicht dabei, denn sie mußte sehr jung sterben. Während die fünf Frauen das Getreide auf den Tüchern verteilten, sah ich ihre Hintern wie fünf Vollmonde nebeneinander geklebt rauf und runtergehen. Während die Vögel da im

Himmel in der Nähe dieses Getreides ohne Angst vor diesen Frauen warteten und in die Augen der Frauen guckten, sah meine Mutter einen dieser Vögel an und dachte, vielleicht ist dieser Vogel meine gestorbene Mutter, sie hat Hunger und hat keine Zunge, das zu sagen. Und so fängt Fatma an zu weinen. Ich weinte auch laut, da verschloß meine Mutter meinen Mund und öffnete weit ihre Augen, guckte in meine Augen, sagte: »Weine nicht, weine nicht. Aus einem Haus ohne Mann soll man keine Kinderschreie hören!« Da habe ich noch lauter geweint, und meine Mutter hat mir eins über den Mund gegeben. Die Biene, die mich durch das Fenster gesehen hatte und gerade auf meinem nach Muttermilch riechenden Mundwinkel landen wollte, stieß in diesem Moment mit der Hand meiner Mutter zusammen. Sie sticht. Die Biene starb, meine Mutter schrie aus dem Fenster: »Mutter, ich brenne!«, und alle fünf Frauen auf dem Dach sagten im Chor: »Jede Frau brennt, wenn ihr Mann seit vier Jahren Soldat ist.« Ich und meine Mutter weinten, die fünf Frauen lachten, und ich schrie so laut, so laut, daß die Berge ihre Plätze wechselten, und alle meine Fingernägel gingen von meinen Fingern los, und die Frauen sagten im Chor: »Fatma, dein Kind liegt in den Krallen einer unheilbaren Krankheit. Weine nicht, bring sie zum Friedhof, leg sie in ein frisch gegrabenes Grab und warte. Wenn sie weint, dann lebt sie, wenn sie nicht weint, dann stirbt sie. Weine nicht! Allah hat gegeben, Allah wird nehmen. Wenn sie stirbt, geht sie direkt ins Paradies. Weil sie so dünn ist und noch keine Sünden hat, kann sie leichter fliegen, weine nicht!«
Dann haben die Frauen mich und meine Mutter auf den Friedhof geschickt, mit dem Pferdewagen, dessen Fahrer man den verrückten Hüseyin nannte, weil er den ganzen Tag arbeitete und ohne Pause schimpfte: »Ich ficke

die Welt, gehen wir, ich ficke den Friedhof, ich ficke den Tod.«
Die kleinen Steine mit ihren schiefen Körpern standen da. Auf einem eine Schrift:

Als ich ging aus dieser Welt
reden wir nicht von Karawanserei und Bäder besitzen
uns genügte das Teilen des Tageslichts
reden wir nicht von Glücklichsein
das Hoffen reichte uns
nichts haben wir gefunden
die Melancholie haben wir uns geschaffen
sie tröstete uns nicht
oder vielleicht
waren wir nicht von dieser Welt

Und auf dem anderen Stein stand:

Tot ist Allahs Befehl, wenn nicht diese Trennung wäre.

Auf dem anderen ein anderes Gedicht:

Es war kein Problem für ihn
to be or not to be,
eines Abends hat er geschlafen, ist nicht wach geworden,
was für ein Wind, er ist verschwunden,
sein Name ist mitgegangen.

Meine Mutter hat mich in eine frisch gegrabene Grube gelegt und über mir gestanden. Da sie eine dunkle Frau war, sechzehn Jahre alt, mit schwarzen Haaren, schwarzen Augen, sah sie aus wie ein dunkler Friedhofsbaum, der über ein Kind einen Schatten legt. Ich guckte auf ihre Augen und machte meine Augen zu, meine Mutter lief schnell weg, die Sonne kam über mich, ich machte langsam die Augen auf und lag da und überlegte, ob ich in der Grube still bleibe oder laut weine und meine Mutter zurückhole. In der Grube war es still, schön, die Erde war naß, weil ich gerade gepinkelt hatte. Ich machte die Augen zu, Himmel, weck mich nicht, ich schlafe. In diesem Moment klatschte jemand in die Hände, klack, klack und sagte: »Huuuuuuuh.« Ich machte die Augen auf, sah eine Frau, eine sehr sehr fremde Frau, sie hatte keine dunklen Augen, sie hatte blaue Augen, gelbe Wimpern, gelbe Augenbrauen, Wangen wie zwei Äpfel, denen die eine Hälfte fehlte, und ein paar Bartstücke auf ihrem Kinn. Neben ihr stand ein Junge, drei Jahre alt, er fragte sie: »Großmutter, ist sie meine Schwester?« Die Frau sagte: »Ja.« Gleichzeitig legte sie sich auf ihren Bauch, auf die Erde, streckte ihre Hand zu mir ins Grab, wollte mich aus dem Grab rausholen, ihre Hände reichten nicht, sie schaute rechts und links, rief: »Fatma, komm, nimm meine Enkelin raus!« 1, 2, 3, 4 ... nichts rührte sich außer zwei Blättern, die aus den Bäumen ruhig herunterregneten, die Frau stieg in das Grab, rutschte und setzte sich auf ihre Kniee, stützte sich auf ihre Hände wie eine Katze. Ihr Gesicht stand meinem gegenüber, gerade in diesem Moment sah ich ihre goldenen Ohrringe an ihren Ohren wackeln und zog der Frau ihren linken Ohrring kräftig herunter. Das Ohrloch verlängerte sich zu einem Riß, und der goldene Ohrring blieb an dem Ohrriß hängen, und Blut tropfte auf die Erde. Die Frau sagte: »Mutter!«, und mit der linken Hand, mit der sie ihren Körper stützte, faßte sie ihr Ohr und fiel mit ihrem Oberkörper über mich. Ich fing an zu weinen, die Frau sagte wieder: »Mutter!« Dann sagte sie: »Hast du gepinkelt?« Die Frau hielt mich mit ihrem linken Arm, mit dem rechten Arm zog sie sich ihre lange Unterhose aus, wickelte mich da rein, hob mich aus dem Grab und legte mich auf die Erde. Ich weinte laut, die Frau wartete im Grab, ohne Unterhose, daß jemand ihr die Hand gibt. Ich lutschte weinend an meinen nagellosen Fingern, da kam der Kutscher, der verrückte Hüseyin, gab ihr die Hand, sagte: »Hier nimm meine Hand, ich ficke meine Hand, ich ficke deine Enkelin, ich ficke das Grab.«

Dem Tod gestohlen in Anatolien von einer himmelaugigen Frau namens Ayşe, saß ich vor einem Photographen, mit meinem Vater, meiner Mutter, meinem zwei Jahre älteren Bruder auf den Knien dieser himmelaugigen Frau, meiner Großmutter, Mutter meines Vaters aus Kapadokia, am Meer in İstanbul, ließ mich photographieren mit einer kleinen Tasche in der Hand, und die Fingernägel waren auch wieder da.
Dann habe ich das Meer gesehen. Draußen stand das Meer, das Unbarmherzige, das Schöne, mein Vater stand da und sagte zu den Wellen: »Das Meer ist wie eine Frau. Wann sie hochkommt, wann sie sich zurückzieht, weiß ein Mann nie.« Meine Mutter nahm ihre Tasche von ihrem rechten Arm auf ihren linken Arm, die kleinen Schiffe schauten rechts und links, fuhren schnell von einem Ufer zum anderen, bevor die großen Schiffe kamen. Ein großes Schiff war sehr nervös, es schrie und hörte nicht auf. Nachdem man es im Hafen anbinden konnte, spuckte es aus seinem Mund die Bauern raus zum Hafen: Männer, die wie Bergziegen aussahen. Sie trugen ihre aufgerollten Betten auf ihren Köpfen und schauten die Leute an, die am Hafen standen. Nach ihnen kamen die Kühe, die Esel, die Hühner, ein Truthahn und die Läuse und die Wanzen. Meine Großmutter klatschte in ihre Hände, sagte: »Willkommen!« Und der Truthahn stieg auf ihren Kopf und pickte an ihrem Kopf,

ihr Kopftuch löste sich und flog ins Meer. Die Läuse verteilten sich langsam in der ganzen Stadt, es kam die Polizei, und die Polizisten gossen Benzin auf den Boden, machten ein großes Feuer. Manche Läuse brannten, pattapattapat, die Bauern versuchten sie zu sammeln, die Tiere und die Bauern mit ihren Betten und ihren brennenden Füßen warfen sich ins Meer, das Schiff löste sich schnell vom Hafen. An seinem weißen Körper spielten die Schatten des Feuers, in dem die Läuse brannten, das Schiff ging in den Nebel, das Feuer ging aus, der Mond kam, und am Hafen stand ein Schild: Läusehafen.
In der Nacht stand ich vor dem Fenster im Nachthemd, mein linker Zeigefinger zwischen meinen Zähnen, aus den entfernten Minaretten sangen die Männerstimmen das Nachtgebet, es mischte sich mit dem Bellen der Hunde, die in Gruppen von einer Gasse zur anderen zum Kampf mit den anderen Hunden zogen. Meine Großmutter sagte: »Komm, schlaf, wenn du nicht schläfst, wird die Nacht auch nicht schlafen und weckt ihre Geister.« Sie schnarchte dann leise, aus dem anderen Zimmer kam vom Grammophon eine Männerstimme. Sie sang: »Warum habe ich ausgerechnet diese unbarmherzige Frau geliebt, sie hat mir den Geschmack dieses Lebens vergiftet.« Mein Vater hörte dieses Lied mit vielen »Ach, ach, ach«, seine Ach-Stimmen wärmten mich im Bett, zwischen uns eine geschlossene Tür. Unter einer Bettdecke mit der nassen Stimme des Meeres, die wie ein Hausgeist immer im Zimmer rumlief, machte ich ein Auge zu, das andere ließ ich etwas auf, um unseren Hausgeist zu betrügen. Ich wollte ihn sehen, beim Warten wurde mein Körper zu Stein, als Stein schlief ich ein, irgendwann konnte ich nicht atmen, ich sah eine Frau, sie saß auf meinem Mund, auf meiner Brust lag ein Berg, den ich nicht mit den Händen wegschieben konnte. Die

Frau, die auf meinem Mund saß, hatte Flügel. Sie flog im Zimmer hin und her und setzte sich ans Fenster, sie sprach zu mir: »Ich gehe jetzt, ich lass' das Fenster auf, damit du glaubst, daß ich hier gewesen bin«, und dann flog sie weg. Sie hatte ein sehr schönes Gesicht. »Großmutter, der Geist war da, eine Frau.« Großmutter sagte: »Sie heißt ALKARISI.« Ich sah, daß das Fenster offen war, aus der Richtung vom Läusehafen brachte der Wind unklare Stimmen, oder vielleicht weinten die Tiere. Ich legte mich wieder in das kalte Bett, als Stein schlief ich ein. Am nächsten Morgen wollte ich raus aus dem Zimmer, die Tür ging nicht auf. Ich klopfte an die Tür, sagte: »Mutter, die Tür kann ich nicht aufmachen.« Die Mutterstimme sagte: »Die Tür muß nicht aufgehen, du und deine Großmutter, ihr bleibt acht Tage in dem Zimmer, ihr habt Läuse von Bauern mit nach Hause geschleppt, kocht eure Wäsche, eure Bettlaken, wascht eure Haare und Körper mit Essig, dann kommt ihr aus dem Zimmer raus.« Ich und meine Großmutter kratzten uns eine Weile selbst, dann kratzte ich ihren Rücken, sie kratzte mir meinen Rücken. Großmutter sagte: »Laß uns gehen.« Wir knoteten unsere Bettlaken zusammen, kletterten aus dem Fenster und gingen zum Friedhof, wir verbrannten unsere Bettlaken dort. Großmutter sagte: »Das Feuer, das du hier siehst, ist siebenmal mit kaltem Wasser gewaschenes Feuer, wie das Feuer in der Hölle, das Höllenfeuer ist siebenmal mehr Feuer als das Feuer hier.« Wir liefen zwischen den Grabsteinen, es kamen plötzlich sehr fremde Buchstaben aus dem Mund meiner Großmutter heraus, stellten sich nebeneinander, so:

»*Bismillâhirrahmanirrahim*
Elhamdü lillâhirabbil âlemin. Errahmanirrahim, Mâlüki yevmiddin. Iyyakenà'büdü ve iyyake nestè'in. Ihdinessıratel müste-

kıym; Siratellezine en'amte aleyhim gayril măgdubi aleyhim veleddâllin. Amin
Bismillâhirrahmanirrahim
Kül hüvallahü ehad. Allahüssamed. Lem yelid velem yüled. Velem yekûn lehu küfüven ehad. Amin«

Als die Buchstaben aus dem Mund meiner Großmutter im Himmel des Friedhofs eine schöne Stimme und ein schönes Bild wurden, pustete meine Großmutter sie mit ihrem Atem nach links und rechts. »Die Toten brauchen es.« Ich sah die Buchstaben, manche sahen aus wie ein Vogel, manche wie ein Herz, an dem ein Pfeil steckt, manche wie eine Karawane, manche wie schlafende Tiere, manche wie ein Fluß, manche wie im Wind auseinanderfliegende Bäume, manche wie laufende Schlangen, manche wie unter Regen und Wind frierende Bäume. »Großmutter, wo ist der Tod?« Meine Großmutter sagte: »Der Tod ist zwischen Augenbrauen und Augen, ist das weit weg?« Dann lief sie von einem Tod zum anderen, pustete weitere Buchstaben aus, Bilder, die jetzt unter der Sonne wie Bilder aus Licht aussahen, dabei hielt sie ihre Hände vor ihrer Brust offen, als ob sie gerade zwei kleine Wassermelonen tragen würde. Ich hielt meine Hände so wie sie und trug darin die Schatten der Friedhofsbäume und vorbeifliegenden Vögel von einem Toten zum anderen. Dann kam der kleine Wind, nahm im Vorbeigehen unsere Schweißperlen mit, wir setzten uns auf die Totenerde, die Sonne auf unseren Beinen. Großmutter nahm eine Pflanze, zerdrückte sie zwischen ihren Fingern und roch daran, dann legte sie ihre Hand wieder auf die Erde, wir schauten auf die Erde, dann kamen die Stimmen der Jungen, die in der Nähe auf der Straße spielten, die Stimmen gingen hoch in den Himmel, dann landeten sie wie die Sterne auf unseren Füßen auf dem

Friedhof. Ich sah auch ihren Ball hoch in den Himmel gehen und dann wieder herunterkommen, lautlos. Langsam mischten sich unsere Schatten mit Totenschatten, Ameisen kamen, setzten sich auf meine Spielwunden, dann kamen die Friedhofskatzen mit ihren überfahrenen Beinen, zerkratzten Mündern, blinden Augen, blutenden Nasen, abgeschnittenen Schwänzen, mit ihren fleischlosen Körpern legten sie sich auf diese toten und lebendigen Schatten, saßen da mit ihren Mündern ohne Zunge.

Dann kam der Friedhofsnarr Musa mit einem Lenkrad in der Hand und sagte zu einem Totenstein: »Als du über mich laufen konntest, warst du froh, jetzt bist du unter mir traurig, du hast schöne Sachen gegessen vorher, jetzt unter mir essen die Würmer dich. Die Menschen schlafen im Leben, wenn sie tot sind, werden sie wach. Die Erde sagt dem Toten bittere Wörter. Wenn die Erde still ist, kommt ein Engel, sagt zu dem Toten: 'Schreibe dein Leben', der Tote wird ihm sagen: 'Hier habe ich weder Tinte noch Papier'. Der Engel wird ihm sagen: 'Dein Totentuch ist dein Papier, deine Spucke ist deine Tinte.' Und der Engel wird ein Stück von dem Totentuch schneiden und es dem Toten geben. Auch wenn der Tote nicht lesen und schreiben konnte, als er lebte, wird er sofort anfangen, seine Sünden und seine guten Taten zu schreiben, und der Engel wird das Geschriebene an seinen Hals hängen. Dann werden zwei ungeheuer schreckliche Engel kommen, sie werden aussehen wie die Menschen, mit ihren Zähnen werden sie die Erde aufmachen, ihre Wörter sind wie Donner, ihre Augen wie der Blitz, sie haben Peitschen aus Eisen, sie werden durch die Nase des Toten in seinen Körper reinkommen und werden ihm sehr schnell Fragen stellen. Wenn er antworten kann, werden sie ihn in Ruhe lassen, er kann aufstehen und vor den Türen,

die sich ihm zeigen, weinen. Hinter den Türen werden sie ihm neue Fragen stellen. Wenn er gut antworten kann, wird er bis zum siebten Himmel gehen, um mit Allah zu sprechen. Vorher aber wird er hundert Jahre im Feuer, dann hundert Jahre im Licht, dann hundert Jahre im Wasser, dann hundert Jahre im Schnee, dann hundert Jahre in der Kälte laufen.«
»Allah soll dir Gutes geben«, sagte meine Großmutter zu Musa. Musa zitterte und zitterte so lange, bis wir auch anfingen zu zittern. Alle unsere Wanzen kamen aus unseren Körpern und Haaren heraus und gingen zu Musas Füßen. Da kamen Musas Wanzen auch heraus, alle Wanzen fingen an, um ihn herumzulaufen. Die Ameisen mischten sich mit den Wanzen und drehten Runden. Den Vögeln, die über uns flogen, fielen die Federn aus den Körpern, die Vogelfedern und die dunklen Blätter von den Friedhofsbäumen drehten sich um Musas Füße.
»Gib mir eine Zigarette.« Meine Großmutter gab ihm eine, sagte: »Rauch, Musa, rauch, das nimmt dir dein Herzbrennen, das setzt dein Herz wieder auf seinen Platz.« Musa nahm die Zigarette, er paffte hintereinander an der Zigarette, und bei jedem Paffen wechselte er die Zigarette von einem Finger zum anderen. Die Großmutter sagte: »Warum rauchst du mit fünf Fingern?« Musa sagte: »Weil ich keine sechs Finger habe.« »Paß auf das Kind auf! Ich gehe hinter den Baum«, sagte meine Großmutter. Ich hörte ihr Pinkelgeräusch. Mit meinem Ohr war ich bei der Großmutter, mit meinen Augen sah ich ein Stück Fleisch in Musas Hand, das er aus seiner Hose genommen hatte. Er fragte mich: »Ist das schön?« Ich blieb einfach da, und die weiße Farbe von dem Stück Fleisch kam in meine Nähe, wurde größer. Musa hatte ein Lächeln auf seinem Mund, das Geräusch vom Pinkeln der Großmutter hörte ich nicht, aber ich sah wieder

den Ball von den Jungen, die in der Nähe auf der Straße spielten, Richtung Himmel hochgehen und lautlos wieder herunterkommen. Da kam die Stimme meiner Mutter, sie rief nach mir. Ich sagte zu Musa: »Schön.« Meine Großmutter sah Musas Fleisch in seiner Hand und sagte zu ihm: »Musa, dein Fleisch soll in deinen Mund fallen, hast du keine Angst vor Allah. Wenn eine Schlange das sieht, wird sie sich schämen und in ein Loch zurückziehen. Was lehrst du das Kind so früh?«
Ich drehte mich um zu der Stimme meiner Mutter. Meine Mutter Fatma sagte: »Die Amerikaner kommen! Wir gehen Amerikaner schauen.« Meine Mutter nahm mich an die Hand, die Großmutter kam hinter uns her, und der Narr Musa lief vor uns. Wie auf dem Wind getragen sind wir von dem Friedhof auf die Straße gegangen. Viele Leute klatschten in die Hände. Die, die keine Hände hatten, dirigierten die Leute, die die Hände hatten, mit ihren Zungen. Die jungen Männer in staubigen roten Kleidern mit ihren runden Musikinstrumenten drehten sich zu den Mädchen um, zu denen auch der Hauptmann hinschaute. Manche Mädchen, zu denen der Hauptmann nicht hinschaute, schauten die Mädchen an, zu denen der Hauptmann hinschaute. »Amerikaner kommen.« Schwarze, große Autos, vor ihren Fenstern Vorhänge, zogen vorbei. Ein uniformtragender Gendarm neben mir umarmte einen Mann in Zivil, der gerade vor seinem Laden stand, und drückte seinen Körper auf den Unterkörper des Ladenbesitzers. Aus einem schwarzen Auto winkte ein weißer Frauenhandschuh und eine Offiziersmütze aus Gold zu den Leute. Es waren keine Amerikaner, es waren der persische Schah Reza Pahlavi und seine Frau. Hinter ihnen kam eine amerikanische Familie zu Fuß, sie hatten große Hintern, sie sagten: »Bevor wir in euer Land kamen, haben wir zwei Monate vorher un-

sere Autos verlassen und das Laufen geübt, because wir
wußten, daß man eure Kultur nur zu Fuß besichtigen
kann, good bye, good bye.«
»Was ist ein Amerikaner, Mutter?«, fragte mein Bruder
Ali meine Mutter. Meine Mutter sagte: »Ein Amerikaner
ist ein Mensch, der nicht zu essen braucht, es gibt Tabletten als Essen, Amerikaner schlucken eine Tablette, das
ist für sie Mittagessen, abends schlucken sie wieder so
eine kleine Tablette, das ist das Abendessen.«
»Ketzererfindung«, sagte meine Großmutter, »bald wird
es Steine aus dem Himmel auf unsere Köpfe regnen.«
Zu Hause sagte mein Vater nach dem Essen zu meiner
Mutter: »Hast du Schmerzen? Kinder, wir gehen zum
Zahnarzt.« Sie gingen, und meine Großmutter sagte:
»Sie sind ins Kino gegangen. Sie gucken sich die nackten
Menschen an, sie werden in der Hölle brennen, aber du
kannst sie retten.« »Warum ich, Großmutter?« »Hast du
denn Sünden? Du hast keine. Dein Sündenheft ist leer.
Du hast zwei Engel, auf deiner rechten Seite steht der Engel, der deine guten Taten in ein Heft schreibt, der auf
deiner linken Seite stehende Engel schreibt deine Sünden. Der Tag, an dem die Menschen ihre Mütter und Väter nicht mehr erkennen, ist der Jüngste Tag. Die Berge
fangen an, wie die Wolken zu fliegen, die Meere werden
zu den anderen Meeren laufen, die Sonne wird schwarz,
die Hälfte der Welt wird sich über die andere Hälfte klappen, die Sterne werden nebeneinanderstehen, der Himmel wird zu einer sich drehenden Mühle, das Leben
wird aus den Mündern der Lebendigen wie ein Vogel
fliegen. Wenn alles tot ist, wird Allah den Himmel in seine rechte Hand und die Erde in seine linke Hand nehmen und ihnen sagen: 'Du Schuft Welt, wo sind die, die
geglaubt haben, daß die Welt ihnen gehört, und wo sind
die, die denen geglaubt haben, die Welt gehöre ihnen?

Wo sind sie?' Alle Toten der Welt werden aufstehen, Vater, Mutter, Kinder, Weinende werden sich auf einem Platz sammeln. Jeder Tote wird dreißig Jahre alt sein. Dann werden unsere Engel mit den Heften kommen. Wenn man an der Reihe ist, werden die Engel aus den Heften die Sünden und die guten Taten lesen. Auf einer Waage werden sie deine Sünden und die guten Taten wiegen. Wenn deine Sünden schwerer sind als deine guten Taten, wird man dich zu einer Brücke bringen. Eine Brücke, dünn wie ein Haar, scharf wie ein Messer, du wirst barfuß laufen. Wenn du diese Brücke bis zum Ende laufen kannst, wirst du ins Paradies gehen. Dort wirst du dich unter einem Baum hinlegen, in den Himmel schauen. Wenn du an eine Wachtel denkst, wird eine gebratene Wachtel in deinen Mund fallen. Wenn dir die Brücke deine Füße abschneidet, wirst du von der Brücke runter direkt in die Hölle fallen. Der Teufel wird lachen und wird die Brennenden zählen.«
»Wie kann ich meinen Vater und meine Mutter retten?«
»Im Kino vergessen sie Vater und Mutter, sie gehen hinter den Schatten her, sie glauben an diese Schatten, die den richtigen Menschen ihre Gesichter wegnehmen. Wenn sie an diese Schatten glauben, wie können sie den nächsten Tag an die richtigen Menschen glauben, vor denen Respekt haben? An dem Jüngsten Tag, wenn dein Vater und deine Mutter barfuß über diese Brücke laufen, und die Brücke schneidet ihnen die Füße, Blut tropft in die Hölle, kannst du als sündenloser Engel mit zwei Flügeln fliegen, deine Mutter und deinen Vater rasch auf deinen Rücken nehmen, ins Paradies tragen. Dann kannst du wieder zurück zur Brücke, und dann nimmst du mich auf deinen Rücken, aber ich denke, meine acht gestorbenen Kinder werden auch da sein.«
»Warum sind deine Kinder gestorben, Großmutter?«

»Was weiß ich, das Mädchen saß da so und winkte mir. Ich hatte eine rote Scheibe Wassermelone in der Hand, dachte, sie will wahrscheinlich die Melone. Ich bin zu ihr gegangen, da hat sie mit ihrer Hand gewunken, der Melone Wind gemacht, dann hat sie die Augen zugemacht, ich dachte sie schläft, nein, sie war tot. Ich habe Allah gesagt, Allah, laß meinen Sohn leben, egal, wenn er auch verrückt wird, laß meinen Sohn mir. Allah wird mich gehört haben, er hat mir deinen Vater im Leben gelassen, aber er ist verrückt. Wenn er nicht verrückt wäre, was suchte er dann in dieser Großstadt? Ich habe meinen letzten Mann verlassen, die Tiere verlassen. Ich habe mir gesagt, einen Mann kannst du immer finden, einen Sohn kannst du nicht mehr finden. So habe ich mich hinter deinem verrückten Vater auf den Weg gemacht. Ich bin jede Nacht in meinem Dorf, nur im Traum, ich sehe meinen Vater, Mutter, wir hatten vor unserem Haus viele, viele Walnußbäume, tagsüber haben wir gearbeitet, wenn die Dunkelheit kam, haben wir uns unter diese Walnußbäume gelegt, neben mir mein Vater, meine Mutter, gegenüber unseren Füßen lagen mein Neffe, sein Vater, seine Mutter. Wenn die anderen schliefen, fanden sich von mir und von meinem Neffen die Fußzehen zusammen. Wenn wir auch in den Schlaf fielen, haben unsere Fußzehen weiter miteinander gespielt, er ist auch jung gestorben.«
»Wird er auch mit uns ins Paradies kommen, Großmutter?«
»Er wird da sein, meine anderen drei Männer werden auch da sein.«
»Mit welchem Mann wirst du ins Paradies gehen, Großmutter?«
»Was weiß ich. Der erste war so ein netter Mann, er ging in den Krieg, kam zurück, hatte eine offene Wunde. Die

Würmer gehen hin und her auf seinen Wunden. Er nahm sich die Nacht als Freundin, schlief mit ihr. Als er starb, konnte man ihn aus den Händen der Nacht nicht herausnehmen. Er ist mit der Nacht begraben. Jedes Stück Nacht, das mit den Toten geht, nimmt uns von unserem Schlaf etwas weg. Der zweite, Hüseyin, er war der Vater deines Vaters, hatte so eine schöne Stimme, er ist in die Großstadt gegangen, hat auf den Baustellen gearbeitet, sie schliefen auch in diesen offenen Häusern. Er kam sieben Jahre nicht, dann kam er mit ein paar Metern Stoff zurück. Er sagte: 'Ayşe, ich lege mich etwas hin.' Seine Nieren sollen in der Kälte verfault sein. Er nahm, bevor er sich hinlegte, aus der Erde ein paar Ameisen, legte sie auf seine linke Hand, die Ameisen gingen in seiner Hand hin und her, so als ob Hüseyins Hand ihre Erde sei. Er ist da im Schlaf weggegangen in die andere Welt. Der dritte, der Şükrü, der ist auch in die Großstadt arbeiten gegangen, dort haben die Huren ihm gezeigt, wie viele Türen die Welt hat. Er kam zurück ins Dorf, dann kam die Nacht, dann hat er mich im Bett über sich genommen, das hatte er von den Huren gelernt. Da sind meine Beine von der Erde hochgeflogen, ein Feuer aus meinen Füßen ist wie ein Pfeil durch meinen Körper durch und aus meinem Kopf gegangen. Mein Leben ist mit seinem ganzen Herzen in das Feuer gesprungen. Das Fleisch der Männer hat vor meinem Fleisch gezuckt.«

Mein Bruder Ali fragte: »Großmutter, warum hängen deine Brüste unter deinem Bauch?«

»Ali«, sagte meine Großmutter, »wenn ein Wolf alt wird, wird er zum Spielzeug der kleinen Hunde. Kratz' meinen Rücken etwas. Ihr scherzt so mit meinem lebendigen Fleisch, wer weiß, was ihr mit meinem toten Fleisch tut, wenn ich die Augen zugemacht habe. Kratz' meinen Rücken etwas.«

Im Bett kratzten wir ihren Rücken, zogen ihr ihre Brüste noch mehr herunter. Die Großmutter nahm unsere Hände und legte sie über ihren Bauch, dann wackelte ihr Bauch unter unseren Händen, so hörten wir zusammen ein Wassergeräusch in ihrem Bauch. »Das sind meine Geister. Sie sammeln sich in meinem Bauch.«
»Warum hat mein Bauch keine Geister, Großmutter?«
»Wartet, bis die Welt sich noch paar Mal dreht, auch in eurem Bauch werden sich die Geister sammeln, Allah soll euch Gemütlichkeit geben.«
»Allah soll dir auch Gemütlichkeit geben, Großmutter.«
Draußen bellten die Hunde, die wieder zu anderen Hunden zu Straßenkämpfen eilten. Ich hing mich an eine Hundestimme, lief mit ihr mit über die gestorbenen Straßen, hinter mir die Wasserstimmen aus dem Bauch meiner Großmutter, und in einer Gasse aus Schweiß schlief ich ein. Am Morgen kam die Sonne, die Sonne guckte in meine Augen, ich guckte in ihre Augen. Dann mußte ich pinkeln. Ich wollte vom Bett herunter. Ich sah meine Füße im Himmel des Zimmers. Unsere Betten waren im Zimmer hochgeflogen, ich sah im Zimmer unter unseren fliegenden Betten drei Männer, acht Kinder, Kühe, Hühner, einen jungen Mann, in seinen Händen Walnußbaumblätter, Ameisenschlangen, zwei wie Menschen aussehende Engel mit Heften in ihren Händen, Wassermelonenschale, die Grabsteine, einen nackten Vogel, die Geister aus dem Bauch. Ich klatschte in die Hände und sagte: »Willkommen.« Meine Großmutter sagte im Schlaf: »Ha!« In dem Moment stiegen die drei Männer, die acht Kinder, die Tiere, die Grabsteine, die nackten Vögel, die Geister hintereinander hoch und gingen durch den offenen Mund meiner Großmutter wieder in sie hinein, und so kamen unsere Betten wieder herunter auf den Boden.

Ich ging die Treppe herunter, das Haus war krumm und aus Holz. Seine Treppen waren zum Teil verfault, aus den Löchern wuchsen Pilze, die Spinnen machten überall ihre Betten, wir töteten sie nicht. Mein Vater nahm eine Spinne oft in seine Hand, ließ sie über seine Hand laufen und sagte uns, sie sei unser gestorbener Bruder. Mich beschäftigte nur, was ich gemacht hatte und wo ich gewesen war, als dieser unser Bruder lebte und starb.
Ich ging an meinem Spinnenbruder vorbei, die Tür, aus der Oliven- und Teegeruch kam, war halb offen. Am Tisch saß mein Vater. Neben seinem Teeglas stand ein Spiegel, er nahm mit der Gabel vom Schafskäse ein Stück und brachte das in den Mund, dabei schaute er in den Spiegel. Dann nahm er das Teeglas und trank Tee, wieder in den Spiegel schauend. Meine Mutter hatte ihre langen Haare nicht mehr. Wo hatte sie ihre vielen Haare gelassen, jetzt sah sie so aus, als ob sie viele dicke Makkaronis auf dem Kopf trug, und eine Locke hing über ihrer Stirn und deckte eins ihrer Augen zu. Ihre Lippen rot, drei Reihen Perlen am Hals. Sie hatte ein glänzendes schwarzes Kleid, dessen Schultern zu breit waren. Mein Vater lief im Zimmer hin und her, auf dem Kopf einen Hut, er trug eine Sonnenbrille, und beim Gehen schaute er in den Spiegel, den er jetzt in der Hand hielt. Der Spiegel spiegelte meinen Vater und spiegelte sich selbst an den Wänden des Zimmers. Meine Mutter legte eine Schallplatte auf das Grammophon, aus dem eine sehr komische fremde Stimme ins Zimmer kam. Meine Mutter hielt ihre Hand über diese Platte, und es sah so aus, als ob sie ihre Hände über dieser Stimme wärmen würde. Dann nahm sie ein Glas Wasser und kippte ein halbes Glas Wasser auf den Kragen meines Vaters. Er faßte meine Mutter an ihren Makkaronilocken, küßte sie auf ihren Mund, ich trat ins Zimmer, mein Vater

drehte sich mit seinem rot gefärbten Mund um und sagte: »Was lachst du, meine schöne Tochter, ich bin es, ich bin dein Vater.« Er holte aus seiner Jackentasche eine Photographie, unterschrieb sie und gab sie mir. Mein Vater sagte mir, er hieße Erol Flayn, dann ging er ans Fenster und sagte: »Chevrolet ist da.« Er ging aus dem Haus. Ich schaute aus dem Fenster raus, da sah ich Chevrolet. Sein Fahrer wartete, dann kam ein anderer Mann mit einem Hut, und meine Mutter sagte: »Ein Mann wie Humprey Pockart«. Der Humprey Pockart und mein Vater Erol Flayn haben sich begrüßt und sich im gleichen Moment Feuer gegeben. Ein Junge, der da auf der Straße war, zog aus seiner Tasche eine gelbe Wasserpistole und richtete sie auf die Männer. Mein Vater fuhr mit dem Chevrolet, und der Fahrer saß als Gast neben ihm, der Chevrolet pustete schwarze Wolken auf die Straße und verschwand. »Und das hier ist Frank Sinatra«, sagte meine Mutter, legte die Platte von neuem auf, tanzte mit mir und sang die Melodie von Sinatra mit den Sätzen: »Heute werde ich mit dir und deinem Bruder für euch Kleider kaufen gehen, die Baumwolltante kommt mit, tralala.«
Dann standen wir vor einem Schaufenster. Die Baumwolltante hatte eine warme Hand, auf der die Ameisen an einem sehr heißen Sommertag sicher gerne gespielt hätten. Meine Hand in der Hand der Baumwolltante, blickte ich in das Gesicht meiner Mutter, die ihre in weißen Handschuhen steckenden Finger an das Fenster drückte, um der Baumwolltante ein Kleid zu zeigen. Neben dem Gesicht meiner Mutter im Schaufenster stand das Gesicht eines Mannes. Er fragte im Schaufenster meine Mutter: »Gefällt es dir, soll ich es dir kaufen?« Die Baumwolltante ließ meine Hand los und klopfte mit ihrer Hand an das Schaufenster auf den Schatten dieses Mannes und sagte zu ihm: »Diese Frau ist die Frau eines

Mannes, und er ist viel schöner als du.« Dann räusperte sie sich laut. Der Mann verschwand, unsere Schatten verließen das Schaufenster auch, vor uns die staubige Straße. Autos schimpften miteinander, die Pferde schimpften auf die Autos, die Straßenbahn schimpfte auf die Esel, Esel schimpften auf die Autos. Die Straße verstaubte die Grabsteine der heiligen Männer, zu denen die Frauen mit ihren buckligen Händen Kerzen brachten. Die am Rande der Straße stehenden Grabsteine guckten auf diese zu laut gewordene Straße, die ihnen das Totsein geraubt hatte.
Plötzlich schrie meine Mutter: »Chevrolet!« und lief hinter einem Auto her. Und knick, der Absatz ihres rechten Schuhs ging kaputt. Sie hinkte mit ihrem kaputtgegangenen Absatz und sagte zur Baumwolltante: »Bring die Kinder nach Hause, ich geh zum Büro meines Mannes.«
Wir fuhren mit dem Bus nach Hause, der sehr wackelte, und alle Mägen der Menschen flogen raus. Dann wieder rein, wenn der Bus anhielt, dann wieder raus. So stiegen wir aus, unseren Magen in unseren Händen, Baumwolltante sagte: »Wir haben noch, Allah sei Dank, alle unsere Organe.« Zu Hause saß mein Vater mit frisch gewaschenen Füßen in einer dunklen Ecke auf seinen Knien auf der Erde und hatte ein dickes Buch offen in der Hand. Er wackelte mit seinem Körper über dem Buch vor und zurück, das Buch Koran hing normalerweise über dem Bett meiner Eltern, wie ein Bild an der Wand. Baumwolltante sagte: »Den Koran kann er nicht lesen, das ist in arabischer Schrift.« Ich sah im Koran wieder die Bilderwörter, die meine Großmutter auf dem Friedhof zu den Toten gesagt hatte. Ein Buchstabe stand auf dem Blatt, wie die sehr schönen Augen einer Frau. Mein Vater blätterte das Blatt schnell um, weil es ihm bedrohlich wurde, und er wollte am liebsten so klein sein wie die Punkte,

die über den Buchstaben standen. Da kam meine Mutter rein, einen Schuh in der Hand. »Ich habe dich gesehen, Mustafa, du saßt in der Mitte hinten im Chevrolet zwischen den Zwillingsschwestern, den Schauspielerinnen, deine Arme über ihren Schultern.« Mein Vater sagte: »Ich küsse den heiligen Koran, ich bin unschuldig. Der Fahrer kannte die Zwillingsschwestern. Sie kamen in mein Büro, tranken zwei gezuckerte Kaffee und haben mich gefragt, ob wir sie schnell zu einer Filmfirma fahren könnten, glaube mir. Schau, ich küsse den Koran, wenn ich lüge, soll Allah mir meinen Mund schief machen.« Am Abend versuchte meine Großmutter den schief gewordenen Mund meines Vaters wieder zurück auf seinen Platz zu bringen. Neben einer offenen Flamme saß mein Vater, schaute in die Flammen, Großmutter Ayşe drehte sich um das Feuer und um ihren Sohn Mustafa, warf Salz ins Feuer und spuckte auf das Gesicht meines Vaters Mustafa. Und dann spuckte sie in das Feuer. Da kam jemand und sagte: »Der Fahrer ist mit dem Chevrolet und den beiden Zwillingsschwestern nach Beirut abgehauen.« Mustafa sagte: »Ha!«, und der schiefe Mund kam an seinen Platz zurück, er spuckte in das Feuer, das Feuer ging aus, ein verbrannter Salz- und Spuckgeruch blieb im Zimmer. Ich erinnerte mich an den verbrannten Geruch viele Jahre später in einem Freiluftkino. Auf der Leinwand lief ein Film, er hieß: Das arme Mädchen, und in der Hauptrolle des armen Mädchens spielte eine von diesen Zwillingsschwestern, und der Film endete am Friedhof, wo sie starb, es schneite auch. Ich und mein Bruder Ali fingen an, laut zu weinen. Der Platzanweiser winkte mit seiner Lampe, damit wir aufhörten zu weinen, weil wir die älteren Zuschauer, die leise weinten, störten. Ich und Ali, wir schauten uns gegenseitig an und weinten noch lauter, Gesicht zu Gesicht, und wir wurden aus dem Freiluftkino rausgeschmissen.

Als der Chevrolet abgehauen war, ging Ali am nächsten Tag in die Schule. Er mußte auch beim Friedhof vorbeilaufen. Manchmal ging ich mit Ali bis zu seiner Schule. Beim Friedhof fingen wir an, lauter zu reden, aber mit großen Pausen zwischen unseren Sätzen. Ich kehrte allein wieder zurück. Die langen schlanken Friedhofsbäume hatten Augen, schauten auf mich. Ich zog meine Strickjacke aus, hielt sie in der Hand, da beugten sich die Bäume herunter und faßten meine nackten Arme, ich stand da und zog meinen Rock hoch, und die Bäume von den Toten streichelten meine Beine, hoch bis zu meinem Bauchnabel. Ein Straßenverkäufer schrie: »Wäscheklammernnnn!«, und die Bäume zogen sich zurück. Ich fing an zu rennen, ein Stück Glas von der Straße schnitt mir in den Fuß, das Blut lief vor mir durch die Gassen. Ein Mädchen kam und sagte: »Laß mich dein Blut lutschen.« Sie lutschte an meinem Fuß und schnitt sich selbst in den Finger und sagte: »Lutsch' du jetzt!« So wurden wir Blutsfreundinnen. Lebenslang wollten wir uns gegen die anderen verteidigen. Wir haben von der Straße Streichholzschachteln und von gegessener Schokolade weggeworfenes Silberpapier gesammelt und ins Zimmer gebracht. Hinter der Tür nebenan sang meine Mutter mit dem Grammophon. Ich und meine Blutsfreundin zogen unsere Unterhosen runter und lagen auf dem Boden zwischen den am Tag gesammelten Schachteln und dem Silberpapier. Eine setzte sich auf die Stirn der anderen. Meine Großmutter fragte hinter der Tür meine Mutter: »Was machen die im Zimmer?« Meine Mutter sagte: »Sie spielen.«

Ich stand auf, manches Silberpapier hing an meinem Kleid, und ging aus dem Haus in den Garten. Da stand mein Bruder Ali, er hatte in der Hand eine fast leere Nagellackflasche. »Ali, wenn du mir die Fingernägel färbst, werde ich dir was erzählen.« Ali färbte meine Nägel rot. Ich und Ali schauten lange auf das Rot, dann guckten wir uns in unsere Augen. Rote Augen. Dann guckten wir lange in die Sonne, dann guckten wir in unsere Augen – goldene Augen, dann guckten wir auf die Bäume, dann guckten wir uns in die Augen – grüne Augen, dann guckten wir auf die Erde. Ali sagte: »Fang an!« Ich sagte nichts. Ali brachte einen Stein, sagte: »Gib' mir die rote Farbe zurück.« Ich rieb meine roten Nägel an diesem Stein. Dann kam der Abend, der Abend starb. Ich und Ali nahmen, was wir aus der schwarzen Nacht klauen konnten, mit ins Haus hinein. »Mutter, wo ist Großmutter?« Fatma rollte zwischen ihren Händen Bouletten, Birch, birch. Sie sagte: »Sie spaziert am Hafen mit den Geistern Hand in Hand.« Auf dem Boden saßen die zwei armenischen Schwestern, die nie geheiratet hatten, Schneiderinnen, Freundinnen meiner Mutter. In einer ihrer Hände eine sehr große Schere, schwarz. Sie machte Kirtkirtkirt, lief über einen grauen dicken Stoff. »C'est un Deux Pièce«, sagten sie im Chor. »Mutter, was heißt Deux Pièce?« »Deux Pièce ist Deux Pièce«, sagte meine Mutter. Die Fadenstücke hingen aus den Haaren dieser Geschwister ohne Männer herab. Ihre dünnen Zigaretten in ihren Mundwinkeln, ihre wie immer im Wasser stehenden Stimmen, ihr Lachen klebte sich an die Wände und Decken und mischte sich mit der Nässe des nahestehenden Meeresgeruchs. Ich schaute mit einem Auge, das aus Liebe zu diesen Frauen größer und schwärzer geworden war, auf diese Frauen, mit dem anderen Auge aus dem Fenster ins Dunkle. Ich wußte, mein Vater wird kommen. An seiner rechten Seite sein buckliger Freund, der bucklige Rıfat, unter dem linken Unterarm eine Rakı-Flasche, die sie Löwenmilch nannten. Alle werden essen, Rakı trinken, und die Frauen werden singen.

Mein Vater wird seine Augen zuschließen und seinen Mund auf und zu machen und still mit diesen Frauenstimmen mitgehen. An solchen Abenden aß ich nicht, ich hatte zu tun. Ich saß gegenüber der Wanduhr, die meine Großmutter, seit Ali in die Schule ging, lesen gelernt hatte. Sie konnte nur die Stundenzahlen sagen, für die Minuten sagte sie: »Es ist sieben, aber davor sind noch zwei Finger Zeit.« Jetzt saß ich vor dieser Uhr und wollte die Zeit anhalten und versuchte, mit meinen Blicken die schnellaufenden Beine der Uhr festzuhalten. Ab und zu schaute ich in die Hände und Gesichter der armenischen Schwestern, in die tiefgeschlossenen Augen des buckligen Rıfat, auf den wirbelnden Clark Gable-Schnurrbart meines Vaters, wenn er sein Rakı-Glas an den Mund brachte, auf die schöne Nase und den Mund meiner Mutter. Dann schaute ich wieder zur Wanduhr. Die Qualen, daß ich die Zeit nicht anhalten könnte, brachten mich schnell in Ohnmacht, und ich schlief schon am Tisch ein. Ob sie von meiner großen Liebe wußten? Oder war ich vielleicht für sie nur das Mädchen, das am Tisch schläft? Meine Großmutter nahm mich auf ihren Rücken, um mich zum Bett zu bringen. Diese Frauenstimmen werden weitersingen, und die Männer werden mit ihren »Ach, ach, of« diesen Frauen zeigen, was mit ihnen los ist.

In der Nacht gestorben an der Liebe, besuchte ich am nächsten Tag mit meiner Großmutter die sterbende Frau, die hinter einer reichen Haustür im Korridor auf einem Bett lag. Da wohnte sie, eine Armenierin, die so dünn und klein war und im Bett wie eine auf den Rücken gedrehte Schildkröte lag. Großmutter saß, als ob sie einen halben Körper hatte, auf dem Bett, und die rechte Hand der Schildkröte lag in ihrer Hand. Großmutter sagte zu der Schildkröte, daß sie, wenn sie stirbt, ins Para-

dies gehen würde, sie hätte keine Sünden, weil sie in dieser verlogenen Welt nicht einmal ein richtiges Bett unter ihrem Körper gehabt hätte. Die Schildkröte sagte: »Iiiiii...« und faßte meine Hand mit ihrer linken Hand sehr fest. Da saßen wir, die Schildkröte, meine Großmutter und ich Hand in Hand. Draußen die Haustür geht auf und zu. Die hohen Absätze von Gehenden, Kommenden schlugen gegen den Steinfußboden, die Sonne fing an, auf den Treppen zu sterben. Die Schildkröte deutete mit ihren Augen unter das Kopfkissen, meine Großmutter suchte unter dem Kissen, was die Schildkröte wollte. Es war eine Dattel. Die Schildkröte dirigierte mit den Augen die Hand meiner Großmutter, die die Dattel in ihrer Hand hielt, bis zu meiner Hand. Ich bekam die Dattel, die alte Frau starb, eine Fliege machte vızzzzzz vızzzzzz vızzzzzz, die alte Frau ging ins Paradies, meine Großmutter stand auf, sagte: »Sie ist gerettet, wir gehen uns die Schiffe anschauen, schauen, wie viele heute ankommen, wie viele weggehen.«
Am Hafen pusteten die Schiffe die Leute, die von der Arbeit nach Hause eilten, als Staubwolken aus. Die Schiffe nahmen die anderen wartenden Leute auf. Ein Bauch, der seinen rausgepusteten Samen als gewachsene Kinder immer wieder hereinnahm, und im Bauch kriegten sie sofort Tee in kleinen Gläsern. Von der Sonne verschwitzt, guckten die Gesichter in diesem kälteren Raum im Halbdunkel auf die anderen Gesichter und ruhten sich aus.
Eine schlägt eine Zeitung auf, und die anderen lesen mit. Aus den Zeitungen tropfte immer viel Blut, mal aus dem Beil einer Frau, die im Schlaf ihren Mann in 33 Stücke geteilt hatte, mal aus dem Brotmesser eines Onkels, der seinen Neffen als Gast in seiner Wohnung wohnen gelassen hatte und der mit der Frau des Onkels an dem Tag al-

leine gewesen war. Und mal aus der Pistole eines sehr dünnen Mannes, der in einer dunklen Ecke einer Striptease-Bar saß und der die rosa gefärbte Watte an ihren Brustwarzen tragende Stripperin mit sich in die andere Welt nahm. Mal beim Rangieren eines Lastwagens, dessen Fahrer seine eigene Tochter, die hinter ihm her gehen wollte, nicht sah und diese mit den Hinterrädern an die Wand drückte. Das Blut aus den aufgeschlagenen Zeitungen machte das ganze Schiff voll, das Schiff schüttelte es aus den Türen ins Meer, und die Zeitungen schlugen die inneren Seiten auf. Die Photoromane über das Osmanische Reich – Schwarzweiß-Zeichnungen. Eine Mutter, eine Sultanin, bringt ihren eigenen Sohn mit Hilfe eines Negersklaven um. Der Sklave schneidet dem Kind den Kopf ab, die Sultanin liegt in Tüllkleidern auf den Kissen, der Kopf fällt, das Messer fällt auf die Teppiche der Sultanin, der Sklave liegt neben der Sultanin, und die Sultanin spricht dabei, wen sie demnächst töten werden, und darunter steht: Die Fortsetzung folgt morgen.
Einer der Leser ging aufs Klo, an der Decke der nach links und rechts wackelnden Schiffstoilette rollte der blutige Kopf eines Sultanssohns, und ein Tüllkleid lag im Gestank und in Urinflecken. Und die Samen der Leser schütteten sich auf sie. Der Kopf und das Tüllkleid verschwanden unter den Lesersamen durch das Loch ins Meer, das gerade die Blutstropfen zu Blau verdaute. Der Schiffskapitän ganz oben am Steuer sah das alles, er schüttelte seinen Kopf nach links und rechts und sagte: »Dieses Volk ist nicht begabt, Menschen zu werden.«
Aus einem ankommenden Schiff kam mein Vater Mustafa heraus. Er hatte in seiner Hand einen Blechkasten. Mustafa sagte: »Wasserfarben für dich und Ali, du gehst morgen in die Schule.«

Am Abend gingen Fatma und Mustafa ins Kino zu den Amerikanern, die mit einer Tablette satt werden können. Großmutter Ayşe ging mit einer Kerze zu der toten armenischen Frau. Ali und ich stellten unseren drei Jahre jüngeren Bruder auf den Tisch. Der kleine Bruder mußte nur zur Decke schauen. Wir färbten seinen kleinen Pipi mit den Wasserfarben. Unser kleiner Bruder lachte mit geschlossenem Mund, der wegen der zurückgehaltenen Lachwellen zitterte. »Guck auf die Decke, da fliegt ein Vogel.« Ali malte weiter auf ihm, mal die türkische Fahne, mal die amerikanische Fahne, mal die Farben einer Fußballmannschaftsfahne. Dann schickten wir den kleinen Bruder ins Bett, machten das Licht aus und nahmen durch das Fenster den Mond rein ins Zimmer, wir warfen uns auf den Boden und lachten, den Boden schlagend, lange, dann wollten wir weinen. Ich und Ali hatten zwei Schallplatten. Wir schmissen den Mond raus, machten die Vorhänge zu, legten erst Alis Lied auf das Grammophon. Eine Männerstimme sang das Lied: »Überall ist Dunkel, mein kummervolles Herz.« Mein Bruder Ali weinte laut, dann legten wir meine Platte auf. Eine Frauenstimme sang: »Falle in eine Liebe wie ich, und sieh', was Treueeee heißt.« Dann weinte ich. Gelacht und geweint, gingen wir zur Großmutter ans Bett, die mit ihren drei übereinandergezogenen Unterhemden da lag. Sie mußte uns dreimal dasselbe Märchen erzählen. In der Sahara läßt ein Mann namens Yezid die Enkelkinder von unserem Propheten Mohammed, den Hasan und Hüseyin, tagelang ohne Wasser. Sie starben mit den Wörtern »Wasser, Wasser« unter der Sahara-Sonne.
Dann schickte meine Großmutter mich ein Glas Wasser holen, weil ihre Gurgel getrocknet war. Ich ging die faule Holztreppe runter. Als ich Wasser sah, dachte ich, wie dieses farblose fließende Ding, wenn es nicht da war,

den Hasan und Hüseyin umbringen konnte. Die Treppen wackelten unter meinen Füßen, das Wasser im Glas fing an zu zittern, als ob es sehr traurig darüber wäre, was es dem Hasan und Hüseyin angetan hatte.
Ich ging in die Schule. Die Lehrerin fragte alle nach ihren Namen und danach, wo sie geboren waren. Ich sagte: »Ich bin in Anatolien in Malatya geboren.« Die Lehrerin sagte: »Dann bist du Kurdin, du hast einen Schwanz an deinem Arsch.« Dann lachte sie, alle anderen lachten auch und nannten mich: »Kurdin mit Schwanz.« Ab dann saß ich ganz hinten und erzählte während des Unterrichts dem Mädchen neben mir das Märchen, das meine Großmutter mir eine Nacht vorher erzählt hatte. Die Lehrerin lud mich zur schwarzen Tafel ein, weil ich zuviel redete. Ich mußte jeden Tag mit zwei Jungen vor der Tafel auf einem Fuß stehen, dann machte die Lehrerin einen Schreibwettbewerb zwischen uns drei Kindern, ich gewann jedesmal, und ich konnte mich wieder hinsetzen und erzählte das Märchen dem Mädchen weiter.
Einmal mußte ich pinkeln. Ich hob meinen Zeigefinger hoch, die Lehrerin schaute mich mit einem Auge an und sagte: »Wieder du, schweig, sonst wird dein Kinn vom Sprechen herunterfallen.« Ich schwieg eine Weile, damit das Wasser in mir drin blieb, dann kam mein Pinkel und lief unten zwischen den Füßen der lernenden Kinder, dann kam die Scheiße. Dann ging es mir gut, dann kam Mittag, ich ging mit der Scheiße aus der Schule am Friedhof vorbei zu meiner Großmutter. Sie sagte: »Scheißen ist ein Geschenk Allahs.« Als Ayşe mich wusch, kam ein zwei Meter langer Mann, hinkend, mit einem Plastiksäbel in der Hand. Er schrie: »Allah, Allah« und lief hinter mir her über die Holztreppen und durch die Zimmer. Er schnappte mich und schnitt mir mit dem Plastiksäbel

meinen Kopf ab. Da kam meine Mutter und sagte: »Das ist dein Großvater, mein Vater aus Anatolien. Du fährst jetzt in Ferien, mit ihm nach Anatolien, zu der Stadt, wo du deine Augen zur Welt geöffnet hast.«

Der schwarze Zug kam bis zu unseren Füßen. Ich und mein Großvater Ahmet stiegen ein. Nach Anatolien.
Im Zug habe ich wieder die Soldaten gesehen. Als der Abend kam, haben die Soldaten mich in einen Soldatenmantel gehüllt und auf das Gepäcknetz gelegt und mit einem Soldatengürtel festgeschnallt. Ich schaute durch das Netz wie ein Vogel. Drei Tage, drei Nächte. Großvater und die Soldaten rauchten den Tabak, der wie sehr lange Mädchenhaare aussah. Soldaten sagten im Chor: »Großvater, erzähle!« Großvater sprach, und sein unrasierter Bart wuchs auf seinem Gesicht, und der Bart fing an, einen Teppich zu weben. Die Soldaten machten Feuer, um die Bilder des Teppichs zu sehen.
Am Anfang des Teppichs schneite es auf den Bergen. Auf denen lief mein Großvater als ein sehr junger Mann mit einem sehr jungen Mädchen und mit vielen Tieren. Ein Pferd fällt und stirbt im Schnee, und die Geier fliegen schreiend, der junge Großvater zog seinen Pfeil und rief den Geiern zu: »Geht, grüßt euren russischen Zar, den Pfeil wird er eines Tages zwischen seinen Augen finden. Ach, ich muß das Land verlassen, Bluthunde, die Erde hat Ohren, die wird für mich Rache am Zar nehmen.«
Auf dem Teppich lagen die sterbenden Tiere und zeichneten den Weg von Ahmet und der jungen Frau vom Kaukasus bis nach Anatolien. Gold fließt aus der Hand des Großvaters und verwandelt sich zu Feldern in dieser Stadt Malatya. Voll mit Aprikosenbäumen. Dann verlor ich meinen Großvater im Teppich zwischen dem hochgewachsenen Getreide und Mais mit seinen fünf Frauen

und Kindern. Dann sah ich ihn im Teppich wieder, er fing an zu hinken, in den Flammen, die Handgranaten fielen, dann flatterte auf dem Teppich eine deutsche Fahne neben einer türkischen Fahne. Auf dem Teppich baute der Bismarck die Bagdadbahn bis zu den Ölfeldern durch die Türkei, und beim Durchbauen sah Bismarck die Stadt Pergamon und fragte höflich den Sultan, der aus Angst vor einem Widerstand des Volkes immer mit schlecht sitzenden Anzügen herumlief, weil sein Schneider nur aus der Entfernung Maß nehmen durfte. Bismarck fragte den Sultan höflich, ob er aus der Stadt Pergamon ein paar Steine als Andenken mit nach Deutschland nehmen dürfte. Der Sultan sagte: »In meinem Reich gibt es so viele Steine, der Ketzer soll auch was davon haben.« Bismarck schleppte alle Steine aus der Stadt Pergamon nach Berlin, dann kam Bismarck wieder zum Teppich und brachte deutsche Eimer, mit denen er das Öl von Bagdad mit nach Hause schleppen wollte. Die Engländer und Franzosen und Italiener hörten es und kamen mit ihren eigenen Eimern in die Türkei. Deutsche, Engländer, Franzosen, Italiener kehrten ihre Eimer um, setzten die Eimer als Helme auf ihre Köpfe, zogen ihre Handgranaten und Waffen aus ihren Hosentaschen, und in der Türkei fand der Öleimerkrieg statt. Der Großvater mußte für die deutschen Eimer in den Krieg, auf dem Teppich zwischen Flammen und brennenden Tieren und Menschen lief Großvater, schreiend. Aus seiner Hüfte fließendes Blut färbte im Teppich ein Dreieck rot, dann wurden große Flammen zu kleinen Flammen, die Deutschen mußten raus. Ihre Eimer rollten sich mit ihnen bis nach Deutschland zurück, die französischen, englischen, italienischen Eimer teilten sich das Land, der Sultan saß nackt in seinem Palast mit drei Eimern, einen Tag wusch er sein Gesicht im französischen, am nächsten

Tag wusch er sein Gesicht im englischen, dann im italienischen Eimer, und sein Schneider durfte auch nicht mehr aus der Entfernung Maß nehmen. Jeden Tag, wenn er sich über den Eimer bückte, zeigten sich im Eimer alle Sultans, die von ihren eigenen Brüdern, Müttern, Vätern erdrosselt, erhängt, zerstückelt worden waren, und sie färbten die Eimer rosa. Dann kamen die Bauern in die Eimer, die Bauern, die von den Steuerbeamten des Sultans zum Hungern verurteilt worden waren, mit ihren Tierkadavern. Sultan machte die Augen fest zu, wusch sich, lief in seinem Zimmer auf Knien, legte sich nicht ins Bett, sondern unters Bett und legte zwei große Diamanten über seine Augen und hörte, daß sich draußen die Pferde mit ihren Reitern sammelten. Am Kopf der Reiter auf dem Teppich ein sehr schöner Offizier, Haare blond, Wimpern blau. Die Soldaten im schwarzen Zug, die auf den Teppich schauten, standen plötzlich auf und begrüßten diesen Offizier. Der blauäugige Mann sagte vom Teppich: »Soldaten, wie geht es euch?« Die Soldaten im Zug sagten im Chor: »Gut, mein Atatürk!« und blieben in Position stehen, rechte Hand vor ihrer Stirn. Schauten auf den Teppich, den der Bart meines Großvaters weiterwebte. Der blauäugige Offizier lief mit vielen Männern, darunter mein Großvater und Frauen, alle trugen auf ihren Schultern Äste aus Bäumen, auf dem Teppich lief ein Wald, und andere Wälder kamen entgegen. Aus den Bergen kamen die Banditen mit bis in die Sonne steigenden lockigen Haaren, olivenschwarzen Augen, mit ihren am ganzen Körper zitternden Pferden zu diesem blauäugigen Mann. Er nahm einen Ast und zeichnete auf der nassen Erde einen Kriegsplan gegen die Eimer und gegen den nackten Sultan, der mit zwei Diamanten auf seinen Augen unter seinem Bett lag. Die Pferde horchten mit ihrem ganzen Körper. Der Wald ist

ein stummer Zuhörer, und jeder Baum tätowierte auf seinen Leib diesen Plan.
Auf dem Teppich ritt ein staubbedeckter Reiter, kam an, sein Pferd fiel und starb. Ein Russe. Er schüttelte aus seinem Mantel und Mütze viele Waffen und Gold, sagte: »Lenin und Genossen begrüßen euren antiimperialistischen Krieg.« Die Banditen und mein Großvater gaben ihm einen Krug Wasser, er trank und ging. Der bewaffnete Wald setzte sich hin, betete, und die Handgranaten gingen hoch, der Sultan nahm die Diamanten von seinen Augen und verstopfte damit seine Ohren. Die französischen Eimer schrien: »Au secours.« Die englischen Eimer schrien: »Help! Help!.« Ein schöner griechischer Offizier in Smyrna blieb in seinem Bett, sagte, er könnte nicht aufstehen, er hätte einen Körper aus Glas, der zerbrochen würde. Und die Eimer schwammen im Mittelmeer und im Ägäischen Meer Richtung Italien, England und Frankreich. Aus ihren Taschen fielen Shakespeare und Molière und Dante und winkten den gehenden Eimern. Der letzte Sultan warf sich hinter ihnen ins Wasser und schwamm weg und umarmte fest einen englischen Eimer. Am Ufer legte der Wald die Äste ab, raus kamen Männer, Frauen, Greise, sie sammelten im ganzen Land die Toten und begruben sie in der Sonne.
Der Feind ist weg, sagten sie. Es lebe die Republik, sagten sie, die Männer im Frack und Melonenhüten. Religion und Staat sind getrennte Sachen, sagten sie und warfen die arabische Schrift auch ins Meer und holten mit europäischen Flugzeugen die lateinische Schrift in das Land, nahmen den Frauen ihre Schleier weg, und die Minarette ließen sie verfaulen, und zu europäischer Musik tanzten sie auf den Bällen. Einen Panamahut hielt der blauäugige Mann in der Hand, dann setzte er ihn auf. Die armen Männer im Land mußten auch nicht mehr

Fez, sondern auch Hüte tragen. In einer Kleinstadt trugen alle Männer auf einmal europäische Damenhüte, alte Ladenhüter, die ein schlauer Kaufmann ihnen verkauft hatte. Der blauäugige Mann saß auf einem Stuhl, sagte so viele Sätze, Männer in schwarzen Melonenhüten nahmen Wörter aus seinen Sätzen, und im Parlament warfen sie sich die Wörter gegenseitig als Schneebälle zu. Auf dem Teppich wachten die Dörfer auf, die im Krieg gestorbenen Söhne klopften an den Türen, ihre Äste auf ihren Schultern tragend, ihre Mütter machten die Türen auf. Die toten Söhne sagten: »Mütter, es wird für euch einen sehr sehr langen kalten Winter geben, hier sind die Äste, sammelt sie, wärmt euch, wenn die Wölfe bis an eure Türen kommen und mit vom Hunger glänzenden Augen in eure Augen schauen.« Auf dem Teppich rauchten die kleinen Ofenrohre und hielten die Liebe zu den Söhnen hoch zum Himmel wie das Stöhnen von den Müttern und mischten sich mit den Stimmen der vor Hunger heulenden Wölfe. Die Mütter sagten zu den Wölfen: »Wir haben selber nichts.« Die Soldaten im Zug fingen an zu weinen, sagten: »Das da ist meine Großmutter. Das da ist meine Großmutter.« Mein Großvater nimmt einen Zug aus seiner Zigarette, und sein Bart webt weiter den Teppich. Genauso rauchte er im Teppich auf einem Berg, ein Fernglas an seinem Hals, die anderen Banditen mit ihren wieder bis zur Sonne gehenden, jetzt ergrauten Locken standen neben ihm. Alle rauchten bis auf einen. Er saß da und sprach zu einem Stein, den er in der Hand hielt, der Geduldstein hieß, ein Stein, an dem man Geduld messen konnte. Er sagte zu dem Geduldstein: »Geduldstein, wir haben gekämpft, ich habe Männer gesehen, die ihre Beine in ihren Händen trugen und gegen die Feinde gingen, ich habe Frauen gesehen, die auf der Flucht vor fremden Männern sich von den Brücken in den Fluß warfen, und der Fluß hat sie gewaschen, ihre Wunden geleckt, und der Fluß hat ihnen Flügel gegeben. Diese Frauen flogen in den Himmel und trugen die getöteten Männer in ihren Armen, ich habe gesehen, sie sind bis zur Sonne geflogen und haben ihre Toten in der Sonne begraben. Geduldstein, konntest du denn dulden?« Geduldstein im Teppich atmete tief und stöhnte und wurde etwas dicker. Er sprach weiter: »Geduldstein, die Männer, mit denen wir in demselben Wald waren, tanzen jetzt mit ihren parfümierten Frauen, tragen schwarze Hüte, feiern gewonnenen Krieg, vergessen ihr Wort Gleichheit-Freiheit, Geduldstein, werden diese Männer andere fremde Männer in das Land einladen, die Fremden werden mit ihren Eimern kommen, sie sind Vampire, sie werden aus einem sehr sehr weiten Kontinent herfliegen. Die Männer, die Schwarzhüte tragen, werden sich von ihnen aussaugen lassen, dann werden sie selbst Vampire, fremde Eimer in der Hand; Kaugummi in ihrem Mund kauend, werden sie Tag und Nacht an den Bauern, Müttern, Vätern, Söhnen, Töchtern, an den Tieren saugen. Geduldstein, könntest du denn das alles dulden?« Geduldstein atmete tiefer und tiefer und zerplatzte in tausend Stücke auf dem Berg. Der Mann stand auf, sagte: »Wir kämpfen weiter, gegen die jetzt Hüte tragenden Männer.« Auf dem Teppich fing es an zu regnen. Diese Banditen, darunter mein Großvater, wuschen sich ihre Unterhosen und schrieen Kriegsschwüre, und der Regen hörte sich das alles an. Auf dem Teppich geht die Sonne schnell auf, schnell unter. Fünfzig Tage lang, die Banditen sahen jetzt wie die Eidechsen aus, die sie täglich aßen. Neben meinem Großvater sang ein Knabe, auf seinem Gesicht bewegten sich durch den Wind die weichen Haare, der Knabe sang: »Grüßen Sie mir den Großgrundbesitzer, er wird noch lange schlaflos bleiben, bis meine Waffe ihn küßt.« Ich sah im Zug von oben runter meinen Großvater, er machte seine noch brennende Zigarette auf dem Teppich, genau auf seinem Herz, aus und sagte: »Ach!« Die Soldaten schauten auf ihn und fragten: »Hast du diesen Knaben sehr geliebt, alter Mann?« Mein Großvater sagte: »Ja.« Und aus seinen Augen tropften Tränen auf den Teppich und machten einen silbernen See, in dem Großvater und dieser schöne Knabe, ihre Waffen in ihrem Munde tragend, schwimmend sich faßten. Dann kamen vom Ufer Schüsse, der Knabe sagte: »Ach.« Seine Waffe fiel ins Wasser, er hielt sich fest am Hals meines Großvaters und küßte ihn mit seinem sterbenden Mund. Der Tod kam, nahm den Knaben aus den Armen meines Großvaters und brachte ihn zu den Soldaten ans Ufer. Alle Banditen starben in fließendem Wasser von den Schüssen der Soldaten am Ufer, ihre langen Banditenhaare wuschen sich zum letzten Mal im Fluß, so gingen die Banditen auf den Grund des Flusses zu den Seeschlangen, die Seeschlangen setzten sich in ihre langen Banditenhaare, und eine Medusa nach der anderen bewegte sich auf dem Teppich. Im Zug fragte ein Soldat den Großvater: »Was hast du denn gemacht, als alle deine Freunde getötet waren?« Mein Großvater sagte: »Ich blieb drei Jahre in den Bergen, wurde zum Schmuggler, und als ich eine Nacht ...« Die Soldaten hielten ihren Atem an, ich auch oben im Gepäcknetz, ein Soldat machte ein Streichholz an, damit sie auf dem Teppich im Dunkeln gut sehen konnten, es war sehr dunkel, und ein Schatten lief zwischen den gelegten Minen an der Grenze hin und her. In dem Moment hielt der Zug, und es stiegen ein paar Gendarmen in den Zug ein, die Soldaten und mein Großvater rollten den Teppich zusammen und steckten ihn unter den Sitz. Dann kam die Sonne, und ich machte die Augen zu, die Soldaten auch. Wir wachten alle auf mit der Stimme eines Truthahns, der auf dem von meinem Großvaterbart weiter webenden Teppich herumlief. Mein Großvater saß diesem Truthahn gegenüber und drohte ihm mit einem Säbel. Truthahn sagte: »Wenn du von einem gewonnenen Krieg nichts gekriegt hast, was kann ich dafür?« Mein Großvater lief hinkend hinter dem Truthahn her, drehte ständig seinen Säbel über seinem Kopf. Auf der Suche nach diesem Truthahn landete mein Großvater auf einem Berg, da sammelte er unreife Äpfel und Steine und warf sie Richtung Hauptstadt der Republik und schrie: »Belogen habt ihr uns.« Dann bekam er Hunger und sammelte die Äpfel, die er geworfen hatte, wieder ein und aß sie. Seine Frauen suchten nach ihm, er sagte aber, er käme erst, wenn er Gold verdient hätte. Die Gendarmen suchten nach ihm, er dressierte auf dem Berg ein Pferd, gab ihm den Namen September, schmuggelte mit ihm durch das verminte Grenzgebiet Schafe nach Syrien und bekam Gold. Dann stand er auf seinem Pferd September wie ein lachender Vogel, schaute von dem Berg runter auf seine Stadt und hörte aus seinem Haus den Schrei seines neugeborenen Kindes. Er ließ September das Gold runterschlucken, damit die Gendarmen das Gold nicht finden konnten. Sein Pferd September flog mit ihm vom Berg bis in die Stadt zu der Gasse, wo sein Haus lag. Da standen ein paar Gendarmen in dunklen Ecken, die Münder von ihren Gewehren glänzten, mein Großvater knöpfte seine Hose auf, pinkelte vom Pferd runter, links und rechts auf die Gasse, und sagte zu den Gendarmen: »Die Gendarmen, die mich, den Tscherkessen Ahmet, festnehmen können, sind noch von keiner Mutter geboren.« Die Gewehre blieben ruhig, und er trat in sein Haus. Die Soldaten sahen es im Teppich und klatschten in die Hände. Ich machte oben im Netz meine Augen groß auf, schaute auf den Teppich, ging mit meinem Großvater durch den Garten in ein großes Zimmer rein, plötzlich erkannte ich das Zimmer, in dem ich aus meiner Mutter rausgekommen war, jetzt lag ein anderes Kind in dem Bett in den Armen einer sehr schönen Frau, ihre langen Haare lagen auf dem Bett, die waren noch naß von der Geburt. Mein Großvater nahm das Tuch vom Gesicht dieses Kindes und sagte: »Meine Tochter, dein Name soll Fatma sein, Fatma, willkommen auf dieser brennenden Welt.« Das Kind war meine Mutter Fatma. »Sie ist meine Mutter!« Die Soldaten sagten: »Ja, deine Mutter, sie schläft, schlafe du auch.«

»Nein, ich will meine Großmutter weiter sehen. Von ihr gibt es kein Photo.« Mein Großvater webte den Teppich nicht weiter. Er saß da und schwieg. Ich sah ihn auf dem Zugfenster ins Dunkle schauen. Die Soldaten sagten: »Großvater, erzähle!« Großvater machte mit seinen Händen seine Augen zu, die Wörter fielen und woben den Teppich weiter, auf dem Teppich kopfrasiert, saß er eine Weile in einem Gefängnis, kam raus, gab einem Mann vor dem Gefängnis, der ihn um etwas Geld anbettelte, sein letztes Geldstück und lief nach Hause. Alle seine Frauen standen vor dem Haus, nur die Mutter meiner Mutter war nicht da. Sie küßten ihm seine Hand in der Reihe stehend, seine Hand blieb in der Luft hängen, er fragte: »Wo ist meine Frau?« Eine seiner Frauen sagte: »Sie ist zur Hochzeit ihrer Schwester in ihr Bergdorf gegangen.« Dann schwieg sie. Großvater sagte: »Frau, warum versteckst du die Wörter unter deiner Zunge, sag!« Die Frau sang plötzlich laut: »Gestern ist dein und mein Sohn gestorben, und wir haben gehört, deine Frau hat oben auf der Hochzeit ihre Hände mit Henna färben lassen, aus Freude, weil mein Sohn tot ist.« Sie sang diesel-

ben Sätze paarmal, die anderen Frauen standen da als schweigender Frauenchor. Mein Großvater sagte nichts, setzte sich auf sein Pferd September, ritt zum Bergdorf, ging zum Hochzeitshaus, da sah ich meine Großmutter, Mutter meiner Mutter, Haare gelöst, barfuß vor einem großen Stein sitzen. Sie rieb ihre Fingernägel an diesem Stein, der Stein blutete so unbarmherzig. Die Großmutter sagte: »Ahmet, ich wußte nicht, als ich zur Hochzeit kam, daß dein Sohn von der anderen Frau sterben wird.« Der Großvater band ihre Haare an den Schwanz seines Pferdes September und ritt über die steinigen Wege, meine Großmutter zog die dornigen Pflanzen und Steine allmählich wie ein Kleid an, rief nach ihrer Mutter und ihrem Vater, die schon längst tot waren, doch die Toten hörten es, kamen aus ihren Gräbern und nahmen ihre Tochter mit sich. Das Pferd September besuchte ihr Grab täglich und biß mit seinen Zähnen seinen Schwanz, der diese Frau zu Tode gezogen hatte. »Ach«, sagte September, »dieser Schmerz ist wie ein Dorn, der in einem nassen Fell feststeckt.« September setzte sich neben ihr Grab, aß die Erde, die Steine, so viele Steine, daß er schwer wurde, dann trocknete er seine Tränen, lief auf seinen Knien bis zum Fluß »Verrückter Euphrat« und warf sich in den Euphrat, der ihn schnell herunterzog. Auf dem Teppich zeigte sich tiefgrüne Farbe, in der eine Frau auf einem Pferd sitzt und reitet.
Der Teppich endete hier als ein unvollendeter Teppich. Der Zug war angekommen. Die Soldaten nahmen mich aus dem Gepäcknetz, rollten den Teppich zusammen, legten ihn auf die Schultern meines Großvaters, der jetzt auf der Erde Allah anbettelte, ihm seine Sünden zu verzeihen. Ich als siebenjähriges Mädchen nahm meinen Großvater auf meine Schultern, wir stiegen aus dem Zug, der Teppich rollte durch die Gassen mit uns, wir kamen

bis zu seinem Haus, seine einzige Frau, die noch lebte, nahm ihren Mann von meinen Schultern in ihre Arme, trug ihn und setzte ihn auf den Gebetsteppich, wo er weiterbetete. An den Wänden hingen silberne Säbel, Messer, Peitschen aus seiner Jugend etwas verrostet da.

Die Stadt war ein anderer Planet. Sie stand viel näher an der Sonne als İstanbul. Ich war in ein paar Tagen ein schwarzes Mädchen, mit allen anderen schwarz gewordenen Menschen bewegte ich mich unter der weißen Sonne. Später, als ich die Negative der Photos sah, erinnerte mich das sehr an diese Zeit, an die weiße Sonne und die schwarzen Menschen. Also deswegen fragte die Lehrerin in İstanbul, ob ich einen Schwanz am Arsch habe, weil ich in dieser Stadt geboren bin. Die Menschen in İstanbul waren die entwickelten Photos, die man gerne an die Wände hängt, und die Menschen in Anatolien waren die Negative, die man irgendwo im Staub liegen läßt und vergißt.

In dieser Stadt habe ich die Nacht nie gesehen. Diese zwei Monate, in denen ich dort war, waren wie ein einziger sehr sehr langer Tag, und er fing mit Morgenröte an. Das Haus war wie die arabischen Häuser, mit flachem Dach, auf dem trocknete das Getreide und dampfte ein herrlich riechender Staub. Ich sah in dem Garten den Schleier der Morgenröte, die Schlangen spazierengehen zwischen den Granatapfelbäumen. Die honigmachenden Bienen schufen unter dem Himmel einen anderen Himmel über den Weintrauben. In dem kleinen Bach im kalten Wasser schwammen die Wassermelonen, die bucklige Frau meines Onkels molk aus dem Esel Milch und gab mir zu trinken. »Trink, du wirst klug.« »Warum?« »Weil der Esel klug ist und keine Sünden hat.« »Warum?« »Weil er immer arbeitet.« Es ist wahr, die Eselin sah wie eine Maschine aus, aus ihrem Busen lief Milch, mit ihrem Mund aß sie, und mit ihren Hufen schickte sie die Schildkröte weg, und mit ihrem Schwanz peitschte sie ihren eigenen Körper, auf dem die Fliegen ununterbrochen hochflogen und wieder landeten, und mit ihren Augen guckte sie in meine Augen. Die Augen der Eselin erinnerten mich an die schönen Augen meiner Mutter, ich weinte und trocknete meine Augen an einem schmutzigen Tuch. Die bucklige Frau meines Onkels ist mit mir von Zimmer zu Zimmer, von einem Baum zum anderen gelaufen und hat mir alle Spinnen von Haus und Garten gezeigt. »Du mußt sie niemals töten!« »Warum?« »Sie sind alle unsere gestorbenen Mütter, Väter, Brüder, Schwestern, und eine Spinne hat einmal unseren Propheten Mohammed vor seinen Feinden gerettet. Mohammed hatte sich in einer Höhle versteckt, hinter ihm waren zwei Männer mit Säbeln, die nach ihm suchten, um ihn zu töten, da kam aber eine Spinne, webte vor dieser Höhle ein hundert Jahre alt aussehendes Haus. So sind die Männer mit scharfen Säbeln nicht in die Höhle reingegangen.« Die bucklige Frau meines Onkels hat mich in das kleine Becken, in das kalte Wasser, wo die Wassermelonen schwammen, geworfen, in dem meine Neffen und Nichten auch wie die Melonen saßen. Wir saßen im Wasser und machten einen Kriegsplan gegen die Großbienen. Wir wollten mit dicken schwarzen Strümpfen unsere Arme und Beine und Gesichter zudecken und mit Kuhscheiße die Löcher von den Bienen an den Bäumen zumauern. Wenn ein paar Bienen sich retten konnten, sollten sie nicht mehr wissen, wo sie wohnten. Als wir unseren Plan im kalten Wasser besprachen, stand mein Großvater von seinem Gebetsteppich auf, setzte sich in unsere Nähe. Seine Beine wie eine gebärende Frau aufmachend, fing er an zu furzen, gegen die Sonne,

vor jedem Furz sagte er: »Das ist für Sultan soundso, das ist für den regierenden Beamten soundso, das ist für den General soundso, das ist für den Bürgermeister soundso, das für den Großgrundbesitzer soundso, das ist für den Herren soundso.« Dann nahm er seinen Plastiksäbel und ging wieder hinter dem Truthahn her, den Säbel über seinem Kopf drehend, und schrie dabei: »Allah, Allah.« Wir schrien mit »Allah, Allah«, und meine Neffen gingen mit ihm, ich wollte auch mit, da kam die bucklige Frau meines Onkels mit der alten Frau vom Großvater mit den Eßsachen und sauberer Wäsche unter ihren Armen. Die Frauen sagten mit ihren jungen und alten Stimmen zu mir: »Komm, wir gehen ins Türkische Bad, die Männer sollen ihre Kriegsspiele spielen, komm, schwarzes Mädchen, wir waschen uns im Bad weiß.« Sie zogen ihren Schleier an und verschleierten mich auch. Als wir in der Gasse liefen, kamen andere Frauen im Schleier wie aus schwarzen Löchern gebrochene schwarze Geister und liefen mit uns Richtung Stadtzentrum, wo das Badehaus war. Alle Hunde der Straße bellten laut vor uns gesichtslosen Vierzigfüßlern. Ich sah auf dem Weg zum erstenmal sehr kleine Häuser aus Kuhscheiße, deren Geruch mit uns erst mitlief, aber dann aus dem Zentrum wieder zurückkehrte, wo sich der Geruch mit Oliven, Aprikosen, Stoffen, Männerschweiß, Pferdescheiße, Läuseblut, Hundespucke, Staub und Weintrauben vermischte.
Wir traten in das Badehaus, ein Mösenplanet, ein Mutterbauch, ein sonniger. Wir zogen unsere Schleier aus, kilometerlange Haare, kiloweise Busen, Bauch, Tausendfüßler, liefen über den mit Wasser bedeckten Marmor. Sonne kam durch die Dachgläser und löste sich in vierzig Farben auf dem Wasser. Unsere Stimmen gingen hoch, und sofort kamen sie als Echo auf unsere Füße zu-

rück. Diese Wassergeister wuschen sich stundenlang, rieben ihre Körper gegenseitig mit seidenen Tüchern, die alte Haut kam wie getrockneter Tabak von unserem Fleisch und ging durch die Löcher mit dem Wasser raus aus dem Badehaus. Manche Frauen fielen durch die Wärme in Ohnmacht, gingen raus in den kälteren Raum, setzten sich da, an einer Zitrone riechend, dann packten sie ihre Eßsachen aus. Gekochtes Getreide, Melonen, gefüllte Paprika, wir aßen und tranken, und die bucklige Frau von meinem Onkel sagte, als wir auf unserem Rücken mit unserem dicken Bauch ruhten: »Heute klauen wir dem Schicksalsengel einen Tag.« Die Frauen machten die Augen zu. Ich schaute hoch zum Dachfenster, wo die Sonne sich zerstückelt hatte, um reinregnen zu können bis zu diesen Frauenkörpern, dann sah ich eine Birne da stehen, ich nahm die Birne und stellte sie zwischen meine Beine, mein Schatten weckte die bucklige Frau von meinem Onkel, die Bucklige sagte: »Tu die Birne runter!«
»Warum?«
»Tu weg, sonst wirst du unter einem Eselding sterben.«
»Warum?«
Die alte Frau meines Großvaters sagte, ohne ihre Augen aufzumachen: »Sag dem Mädchen nicht so schwere Sätze, die schwerer sind als ihr Körper, sie spielt.«
Da kam eine sehr schöne Frau in das Badehaus rein. Das ganze nackte Fleisch von den anderen Frauen hörte auf, sich zu bewegen, nur ihre Münder machten sich auf, der Frauenchor flüsterte: »Die Hure ist da.«
Alle Frauen gingen hinter dieser Hure wieder in den Waschraum rein, setzten sich um den runden Marmorstein und schauten auf diese Hure, die sich in der Mitte des Marmorsteins legte und sich von zwei Badehausdienerinnen waschen ließ. Weder die Dienerinnen wurden

satt sie zu waschen, noch die anderen Frauen, auf sie zu gucken. Wir gingen als lange Schlange hinter dieser Hure her aus dem Badehaus. Sie stieg in eine Kutsche, ohne Schleier, und der Kutschwagen spritzte Straßenschmutz auf uns Verschleierte, und ich schwor mir, eines Tages so wie diese Hure zu werden. Nach zwei Monaten Ferien in dieser Stadt stieg ich wieder mit meinem Großvater in den schwarzen Zug Richtung İstanbul. Mit einer Blechsparbüchse in der Hand, in der vier Lira, zehn Kuruş gesammelt waren. Während der Ferien kam mein Onkel, der ein kleiner Postbeamter war, jeden Abend nach Hause mit einem weißen Brot. Er sagte mir: »Hier, Großstadtmädchen, das weiße Brot für dich«, und gab mir jeden Tag 100 Para, ein kleines Geldstück mit einem Loch in der Mitte, dann trank er vierzig Gläser Tee, aus Sehnsucht nach der Jugend seines Vaters.
Ein sehr dünner Mann. Wenn er mich anguckte mit seinen schwarzen Löchern, schauten alle Toten aus diesen Augen mit raus. Ich stieg in den schwarzen Zug nach İstanbul. Mein Onkel sagte mir: »Stadtmädchen, Stadtmädchen, du wirst uns so schnell wie ein Auge auf- und zumacht, vergessen.« Der Zug wartete aus Barmherzigkeit, bewegte sich nicht, sagte nichts aus Respekt vor meinem Onkel, dem sehr kleinen Postbeamten, der da so stand. Mein Onkel stand da, als ob er nach mir und diesem Zug nicht nach Hause, sondern durch die sehr engen Gassen, wo die Menschen in schmutzigem Wasser neben ihren schmutzigen Schatten liefen, zum Friedhof laufen wird, um sich dort zum Sterben hinzulegen.
Ich küßte meinem Onkel die Hand mit meinem Mund, in dem ich unter meiner Zunge den Dialekt dieser Stadt festgeklebt hatte, den fremden Lebensgesang dieser Menschen. Der Zug kam in İstanbul an, ich stieg die Holztreppen vom Holzhaus hoch, hinter mir die Blech-

büchse mit 100 Paras. Ich öffnete meine Arme und schrie: »Mutter!« Meine Mutter saß da und faltete saubere Wäsche, ich sagte: »Mutter, ich bin gekommen.« Meine Mutter stand mir gegenüber, aber ich konnte sie nicht umarmen. Zwischen uns stand eine Mauer aus dem fremden Dialekt, den ich aus dieser anatolischen Stadt unter meiner Zunge mitgebracht hatte. Meine Mutter sagte: »Sprich nicht so, du mußt wieder istanbultürkisch, sauberes Türkisch sprechen, verstehst du, in zwei Tagen fängt die Schule an. Wenn du so anatolisch sprichst, werden alle zu dir Bauer sagen, verstehst du? So sprich doch istanbulisch.« Ich machte wieder meine Arme auf, sagte: »Mutter-Anacuğum.« Meine Mutter sagte: »Sag: Anneciğim! Nicht Anacuğum.« Ich sagte: »Anacuğum.« Mutter sagte: »Anneciğim«, ich sagte: »Anacuğum.« Mutter sagte: »Anneciğim«, zwischen uns diese Dialektmauer, setzten wir uns auf den Boden. Meine Mutter weinte und schnaubte in die saubere Wäsche: »In der Schule werden sie dir das Leben wie einen engen Schuh anziehen. Ich weine für dich.« Ich weinte auch mit »Anacuğum, Anacuğum, Anacuğum« und meine Mutter mit »Anneciğim.« Die beiden Wörter fochten in der Mitte des Zimmers, wo die Spinnen in großer Ruhe an den Wänden ihre Häuser längerzogen. Meine Großmutter kam, sah dieses Fechten zwischen »Anacuğum« und »Anneciğim«, sagte: »İstanbuler Wörter lassen keinen süßen Geschmack auf der Zunge, die Wörter sind wie kranke Äste, sie zerbrechen hintereinander.« Meine Mutter sagte: »Hörst du nicht, wie sie Anacuğum sagt?« Großmutter sagte: »Ja, sie sagt Anagı«, was auch in ihrem Dorfdialekt in Kapadokia »Mutter« heißt. Ihre Anagı, meine Anacuğum standen nebeneinander gegenüber İstanbuler Anneciğim. Die Wanduhr fing an, sich schneller zu drehen, meine Mutter nahm mir die Blechbüchse mit 100 Paras, die mir mein Onkel jeden Tag gegeben hatte, ab und sagte: »Guck, für jedes Wort, das du in anatolischem Dialekt sprechen wirst, werde ich dir hundert Para abziehen.« So mußte ich bis abends von vier Lira 10 Kuruş drei Lira 50 Kuruş Strafe zahlen. Für meine Wörter, die ich aus der Stadt, wo meine Mutter und ich geboren wurden, mitgebracht hatte. So schnitten mir İstanbuler Messer mein Anacuğum rasch zu Anneciğim.

Großmutter sagte: »Die Menschen werden aufwachen, sie werden sehen, was sie als Gold nach Hause gebracht haben, ist eine Handvoll Zwiebelschale. Die Herzen der Menschen sind schwarz, du aber halte dein Herz sauber, du wirst keinen Platz in dieser Welt haben, aber wenn du stirbst, fliegt deine schöne Seele aus deinem Mund raus. In dieser leeren Welt bleibt deine Seelenstimme und macht ein angenehmes Echo. Wer das hören will, wird hören. Schöne Seele ist eine Feder, die die blinden Augen heilen kann.« Großmutter sprach diese Wörter sehr langsam, es sah so aus, als ob sie nicht sprach, sondern als ob aus ihrem Körper leise Stimmen kamen. »Komm, arbeiten wir«, sagte sie. Sie saß da, hatte ein Tuch vor sich, auf dem viele geknotete Strickfäden lagen, viele viele Farben, die sich aus einer alten Strickjacke rauslösten. Wir haben zusammen die Knoten von Strickfäden aufgemacht, damit wir Geduld lernten. Großmutter sagte: »Wenn ein Mensch in einem Zimmer nicht auf seinen Knien ruhig sitzen kann, ist er ein schlechter Mensch, denn in ihm kocht Böses gegen die anderen Menschen. Es ist besser, wenn man seine Knie kaputtmacht und Geduldigsein lernt, auf seinen Knien sitzt und mit den Toten spricht. Diese Welt wird niemandem bleiben, schau, meine Zähne, was die in diesem blinden Leben alles gegessen und zermahlen haben, schau, weder sind sie Gold geworden noch sind sie aus Silber.

Wenn du einen Blinden siehst, geh zu ihm, stell dich neben ihn, mach ein Auge zu, so findest du seine Nähe. Wenn du einen Stummen triffst auf der Straße, hebe einen Stein von der Erde, lege den Stein über deine Zunge.« So saß ich da meiner Großmutter gegenüber, über meinen zwei Knien, ein Auge zu, ein Stein über meiner Zunge, die geknoteten Strickfäden von Knoten freimachend, Fadenstaub in meiner Nase, und lernte die Gebete, die ich für die gestorbenen Menschen singen würde, auf dem Friedhof und in der Nacht im Bett.
Großmutter sprach diese arabischen Wörter, die wie eine Kamelkarawane hintereinander liefen, in meine Augen guckend, in ihrem Kapadokia-Dorfdialekt. Die Kamelkarawane sammelte sich in meinem Mund, ich sprach die Gebete mit Großmutter, so hatten wir zwei Kamelkarawanen, ihre Kamele, die größer waren als meine, nahmen meine vor ihre Beine und brachten meinen Kamelen das Laufen bei. Beim Sitzen wackelten wir auch wie Kamele, und ich sprach:

»*Bismillâhirahmanirrahim*
Elhamdü lillâhirabbil âlemin.
Errahmanirrahim, Mâlüki yevmiddin. Iyyakenà'büdü ve iyyake nestè'in. Ihdinessıratel müstekıym; Siratellezine en'amte aleyhim gayril mağdubi aleyhim veleddâllin, Amin.
Bismillahirrahmanirrahim
Kül hûvallahü ehad. Allahüssamed. Lem yelid velem yüled. Velem yekûn lehu küfüven ehad. Amin.«

Ich wußte nicht, was diese Wörter sagten, vielleicht Großmutter Ayşe auch nicht. Das Wort Bismillâhirahmanirrahim kam aus den Mündern von vielen Menschen. Man mußte, wenn man ins Haus trat, mit dem rechten Fuß auftreten und dabei Bismillâhirahmanirrahim sa-

gen. Wenn man sich wusch, mußte man mit der ersten Tasse Wasser, die man über die Haare gießt, Bismillâhirahmanirrahim sagen, wenn man das erste Stück Brot am Morgen in den Mund nahm, mußte man auch Bismillâhirahmanirrahim sagen, Kleider zog man an und aus mit Bismillâhirahmanirrahim. Ein Brief kam an, man öffnete ihn mit Bismillâhirahmanirrahim. Auf einem Schlachtfest wartet ein Schafhals unter einem ruhigen Messer, man sagt Bismillâhirahmanirrahim. Der Kopf des Schafs lag auf der Erde neben seinem Körper, und das Blut floß in die Gasse, jemand nahm mit der Fingerspitze einen Tropfen Blut, brachte es auf seine Stirn, Schafsblut saß auf der Menschenstirn. Auch er sagte Bismillâhirahmanirrahim. Man konnte überall und immer Bismillâhirahmanirrahim sagen, aber nicht auf der Toilette. Weil da kein Allah, sondern der Teufel wohnte. Wenn man schlief, machte man sein Lebensheft mit Bismillâhirahmanirrahim zu, und morgens öffneten sich Lebenshefte mit Bismillâhirahmanirrahim, von einem Bismillâhirahmanirrahim zum anderen Bismillâhirahmanirrahim laufend, machten wir die Sonne zum Mond, den Mond zur Sonne. Es gab auch Bismillâhirahmanirrahim-Kriege, die Menschen, die leise Bismillâhirahmanirrahim sagten, waren böse auf die Menschen, die laut Bismillâhirahmanirrahim sagten. »Die sagen so laut Bismillâhrirahmanirrahim, damit das ein Staub für unsere Augen wird, so können sie Schlechtes in Ruhe tun.« Die laut Bismillâhirahmanirrahim sagten, waren böse auf die leise Bismillâhirahmanirrahim sagten, sie sagten: »Was aus dem Herzen kommt, kommt laut raus, laut können die singen, warum sagen die leise Bismillâhirahmanirrahim?«
Diese Bismillâhirahmanirrahims haben mir im Leben zweimal geholfen, einmal, leise Bismillâhirahmanirra-

him, beim zweiten Mal lauter Bismillâhirahmanirrahim. Leise Bismillâhirahmanirrahim: In der achten Klasse machte unsere Biologielehrerin eine schriftliche Prüfung. Oben auf dem Prüfungspapier über die Fragen habe ich Bismillâhirahmanirrahim geschrieben. Ich wußte nicht viele Antworten auf die Fragen. Die Lehrerin zog aus ihrer Mappe die Papiere und erzählte laut, daß sie mir eine gute Note gegeben hat, wegen dieses Bismillâhirahmanirrahim. »Kinder, das hat mich so berührt, wie ich diese Bismillâhirahmanirrahim sah, daß ich dachte, ach, sie war so aufgeregt, und aus ihrem Herzen kam diese Bismillâhirahmanirrahim auf das Papier. Sie hat die Fragen schlecht beantwortet, ich habe ihr aber eine gute Note gegeben, das Engelchen.«
Alle Kinder sagten zwischen Lachen und Weinen im Chor Aaaaa. Das laute Bismillâhirahmanirrahim hat mir später geholfen. Ich war achtzehn oder neunzehn Jahre alt, wollte nach Paris, ein paar algerische Freunde gaben mir Adressen von einem algerischen Freund in Paris, der an der City-Universität wohnte. Ich ging nach Paris, fand dieses algerische Studentenwohnheim, der Pförtner von diesem Heim konnte den Jungen nicht finden, weil in dem ganzen Haus eine große Feier war. Ich konnte kein Wort Französisch. Ich wartete da, ich war sehr müde, die Frau von diesem algerischen Pförter hat mich in ihre Zwei-Zimmer-Wohnung eingeladen, ich legte mich auf ein Sofa und schlief sofort ein. In der Nacht wachte ich mit einem Schatten über meinem Körper auf, der Pförtner saß da auf einem Stuhl neben meinem Bett und guckte auf mich. Ich überlegte mir, wie ich mich retten könnte und fand dieses arabische Wort in meinem Kopf, den dieser moslemische Algerier auch gut kannte. Ich sagte: »Bismillâhirahmanirrahim.« Er stand auf und sagte laut: »Bismillâhirahmanirrahim.« Dann schlief ich

wieder ein. Dann wachte ich wieder auf, der Mann stand wieder da, ich sagte sofort: »Bismillâhirahmanirrahim«, er sagte: »Bismillâhirahmanirrahim«, ich sagte: »Bismillâhirahmanirrahim«, er sagte: »Bismillâhirahmanirrahim«, ich sagte: »Bismillâhirahmanirrahim.« Seine Frau wurde in dem anderen Zimmer wach und schaute leise mit großen Augen auf uns. Mein Bismillâhirahmanirrahim machte ihn müde, der Pförtner ging schlafen. Am Morgen kam der algerische Student, zu dem meine Freunde mich geschickt hatten. Wir saßen in seinem Zimmer, er lachte und erzählte mir mit Zeichen, die er in der Luft machte, daß wir Liebe machen werden, bis seine Freundin kommt. Ich sagte wieder: »Bismillâhirahmanirrahim.« Er sagte auch: »Bismillâhirahmanirrahim, Moslem, yes, you too Moslem? Yes, you too Moslem, elhamdülillah, Allah allahüekber, selamünaleyküm esselâmünaley.« Wir redeten halb englisch, halb arabisch, bis die Freundin kam.

Dann habe ich im Buch geguckt, was Bismillâhirahmanirrahim heißt: Im Namen Gottes, oder im Namen Allahs, der schützt und vergibt.

Wenn jemand einen schiefen Mund kriegte, sagte man, sie hat Abwaschwasser in der Nacht in den Garten geschüttet und dabei kein Bismillâhirahmanirrahim gesagt, die Geister haben ihr eins ins Gesicht geschlagen. Man konnte auch Bismillâhirahmanirrahim verkürzen und Bismillah sagen. Wenn du ohne Bismillah sagen schläfst, wirst du mit dem Teufel aufstehen. Wenn ich ins Haus oder in die Schule reinkam, aber Bismillah sagen vergaß, ging ich rückwärts aus dem Haus oder der Schule und ging wieder rein mit Bismillah. Ich schnitt einen Apfel mit dem Messer, vergaß Bismillah zu sagen, wusch das Messer und schnitt noch mal mit Bismillah. Ich und mein Bruder Ali, wenn wir uns im Spaß erwürgen woll-

ten, sagten wir auch zähneknirschend Bismillah. Wenn die Kinder die Regenwürmer auf der Erde in fünfzig Teile schnitten und jedes Teil weiterlebte, sagten sie auch Bismillah. Ich ging mal mit meiner Großmutter zum Arzt, er nahm ihre über ihrem Bauch liegende Brust, legte sie auf Großmutters Schulter und sagte dabei Bismillah. Der Beschneidungsmann beschnitt meine beiden Brüder auch mit Bismillah im Mund, Messer in der Hand, und das Blut sah ich in einem Topf, den man ohne Bismillah in die Toilette schüttete, weil der Teufel in der Toilette wohnte. Bismillâhirahmanirrahim, Bismillâhirahmanirrahim kam der Fastenmonat Ramadan. Einen Monat lang fastete man den ganzen Tag über, aß nicht, trank keinen Tropfen Wasser. Frauen, die fasteten, färbten ihren Mund nicht, man küßte sich nicht, Frauen und Männer machten keine Liebe, rauchten nicht. Die Frauen, die ihre Tage hatten, durften nicht fasten, diese paar Tage schuldeten sie dann Allah. Diese Schulden sollten die Frauen Allah irgendwann nach dem Monat Ramadan zurückzahlen. Ich liebte den Ramadan sehr und liebte die Tage, wenn meine Mutter Allah Fastentage schuldete. Sie konnte rauchen, sie war nicht mehr so nervös. Meine Mutter sagte mir, alle Kinder über sieben Jahre können fasten. Mein Bruder Ali mußte nicht. Ich fragte: »Warum fastet Ali nicht?« Sie antwortete: »Er ist ein Junge, wenn er Lust kriegt auf Essen und nicht essen darf, wird sein Pipi runterfallen.«
»Und ich?« »Dein unteres Teil wird nur dicker.«
Ich wachte gegen vier Uhr nachts mit älteren Leuten auf, draußen lief ein Mann mit einer großen Trommel und klopfte: dumm dumm da dumm dumm. Die Lichter in den Häusern gehen an. Im Nachthemd, barfuß, setzte ich mich an den Tisch und aß. Bevor die Morgenkanone des Ramadan hochging, mußte man sich den Mund wa-

schen, mit dieser Kanone ging der Ramadan los. Dann kam der Abend. Man sammelte sich im Zimmer. Das Essen lag schon auf dem Tisch, die Oliven warteten in einem Teller, das Essen wartete, und die Hodschas warteten in den Minaretten, um das Abendgebet Esan zu singen, die Menschen warteten, und die Abendkanone ging los. Die Alten, die schwer hören konnten, fragten immer die Kinder: »Top patladı mı« (Ist die Kanone losgegangen)? »Top patladı« (Kanone ist losgegangen). Dann nahmen alle sehr ruhig und langsam eine Olive in die Hand, sagten im Chor: Bismillâhirahmanirahim und brachten die Oliven in den Mund und eröffneten den Fastentag. Mein Vater Mustafa fastete nicht, weil er ein Rakı-Trinker war, er mußte jeden Abend trinken, sonst meinte er, würde er die Heiligen, die am Rakı-Trinken gestorben sind, traurig machen. Das waren die Heiligen, die sich wegen des Kummers dieser Welt mit Rakı betäubt hatten. Mein Vater Mustafa kam zu mir und fragte: »Hast du gefastet, mein schönes Mädchen?«
»Ja.«
»Verkaufst du mir deinen Fastentag für 25 Kuruş?«
»Es ist Sünde.«
»Woher sollst du denn Sünden haben? Verkaufe deinen Fastentag an deinen sündigen Vater.« Ich verkaufte ihm meinen Fastentag für 25 Kuruş, und mit diesem Geld ging ich ins Kino und blieb im Kino bis zum Abend, drei Filme hintereinander, und die drei wiederholten sich bis zum Abend und waren neun Filme. Von diesen ersten neun Filmen blieb mir ein Mann im Kopf, der einen roten Apfel auf seinem Hemd rieb, der Apfel glänzte und war groß, der Mann biß in diesen Apfel: harrrch, das Apfelwasser floß zwischen seinen Mund und Kinn. Ich fastete und verkaufte den heiligen Fastentag meinem Vater weiter für 25 Kuruş und ging wieder ins Kino.

Sah wieder drei andere Filme, drei mal drei, neunmal Cowboys und Indianer. Die Indianer starben schneller und allein, Cowboys starben langsamer und immer in den Armen eines anderen Cowboys, und sie sagten noch viele Sätze, bevor sie starben. Ich kam aus dem Kino raus, und alles war noch hell, die Straßen kippten sich Richtung Moschee, die Männer gingen zur Moschee. Als sie alle in der Moschee waren, sah ich die leere staubige Straße. Ich stand da allein und sah die Cowboys mit ihren Pferden und die Indianer hinter mir herkommen. Die weißgekleidete blonde Frau, der die Indianer am Feuer Angst machten, kam auch mit. Wir liefen in unsere staubige Straße, ich überquerte die Straße mit Cowboys und Indianern, da kam meine Großmutter Ayşe mit einer Wolljacke in der Hand, sagte: »Küçük hanım (Kleine Frau) akşam oluyor« (es wird Abend). Ich zog die Wolljacke an. Großmutter Ayşe kniete vor mir und knöpfte mir die Knöpfe von unten nach oben zu. Die Jacke hatte fünf Knöpfe, bei jedem Knopf sagte Großmutter einen Satz:
1. Wohin gehst Du
2. mein Augenlicht
3. komm mit nach Hause
4. Dein Vater ist aus İstanbul abgehauen
5. Die Männer sind da.
Wir liefen nach Hause, die Cowboys auf ihren Pferden und die Indianer mit der weißgekleideten Frau gingen mit uns mit. Vor unserem schiefen Holzhaus stand ein kleiner Lastwagen und wartete. Unsere Nachbarn standen da und schauten mit leisen Augen zu. Ich ging ins Haus rein – mit Cowboys und Indianern. Meine Mutter Fatma, meine Brüder Ali und Orhan standen nebeneinander vor der Wand, da ein Mann gerade den Teppich vom Boden zusammenrollte.
Vier Männer waren im Zimmer.

Der erste Mann, der gelbe Zähne hatte, sagte laut:
»Ein Teppich, soundsoviel Lira wert.«
»Ein Wollbett, soundsoviel Lira wert.«
»Ein Radio, soundsoviel Lira wert.«
»Ein Tisch, soundsoviel Lira wert.«
»Ein Grammophon, soundsoviel Lira wert.«
Der zweite Mann schrieb das alles auf ein Blatt Papier, der dritte und vierte Mann rollten unsere Teppiche und Betten und trugen sie zum Lastwagen. Die Nachbarn sagten im Chor:
»Habt Ihr keine Scham vor Allah, laßt den Menschen die Betten übrig.« Die Männer sagten im Chor: »Wir sind Sklaven des Befehls.« Sie nahmen alles mit. Der erste Mann mit gelben Zähnen nahm, bevor er wegging, von der Wand ein Bild, das meine Mutter aus einem Magazin geschnitten und an die Wand gehängt hatte. Meine Mutter sagte: »Lassen Sie das Bild an der Wand. Das ist kein Lira wert.« Der erste Mann mit gelben Zähnen sagte: »Davon werden Eure Bäuche nicht satt.« Er ließ das Bild auf den Boden fallen und ging weg.
Wir, fünf Leute, Mutter, drei Kinder, Großmutter, standen im leeren Holzhaus, die Cowboys und Indianer mit der weißgekleideten Frau waren auch verschwunden. Die Abendfastenkanone ging los; weil das Haus leer war, zitterten der Holzboden und die Fensterscheiben, der Oliventeller stand auf dem Boden und zitterte auch. Wir alle nahmen eine Olive in den Mund, aber alle vergaßen Bismillâhirahmanirrahim zu sagen.
»Wer sind diese Männer, Großmutter?«
Großmutter Ayşe sagte: »Diese Männer sind die unbarmherzige Hand des Staates.«
»Wer ist der Staat?«
»Die da oben. Sie pinkeln von oben herunter auf unsere Köpfe.«

Mutter sagte: »Oder lassen Schnee schneien auf unsere Köpfe.«
Mein Vater Mustafa hatte keine Arbeit, er hatte viele Schulden, die Männer hatten deswegen unsere Sachen mitgenommen. Da er keine Arbeit hatte, merkte ich, daß ich nicht wußte, was mein Vater von Beruf ist.
»Was arbeitet mein Vater, Großmutter?«
Großmutter sagte: »Er ist der Assistent eines arbeitslosen Meisters.«
Meine Mutter sagte: »Er baut Häuser. Er ist Müteahhit« (Bauunternehmer).
Also, mein Vater war für meine Mutter Müteahhit, für meine Großmutter Assistent eines arbeitslosen Meisters, für mich war der Mustafa der Käufer meines Fastentages für 25 Kuruş. Für meinen kleinen Bruder Orhan war Mustafa der Mann mit Schnurrbart, für meinen Bruder Ali war der Mustafa der Mann, vor dem er sich manchmal verstecken mußte.
Wir lagen in dieser Nacht zu fünft nebeneinander in einem Zimmer auf Decken und Kleidern und sprachen über Mustafa.
»Mustafa ist ein naiver Mann.«
»Mustafa ist ein ehrlicher Mann.«
»Mustafa ist ein Casanova.«
»Mustafa ist ein heiliger Mann.«
»Mustafa hat eine Nase wie eine schwangere Aubergine.«
»Mustafa hatte mal einen Chevrolet.«
»Mustafa hat einen Schnurrbart wie Clark Gable.«
»Mustafa ist ein verrückter Mann.«
»Mustafa ist ein langer Mann.«
»Mustafa hat braungelbe Augen.«
»Mustafa schneidet sich beim Rasieren.«
Mein Vater war in eine Kleinstadt abgehauen, da sollte

er eine Arbeit kriegen, und er konnte vielleicht schon morgen oder jederzeit kommen und uns abholen. Meine Mutter fing an: »Ja Mustafa, ja Mustafa« zu singen. Wir singen mit »Ja Mustafa, ja Mustafa«, und der Schlaf kam und zog uns aus Mustafas Flügeln raus und nahm uns unter seine Flügel. Am nächsten Morgen warteten wir nicht nur auf die Kanonenstimme, sondern auch auf Mustafas Ankommen. Keine dachte ans Bismillâhirrahmanirrahim-Sagen. Das Wort Mustafa wurde unser Bismillâhirrahmanirrahim. Wenn ich ins Haus kam und die Schuhe auszog, fragte ich: »Ist Mustafa gekommen?« Meine Mutter packte jeden Morgen das Geschirr aus, nicht mit Bismillâhirrahmanirrahim, sie sagte: »Wenn Mustafa kommt...« Mustafa kam nicht. Dann, abends, packte sie etwas Geschirr aus, darunter war immer eine Pfanne. »Wenn Mustafa kommt«, ... »Wenn Mustafa kommt,...«, »Wenn Mustafa kommt,...«, so briet sie uns jeden Abend kleine Fische. Wir aßen Fische, und Mustafa kam nicht. Die Fische nannten wir Mustafas Fische. Ich fastete noch einen Tag und wollte diesen Tag an meine Mutter verkaufen – für 25 Kuruş. Fatma fragte mich: »Was wirst du mit dem Geld machen?« Ich sagte: »Ich will ins Kino gehen, Indianer holen, daß sie uns Mustafa suchen helfen.« Fatma sagte: »Indianer sollen sich selber helfen«, und gab mir keine 25 Kuruş.
Dann kam Mustafa mit einem Taxi. Es war Nacht, er hatte einen neuen Hut, wir stiegen alle mit Bismillâhirrahmanirrahim ins Taxi ein. Taxi fuhr, ich und meine Großmutter schauten vom Taxi auf unser schiefes Holzhaus. Die anderen Häuser hatten gedämpfte Lichter, unser schiefes Holzhaus war dunkel. Er stand da wie ein großer Grabstein und schaute auf uns wie ein Mensch, der hinter dem Sarg seiner Mutter herschaut. Großmutter sagte: »Die Geister werden dort jetzt ihre Bälle spielen.

Hier wäre ich einmal gestorben, in der Fremde werde ich jetzt tausendmal sterben. Ach, was weiß ich, was ist der Mensch? Der Mensch ist ein Vogel, machst du die Augen auf, bist du da, machst du die Augen zu, bist du dort. Der Mensch ist ein Teller voll nasser Erde, wohin man uns schmeißt, da bleiben wir. Dem Schicksalsengel sollen seine Augen blind werden, daß er uns aus unserem Haus rausholt. Aber ein Haus hat Augen und Ohren. Wir haben ihm unsere nackten Seelen gezeigt. Wenn du eines Tages zurückkommst und, sagen wir, du bist schon alt, und machst hier die Tür auf, wirst du dich, so alt wie du jetzt bist, wiederfinden.«
Das Taxi fährt auf das Schiff. Wir gehen aus İstanbul weg über das Meer. Das Taxi roch nach Benzin, mein Vater neben dem Taxifahrer erzählte ihm, daß er Millionär ist, daß er in der Kleinstadt Yenişehir mehrere Villen und ein Krankenhaus für soundsoviel Millionen bauen wird. Der Taxifahrer schweigt und nickt mit dem Kopf. Ich sagte hinten zu meiner Großmutter: »Ist Mustafa nicht der Assistent eines arbeitslosen Meisters?« Großmutter Ayşe sagte: »Schließe deinen Mund, schlafe. Es ist besser, in ein dorniges Gebüsch zu fallen, als sich in die Erzählung eines Verrückten einzumischen.« Ich fiel mit Benzingeruch in den Schlaf und wachte in einem anderen Holzhaus in der Kleinstadt auf.

Ich stand sofort auf, ging schnell raus und suchte das Meer. Ich sah eine im Himmel ertrunkene Gasse. Das Meer war nicht da, drei Mädchen standen vor mir in meiner Größe. Sofort haben wir angefangen, Seksek zu spielen. Mit einem Stock zeichnet man auf die Erde vier geschlossene Schachteln, man muß mit einem Fuß hüpfend ein glattes Stück Stein von einer Schachtel zur anderen schieben. Wenn der Stein über einem Strich liegen-

bleibt oder aus den Rechtecken rausgeht, sagen die anderen: »Yandın« (Du bist gebrannt). Dann ist das andere Mädchen dran.
Wir hüpften, bis aus vier Häusern vier Frauenköpfe aus den Fenstern rausschauten, die vier Frauen hatten alle Kopftücher, eine war meine Mutter, sie hatte auch ein Kopftuch, sie riefen unsere Namen: »Komm nach Hause!« Wir hüpften weiter, bis aus diesen vier Häusern wieder vier Frauenköpfe rausschauten und zu uns riefen: »Deine Augen sollen blind werden, Hexe, komm nach Hause, sonst nehme ich dich unter meinen Fuß.« Wir hüpften weiter. Dann schauten aus diesen vier Häusern wieder vier Frauenköpfe heraus, und jede ruft: »Kommst du rein, sonst erzähle ich es heute abend deinem Vater.« Wir vier Mädchen, wie auseinandergehende Sterne, wie mit dem Wind getragen, gingen in unsere Häuser. Bevor ich ging, nahm ein Mädchen aus ihrem Mund ihr gekautes Kaugummi und steckte es in meinen Mund. Ich ging diesen Kaugummi kauend ins Haus rein. Meine Mutter Fatma hatte jetzt kein Kopftuch. »Wo ist das Kopftuch, Mutter?« Sie sagte, das Kopftuch werde sie nur für fremde Leute tragen. Ich hatte sie bis heute noch nicht mit Kopftuch gesehen. Nur meine Großmutter trug zwei Kopftücher übereinander. »Warum trägst du für die Leute Kopftuch, Mutter?« Fatma sagte: »Hier ist eine religiöse Straße, man muß die Menschen nicht stören.« Wenn Vater unsere Villa fertig gebaut hat, braucht sie dort kein Kopftuch tragen, weil dort nur die Memurs (Bürokraten) wohnen werden. Für meine Mutter waren die Memurs Leute, die Tinte geleckt haben, Lehrer, Anwälte. Für meine Großmutter waren die Memurs Leute, die das Loch, aus dem sie auf die Welt gekommen waren, nicht mehr gut fanden, weil sie Schreiben und Lesen gelernt hatten. In dieser religiösen Straße

gab es keine Elektrik, es brannte eine Gaslampe an der Wand, unter diesem Gaslampenlicht sprachen Ayşe und Fatma über Memurs, ihre Schatten spielten an der Wand ein Schattenspiel. Draußen, unterm Halbmondlicht, schwieg die religiöse Straße.
Eines Tages kamen die Bürokraten zu uns zu Besuch. In einem Raum sammelte meine Mutter viele Stühle. Sie trug kein Kopftuch, meine Großmutter wehrte sich, ihre sauberen Kleider anzuziehen. Sie mußte in einem anderen Raum bleiben. Sie legte sich ins Bett, zitterte und sagte: »Ich sterbe, geh' hol deinen Vater.« Ich ging ins Zimmer rein, die Stühle standen nebeneinander. Auf jedem Stuhl saß ein Memur. Der Mann, der in der Mitte saß, sagte: »Komm her, mein Mädchen.« Er streichelte meinen Kopf und fragte mich, in welche Klasse ich gehe. Ich sagte: »Dritte.« Er fragte mich: »Was brauchen wir, die Menschen, mehr, Wasser oder Elektrizität?« Ich sollte nicht sofort antworten. Mein Vater ging mit mir zu meiner Großmutter. Sie zitterte und sagte: »Mustafa, ich sterbe, gib mir einen Löffel Wasser.« Mein Vater holte Wasser. Ich deckte sie zu, eine Decke über der anderen, sieben Decken, und sie zitterte weiter. Ich fragte meine Großmutter: »Großmutter, was ist wichtig: Wasser oder Elektrizität?« Sie sagte: »Elektrik ist eine Ketzererfindung.« Und sie sagte: Ihre Mutter wußte nicht, was Elektrik ist, aber sie war ein guter Mensch. Mein Vater gab ihr ein Glas Wasser, sie trank, ihre Zähne stießen an das Glas. »Mein Sohn, bring mich zu unserem Dorf, leg mich dorthin zum Sterben. Ihr habt Mutter, Vater vergessen, ihr verkauft mich an Memurs.« Ich ging mit meinem Vater zurück zu den Bürokraten. Der Bürokrat, der auf dem in der Mitte stehenden Stuhl saß, hatte ein Glas Wasser in der Hand und sprach mit der schönen Lehrerin, die neben ihm saß. Ich sagte: »Wasser ist wichtig. Ohne

Licht können wir auch früher ins Bett gehen.« Dann ging ich zu meiner Großmutter. Von diesem Tag an, wenn die Bürokraten zu unserem Holzhaus kamen, blieb meine Großmutter in einem anderen Raum. Meine Mutter sagte: »Es gibt auch einen Kommunisten unter ihnen, einen Lehrer.« Wenn sie zu uns kamen, schaute ich auf diesen Mann. Ich wollte wissen, was ein Kommunist ist. Er hatte eine Brille und dünne Lippen. Ich wollte mehr sehen, aber ich sah nichts, außer, daß der Mann, der Kommunist war, etwas anders lächelte als die anderen.

Wir wohnten weiter in dieser religiösen Straße, weil mein Vater sagte, es gibt eine Zementkrise, es fehlte Zement. Die halbgebauten Villen und Krankenhäuser mußten auf Zement warten, die Bürokratenhäuser mußten auf Zement warten, so blieben wir weiter auf der religiösen Straße wohnen. Ich ging in die Schule, unser Lehrer war ein dünner Mann, er stand öfter hinter mir, bückte sich zu mir und schaute in mein Heft. Er roch nach Tabak. Ich liebte den Geruch, und ich dachte, er roch an meinen Haaren. Er nannte mich »Mädchen von İstanbul« und lobte mich jeden Tag, daß ich sehr klug wäre. Ich wußte nicht, warum er mich so klug fand. Ich war hier für ihn das kluge Mädchen von İstanbul. In İstanbul war ich für meine Lehrerin Kurdin aus Anatolien mit einem Schwanz am Arsch. Meinen Vater sprach man hier mit »Mustafa Bey« an, und den Straßenverkäufer, der auch Mustafa hieß, sprach man mit »Mustafa Efendi« an. Meine Großmutter war für meine Mutter, seit die Memurs uns besuchten, die Bäuerin. Wenn die Bürokraten aber weg waren, sprach sie mit meiner Großmutter wieder sehr schön. Und wenn sie für den Winter aus Teig kleine Makkaronis machten, saßen sie fast zwei Tage auf ihren Knien um einen runden Tisch und schnitten aus Blätterteig Teigstücke und erzählten sich Märchen, erzählten sich von den Toten. Wenn eine weinte, brachte die andere ihr ein Glas Wasser, sie tranken beide Wasser und sagten als Chor: »Das Wasser soll in den Mündern unserer Toten landen.« Ich fragte meine Großmutter, warum die Menschen mal so, mal so sind. Sie sagte: »Ein Hals, aus dem die Stimme rauskommt, hat vierzig Etagen. Wenn man was sagen will, muß man erst vierzig mal schlucken und dann sprechen, manche Leute sprechen, ohne zu schlucken, dann steht in der Mitte eine Hand voller Scheiße.«

Meine Mutter schickte mich und meinen Bruder Ali zur Moschee zum Koranunterricht. Sie sagte, arabische Schrift muß man lernen, um Allahs Gedanken aus dem Koran zu lesen. Meine Mutter selbst konnte nicht die arabische Schrift lesen und schreiben. Als sie in die Schule ging, war die Türkei eine Republik, und die arabische Schrift war verboten. Früher sprach man türkisch und schrieb mit arabischen Schriften. Nach 1927 machten die Republikaner eine Schriftreform, und anstatt arabischer Schrift wurden lateinische Buchstaben das türkische Alphabet. Ich kannte auch nur lateinische Buchstaben, aber mein Großvater konnte nicht mit lateinischen Buchstaben schreiben. Er konnte in arabischer Schrift schreiben. Wenn meine Großmutter schreiben und lesen gelernt hätte, könnte sie auch nur in arabischer Schrift schreiben. Ich dachte, wenn also mein Großvater Ahmet und meine Großmutter Ayşe stumme und taube Menschen wären und uns nur mit Schrift etwas erzählen könnten, hätte ich sie nie gekannt. So hätte ich heute keine Großmutter, Großvater. Ich fing an zu weinen. Meine Großmutter kam, ich sah sie vor mir, aber weinte noch lauter. Sie haben mir ein Stück Zucker in den Mund gegeben, sie haben mir versprochen, daß ich auf der Straße lange Seksek spielen konnte, ich weinte weiter. Meine

Mutter setzte mich in die Schaukel, die sie im Garten zwischen zwei Walnußbäumen mit einem Seil und einem Stück Holz gebaut hatte. Sie stieß mich an, und ich schaukelte weinend höher und höher, ich weinte, sie stieß mich höher. Weil ich nicht aufhören konnte zu weinen, konnte sie auch nicht aufhören mit Stoßen. Ich drehte im Himmel eine Runde und küßte den Boden. Mein Kopf war betäubt, und ich schaute der Welt jetzt lächelnd zu. Ich fühlte nur meinen Kopf, ich war nur ein großer Kopf, der wuchs und wuchs. Wie ein Sultansturban. Fatma legte mich auf die Veranda auf ein Kissen. Da hat sie mir erzählt, wie sie mal in einen Brunnen gefallen ist: »Ich war drei Jahre alt, in unserem Garten in Anatolien war ein tiefer Brunnen, wir fünf Kinder mit unserem Kinderkopf dachten, wir binden unsere Augen mit Tüchern zu und drehen uns um den Brunnen. Wir drehten und drehten uns. Ich fand mich plötzlich im Brunnen. Das Wasser zog mich runter und runter und runter. Ich dachte nur an eins, es gibt auf dem Boden vom Brunnen die Schlange, das hatte mir meine Mutter mal gesagt. Aus Angst vor dieser Schlange gab ich dem Boden mit meinem Fuß Tritte und kam im Wasser wieder ein paar Meter hoch, dann wieder runter. Meine Mutter hatte einen blinden Mann gefunden, der in den Brunnen hinabsteigen wollte, dem haben sie um die Hüfte ein Seil gebunden und in den Brunnen gelassen. Der blinde Mann hat mich aus dem Brunnen rausgeholt. Einen Monat lang kam aus meinem Bauch Wasser raus.«
Ich fing mit meinem wie ein großer Kürbis gewordenen Kopf wieder an zu weinen und sagte: »Ach, Mutter, wenn du damals im Brunnen gestorben wärst und der blinde Mann dich nicht aus dem Brunnen rausgeholt hätte, hätte ich heute keine Mutter.« Ich weinte weiter. Meine Mutter lachte und sagte: »Was soll ich denn ma-

chen, ich habe keine Mutter, soll ich denn auch weinen?«
»Warum ist deine Mutter gestorben?«
»Allah hat so gewollt. Sie soll der Lieblingsmensch von Allah gewesen sein, daß er sie zu sich in den siebten Himmel nahm.«
»Wie kann man Allahs Lieblingsmensch werden, Mutter?«
»Geduld, nicht weinen, der Mutter zuhören, dem Vater glauben.«
»Warum war deine Mutter Allahs Lieblingsmensch?«
»Wenn sie lief, hat sie die Erde mit ihren Füßen leicht betreten, damit die Ameisen nicht sterben. Dein Großvater hatte viele Frauen. Er hat in sein Bett immer die Frau geholt, nach der er Appetit hatte. War es denn nicht schwer für sie? Sie hat aber auf ihr Herz einen Stein gedrückt und keine bitteren Sätze zu ihrem Mann gesagt. Als meine Mutter einmal zur Hochzeit ihrer Schwester in eine andere Stadt ging, starb ein Sohn der anderen Frau meines Vaters. Er kam nach Hause aus dem Gefängnis, damals war er noch im Gefängnis, was sah er? Der Jüngste Tag im Haus. Auf einer Seite lag der tote Junge auf dem Boden, auf der anderen Seite lag weinend die Mutter des Jungen. Die Frau zerriß sich ihre Haare, ihr soll das Herz gebrannt haben. Das Weinen der Frauen stieg bis zum Himmel, ihr Geschrei war so laut, sagte man, daß sogar ein tauber Sultan in Istanbul es gehört hätte. Die Mutter des gestorbenen Jungen schlug die Erde und sagte, daß der Junge wegen des bösen Blicks meiner Mutter gestorben wäre, weil meine Mutter mich, ein Mädchen, geboren hätte, und sie einen Jungen. Dann sagte sie noch, daß meine Mutter jetzt aus Freude bei der Hochzeit ihrer Schwester ihre Fingernägel mit Henna gefärbt hätte. Damals gab es kein Telefon, woher sollte meine Mutter wis-

sen, daß der Junge gestorben war? Mit Henna färbten die Frauen ihre Hände bei jeder Hochzeit. Das war ein Zeichen der Freude. Das machten sie, um Allah zu danken. Aber mein Vater soll mit dem Pferd dorthin geritten sein und die Haare deiner Großmutter mit dem Schwanz seines Pferdes zusammengebunden haben und über steinige Wege geritten sein, und dabei soll er auch sein Pferd September sehr geschlagen haben.«
»Ist sie dann gestorben?«
»Nein, sie starb an Lungenentzündung. Wo war damals ein Arzt? Ihre Lunge soll so viel Wasser gesammelt haben, daß sie nicht mehr atmen konnte. Sie ist nicht mehr in das Bett meines Vaters gestiegen. Sie schlief dann nur bei mir. Bevor sie starb, hat sie mir gesagt: 'Sag' deinem Vater, ich verzeihe ihm.' Dann hat sie die Augen zugemacht. Ach, Mutter, du hast keinen guten Tag in dieser Welt gesehen.«
Dann fing meine Mutter auch an, laut zu weinen. Wir schauten uns gegenseitig ins Gesicht und weinten, dann kam meine Großmutter, und auch sie fing an zu weinen und sagte:
»Acht Kinder habe ich begraben, acht Birnen aus meinem Baum. Als sie noch Blumen waren, gingen sie mit Todeswind weg. Der Staub der Welt stäubte in die Sonne, ich, Kopftuch gelöst von meinem Kopf, von Mücken umringt, gesehen habe ich mit diesen Augen, die blind sein wollten, acht Engel unter die Erde kriechen. Eselgeschrei. Das weinte um mein schwarzes Schicksal.«
Dann kamen meine Brüder Ali und Orhan und fingen auch an zu weinen, ohne zu wissen, warum wir drei weinten. Sie schnauften hinter unserem Rücken und weinten mit uns weiter. Es wurde dunkel, keiner legte sein Weinen auf die Seite und machte die Gaslampe an. Da hörten wir ein Hahngeschrei: üüüüüüüüüüürrrrüüüüüüüüüü

Meine Großmutter sagte: »Jetzt werden sie ihm seinen Kopf abschneiden. Ein am Abend schreiender Hahn bringt Unglück.« Jetzt weinten wir um den Hahn, der seinen Kopf geben mußte.
Dann kam mein Vater und brachte ein großes Radio mit, stellte es auf den Boden mit Bismillâhirrahmanirrahim, Grundig-Marke. Wir hörten auf zu weinen. Wir schwiegen wie das Radio, weil man keine Elektrizität hatte auf dieser religiösen Straße.
Ich ging mit Ali und Kopftuch in die Moschee. Die Wände schweigen, die Fenster schweigen, die Teppiche tragen uns so leicht wie Vogelfedern bis vor den Hodscha. Der saß da auf seinen Knien, wir gingen auf die Knie und saßen vor ihm. Sein Bart hatte nie einen Kamm gesehen, seine Kleider sahen so aus, als wenn sie einmal unter einem Regen geblieben und dann nicht mehr getrocknet waren. Seine Augen fast zu, schaute er auf eine Stelle im Teppich, als ob er dort ein Tier sah, das auf seinen Rücken gefallen war und sich nicht retten konnte. Aus dem Hodscha kam ein Frauengeruch, der unter einem Dattelbaum lange mit der Sonne gesessen hatte. Ich ließ mich in den Armen dieses Geruchs wiegen und schaute auf dieselbe Stelle auf dem Teppich. Der Teppich schweigt, die Sonne auf dem Teppich schweigt, die Fliegen schweigen, plötzlich schreit der Hodscha: »Lese!«
Die Fliegen sssten, die Sonne setzte sich auf einen anderen Platz. Ich und Ali schauten hinter uns, wieviel hundert Menschen da noch auf ihren Knien saßen. So laut sprach der Hodscha, es waren aber keine Menschen da. Der Hodscha nahm einen dünnen langen Ast, der neben ihm stand, und blätterte damit die Seiten des dünnen Hefts, das vor uns lag, um. Es war das arabische Alphabetbuch, ein dünnes Heft, aus sehr armem Papier. Wir wakkelten mit unseren Körpern vorne und hinten und lasen.

Elif be ... be ... be ...
Der Hodscha schlug uns leicht mit dem dünnen langen Ast, das gehörte zum Unterricht, wir lachten. Die Buchstaben, die mich gestern zum Weinen gebracht hatten, brachten mich heute zum Lachen. Wir wackelten weiter.
Elif be dal Zal re ...
Der Hodscha schlug uns noch mal, leicht. Geschlagen und lachend ging ich aus der Moschee in unsere religiöse Straße und spielte mit den drei Mädchen weiter Seksek.
Wir hatten in unserer religiösen Straße unsere staubige Erde und über uns einen Himmel. Es kamen keine Flugzeuge, keine Autos, unsere staubige Erde war wie ertrunken in einem Himmel, in dem nur die Vogelfamilien, die aussahen wie die arabischen Buchstaben, über uns irgendwoanders hingingen. Um uns waren Häuser, in ihren Fenstern saßen alte Frauen, Männer, Katzen, und es kam tagsüber nur Frauengeruch aus diesen Häusern. Wenn wir vom Hüpfen geschwitzt und von Wasserlosigkeit gebrannt waren, konnten wir in jedes Haus reingehen, es war leicht, die Türe aufzumachen. Man zog an einem Faden, der aus einem Türloch von innen herauskam, die Tür ging auf. Wir gingen rein und tranken Wasser. Ich trank gerne aus einem Krug, der einen Mund hatte, wie ein Pipi, so klein wie von meinem Bruder Ali, keiner störte den anderen beim Wassertrinken, weil die Älteren sagten, nicht einmal eine Schlange wird dem was antun, der gerade Wasser trinkt. Dann hüpften wir weiter, bis wieder unsere vier Mütter aus den Fenstern uns riefen, daß sie uns unsere Knochen kaputtmachen würden, wenn wir nicht nach Hause kämen.
Dann kamen die großen Regentage. Unsere Seksek-Spuren gingen mit dem Wasser weg, die Älteren sagten: Der Himmel hat ein Loch bekommen, von Allahs Hand. Als Allahs Hand im Himmel, in unserem Himmel, ein Loch

bohrte, spielten wir vier Mädchen in einem Haus weiter. Wir lagen in einem Elternschlafzimmer im Bett, vier nebeneinander. Unsere Röcke hochgezogen, Unterhosen runtergezogen, eine legte ihre Hand zwischen die Beine, an den Platz, den man Schachtel nannte, auf das neben ihr liegende Mädchen, und das Mädchen legte ihre Hand auf die Schachtel des neben ihr liegenden Mädchens. Man benutzte die linke und rechte Hand. Wir lagen da, unsere Mundwinkel von verstecktem Lachen leicht zitternd, schauten auf die Decke, ohne ein Wort, ein paar Stunden in diesem Elternbett. Als wir vier nach Hause gehen mußten, sagten wir im Chor: »Morgen machen wir das noch mal.«
Es regnete weiter, wir faßten unsere Schachtel weiter an. Wir faßten unsere Schachtel und lagen atemlos nebeneinander, lange lange Stunden. Wenn wir nach Hause gehen mußten, steckte jede in den Mund der anderen ihr gekautes Kaugummi. Der Regen wußte nicht, was müde werden ist. Es regnete und regnete. Die Älteren sagten, das ist Arche Noah, unsere religiöse Straße war wie Noahs Schiff am Meer. Wie der Regen einen schlagen konnte. Neben der Regenhand war die schlagende Hand des Hodscha im Koranunterricht eine barmherzige Hand. Wenn wir vier Mädchen uns wegen dieses unbarmherzigen Regens nicht besuchen konnten, standen wir in unseren Fenstern und sangen laut im Chor:

Yağmur yağıyor	Es regnet
Seller akıyor	Wasser fließt
Arap Kızları	die schwarzen Mädchen
camdan bakıyor	schauen aus dem Fenster.

Unser Himmel hatte Wut, Donner und Blitz schlugen unsere Chorstimmen. Ich saß im warmen Zimmer, meine

Hände über meiner Schachtel, ich saß da und schaute auf die Bewegungen meiner Großmutter. Ich wollte sie etwas fragen, aber meine Zunge konnte die Wörter nicht sammeln, die Großmutterbewegungen kamen mir so langsam vor. Sie hatte mir gesagt, bevor man etwas sagt, muß man vierzigmal schlucken. Ich schluckte vierzigmal und sagte ihr, daß ich mit drei Mädchen im Bett liege und daß wir uns anfassen. Meine Großmutter sagte: »Das ist nichts, ich habe auch, als ich so klein war wie du, mit den Mädchen im Dorf Schap Schap gemacht.« Als sie Schap Schap sagte, klatschte sie ein paarmal in ihre Hände, aus denen das Geräusch Schap Schap herausklang. Es war sehr schön zu wissen, wie der Name dieses Schachtelfassens war, es hieß: Schap Schap.
Die Schap-Schap-Tage waren vorbei, weil der Regen nicht müde wurde. Meine Mutter sagte: »Bleib zu Hause, bleib unter meinen Flügeln.« Durch die Nässe der Tage standen wir uns wie die Schafe und Lämmer sehr nah. Der Regen machte die Dächer kaputt, in den Zimmern standen viele Blecheimer und Blechschüsseln. Die Regentropfen sammelten sich darin, tıp tıp tıp tıp tıp.
Regenwasser ist Allahs Wasser.
Auf unserer religiösen Straße hörte man aus jedem Haus, am Tag und in der Nacht, dieses tıp tıp tıp tıp tıp tıp tıp. Man sagte nicht mehr: »Es regnet«, man sagte: »Es tıp tıp tıp tıp.« In diesen tıp tıp tıp Tagen entdeckte ich, daß mein kleiner Bruder Orhan ziemlich groß geworden war, ich konnte mit ihm spielen. Als erstes machte ich ihm sein Schaukelpferd kaputt. Im Zimmer gab es große Schränke in der Wand. Ich steckte ihn mit einem kleinen Mädchen rein, machte die Schranktür zu, und durch das Schlüsselloch schaute ich in den Schrank und wartete, daß sie zusammen was machen. Sie standen lautlos im Schrank und warteten im Halbdunkel. Ich ha-

be ihn rausgeholt und ihn lange auf seinen Mund geküßt. Das schmeckte mir wie rote, rohe Leber, die wir für die Katzen kauften. Ich sagte ihm, er soll das mit dem Mädchen machen und steckte ihn wieder in den Schrank und schaute durchs Schlüsselloch. Sie saßen wieder lautlos da und schauten an die Schranktür. Ich habe ihn dann rausgeholt und ihn geschlagen, er lachte nur. Der große Regen, der uns Kinder in die Schränke steckte, steckte meinen Vater auch ins Haus.
»Kann man das Meer zudecken? Kann man einen Stern mit einem Seil zur Erde ziehen? Kann man den Himmel zudecken? Nein!«, so sprach mein Vater Mustafa. Durch den Regen ging seine Arbeit schlecht. Die Baustellen warteten unter Regen, er hatte, als er mit Bauen angefangen hatte, kein Geld. Er verkaufte den Bürokraten billig die noch nicht fertigen Villen, bekam von ihnen Geld, und mit diesem Geld fing er an zu bauen. Der Regen brachte ihm viele Schulden. Er sagte: »Wie scharf die Zwiebel ist, weiß nicht der, der sie ißt, sondern der, der sie schneidet.« Oder: »Ach, die Welt ist eine Mühle, aus uns macht sie am Ende Mehl.« Meine Großmutter sagte: »Mustafa, mein Sohn, mach doch fünfmal am Tag Richtung Mekka Namaz (Gebet). Laß den Allah nicht allein, Allah wird dich auch nicht allein lassen.«
Mustafa sagte, er müßte sich mit großen Männern treffen, die ihm Geld leihen könnten, und sagte mir: »Mach du für mich fünfmal am Tag Namaz, hilf deinem Vater, meine schöne Tochter, bete für mich, meine Olivenaugige.« Meine Großmutter sagte: »Mustafa, große Männer geben auch große Backpfeifen.«
Mustafa sagte: »Bei denen gibt es Geld wie Sand am Meer.«
Ayşe sagte: »Im Topf von Fremden kann man nicht kochen.«

Mustafa sagte: »Bevor das Feuer das Dach erreicht, muß ich Hilfe holen.«
Ayşe sagte: »Mit dem Seil der Reichen kann man nicht den Brunnen runterklettern.«
Mustafa sagte: »Wer ins Meer fällt und nicht schwimmen kann, muß die Schlange umarmen.«
Großmutter sagte: »Das Geld der Reichen macht die Zunge der Armen nur müde.«
Mustafa sagte: »Die Reichen werden ihr vieles Geld nicht mit ihrem Sarg in die andere Welt mitnehmen. Ich gehe Geld borgen, bete für mich meine Tochter, daß dieser Regen sich beruhigt.«
Mustafa ging Geld borgen.
Um Namaz-Gebet zu machen, mußte man sich zuerst waschen und Bismillâhirahmanirrahim sagen. Erst die Hände bis zum Ellbogen waschen, dann mit der rechten Hand Wasser in den Mund nehmen, Mund waschen, spucken, dann mit der rechten Hand Wasser in die Nase bringen, hochziehen, schnaufen, dann mit rechter Hand Wasser ins Gesicht bringen, von der Stirn bis zum Kinn, von einem Ohr zum anderen das Wasser verteilen, in die rechte Hand etwas Wasser nehmen und langsam zur Armbeuge laufen lassen und mit der linken Hand das Wasser auf dem rechten Arm verteilen und dann auf dem linken Arm. Dann mit der rechten Hand Wasser nehmen und über das Haar streichen, dann die kleinen Finger in die Ohren stecken, mit Daumen und Zeigefinger die Ohren saubermachen, dann mit beiden nassen Handflächen über den Nacken und Hals streichen. Dann den rechten Fuß waschen, dann den linken Fuß waschen.
Meine Großmutter sagte wieder die arabischen Wörter vor jedem Waschen. Sie sagte: »Sag dieselben Wörter.«
Ich sagte: »Ich kann sie nicht sagen.«

Großmutter sagte: »Unser Prophet Mohammed konnte sie beim ersten Mal auch nicht sagen, eines Tages fiel er in Ohnmacht. Wer weiß, wie lange er da auf der Erde, keine Zunge im Mund, lag. Mohammed kommt zu sich, da steht ein Engel, Cebrail (Gabriel). Cebrail sagt: 'Mohammed lies, Gott hat es dir geschickt.' Mohammed sagt: 'Ich kann nicht lesen.' Da drückte Cebrail ihn kräftig an sich. Da kam die erste Botschaft aus Mohammeds Mund. Und dann kamen drei Jahre lang keine neuen Koranbriefe.« Dann drückte mich meine Großmutter kräftig an sich. Ich sagte: »Vielleicht hat Mohammed in diesen drei Jahren arabisch schreiben und lesen gelernt.« Meine Großmutter legte zwei kleine Teppiche auf den Boden. »Man betet Richtung Mekka«, sagte sie. Wir standen mit großen Tüchern auf dem Kopf auf diesen Teppichen in Richtung Mekka. Wohin ich guckte, sah ich nur die Fliegen, die auf der Glasscheibe hin und her fliegen. Dann stellten wir unsere Hände hinter unsere Ohren wie beim Hände hoch, dann legten wir die rechte Hand über die linke Hand und die über unsere Brüste. Meine Großmutter sagte Gebetwörter, deren Endsilben ich mitsagte. Dann ließ man die Hände neben die Hüfte fallen, man durfte mit dem Körper nicht wackeln. Dann mußte man sich halb bücken, die Hände auf die Knie legen und die Wörter sagen, dann wieder gerade stehen. Dann wieder runter auf die Knie, die Hände nach vorne legen und das Gesicht über die auf der Erde liegenden Hände legen, dann wieder hoch und die Hände auf die Oberschenkel legen, die Wörter sagen, dann den Kopf auf die rechte Seite drehen, Esselâmü aleyküm ve rahmetullah sagen, dann den Kopf auf die linke Seite drehen, Esselâmü aleyküm ve rahmetullah sagen, die Engel begrüßen. Ich lernte diese letzten Sätze sehr schnell. Damit war das Namaz-Gebet zu Ende. Erst dann konnte man sich auf

die Knie setzen, die beiden Hände vor der Brust in Richtung Himmel öffnen, offenlassen und mit Allah reden.
»Mein Allah, bitte hilf, daß die Arbeit meines Vaters auf einen guten Weg kommt, mein Allah, bitte hilf, daß meine Mutter, Großmutter, Vater, mein Bruder Ali, mein Bruder Orhan gesund bleiben und von bösen Blicken geschützt sind. Mein Allah, bitte sag' deinem Regen, er soll sich beruhigen.« Man konnte mit Allah sprechen, solange man wollte. Ich hatte Angst vorm Furzen, weil man das Namaz-Gebet fünfmal am Tag wiederholen mußte. Wenn man schimpfte oder furzte, mußte man sich vor jedem Namaz von Neuem waschen. Wenn man aber nicht gefurzt hatte, brauchte man sich nur einmal zu waschen, mit diesem einen Waschen konnte man fünfmal Namaz machen. Während des Namaz, wenn ich mich bückte und mit meinem Gesicht die Erde berührte, hatte ich Angst vorm Furzen. Einmal ging ich mit meiner Großmutter in die Moschee, vor mir saßen viele Menschen zum Namaz-Gebet auf den Knien, und wenn sie sich bückten, schaute ich immer auf ihre Hintern und zählte, wie viele furzten. Wenn der Hodscha Mohammed sagte, legten alle ihre rechte Hand über ihre Herzen. Ich sprach: »Mein Allah, hilf diesen Menschen, daß sie nicht furzen.« Nur den Hintern des Hodscha konnte ich nicht sehen, weil er vor den vielen betenden Menschen saß. Furzt ein Hodscha? Furzt ein Hodscha nicht? Meine Mutter erzählte eine Geschichte: »Es war einmal in einem Dorf ein Hodscha, eines Tages beim Namaz furzte er in der Moschee. Alle Menschen sagten, Hodscha hat gefurzt, Hodscha hat gefurzt. Hodscha machte sich auf den Weg und ging aus diesem Dorf weg. Nach zwanzig Jahren dachte der Hodscha, ach, ich gehe bei meinem Dorf vorbei, man hat ja schon vergessen, daß ich mal gefurzt habe. Vor dem Dorf sah er einen jungen Mann auf einem Esel reiten.

'Aleykümselâm.'
'Selamün âleyküm', begrüßten sie sich. Der Hodscha fragte, wo die Dorfmoschee sei. Der junge Mann sagte: 'Die Moschee ist da'. Der Hodscha streichelte den jungen Mann über seinen Kopf und fragte: 'Wie heißt dein Vater, mein Kind, wann bist du geboren?'
Der junge Mann sagte: 'Ich bin Mehmets Sohn, ich soll an dem Tag geboren sein, als der furzende Hodscha unser Dorf verlassen hat.' Der Hodscha drehte sich auf den Fersen um und ging zum zweiten Mal aus diesem Dorf weg.« Meine Mutter sagte: »Der Hodscha ist die Zeit dieses Dorfes geworden. Wie vor Christus – nach Christus.«
Dann lachte sie, dabei wackelte ihr Bauch, sie lachte mit ihrem Bauch.
Der Regen hörte auf, Mustafa kam und gab mir eine Lira. Ich konnte in İstanbul mit einer Lira viermal ins Kino gehen und 36 Filme sehen. In unserer religiösen Straße gab es keine Elektrizität, gab es kein Kino. Ich schluckte die eine Lira, so wollte ich, wenn eines Tages Elektrizität da ist, die Lira rausspucken und ins Kino gehen. Am nächsten Tag kam der Regen wieder, Mustafa kam nach dem Regen und sagte: »Leih mir deine eine Lira, wir kaufen damit zwei Melonen. Wir müssen in bitteren Tagen süß essen, süß reden.« Sie warteten auf meine Scheiße. Die Scheiße kam, und die eine Lira saß in ihrer Mitte. Meine Großmutter nahm die eine Lira aus meiner Scheiße. Ich ging mit meinem Vater mit, die Wassermelonen kaufen. Auf der Straße lagen die Melonen übereinander. Ihre runden Körper sahen so aus, als ob sie sich mit dem Regen für Allah immer wieder sauberwaschen würden. Der Melonenbauer guckte zum Himmel, sagte: »Allah hat dieses Jahr in unsere Gesichter geschaut. Allah hat Mitleid gehabt mit uns, er hat uns seinen Regen geschickt.« Mein Vater sagte: »Allahs Arbeit«, und kaufte

zwei kleine Melonen und gab sie mir zum Tragen. Zuerst waren auf der langen Straße keine Menschen zu sehen, mein Vater lief vor mir, ich lief mit zwei Wassermelonen hinter ihm her. Die Welt stellte sich auf den Kopf, und der Fluß war unser Himmel. Da kam ein Junge, er war so klein wie ich, und lief an uns vorbei. Er hatte kurze Haare, der Regen leckte ihn, er hatte zwei Hände in den Hosentaschen und einen Pfiff im Mund, er ging an uns vorbei, vor mir lief mein Vater, hinter mir der Junge. Ich weiß nicht, warum, ich drehte mich um und schaute ihn an. In dem Moment blieb er stehen und drehte sich zu mir um. Ich stand da mit zwei Melonen in der Hand, er mit zwei Händen in der Hosentasche. Meines Vaters Stimme sagte: »Meine Tochter.« Ich holte meine Augen zurück und lief hinter Mustafa her. Mein halber Körper lief hinter meinem Vater her, die andere Hälfte blieb stehen. Aber auch die Hälfte, die hinter meinem Vater herlief, lief zurück zu der anderen Hälfte, die dem Jungen gegenüberstand. Ich schaute den Jungen an, der Junge schaute mich an. Da kam mein Vater und haute mir mit seiner Hand eins ins Gesicht. Eine Melone fiel und zerteilte sich sehr langsam in 1000 Stücke. Der Junge nahm seine Hände aus seinen Taschen, der Pfiff fiel ins Regenwasser, er lief rückwärts weg. Ich lief hinter meinem Vater mit einer Melone, mein eines Auge weinte auf die Erde, und mit dem anderen sah ich im Spiegel meines Weinens das Gesicht dieses Jungen. Großmutter sagte: »Weine nicht, dort auf dem Gesicht, wohin der Vater schlägt, wird eine Rose blühen.« Meine Mutter sagte: »Wer seine Tochter nicht schlägt, schlägt später seine eigenen Knie.« Ich wollte meine Fastentage, die ich meinem Vater für seine Sünden verkauft hatte, zurücknehmen. Mustafa sagte: »Gib mir meine 50 Kuruş zurück, ich gebe dir deine Fastentage zurück.« Ich stand in der Nacht auf, machte das Fenster auf, zog mein Nachthemd aus, es regnete so unbarmherzig, wartete vor dem offenen Fenster, daß die Kälte kommt und mich tötet. Wenn ich sterbe, werde ich direkt ins Paradies gehen. Ich habe noch keine Sünden, meine Sündenhefte sind leer. Über die Brücke, die dünner ist als ein Haar und schärfer ist als ein Messer, kann ich bis zum siebten Himmel fliegen. Da ist ein Baum. Allah wird mich fragen: Willst du mehr? Ich werde sagen: Nein. Ich kann die Früchte dieses Baumes essen, mich unter seinen Schatten auf meinen Rücken legen. Ich sah meinen vor meinen Augen im Regen liegenden gestorbenen Körper und ging mit ihm zum Friedhof von İstanbul. Hinter mir kommen mein Vater, barfuß, meine Mutter, barfuß, meine Brüder nackt und barfuß, meine Großmutter, ihr Kopftuch gelöst, mit Wollsocken, und der Friedhofsnarr Musa mit dem Lenkrad und mit viel zu großen Schuhen. Es regnete auch auf dem Friedhof von İstanbul, ihre weinenden Stimmen sagten im Chor: Geh nicht. Geh nicht. Gitme, Gitme. Ich legte meinen toten Körper in ein frisch gegrabenes Grab, ich wartete, daß der Regen aufhörte, ich wollte nicht im Regen begraben sein. Ich nahm meinen Tod aus dem Grab und wartete und schaute hoch, wann die Sonne kommt. Es regnete weiter auf dem Friedhof. Und dann befand ich mich am Fenster in unserer religiösen Straße. Auch hier regnete es weiter. Ich trug meinen Tod wieder zum İstanbuler Friedhof, die anderen kamen wieder hinter mir her, barfuß, es regnete weiter auf dem Friedhof in İstanbul, dann befand ich mich wieder am Fenster in unserer religiösen Straße. »Mein Allah, nimm deinen Regen, nimm deinen Regen.« Als ich wach wurde, sah ich: Das Fenster war zu, die Sonne war im Zimmer, und neben mir lag eine Puppe, ihre Augen waren zu. Mustafa sagte: »Was für ein guter Mensch mußt du in Allahs Etage sein.

Er hat dich gehört. Der Regen ist weg. Wäre doch besser meine Hand kaputtgegangen, als ich dich geschlagen habe, verzeihe deinem sündenvollen Vater, meine Haselnußtochter. Warum aber klebten deine schönen Augen am Gesicht eines fremden Jungen? Du bist noch ein Kind, dein Mund riecht noch nach Muttermilch, spiel mit dieser Puppe.« Er ging weg. Ich wusch mich für Namaz und machte den Namaz, dann war Namaz zu Ende. Rechts grüßen, Esselâmü aleyküm ve rahmetullah, links grüßen, Esselâmü aleyküm ve rahmetullah, jetzt konnte ich mit Allah sprechen, ich wollte, daß er uns wieder seinen Regen gibt. Aber ich hatte keine Stimme, meine Stimme war weg. Meine Mutter sagte: »Du hast deinen Vater traurig gemacht, Allah hat dir deine Stimme weggenommen.« In der Schule sagte der dünne Lehrer: »Mädchen aus İstanbul hat sich erkältet.« Ich fand meinen Bruder Ali und schrieb ihm ins Heft, daß wir unseren Vater suchen gehen müßten, dann wird Allah mir meine Stimme zurückgeben. Mein Bruder Ali und ich gingen meinen Vater suchen. Die Sonne trocknete, was der Regen in die Kleinstadt gebracht hatte. Der Weg war wie ein langer Tunnel aus Schmutzbergen. Dann kamen wir in die Stadtmitte, wir standen da in diesen vom Regen gebohrten Schützengräben. Da habe ich Atatürk gesehen. Er stand da, aus Stein, in der Mitte des Platzes, er zeigte mit dem Zeigefinger auf einen Punkt. Darunter stand ein Satz: »Heere, Euer erstes Ziel ist das Mittelmeer. Vorwärts!« Dorthin, wo er mit dem Finger zeigte, sah ich einen schief stehenden staubigen Barbierladen, drei Männer saßen mit Schaum in ihren Gesichtern vor den Spiegeln. Von unserem Schützengraben aus sahen wir drei geköpfte Männer ohne Körper. Ali zeigte mir ein gelbgefärbtes Haus, aus dem eine türkische Fahne und eine Fahne mit sechs Pfeilen raushingen. Er sagte:

»Republikanisches Volksparteihaus, unsere Eltern wählen diese Partei.« Vor den Läden saßen viele viele Männer auf ihren Stühlen, sie drehten um ihre Finger die Rosenkränze. çıkçıkçıkçıkçıkçıkçıkçıkçıkçıkçık. Alle Männer warteten auf irgendwas. Sie saßen da und warteten, sie bewegten sich nicht. Wir standen in dieser Schützengrube eine halbe Stunde. Ich sah in dieser halben Stunde einen Mann an, er saß da, ein Finger in seinem Nasenloch, der Finger blieb lange in seinem Nasenloch stehen, dann nahm er den Finger aus dem Nasenloch und steckte ihn in das andere Nasenloch, der Finger blieb im anderen Nasenloch stehen. Wir machten uns weiter auf den Weg. Als wir unsere Köpfe zurückdrehten, sahen wir die Stadt und die Schornsteine, aus denen dünner Rauch rauskam, nicht mehr. Die Stadt war wie mit einem Messer von uns abgeschnitten. Von einem Hügel herunter sah ich ein Meer von Sonnenblumen, die wärmten sich dort an der Sonne mit ihren Gesichtern zu uns. Sie waren länger als ich und Ali, wir liefen darin, und aus der Angst vor der Schlange standen wir öfter still und horchten, ob die Schlange Sssssssss macht und kommt. Dann liefen wir so schnell wie die aus ihren Ketten befreiten Narren weiter. Ich dachte, ich werde, wenn wir aus dem Feld rauskommen, ein Schlangenbaum sein. Um seine Äste würden die Schlangen sich ein paarmal gerollt haben. Wir kamen aus dem Feld, ich war kein Schlangenbaum. Die Sonnenblumen standen hinter uns, ruhig, wieder mit ihren Gesichtern zu uns, wärmten ihre Gesichter wieder an der Sonne. Ali sagte: »Der Name dieser Blume ist Günebakan« (die den Tag Schauende). Vor uns stand ein Schild: Die Bürokraten-Häuser. Es sah wie eine Stadt aus, die früher einmal gelebt hatte, dann von Allah eine Backpfeife gekriegt hatte und gestorben war.
Die Bauarbeiter in den Löchern der Baustellen, die mit

sehr lauten unverständlichen Wörtern sprachen, sahen so aus, als ob sie diese alte tote Stadt weitersuchten. »Die letzte halbfertige Villa«, sagte Ali, »wird unser Haus.« Ich schrieb in der Luft: »Ali, wo ist mein Vater?« Ali sagte: »Vater ist im Kalkbrunnen.« Wir standen hinter unserer Villa vor einem rauchenden, viereckigen, großen weißen Loch. Ein Bauarbeiter schrie wie ein am Schlachtfest am Hals mit einem nur halbscharfen Messer geschlachtetes Schaf: »Çocuklar! Kinder, geht nicht da rein! Das ist ein ungebrannter Kalkbrunnen. Der Brunnen frißt einen Menschen bis zu seinen Knochen, bis er zu Mehl wird.« Dann nahm er uns in seine zittzitt-zitternden Arme mit Bismillâhirahmanirrahim und sagte: »Eure Großmutter, Mutter sollen einem Bettler Geld geben als Zahlung für euer Leben, und für mich sollen sie auch beten. Euer Vater ist im Berg.« Er trug mich und Ali wie zwei Kürbisse zu einem Lastwagen und sagte dem Fahrer: »Bruder Osman, die Kinder von Herrn Mustafa besuchen ihn.« Der Lastwagen fuhr mit uns weg. Bruder Osman schaute auf uns so, als ob wir zwei seltene Tiere wären, und wackelte mit seinem Kopf nach links und rechts. Bruder Osman sagte: »Hier ist der Berg, da ist euer Vater, macht eure Ohren zu, Kinder.« Ich sah einen großen Berg wie einen Spiegel, und die Sonne war in ihm. Mein Vater stand in seiner Mitte und schrie: »Dynamit«. Der Berg zerplatzte zusammen mit der Sonne in tausend Stücke. Ich sah die Stücke hochfliegen und dann wieder als Staub herunterkommen. Der Staub ging wie aufgezogene Vorhänge auf die Seite, ich sah den großen Spiegel wieder ganz mit der Sonne da stehen. Ich sah meinen Vater wieder ganz in der Mitte des Spiegels mit seinem Hut. Bruder Osman sagte: »Willkommen im Steinbruch.« Ich schrie: »Babaaaa« (Vaaaater), der Spiegel schickte meine Stimme als Echo zurück. Allah hatte mir meine Stimme zurückgegeben. Ein sehr, sehr alter Mann, der Wächter des Steinbruchs, schälte für mich und Ali eine frische Gurke, sagte: »Seid ihr gekommen, euren Vater zu sehen? Der scherzt mit dem Berg.« Dann kamen viele steinetragende Männer wie ein unendliches Seil und legten die Steine auf den Lastwagen. Aus ihren Körpern tropfte viel Wasser. Der Schweiß lief auf die Erde wie ein dünner Bach. Die Männer sagen im Chor: »Allah, ich danke dir, daß du mir mein Leben heute wieder geliehen hast.« Mein Vater sagte: »Wai, meine schöne Tochter ist gekommen, ihren Vater zu sehen. Küßt die Hände dieses Onkels.« Wir küßten die Hände der Steinbrucharbeiter, sie sagten als Chor: »Maşallah, Mustafa Bey für deine Tochter, Maşallah« (Allah soll sie vor bösen Blicken schützen). Ein Steinbrucharbeiter hob mich hoch und gab mich, nachdem er mir »Maşallah« gesagt hatte, in die Hände der nebenstehenden Steinbrucharbeiter. Wie ein neugeborenes Lämmchen ging ich von einer Steinbrucharbeiterhand in die andere, von einem Maşallah in das andere. Der Steinberg gab ihnen ihre »Maşallahs« zurück, ich sah in ihren Gesichtern die Gesichter der Soldaten, die ich aus dem Bauch meiner Mutter im schwarzen Zug gesehen hatte. Diese Männer mußten sich jeden Tag für Bürokratenhäuser vor einem in tausend Stücke zerspringenden Spiegel verstecken.

Großmutter hatte mal gesagt: »Der Tod ist zwischen Augen und Augenbrauen, ist das weit weg?«
»Sagt der Tod, daß er kommt, Großmutter?«
»Ja«, sagte Großmutter Ayşe, und zählte auf, wie der Tod sagt, daß er kommen wird:
Wenn zu Hause die Türen quietschen.
Wenn zu Hause das Holz am Boden knarrt.
Wenn ein Hund gegen eine Tür heult.

Wenn ein Storch mit seinen Füßen weiße Sachen bringt.
Wenn die Krähen zu lange schweigen.
Wenn die Zimmerdecke plötzlich Risse kriegt.
Wenn in der Nacht eine alte Frau an der Tür klopft.
Wenn eine Lampe plötzlich zerbricht.
Wenn ein Stein rutscht.
Wenn man plötzlich einem weißen Pferd begegnet.
Wenn der Spiegel zerbricht.
Wenn ein Kind oft weint.
Wenn ein Hahn oft kräht.
Wenn ein Hund seinen Besitzer nicht mehr erkennt.
Wenn ein Hund mit ungewöhnlicher Stimme mit seinem Besitzer redet.
Wenn ein Pferd weint.
Wenn ein Huhn wie ein Hahn schreit.
Der Tod kann auch im Traum sagen, daß er kommen wird:
Wenn man träumt, daß ein Zahn rausfällt.
Wenn man träumt, daß eine Kuh einem in die Augen schaut.
Wenn man im Traum Feuer sieht.
Wenn man im Traum Rauch sieht.
Wenn man von einem Mühlstein, dem eine Ecke fehlt, träumt.
Wenn man von schwarzen Fäden träumt.
Wenn man von einem schwarzen großen Topf träumt.
Wenn man von unklarem Wasser träumt.
Wenn man von klarem Wasser träumt.
Wenn man jemanden im Traum umarmt.
Wenn Perlen auseinandergehen.
Wenn man im Traum viele Menschen sieht, die vor einer Haustür stehen.
Wenn man im Traum Schuhe anzieht.

»Wenn einer stirbt, das ist, als wenn sich ein Stein hier über deine Brust setzt und nicht mehr aufsteht. Wenn ein Mensch, den du liebst, seine Seele in die Hände von Allah gibt und stirbt, werden in dir 40 Kerzen brennen. Wenn du den Toten begraben hast, wird jeden Tag in dir eine Kerze ausgehen. 39 Kerzen gehen aus, aber die 40. Kerze wird, bis du stirbst, weiter in dir brennen. Ach, ferner als der Tod gibt es kein Dorf in dieser lügenden Welt«, sagte Großmutter Ayşe.
Sie sagte: »Man kann versuchen, den Tod zu betrügen, wenn er noch auf dem halben Weg zu uns ist. Der Tod wird süchtig nach einem Menschen oder einer Familie und schickt süchtig Nachrichten, daß er bald kommen wird. Deswegen ist es gut, wenn man morgens, wenn man aufgestanden ist, sofort den Traum, den man in der Nacht gesehen hat, laut erzählt, damit die anderen aus dem Traum lesen können, ob der Tod Nachricht hinterlassen hat. Man muß den Stimmen der Tiere gut zuhören, den Stimmen der Häuser gut zuhören. Die Mütter versuchen den Tod zu betrügen. So: Wenn sie Angst haben, daß ihr Kind sterben wird, rufen sie auf die Straße zu ihren Nachbarn: 'Ich habe aus einem fremden Land ein Kind gebracht, wer will es kaufen?' Ein Nachbar sagt: 'Ich kaufe.' Und dann gibt er ein Stück Eisen als Zahlung und kauft das Kind, und man hofft, daß der Tod nicht mehr in der Nähe des Hauses spaziert. Oder, wenn eine Mutter Angst hat, daß ihr Kind sterben wird, versteckt sie ihr Kind unter einem sehr, sehr großen Topf und spricht mit einer Puppe, als ob sie ihr Kind ist. Dann weint sie, daß ihr Kind tot ist und begräbt diese Puppe. So kann man vielleicht auch dem Tod seine Augen betrügen. Oder man macht aus Gerstenmehl eine Puppe, dieser Puppe gibt man den Namen des Menschen, bei dem man Angst hat, daß der Tod kommt, ihn zu holen. Man

mußt für die Puppe weinen, als ob die Puppe selbst weinen würde, dann muß man den Bauch dieser Gerstenmehlpuppe kaputtmachen, sie zu einem sehr, sehr weit entfernten Ort bringen, begraben, den Namen des Menschen laut sagen, weinen, laut weinen, daß der Tod es hört, daß er glaubt, der Mensch, den er holen wollte, ist schon tot. Oder«, sagte Großmutter, »man macht selbst den Tod nach, und der echte Tod hört das, kriegt Ekel und läuft von diesem Haus weg.« Man konnte den Tod mit Totspielen erschrecken.
Im Garten legte Ali sich hin, ich deckte ihn mit Blättern zu. Er lag da unter den Blättern, ich lachte. In der Nacht nahm Ali ein Bettlaken über den Kopf und sagte, er wäre tot und aus seinem Grab wieder aufgestanden. Ali lief hinter mir her, ich lachte. Ali erwürgte mich, meinen kleinen Bruder Orhan, meine Großmutter, wir lachten alle, und dann schaute ich in die Nacht, ob der Tod Ekel gekriegt hat.
Ich kaute an unserem Weißbrot, spuckte es als Puppen aus, eine von diesen Puppen hieß Mustafa, die anderen waren die Steinbrucharbeiter. Ich wußte aber ihre Namen nicht. Ich sagte dann: »Das ist der Mann mit der langen Nase, der mir das erste Maşallah gesagt hat, das ist der Mann mit den dicken Augenbrauen, der mir das zweite Maşallah gesagt hat, das ist der Mann mit der erkälteten Stimme, der mir das dritte Maşallah gesagt hat, das ist der Mann mit dem langen Körper, der mir das vierte Maşallah gesagt hat, das ist der Mann, der Zwiebeln gegessen hat, der mir das fünfte Maşallah gesagt hat.« Die aus Brot gespuckten Puppen lagen da, ich weinte anstelle dieser Puppen, dann steckte ich meine Finger in deren Körper, die Puppen starben, im Garten gab es viel Erde, ich legte die Puppen unter die Erde und weinte mit echten Tränen um Mustafa und die Steinbrucharbeiter.

Ich fragte meinen Vater, wieviele Steinbrucharbeiter im Berg mit Dynamit arbeiten. Mustafa sagte: »Zwanzig, manchmal vierzig.« Beim nächsten Mal kaute ich und spuckte Brotstücke als Puppen aus. Mustafa, der Steinbrucharbeiter mit erstem Maşallah, mit langer Nase, der Steinbrucharbeiter mit zweitem Maşallah, mit dicken Augenbrauen, der Steinbrucharbeiter mit drittem Maşallah, mit erkälteter Stimme, der Steinbrucharbeiter mit viertem Maşallah, mit langem Körper, der Steinbrucharbeiter mit fünftem Maşallah, mit Zwiebelgeruch.
Und wenn es vierzig waren:
Der erste Steinbrucharbeiter, den ich nicht kenne,
der zweite Steinbrucharbeiter, den ich nicht kenne,
der dritte Steinbrucharbeiter, den ich nicht kenne,
der vierte Steinbrucharbeiter, den ich nicht kenne.
Erst weinte ich anstelle der vierzig Puppen vierzig Mal. Und wenn ich sie begrub, weinte ich als ich selbst, dem die vierzig Menschen gestorben waren.
Vom vierzig mal anstelle der Puppen weinen, und vierzig mal um die Toten weinen habe ich mich an das Weinen gewöhnt. Meine Mutter sagte: »Warum weinst du, meine Tochter?« Oder sie sagte: »Weine nicht, sonst nehme ich deinen Hals unter meine Beine. Weine nicht, ich bohre dir deine Augen aus. Um Allahs Willen weine nicht, meine Tochter. Hab' ich dir nicht gesagt, weine nicht. Weine, weine, deine Augen werden blind. Weine nicht, dein Weinen wird unser Haus fressen. Das Weinen wird mich töten, weine nicht, ich hau' dir deinen Mund kaputt. Ersticke in deinem Weinen, ertrinke in deinem Weinen.«
Ich kaute kein Brot, spuckte keine Puppen mehr, ich weinte nur. Auch wenn mein Vater abends da war und wir zusammen aßen, weinte ich beim Essen. Eines Abends sagte meine Mutter mit einer ganz fremden

Stimme: »Hat man dein Fleisch auf sieben Äste gezogen, warum weinst du wie ein unheiliger Wolf? Wenn du so weinst, wird jemand von uns sterben.« Das war richtig: Meine Großmutter hatte gesagt, der Tod sagt, daß er kommt, wenn ein Kind ohne Grund weint, da weinte ich noch mehr. Meine Großmutter sagte: »Weine nicht, meine Schöne, sonst werden deine Wimpern herunterregnen wie unserem Propheten Mohammed.« Sie hatte gehört, in unserer religiösen Straße träumte eine Tag und Nacht nur mit Allah lebende Frau oft einen Traum. Im Traum kommt unser Prophet Mohammed zu ihr, spricht mit ihr, er sagt: »Sag' meinen Gläubigen, sie sollen in ihrem Koran blättern, meine Wimpern suchen, sie werden meine Wimpern finden, ich weine Tag und Nacht für die verfaulenden Seelen der Menschen, vom Weinen sind meine Wimpern heruntergeregnet. Sag' denen, die mich lieben, sie sollen mit ihren eigenen Augen meine kummervollen Wimpern sehen.«
Nach dem Nachts-Namaz-Gebet suchten wir zwischen den Koranblättern die Wimpern von Mohammed, Ali, ich und die Großmutter. Ali hielt die Gaslampe in seiner Hand über den Koran, Großmutter schlug die Blätter des Koran um, da haben wir die Wimpern gesehen. Ich habe nur gezittert, und wir haben Mohammeds Wimpern in einem gelben armen Stück Papier gesammelt, und so habe ich mein Weinen auf die Seite gelegt.
Eines Nachts saßen wir alle in einem Raum, die Tür machte: Tak Tak Tak. Meine Mutter stand auf und sagte: »Bismillâhirahmanirrahim. Wer kann denn in dieser späten Nacht an unsere Tür klopfen?« Ich guckte vom Fenster runter, da stand eine alte Frau mit weißen Haaren. Der Tod schickte seine Nachricht. Eine alte Frau klopft an der Tür in der späten Nacht. Meine Mutter sagte: »Was stehst du da wie ein blinder Stock, mach' die Tür

auf.« Hinter der Tür sagte die Stimme des Todes: »Maşallah, ihr laßt mich so lange warten.« Meine Mutter schrie: »Baumwolltante!« Es war die Baumwolltante aus İstanbul, die Frau, die mich, als ich noch im Bauch meiner Mutter war, zum Zug gebracht hatte. Mit der Baumwolltante kam das Wort Maşallah noch mal in das Haus. Sie sagte das Wort wie die Steinbrucharbeiter: Ma-şallah. Sie sagte:
»Ma-şallah, Mädchen, du warst eine kleine Scheiße im Bauch deiner Mutter, als ich dich und deine Mutter den Soldaten im Zug übergab.
Ma-şallah, du bist jetzt ein großer Esel geworden.
Ma-şallah, wie schön du lesen und schreiben gelernt hast.
Ma-şallah, deine Zunge weiß nicht, was Schweigen ist.
Ma-şallah, wie laut du heute Nacht geschnarcht hast, Ayşe Hanım.
Ma-şallah, wie unartig deine Kinder sind, Fatma.
Ma-şallah, wieviel billiger hier die Auberginen als in Istanbul sind.
Ma-şallah, wohin geht ihr.
Ma-şallah, habt ihr wieder vergessen, mit Bismillâhirrahmanirrahim aufzustehen.
Ma-şallah, wieviel Rakı du heruntergießen kannst, Mustafa.
Ma-şallah, ihr seid alle Narren.
Ma-şallah, wie ungeduldig du bist.
Ma-şallah, heute haben wir einen lachenden Tag.
Ma-şallah, ihr habt Nachbarn mit heiligen Gesichtern.«
Baumwolltante war eine Frau ohne Mann, ohne Geld, ohne Kinder. Sie hatte zwei Neffen, ein paar Monate lebte sie bei dem einen Neffen, ein paar Monate bei dem anderen Neffen, ein paar Monate bei uns. Die Steinbruchmänner waren auch arm und allein. Man sagte über solche Leute, ihre Taschen hätten ein Loch. Diese in ihren

Taschen ein Loch habenden Menschen sagten sehr oft
Maşallah, Allah soll sie vor bösen Blicken schützen.
Eines Morgens stand Baumwolltante noch in ihrem
nach Mottenpulver riechenden weißen Nachthemd.
Normalerweise sagte sie morgens: »Maşallah, küçük hanım (kleine Frau), aus deinen Augen läuft noch tiefer
Schlaf. Ma-şallah, du wärmst noch deine Faulheit im
Bett. Aufstehen!« Heute sagte sie kein Ma-şallah, sondern ein neues Wort: »İnşallah« (Allahs Wille, hoffentlich). Sie sagte zu meiner Mutter: »Fatma, das Kind hat
was, Inşallah, sie ist nicht krank oder was?« Der einzige
Arzt in der Kleinstadt war eine Zwergin, eine Frau, sie
kletterte auf einen Stuhl, um meine Krankheit zu suchen.
Ich hatte Tuberkulose.
Fatma sagte: »Du hast immer das gekaute Kaugummi
von diesen drei Mädchen auf der Straße in deinen
Mund genommen und weitergekaut, jetzt klebt es als
Kummer in deiner Lunge.« Dann weinte sie und sagte:
»İnşallah sterbe ich, dann wirst du sehen, wieviel du
mich zum Weinen gebracht hast.« Da saß sie und weinte
auf dem Holzboden, und sie schaute auch wie der Hodscha in der Moschee beim Koranunterricht auf einen
Punkt auf dem Boden, als ob sie vor sich ein kleines Tier
sah, das auf den Rücken gefallen war und sich nicht retten konnte. Baumwolltante sagte: »Woher hast du diese
feine Krankheit? Hast du sie eingeladen?« Sie hatte gehört, Tuberkulose sei eine adlige Krankheit, oder die
Dichter kriegten Tuberkulose, und in Liebesfeuer gefallene Menschen. Baumwolltante sagte: »Die Dichter sind
Menschen, die sich vom Feuer dieser lügenden Welt
mehr verbrennen lassen als die anderen Menschen. Allah, Allah, küçük hanım, wieso hat diese adlige Krankheit sich an dich geklebt? İnşallah geht sie weg.« Adlige
waren für mich Leute wie Prinzen und Prinzessinnen, ich

glaubte, daß diese Leute nicht, wie wir, pinkeln und scheißen würden. Sie hatten nicht solche Löcher wie wir. Ich dachte, daß die Tuberkulose, weil sie sich nicht am Hintern, sondern am Rücken zeigt, eine adlige Krankheit ist. Meine Großmutter sagte: »Jemand hat absichtlich in unserer religiösen Straße vergessen, ihr Maşallah zu sagen. Es hat sie ein böser Blick getroffen.« Großmutter, Baumwolltante und Mutter saßen und zählten, welche Nachbarn mich mit ihrem bösen Blick getroffen hatten, weil sie mir kein Maşallah gesagt hatten. Die Nachbarinnen, die blaue Augen hatten, waren für meine Mutter verdächtig. Mutter sagte: »Wer blaue Augen hat, vor dem muß man Angst haben.« Meine Großmutter hatte auch himmelblaue Augen. Sie verdächtigte die Nachbarn, die sehr kräftige dunkle Augen hatten. Sie sagte: »Sie denken zuviel an den Teufel.« In dem großen Raum gab es um die Wände viele Sitzplätze, über denen viele Kissen und Tücher lagen. Diese drei Frauen saßen auf den Kissen, ich lag in einem Bett auf dem Boden. Sie hatten alle Nachbarhäuser durchgekämmt und unter kräftigem Licht in die Herzen der Nachbarn hineingeguckt, sie konnten nicht sagen, wer der unheilige Nachbar war. Ihre Wörter zogen sich aus den Nachbarhäusern zurück, jetzt schauten sie in die Sündenhefte in unserem Haus. Sie sagten: »Die bösen Geister hat es alle zu uns gezogen, weil wir mit unseren Sünden sehr gute Lehrlinge dieser Geister geworden sind.« Sie sagten: »In diesem Haus gibt es keine Allah-Angst. Mustafa macht kein Namaz, trinkt Rakı und Wein, raucht, Fatma raucht, färbt ihren Mund, trinkt auch Rakı.« Großmutter rauchte auch manchmal, und vielleicht furzte sie beim Namaz, und sie wusch sich vielleicht manchmal nicht. Konnten die Geister ein besseres Haus finden als unser Haus, um dort zu wohnen? Als Großmutter und Mutter mit ihren Fingern unsere Sünden zählten, sagte Baumwolltante immer: »Tövbe, tövbe, tövbe« (Bußgläubnis). Dann sagten Großmutter und Mutter auch »Tövbe, tövbe« vor jedem ihrer Sätze. Mutter sagte: »Tövbe, tövbe, wieviel Rakı habe ich denn getrunken, ich habe ein paarmal Rakı in den Mund genommen, weil ich Zahnweh hatte.« Großmutter sagte: »Tövbe, tövbe, warum soll ich beim Namaz furzen?« Mutter sagte: »Tövbe, tövbe, wo steht das im Koran, daß Mundfärben Sünde ist?« Großmutter sagte: »Tövbe, tövbe, die erste Zigarette habe ich in den Mund genommen, als meine acht Kinder starben. Da hat meine Schwiegermutter mir eine Zigarette in die Hand gegeben und gesagt: 'Rauch, rauch Ayşe, das nimmt dir dein Herzbrennen weg.'« Dann wurden sie still, als ob sie ihre Zungen geschluckt hätten, und schauten auf die Erde wie der Hodscha, als ob da ein Tier auf den Rücken lag und seine dünnen Beine hin und her bewegte und nicht aufstehen konnte. Dann schlugen sie sich auf ihre Oberschenkel und sagten: »Allah, wir haben so viele Sünden. Warum hast du einem sündenlosen Kind diese Krankheit gegeben? Nimm' unsere Seelen, rette dieses sündenlose Kind. Allah, tövbe, tövbe, tövbe.« Dann kam Mustafa und sagte: »Tövbe, tövbe, ihr bringt dem Kind das Fieber hoch. Sie muß Rotwein trinken, Rotwein macht ihr rotes Blut.« Von dem Tag an, beim Abendessen, setzte sich mein Vater Mustafa neben mich, und wir tranken aus seinem Glas zusammen Rotwein. Wenn der Wein mir an manchen Abenden zu bitter war, sagte er: »Medizin der Derwische«, zwickte mir mit zwei Fingern meine Nase und goß den Rotwein in meinen Mund, und dann sagte er: »İnşallah, soll es dir Gutes tun.« Meine Großmutter ließ mich kaputte alte Kleider und Schuhe anziehen, und wir gingen zusammen von einem Nachbarhaus zum anderen Nachbarhaus. Sie sagte, ich solle arm aus-

sehen, damit die Nachbarn glauben, mir geht es schlecht, und mir keinen bösen Blick zuwerfen können. Dabei sollte ich in meine Zunge beißen und schweigen, damit meine Klugheit von dem bösen Blick der unheiligen Nachbarn nicht getroffen wird. Die Baumwolltante suchte heilige Hodschas, und sie ließ diese Hodschas auf einem Stück armen Papier in arabischer Schrift gegen diesen bösen Blick Zaubergebete schreiben. Sie brachte diese von Hodschas geschriebene Schrift nach Hause, verbrannte sie mit Gebeten, legte diese verbrannten Schriftstücke in ein Glas Wasser. Die schwarzen Papierstücke lösten sich im Wasser, ich trank dieses arabische Schriftwasser. Meine Mutter brachte mich nochmals zu der Zwergenärztin. Sie kletterte wieder auf einen Stuhl, hörte meinen Rücken ab, und ich mußte Lebertran trinken. Eine große Flasche kam ins Haus, die liebte ich nicht. Dieses Öl vom Walfisch. Mein Vater sagte, er müßte, um diese Flasche zu bezahlen, einen Berg von seinem Platz zu einem anderen Platz tragen. Mustafa sah auch so aus, als ob er jeden Tag einen Berg auf seinem Rücken tragen würde. Er saß in der Nacht an meinem Bett und sagte: »Ach, meine schöne Tochter, dein Vater kann dich nicht retten, wer soll deinen Vater retten? Die Menschen, an die ich geglaubt hatte, verstehen mich nicht, aber es ist gut, an die Menschen zu glauben.« Dann sagte er: »Ach, es gibt keinen Platz für naive Menschen wie du und wie ich in dieser blinden Welt. Am Ende gewinnen immer die Bösen.« Dann gähnte er und gähnte, mit sehr langem Hecheln.
Hehehehehehehehe
Hehehehehehehehe
Mein Vater hatte viel Schulden. Baumwolltante brachte vom Zauberhodscha auch für meinen Vater gegen die bösen Blicke Heilige Schriften. Mustafa trank sie. Er

gähnte weiter. Ich hatte weiter Fieber. Eines Morgens sagte meine Großmutter, daß ihre rechte Hand die Hand von Fatma, der Lieblingstochter von unserem Propheten Mohammed, sei. Die heilige Fatma soll, bevor sie starb, ihre heilende Hand an eine andere Muslimfrau weitergegeben haben, und die Muslimfrau soll, bevor sie starb, wieder an eine andere Muslimfrau Fatmas heilende Hand weitergegeben haben. Und nach 1300 Jahren soll eine Moslemfrau, bevor sie starb, meiner Großmutter die heilende Hand von Fatma gegeben haben. Wenn mein Vater so das Gähnen mit Hecheln anfing, hielt sie ihre rechte Hand, betend, vor seinen Mund, solange mein Vater gähnte, dann schloß sie ihre Hand und steckte sie in das Feuer, damit die bösen Geister, die süchtig nach meinem Vater geworden waren, verbrannten. In der Nacht legte sie ihre rechte Fatma-Hand auf meinen Rücken, wo die Tuberkulose wohnte.
Die Mutter, Großmutter, Baumwolltante sagten im Chor: »Die Geister dieses Hauses sind unverschämt, sie haben keine Scham vor Allah und seinen Untertanen, Allah rette uns vor diesem Haus. Allah, schau auf unsere Gesichter, schicke einen Retter, mein Allah. Allah, lach' auf unsere Gesichter. Öffne unser Kismet. Mein Allah, entweder gib mir einen Flügel oder mach' mich zu einem Vogel, laß mich von dieser kummervollen Welt fliegen.« Oder sie sagten: »Mein Allah, gib mir einen Geduldstein. Diese Wände sind stumm. Die Welt hört uns nicht. Ich kann dem Geduldstein meinen Kummer erzählen, und ich ermesse an diesem Geduldstein, wieviel wir zu dulden haben.« Sie saßen da im Dunkeln am Fenster, über den Holzbänken, draußen in unserer religiösen Straße gingen die Lichter aus, der Mond kam rein, und ich sah nur ihre Münder, ihr für Allah sauber gewaschener Geruch saß mit ihnen im Zimmer. Mein Fieber

sammelte ihre aus ihren Mündern kommenden Wörter und brachte sie mir als Sterne, die ich neben den Mond setzen konnte.
»Großmutter, was ist ein Geduldstein?«
»Das ist ein Stein, der besser zuhören kann als die Menschen.«
Meine Mutter sagte: »Ah, Großmutter, erzähle!«
Baumwolltante sagte: »Ayşe Hanım, erzähle!«
»Es war einmal, es war keinmal.
Als die Läuse als Lastenträger arbeiteten.
Als die Kamele als Ausrufer arbeiteten.
Als ich die Wiege meines Vaters hin- und herschaukelte.
In einem Land gab es ein schönes Mädchen, sie hatte keine Mutter, wahrscheinlich war sie gestorben. Sie hatte einen buckligen Vater. Jeden Abend kam ein Vogel, stand vor dem Fenster, klopfte mit seinem Schnabel an das Fenster. Das Mädchen machte das Fenster auf, der Vogel sagte ihr: 'Du wirst 40 Tage bei einem Toten warten.' Das Mädchen ist mit diesem Vogel weggegangen, in fremde Räume eingetreten. Da schläft ein schöner Mann. Sie setzte sich neben sein Bett und wartete 39 Tage lang – schlaflos. Dann kam eine Frau vor das Haus, sie wollte etwas verkaufen, es war eine kleine Flasche Liebessirup. 'So werden sie sehr geliebt', sagte die verkaufende Frau. Das Mädchen trank es, fiel in Ohnmacht, die Frau setzte sich neben den schlafenden Mann, er machte die Augen auf, sah diese Frau, sagte: 'Hast du 40 Tage lang schlaflos auf mich gewartet?' 'Ja', sagte die Frau, 'und das Mädchen, die Zigeunerin, die du da siehst, ist meine Dienerin.' Und dann hat der junge Mann diese Frau geheiratet. Das Mädchen diente und horchte in den Nächten auf die Liebesgeräusche des Mannes und der Frau. Der junge Mann wollte einmal in die Großstadt einkaufen gehen. Er fragte das Mädchen: 'Soll ich

dir etwas mitbringen?' Sie sagte: 'Ich möchte ein Messer und einen Geduldstein.' Er wunderte sich: Kein Stoff, keine Kleider, kein Cocosnußöl, kein Henna, Geduldstein und Messer. Er brachte ein Messer und einen Geduldstein und beobachtete hinter der Tür das Mädchen. Sie saß da und sprach zu dem Geduldstein, erzählte von ihrem Warten, und fragte: 'Geduldstein, kannst du es ertragen?' Geduldstein atmete tief, wurde etwas dicker, sie erzählte weiter und fragte den Geduldstein noch mal, ob er all das dulden könnte. Geduldstein atmete und atmete und platzte in tausend Stücke, sie nahm das Messer, setzte es auf ihre Brust, da hielt der junge Mann ihre Hand und sagte: 'So ist es also.' Er fragte die andere Frau, ob sie 40 Pferde oder 40 Beile haben wolle. Die Frau sagte: 'Was soll ich mit 40 Beilen machen? Gib mir 40 Pferde, damit ich meine Mutter und Vater besuche.' Er gab ihr 40 Pferde und band die Schwänze der 40 Pferde zusammen. Die Frau saß auf einem Pferd, der junge Mann peitschte die Pferde, die Pferde ritten über die Berge, schneller und schneller, die Frau fiel, das Fleisch der Frau blieb auf den Bergen, und der junge Mann nahm das Mädchen zur Frau.«
Baumwolltante und Mutter waren über das Märchen auf der Holzbank in den Schlaf gefallen. Großmutter saß im Bett, ihre rechte heilige Fatma-Hand lag auf meinem Rücken. Der Mond saß im Zimmer. Jedesmal, wenn er sich bewegte, hatte ich Angst, daß er jetzt weggehen würde. Nur der Mond nähte mich an die anderen Menschen, die ich liebte, aber nicht finden konnte. Der Mond konnte sie sehen, und sie konnten denken, jetzt sieht der Mond sie auch. Mein Onkel, ein kleiner Postbeamter aus Anatolien, die Soldaten, die Steinbrucharbeiter, das Grab der armenischen Frau, die in einem Hauseingang gelebt hatte, der bucklige Freund meines Vaters in İstan-

bul, die armenischen Zwillingsschwestern, die Schneiderinnen mit ihrem Geruch wie nasses Meer in İstanbul, der Friedhofsnarr Musa in İstanbul mit seinen Ameisen und Vögeln. Der Friedhofsnarr Musa hatte gesagt: »Die Menschen schlafen im Leben, wenn sie tot sind, werden sie wach.«
»Großmutter, was macht der Tod, wenn er kommt. Wie kommt er?«
Sie sagte: »Wie lange ein Mensch in dieser Welt zu essen und zu trinken hat, ist auf seiner Stirn schon früher von Allahs Hand geschrieben. Wenn die Zeit da ist, kommen vier Engel, diese vier Engel werden aus dem Menschen seine Seele ziehen. Die Seele hat zwei Füße und zwei Hände. Ein Engel wird an einem Fuß der Seele, der andere am anderen Fuß der Seele, der dritte Engel an der Hand der Seele, ein anderer Engel an der anderen Hand der Seele leicht ziehen. Wenn die Seele aus dem Mund der Menschen rausfliegt, wird der Körper wie ein sich leerender Sack umfallen. Die Seele geht aus dem Körper raus, wie ein in einem nassen Fell steckender spitzer Dorn. In diesem Moment wird die Seele durch ein Loch, klein wie ein Nadelöhr, rausgehen, und der Himmel wird sich über die Erde legen.«
Ich sagte: »Wird mein Vater ins Paradies gehen, Großmutter?«
»Ja.«
»Wird meine Mutter ins Paradies gehen, Großmutter?«
»Ja.«
»Werden meine Brüder ins Paradies gehen, Großmutter?«
»Ja.«
»Wird die Baumwolltante ins Paradies gehen, Großmutter?«
»Ja.«

»Wirst du ins Paradies gehen, Großmutter?«
»Ja.«
»Werde ich ins Paradies gehen, Großmutter?«
»Ja.«
»Wird der Walfisch auch ins Paradies gehen, Großmutter?«
Meine Mutter wurde wach und sagte: »Teufelmädchen, du hast dein Lebertranöl nicht getrunken.« Sie zwickte mir in die Nase und goß einen doppelten Schluck Lebertranöl in meinen Mund. Ich fiel durch dieses nach einer Stadt voller gestorbenem Fisch-Aas riechendem Lebertranöl in Ohnmacht.

Ich bin wach geworden in unserer halbfertigen Villa im Bürokratenviertel. Mutter, Baumwolltante, Großmutter sagten im Chor: »Wach auf, wach auf! Jetzt wird sie kommen. Sag mit uns mit: Maşallah.« Sie standen da und schauten hoch. Jetzt wird sie kommen. »Wo bleibt sie?«, fragte Mutter. In dem Moment ging eine Glühbirne an, aus der ein schmutziges Licht über die Frauen regnete. Sie klatschten in die Hände: Schak schak schak, sagten:
»Maşallah,
Maşallah, auf dich Elektrik,
Maşallah auf die Elektrik.«
Das große Radio fing auch an zu sprechen.
Eine Stimme sang:
»Mambo Italiano, Hey Mambo,
Mambo Italiano, Hey Mambo,
Mambo, Ita ...«
Die Frauen sagten: »Aaaa, jetzt ist sie wieder abgehauen.« Meine Mutter drehte oft am Knopf der Elektrik, mit Bismillâhirahmanirrahim. Sie war nicht da. Elektrik kommt, Elektrik geht.
Maşallah, Elektrik hat uns vergessen.
İnşallah, sollen der Elektrik die Augen blind werden.

So soll sie verstehen, was es heißt, uns so in dem Dunklen zu lassen.
Elektrik hat uns in ihrer Hand, läßt uns wie eine Bauchtänzerin wackeln.
Großmutter sagte: »Wir sind ja nicht mit Elektrik in unserer Hand aus unseren Müttern rausgekommen. Wenn sie nicht kommt, kommt sie nicht.«

Wir waren weggezogen aus unserer religiösen Straße. Die Frauen dachten, daß das Holzhaus dort in den Händen der Geister war und diese Hausgeister mich nicht gesund werden ließen, und sie stellten ihre Füße vor die Chancen meines Vaters. Wegen mir zogen wir in die halbfertige Villa. Draußen sitzen die Villen, eine neben der anderen, und schauen alle auf eine staubige Straße. Ab und zu mal fährt ein Lastwagen mit einem kaputten Atem vorbei. Hinter der staubigen Straße sah ich die Felder, die unter der Sonne stumm da standen, in der Angst, daß die Sonne, wenn sie sich bewegen, sie mit ihren Flammen erwürgen könnte. Die Bürokraten, die ich in unserem Religiöse-Straße-Haus auf den Stühlen sitzen gesehen hatte, wohnten in den Villen, die schon fertig waren. In der ersten Villa wohnte der Mann, der mich gefragt hatte: »Mein Kind, was ist nötig für uns Menschen, Wasser oder Elektrizität?« Mein Vater und er begrüßten sich, ihre Hüte kurz vom Kopf abnehmend. Der Bürokrat sagte meinem Vater: »Mustafa Bey, sie sind ein guter Mensch, aber das Geld schmeißen sie in den Bach. Sie müssen das Geld so festhalten.« Er drückte seine Hand, machte eine Faust und leckte an seiner eigenen Faust. Das Geld müßte mein Vater festhalten und nur etwas daran lecken. Der erste Bürokrat, der in der ersten Villa wohnte, gab meinem Vater Mustafa diesen Rat. Der zweite Bürokrat, der in der zweiten Villa wohnte, gab

meiner Mutter Bücher zum Lesen. Der dritte Bürokrat, der in der dritten Villa wohnte, kam, sagte: »Wir gehen alle den Republikfeiertag feiern.« Großmutter sagte: »Was soll ich mit dem Feiertag machen, für einen Narren ist jeder Tag ein Feiertag.« Der dritte Bürokrat, Großmutter, Baumwolltante, ich, meine Brüder, Mutter gingen zum Republikfeiertag. Meine Mutter hatte mir aus rosa Taft ein langes Kleid genäht. Dieses Kleid hatte 50 kleine Knöpfe am Rücken. Mit diesem Kleid ging ich mit bis zur Stadtmitte. Da habe ich die Offiziere gesehen. Die Männer mit ihren Musikinstrumenten blinzelten in unsere Augen mit der Sonne, die sie über ihren Instrumenten trugen. Hinter ihnen kamen Laufoffiziere, ihre Kleider sahen aus wie gut gebügeltes, schwitzendes, rotes Papier. Hinter ihnen kamen alte Männer in armen Kleidern, an ihren Kragen hingen Medaillen. Diese Medaillen bedeuteten, daß sie aus dem Freiheitskrieg verletzt, aber ohne zu sterben herausgekommen waren. Ich sah einen Mann, der lief wie in der Mitte gebogen, sein Gesicht küßte fast die Erde, an seinem Kragen hing diese Kriegsmedaille, er hatte keine Schuhe, er hatte zwei Kopftücher um seine Füße gewickelt. Dann gingen wir zum Schulhof, dort las ein Lehrer ein Gedicht ins Mikrofon, das der Stimme des Lehrers ständig Backpfeifen gab. Wir hörten immer ein
Aiyaiyaiyaiyaiyaiya
Aiyaiyaiya
Von diesem Aiyaiyaiya gingen die Hüte der Männer hopprauf, hopprunter, unsere Röcke hopprauf, hopprunter. Am Ende des Gedichts hörten wir den letzten Satz:
»Atatürk, steh auf aus deinem Grab
ich will mich an deiner Stelle hinlegen.«
Dieser Satz brachte mich zum Weinen, ich weinte wie ein Esel. »Weine nicht«, sagten sie, »jetzt gibt es Tee, trok-

kenen Kuchen und Schülertanz im Saal.« »Weine nicht, meine Seele, sonst kriegt deine kranke Lunge eine Tollwut«, sagte meine Mutter.
Der Schülerchor, mit seinen wegen Pilzkrankheiten rasierten Köpfen, stand da, als ob die Körper es schwer hätten, ihre Köpfe zu tragen. Sie sagten:
»Ich bin Türke
Ich bin ehrlich
Ich bin fleißig
Mein Ziel: die Älteren respektieren
Die Kleinen lieben
und mein Land vorwärts bringen.«
Die Hände klatschten mit Keksen in den Mündern, die Kapelle sagte: »Erster Walzer.« Die Kinder tanzten, zweimal links, dreimal rechts, mit einem Lied:
»Du bist so schlank wie eine Kamille
Ich bin trist, wenn ich dich sehe
Warum verbrennt dein Name meinen Mund
Ach, was habe ich zu leiden wegen dir
Ich flehe dich an, komm, mach' mich nicht trist
Komm glaub mir, ich liebe dich sehr.«
Die Mütter und Väter wackelten mit ihren Köpfen, Kekse in ihren Mündern, und sangen mit vollem Mund.
Die Musik hinkt. Die Stimmen hinkten, die tanzenden Schüler hinkten, der Sohn von Schuloberlehrer tanzte mit mir, wir waren wie zwei getrocknete Stöcke, die sich am liebsten geschlagen hätten. Er hielt seine Hand an meinen Rücken, und beim hinkenden Tanzen riß er die Knöpfe aus meinem rosa Taftkleid. Die Knöpfe fallen tap tap runter. Das große Bild des Atatürk an der Wand sah das alles, schaute mit traurigen Augen, Falten auf seiner Stirn, herunter zum Saal. Die Menschen warfen Papierrollen und Konfetti auf die Tanzenden, wir sahen wie gefangengenommene Gefangene aus. Der dritte Bü-

rokrat kam mit meiner Großmutter und sagte: »Großmutter, heute ist ein historischer Tag« und photographierte meine Großmutter und mich vor dem Bild des Atatürk. Die Menschen sagten im Chor: »Aaaa, sie ist wieder abgehauen.« Die Elektrik hatte sich wieder zurückgezogen. Streichhölzer gingen an, die Musik ging aus, Elektrik kam nicht, Streichhölzer gingen aus, jemand sagte im Dunkeln: »Bismillâhirahmanirrahim.« Die Tür ging auf.
Draußen standen die Sterne.
Großmutter sagte: »Jeder Mensch hat einen Stern, wenn dieser Stern rutscht, dann stirbt man.« Ich sehe einen sehr großen Stern. Der war allein, ich sagte nur zu mir: das ist mein Stern, das bin ich. Auf der staubigen Straße gab es keine andere Stimme als die Stimme meines Taftkleides. Baumwolltante, Großmutter, Mutter, meine Brüder liefen hinter dieser Taftstimme her – bis nach Hause. Vor unserer halbfertigen Villa stand der Lastwagen von Bruder Osman und pustete die Steinbrucharbeiter und meinen Vater in die Nacht. Die Steinbrucharbeiter sahen uns Kinder, Frauen, mit Papierfahnen in der Hand, mit ihren Augen wie tiefe Brunnen, in die nur ein blinder Mann reingehen würde. Mein Vater sagte, er könnte die Bauarbeiter nicht mehr bezahlen. Er hatte sich vor jedem großen Vogel verbeugt. Er sagte: »Allah hat nicht alle Türen zugemacht, ich gehe wieder zu den großen Männern Geld borgen.« Großmutter sagte: »Ein Blinder sogar wird nicht in dasselbe Loch, in das er einmal gefallen ist, noch ein zweites Mal fallen.« Mein Vater sagte: »Mutter, mit Wörtern kann man keinen Vogel fangen, ich muß Geld borgen.« Mutter sagte: »Geld borgen von Reichen ist, als wenn man versucht, einem Blinden einen Spiegel zu verkaufen.« Vater sagte: »Mit Wörtern kann man kein Schiff zum Schwimmen bringen, ich muß Geld

borgen. Nur Allah hat keine Schulden, ich muß Schulden machen.« Großmutter sagte: »Geh' zu einer anderen Baustelle als Maurer arbeiten, oder trage Steine auf deinem Rücken, du hast ja noch alle Zähne in deinem Mund.« Mein Vater sagte: »Ich, der große Bauunternehmer. Mutter, misch dich nicht mit dem Teig an deiner Hand in Männersachen. Habe ich euch bis jetzt als Nutten arbeiten geschickt? Ich habe nicht geschickt. Ihr sitzt zu Hause, eine Hand über die andere, und die Hände über eurer Schachtel.« Dann zwinkerte er mit dem Auge und lachte. Die Frauen sagten im Chor: »Ja, Mustafa, mach', was du willst. Wer sich selbst einen Fuß vor seinen anderen Fuß stellt und hinfällt, weint nicht und ruft nicht nach der Mutter.«

Mustafa ging Geld borgen. Baumwolltante, Mutter, Großmutter, saßen da, wie mein Vater gesagt hatte: eine Hand in der anderen Hand und beide Hände über ihren Schachteln.

Der Steinberg schweigt, der Kalkbrunnen schweigt, die Felder schweigen, Elektrik kommt und geht, keiner spricht über sie. Ich höre nur das reife Sonnenblumenkerngeräusch in den Mündern meiner Brüder.

çit çit çit çit çit çit çit çit çit çit çit çit çit çit çit çit çit çit
çit çit çit çit çit çit çit çit çit çit çit çit çit çit çit çit çit çit
çit çit çit çit çit çit çit
çit çit çit çit çit çit çit çit çit çit çit çit çit çit çit çit çit çit
çit çit çit çit çit çit çit çit çit çit çit çit çit çit çit çit çit çit
çit çit çit çit çit çit çit çit çit çit çit çit çit çit çit çit çit çit
çit çit çit çit çit çit çit çit çit çit çit çit çit çit çit çit çit cịt
çit çit çit çit çit çit çit çit çit çit çit çit çit çit çit çit çit çit
çit çit çit çit çit çit çit çit çit çit çit çit çit çit çit çit çit çit
çit çit çit çit çit çit çit çit çit çit çit çit çit çit çit çit çit çit
çit çit çit çit çit çit çit çit çit çit çit çit çit çit çit çit çit çit
çit çit çit çit çit çit çit çit çit çit çit çit çit çit çit çit çit çit

çit çit çit çit çit çit çit çit çit çit çit çit çit çit çit çit çit çit çit çit
çit çit çit çit çit çit çit çit çit çit çit çit çit çit çit çit çit çit
Mein Vater kam jede Nacht wie sein eigener Schatten in die halbfertige Villa und ging, bevor die Sonne sich gebar, wieder raus. Ich sah ihn auf dem staubigen Weg mit seinem Hut Richtung Stadt laufen.
Mein Vater kam wieder in der Nacht wie sein eigener Schatten in die halbfertige Villa und ging wieder, bevor die Sonne sich gebar, wieder raus. Ich sah ihn wieder auf dem staubigen Weg mit seinem Hut Richtung Stadt laufen. Mein Vater kam wieder in der Nacht, wieder wie sein eigener Schatten, in die halbfertige Villa, und ging wieder, bevor die Sonne sich gebar, wieder raus. Ich sah ihn auf dem staubigen Weg mit seinem Hut Richtung Stadt laufen. Mein Vater kam wieder in der Nacht wie sein eigener Schatten in die halbfertige Villa, und ging wieder, bevor die Sonne sich gebar, raus. Ich sah ihn wieder auf dem staubigen Weg mit seinem Hut Richtung Stadt laufen.
Mein Vater kam in der Nacht mit dem alten Mann, der in der Mitte gebogen war, den ich beim Republikfeiertag mit zwei Kopftüchern um seine Füße gewickelt laufen gesehen hatte. Mustafa sagte, wir sollten ihm seine heilige Hand küssen, er wäre ein Derwisch, unser Kismet hatte Knoten, vielleicht könnte er den Knoten lösen. Baumwolltante sagte: »Die Maus paßt selbst nicht ins Loch, aber sie hat sich an den Schwanz noch einen Kürbis gebunden.« Der in der Mitte gebogene alte Mann hieß Şavkı. Wir setzten hinter seinen Namen ein Dayı (Onkel), er war dann für uns der gefaltete Şavkı Dayı. Er schlief mit uns in der halbfertigen Villa. Mit Şavkı Dayı kamen dann Läuse, Mäuse, Spinnen ins Haus und zwei Wörter:
Vallahi und Billahi (Bei Gott und Fürwahr).

Er ging zur Baustelle, und dort arbeiteten noch ein paar Bauarbeiter. An einem Tag ging ein Bauarbeiter einmal, noch mal, noch einmal weg und sagte: »Ich gehe scheißen.« Da waren die Sonnenblumenfelder, er ging da rein, der gefaltete Şavkı Dayı hinter ihm her, der Bauarbeiter saß da, Şavkı Dayı sagte: »Steh auf, mein Sohn.« Da war ein ganz kleines Stück Scheiße. Şavkı Dayı piekte dieses Stück trockene Scheiße auf einen Ast und fragte den Bauarbeiter: »Mein Sohn, hast du seit heute früh so viel geschissen?« Der Bauarbeiter sagte: »Ich bin krank, Onkel.« Şavkı Dayı sagte: »Schwöre, sag': Vallahi Billahi.« Der Bauarbeiter schwor: »Vallahi Billahi, ich bin am Bauch krank.« Abends sagte Şavkı Dayı zu Mustafa: »Vallahi Billahi, deine Arbeiter klauen Nägel und Zement und Hämmer.« Mustafa fragte: »Hast du das mit deinen Augen gesehen, Şavkı Dayı?« Şavkı Dayı sagte: »Vallahi Billahi, ich habe nichts gesehen.«
»Betest du nicht mehr, Şavkı Dayı?«
»Vallahi Billahi, ich bete.«
Mutter sagte: »Şavkı Dayı, hast du Läuse? Laß mich deine Haare abschneiden.«
Şavkı Dayı sagte: »Vallahi Billahi, ich habe keine Läuse.«
Der gefaltete Şavkı Dayı legte Zeitungspapier auf meinen Rücken, mit seinem Gesicht die Erde küssend, er sagte: »Vallahi Billahi, eine sehr gute Sache, das nimmt dir deinen Schweiß weg.« Er fragte mich, ob ich, bevor ich sterbe, das Paradies gewinnen will. Ich sagte ja. Er sagte, wenn man einen Granatapfel in zwei Teile und jedes einzelne Stückchen Granatapfel, das in seiner Schale steht, ohne es auf den Boden fallen zu lassen, essen kann, wird man ins Paradies gehen. Vallahi Billahi. Ich aß mit Şavkı Dayı Granatapfel, Şavkı Dayı sagte: »Vallahi Billahi, du bist noch klein, schau, wie ich es mache, es ist nicht gut, das Paradies zu verlieren.« Şavkı Dayı aß ganze Gra-

natäpfel, kein Stück fiel herunter.«Vallahi Billahi, es ist kein Stück Granatapfel auf die Erde gefallen, hast du gesehen.«
»Vallahi Billahi, habe ich gesehen.«
Ich und Şavkı Dayı aßen viele Granatäpfel. Eine Hälfte des schönen Gesichts vom Granatapfel in seiner Hand, die andere Hälfte des schönen Gesichts vom Granatapfel in meiner Hand. Ich saß auf meinen Knien, Şavkı Dayı lag auf dem Boden wie ein auf den Rücken gefallenes Tier, mit Bismillâhirahmanirrahim aßen wir, sehr langsam, sehr vorsichtig. Şavkı Dayı sagte vor jedem Stück Granatapfel: »Hey, deine Augen liebe ich, Granatapfel, Vallahi Billahi. Ach, Granatapfel, nach dir kann man keinen Rettich essen, Vallahi Billahi.«
Şavkı Dayı konnte mehrere Male ins Paradies gehen. Ich hatte auch fast einen ganzen Granatapfel, ohne etwas fallen zu lassen, gegessen, und als das letzte Stück dran war, aus Freude war ich eilig, fiel das Stück auf den Boden.
Şavkı Dayı wollte, daß ich und mein Bruder Ali ein Buch, das mit lateinischen Buchstaben geschrieben war, lesen. Er hatte nicht Lesen und Schreiben gelernt. Wenn er es gelernt hätte, hätte er arabische Schrift gelernt. Er sagte: »Ich habe für dieses Land mit Atatürk zusammen gegen die Feinde gekämpft, ich habe an den Flüssen neben mir Soldaten im Wasser sterben gesehen, aber der Nichttötende Allah tötete mich nicht, lies mal ein modernes Buch.« Meine Mutter gab uns ein Buch. Es hieß »Madame Bovary.« Unter Elektrik saßen Großmutter, Baumwolltante, Şavkı Dayı, Ali und ich. Wir nahmen das Buch und lasen, mal Ali, mal ich. Şavkı Dayı fing an zu weinen. Weil er mit seinem Gesicht zur Erde gebückt saß, sah ich nur seine auf den Boden tropfenden Tränen. Er sagte: »Oh, meine Seele, oh, meine Seele.« Er weinte um Ma-

dame Bovary. Und Baumwolltante und Großmutter sagten mit rötlichen Wangen: »Şavkı Efendi, weine nicht, Şavkı Efendi, weine nicht, sonst wirst du uns auch zum Weinen bringen.« Alle diese alten Menschen weinten, ich und Ali lasen Madame Bovary weiter.
Eines Tages war Şavkı Dayı verschwunden.
Mein Vater sagte: »Wie eine Katze kann er vielleicht wiederkommen. Er hat nicht gebetet, aber er war ein heiliger Mann, weil er ein einsamer Mann war.« Ich glaubte, Şavkı Dayı könnte durch die Wand kommen, plötzlich wieder mit seinem gebogenen Körper im Zimmer dastehen, er war sehr klein, und wieder von dem vor ihm stehenden Granatapfel ein Stück nehmen, sich auf den Rücken legen und Wasser trinken. Aber er kam nicht. Ich dachte: Wenn ich in dem einen Raum bin, wird Şavkı Dayı in das andere Zimmer kommen. Dann ging ich in dieses Zimmer, wartete dort etwas, dann dachte ich, während ich in diesem Zimmer stehe, wird er in das andere Zimmer kommen. Ich lief von einem Zimmer in das andere und sagte »Vallahi Billahi, er kommt nicht«; weil seine Läuse, Mäuse und Spinnen auch weg waren.
In einer Nacht weinte ich. Mutter und Vater nahmen mich in ihr Bett. Ich lag zwischen Mutter und Vater, mein Vater gab mir Schokolade, ich hielt die Schokolade in der Hand, schrie wie die geschlachteten Schafe vor Schmerzen im Bauch, durch die Schweißperlen schmolz die Schokolade in meiner Hand. Meine Mutter und mein Vater sagten: »Schlaf mal ein, du unschuldiges Lämmchen.« Und sie schliefen selbst ein. Dann bin ich rausgegangen, meine Großmutter kniete vor dem Ofen und pustete in das Feuer. Dann hat sie mir Pflanzentee gekocht. Ich lag da neben dem warmen Ofen. Meine Großmutter steckte ihren Zeigefinger in meinen Bauch-

nabel, über mir stehend und sich bückend drehte sie sich um meinen Körper. Ihr Zeigefinger drehte sich in meinen Bauchnabel. Sie sagte: »Teufel, du sollst aus dem Bauch raus, Teufel, du sollst aus dem unsündigen Bauch raus.« Am nächsten Tag kamen viele, fünfzehn cm lange Würmer. Mutter sagte: »Das hat dir dein Vallahi Billahi Şavkı Dayı zurückgelassen.« Großmutter sagte: »Er hat nicht mehr gehabt als die Würmer.« Ich hatte seine Würmer, keinen Şavkı Dayı. Die Zwergenärztin war in die Dörfer gegangen, mein Vater lief wieder mit seinem Hut Richtung Stadt. Die Frauen saßen wieder mit ihren Händen über ihren Schachteln in der halbfertigen Villa. Meine Brüder kauten weiter Sonnenblumenkerne. Ich lief mit Würmern. Baumwolltante sagte: »Warte mit Essen und Trinken, du sollst nicht essen, nicht trinken, so sterben die Würmer.« Ich aß nicht, trank nicht, die Würmer bewegten sich und bissen an meinen Därmen. Großmutter sagte: »Iß, so essen die Würmer auch, dann legen sie sich schlafen.« Das war besser. Meine Mutter sagte: »Kotz nicht. Wenn dein Magen von Kotzanfällen hopphoch, hopprunter geht, können die Würmer halb aus deinem Mund rauskommen.« Ich aß trockene Brote, um die Würmer zu füttern. Sie spazierten in mir weiter. Wenn ich nur wüßte, was sie essen wollten. Ich hatte Angst vor allen Löchern, die ich im Körper hatte. Meine Brüder sagten, die Würmer könnten auch aus den Ohren rauskommen, aber nur halb, man müßte sie mit den Händen rausziehen. Um die Würmer zu vergessen, legte ich mich in ein Feld aus Brennesseln. Die bissen mich, aber ich konnte sie sehen, sie waren da. Ich konnte sie zwischen meinen Händen zerquetschen. Ihre roten Stiche konnten mich bis zum Bluten jucken. Ich blieb im Feld, bis ich nur noch an Brennesseln dachte, auf sie schimpfte und sie schlug und von den inneren Räumen meines Körpers nicht mehr träumte. Ich aß dann etwas Erde. Erde könnte die Würmer beruhigen. Ich lief so schnell zwischen den Sonnenblumen, als ob hinter mir Reiter mit Pferden kämen, ich dachte, wenn ich mich schneller bewege als die Würmer in mir, werde ich sie nicht mehr fühlen. Der Tag setzte sich auf den Rücken der Nacht, und sie setzten sich beide auf meinen Rücken. In der halbfertigen Villa, in der Nacht im Licht, lief ich von einer Ecke zur anderen Ecke. Jeder Schritt, so glaubte ich, näherte mich der Zwergenärztin. Ich werde laufen, und sie wird kommen. Meine Großmutter lief hinter mir her, sie sagte: »Wenn hin und her gehen was Gutes tun könnte, würden alle Verrückten sich heilen.« Die arabischen Gebete kamen aus ihrem Mund, ich sah alle diese Wörter als Vögel zwischen zementierten Wänden, sah ihre Köpfe an die Wände stoßen, hin und her fliegen. Ich wiederholte ihre Gebete, die Vögel werden mehr und mehr, alle fliegen über mir, vor mir, hinter mir, vor meinen Füßen. Großmutter gab mir ihre rechte Hand zum Beißen. Ich biß in ihre Hand, die Vögel gingen weg, ich zog meine Zähne aus ihrer Hand zurück, die Vögel kamen wieder. Großmutter, Kopftuch gelöst, schrie: »Eilt, eilt, ihre Seele geht aus ihrem Mund raus, sie stirbt.«

Ich weiß nicht, wann ich gestorben bin. Ich wachte auf in einem Bett, in einem Hotelzimmer. Mein Vater und meine Mutter saßen da, kämmten sich vor einem Spiegel. Mustafa sagte: »Meine Schöne, willkommen im schönen Bursa.« Die Würmer waren weg, die großen Ärzte von Bursa sagten, ich kann mich auch vor der Tuberkulose retten. Die Luft vom Heiligen Berg in Bursa wird meine wunden Lungen wie von einem heiligen großen Vogel geleckt wieder zumachen. Die Würmer waren weg, unsere halbfertige Villa war auch weg. Die großen Männer, die in die offenen Hände meines Vaters Mustafa ihr Geld gezählt hatten, hielten ihre eine Hand vor Mustafa auf, mit der anderen Hand hielten sie Mustafa am Kragen. Mustafa mußte zurückzahlen. Er setzte die halbfertige Villa und Teppiche auf ihre offenen Hände und kaufte seinen Kragen los. Mit etwas Geld, das in der Hand von Mustafa blieb, brachten sie mich zur Großstadt Bursa. Mustafa sagte: »Unser Kismet in der Kleinstadt ist zu Ende.« Er wollte unser Kismet in Bursa suchen. Hier in Bursa waren viele Läden von Messermachern im Messer-Bazar in einem großen Feuer zu Asche geworden. Man wollte dort den Messer-Bazar neu erbauen. Und dort wollte mein Vater unser Kismet suchen. Mustafa sagte: »Der Allah, der dich nicht getötet hat, wird unsere Bäuche wieder satt machen, İnşallah.« Er zog im Hotelzimmer die Vorhänge beiseite und sagte: »Schau, da ist der heilige Berg.« Das Stadtzentrum lag wie ein mit einem Silbertuch geputzter Silberteller da, in seiner Mitte sah ich wieder den Atatürk. Er saß auf einem Pferd, einen Offiziershut auf seinem Kopf, und das Pferd hatte seine Hinterfüße über einem hohen Stein. Die Vorderfüße standen in der Luft, als ob er fliegen würde. Ein Bus fuhr vorbei unter seinen Füßen. Ich sah keinen Berg. Mustafa sagte: »Der Berg ist da«, und er kämmte seinen Schnurrbart. Mustafa und Fatma sagten, sie gingen ins Kino, es gäbe einen dreidimensionalen Film, den man nur mit Brillen aus Papier sehen könnte. Ich wollte mit. Mustafa sagte: »Meine Tochter, du bist deine Würmer losgeworden, jetzt wollen dein Vater und deine Mutter auch ihre Würmer im Kino ausschütteln. Würmer ausschütteln bedeutete bummeln gehen, sich amüsieren. Sie schlossen mich im Hotelzimmer ein, gingen ins Kino, um ihre Würmer auszuschütteln. Ich fiel ohne Würmer in den Schlaf.

Ich bin wach geworden in einer Gasse in Bursa, im dritten Stock eines Steinhauses. Großmutter und Mutter standen an einem Fenster wie zwei Vögel auf einem fremden Baum, die nicht wußten, ob sie jetzt rechts oder links fliegen sollten. Ich fragte: »Mutter, wo ist Vater?« Sie gab in meinen Mund eine Arznei und sprach weiter mit Großmutter: »Dort, wo du nichts sehen kannst, soll der heilige Berg sein. Die heilige Moschee, die wir nicht sehen, soll da links sein, die heilige Brücke, die wir fast sehen können, muß da liegen. Atatürks Statue muß fünf Minuten weiter hinter der heiligen Brücke, die wir fast sehen können, sein, den heiligen Brunnen sehen wir auch nicht, aber der steht am Ende unserer Gasse. Die Offiziersschule soll hinter einem Hügel stehen. Seidenfabriken können wir auch nicht sehen, Heilbäder sind so viele da, da reichen meine und deine Finger nicht zum Zählen, Großmutter. Unter dieser Stadt kocht so viel Wasser, die Sultans haben so viele Bäder bauen lassen, Bursa war vor İstanbul die Hauptstadt der Osmanen.« Ich fragte noch mal: »Mutter, wo ist Vater?« »Ich suche ihn ja gerade«, sagte sie, »der abgebrannte Messer-Bazar muß ... wenn man von Atatürks Statue zur heiligen Moschee gehen will, aber rechts runter läuft ... da muß er sein.« Wir drei schauten aus dem Fenster, holten Atem auf der Suche nach dem abgebrannten Messer-Bazar, wo mein Vater jetzt arbeitete, jetzt als drei Vögel, die nicht wußten, ob sie links oder rechts fliegen sollten. Wir sahen nur etwas Himmel und eine wie eine schläfrige Schlange daliegende enge Gasse. Steinhäuser standen da wie sich gegenüberstehende Gebisse. Alles Stein, und ein einziges Holzhaus, wie ein verfaulter echter Zahn, stand da, in einer Angst, daß man ihn auch bald rausziehen würde. Das Holzhaus stand gegenüber dem Steinhaus, in dem wir im dritten Stock wohnten. Ich sah da eine Frau und einen Mann. Meine Mutter sagte: »Das ist die Deli Saniye, die verrückte Saniye.« Also, hier war die alte osmanische Hauptstadt Bursa, sein heiliger Berg Bithynischer Olymp konnte mich gesund machen. Ich lebte an einem Fenster. Links sah ich unsere steinige Gasse, rechts das Zimmer. Links sog ich die Bergluft in mich rein, zählte die Steine, die im Gesicht der Gasse tätowiert waren, rechts zählte ich die Blumen oder Punkte auf den Kleidern meiner Großmutter, wenn ich sie fertig gezählt hatte, spielte ich mit den dunklen Wellen und Stellen der Wand, sie hatten Gesichter. Diese Gesichter hatten Namen. Ich erzählte ihnen Geschichten. Mutter sagte: »Deli misin, deli misin« (bist du verrückt). Und sie sagte mir, wenn ich so weitermache, gibt sie mich zur verrückten Saniye als Tochter.

Keiner klingelte an unserer Tür, nur eine Frau, die mir täglich eine Spritze gab. Jedes Mal sagte sie zu meiner Mutter: »Also, ich gehe, morgen komme ich wieder.« »İnşallah«, sagte meine Mutter. Die Hausvermieterin, die unter uns wohnte, kam nicht zu Besuch, weil ich krank war, denn sie hatte viele Kinder. Ich hörte auch, daß sie eine Tochter in meinem Alter hatte und daß ihr Mann Beamter beim Steueramt war, und sie hatten zwei Söhne, die so groß wie Esel waren und reif zum Heiraten. Ich hörte kurz auf, an die Wand Geschichten zu erzählen, wenn einer von diesen Söhnen, die so groß wie Esel waren, anfing zu singen. Mutter sagte: »Opern singt er.« Wie seine Stimme jeden Tag zu uns kam, so kam auch eines Tages seine Tante zu uns. Sie war eine blondgefärbte Frau aus İstanbul, sie kam zu Besuch mit einem Auto, das kein Dach hatte. Sie sollte eine Artistin sein. Ich fragte Mutter: »Was ist eine Artistin?« Sie sagte: »Artistin ist Artistin.« Die Artistin klopfte bei uns und fragte meine

Mutter, ob sie ihr einen Schal für den Hals leihen könnte, weil sie mit ihrem offenen Auto zum heiligen Berg fahren wollte. Mutter gab ihr einen sehr, sehr langen Schal. Die Artistin sagte: »Aman Fatma Hanım, werden sie mich töten?« Dann erzählte sie, daß in Frankreich eine sehr berühmte Tänzerin so erstickt ist, sie hieß Isadora Duncan. Sie war mit ihrem offenen Auto gefahren, sie hatte einen sehr langen Schal um den Hals gehabt, dieser Schal flatterte beim Fahren in der Luft und wickelte sich um einen Baum und erstickte die fahrende Tänzerin Isadora Duncan. Die Artistin ließ die tote Isadora Duncan in unser Zimmer und fuhr zum heiligen Berg. Dann klingelte wieder kein Mensch an unserer Tür. Ich zog weiter an den Tagen, um gesund zu werden. Die Tage waren wie eine lange, lange Fahrt, ihr Ende kam nicht. Um mich von den Gesichtern an der Wand zu trennen, gab mir meine Mutter viele Zeitungen, Zeitschriften und ein Buch, Robinson Crusoe. Ich las Crusoe laut. Großmutter sagte immer: »Was haben seine Mutter, Vater gemacht, was hat seine Frau gemacht, was haben seine Kinder gegessen?« Großmutter verstand nicht, was ich las, dachte aber immer an die Familie dieses Mannes. Ich las ihr als Antwort Lügen vor. Was die Frau dieses Mannes aß, was die Kinder aßen, was seine Mutter und Vater machten. Meine Mutter lachte und sagte: »Es gibt sieben Arten Hurerei in dieser Welt.« Ich wäre eine Mundhure, die mit der Zunge Hure ist. OROSPU. Das Wort Orospu gefiel mir. Robinson kehrte am Ende mit einem Schiff nach Hause zurück, und ich saß weiter am Fenster. Großmutter brachte öfter Zeitungen oder Zeitschriften und fragte mich bei jedem Bild, ob die Leute tot sind oder noch leben. »Guck mal, ist sie tot oder lebendig?« Wenn meine Mutter von jemandem redete, fragte Großmutter sie auch: »Ist sie tot, ist ihre Mutter tot, lebt ihr Vater,

oder ist der tot?« Meine Mutter war böse und sagte: »Greisin, frag' das Mädchen nicht mehr, wer tot und wer nicht tot ist.« Großmutter brachte wieder Zeitungen und Zeitschriften, saß mir genau gegenüber, sie konnte nicht lesen, manchmal hielt sie Zeitungen verkehrt herum und sagte laut zu sich: »Das sieht so aus, als ob er tot ist. Das sieht so aus, als ob er lebt, das sieht auch so aus, als ob er tot ist.« Ich antwortete dann: »Nein, Großmutter, der lebt, ja, Großmutter, der lebt auch, nein, Großmutter, die ist tot.« Wenn die Toten mehr wurden als die Lebenden, fragte Großmutter nicht mehr. Sie schwieg so lange, bis das Licht auf dem Boden vom Boden aufstand und sich auf die anderen Plätze setzte. Dann fragte sie wieder: »Ist der tot – ist der lebendig?« Mutter nahm uns die Zeitungen weg und gab meiner Großmutter einen alten Fensterrahmen, Nägel, einen Hammer und alte Pullover, Großmutter konnte auf dem Rahmen kleine Teppiche weben. So schaffte meine Mutter, daß meine Großmutter nicht mehr aus den Zeitungen die Toten und Lebendigen mit mir suchte. Großmutter webte vor sich hin, ich zog aus den alten Pullovern Fäden für sie, die farbigen Fäden sammelten sich zwischen mir und ihr, ich gab, sie nahm, Teppich wuchs. Großmutter fragte mich beim Weben: »Wer geht draußen auf der Gasse?«
»Eine Frau, Großmutter.«
»Sag mir, ist sie eine Witwe, ist sie eine Braut?«
Ich hatte gelogen. Draußen ging keine Frau vorbei.
Großmutter sagte: »Schau raus, laß dein Herz verweilen.«
Auf unserer Gasse öffneten sich morgens die Steinhäuser. Männer kamen raus, mit ihren Füßen von einem Stein zum anderen Stein hüpfend, gingen sie in Richtung Brücke, als ob sie das erste Mal in ihrem Leben alleine laufen würden. Dann sah ich die Augen ihrer Frau-

en, sie standen manchmal am offenen Fenster, der Bergwind kam. Diese Frauen trugen den Wind über ihren Wimpern und Mündern und schauten zur Morgenzeit so, als ob sie ihre Toten gerade zittern sehen. Es war nichts da, was ihnen Angst geben könnte. Sie konnten sehen, ihre Hände bewegten sich, sie waren jung, so jung, noch unreife, von einem Quittenbaum runtergenommene Quitten, und sie standen da, als ob sie ständig in sich selbst regneten. Sie trugen öfter Kleider mit Blumenmuster, klein, groß, braun, grün, weinrot, gelb, weiß. Aber sie gingen damit nicht raus auf die Gasse, als ob sie, wenn sie rausgingen, die Blumen verlieren würden. Ich saß am Fenster und dachte, wenn ein Schiff jetzt kommt und alle diese Frauen in sich aufnimmt und wegfährt, werden diese Frauen den Kapitän und die Schiffsarbeiter nicht fragen, wohin. Sie sahen so aus, als ob sie das Leben, das sie gelebt hatten und noch leben würden, schon viermal gefaltet hätten, und auf dem saßen sie. Oder sie trugen ihr Leben als eine sehr große Wassermelone in ihren Händen, und sie wollten so gerne, daß die anderen Menschen das sehen und denken, wie schwer es für diese Frauen ist, diese Wassermelonen zu tragen. Sie saßen da, wie mein Vater Mustafa mal gesagt hatte: ihre Hände in ihren Händen und beide Hände über ihren Schachteln. Sie saßen da, machten ihre Münder auf, die Zeit kam in ihren Mund, sie kauten die Zeit, bis sie verfault war. Manchmal weinte ein Kind, sie sprachen mit ihren Kindern wie ein Kranker zu einem anderen Kranken. Die Bäume in den Gärten dieser Häuser schauten in die Fenster, wie vom Schlaf nicht satt werdende Bäume. Ich konnte nicht herauskriegen, was diese Frauen kochten, sie sahen wie gut essende Tauben aus, aber es kam kein Oliven-, kein Aprikosen- und kein Paprikageruch aus ihren Häusern. Manchmal sah ich zwei Frauen zusammen

aus einem Steinhaus heraus in die Gasse kommen und zum gegenüberliegenden Steinhaus gehen. Beide hatten cremeweiße Mäntel, wie aus Seide, so ein leichter Stoff, der aus Leichtigkeit singen könnte, pfeifen könnte, aber an ihren Mantelröcken, da war kiloweise Blei, das diese Frauen nach ihren paar Schritten bis zum gegenüberliegenden Steinhaus zum Schwitzen brachte. Die Frauen verschwanden, aber ihre Rockschatten, ihre langsamen Bewegungen, blieben vor meinen Augen auf der steinigen Gasse wie schlecht abgewischte Kreidezeichen.
Meine Großmutter fragte mich weiter: »Sag' mal, ist sie eine Jungfrau, ist sie Witwe, ist sie eine verheiratete Frau?« Meine Mutter sagte: »Sie sind Frauen reicher Männer, sie wählen die Partei, die für die Amerikaner arbeitet.« Ich dachte, deswegen kommt kein Geruch aus diesen Steinhäusern. Reichsein riecht nicht. Und sie schlucken auch, wie die Amerikaner, Tabletten als Essen, und sie werden satt.
Hatte diese Gasse keine Seele? Sonst wird die Seele einer Gasse, wenn die Männer morgens aus ihren Häusern gehen, etwas eng. Die Seele sah dann tagsüber so aus, als wenn ein Mensch seine beiden Füße in einen einzigen Schuh reingesteckt hätte, und wenn die Männer zur Abendzeit wieder nach Hause zurückkamen, wurde die Seele wieder weit, als ob der Mensch seine in einem Schuh steckenden beiden Füße plötzlich befreit hätte. Dann hört man Pfannenstimmen, Öl redet, Kinder bringen Fensterscheiben zum Sprechen, die Holzlatschen machen aus den Häusern Echos, Gabeln, Teller reden aus den offenen Fenstern, Radios erzählen laut von den schönen Augen einer Frau, wegen der ein Mann in Elend gefallen ist.
Hier in der Gasse war der Abend nicht der Ort, wo alles wieder neu anfängt, wo die Bäume wach werden, wo das

Leben der Frauen und der mit ihnen schläfrig gewordenen Zimmer wieder atmet, wenn die Männer nach Hause kommen. Keiner machte einfach die Nachbartür auf, um zusammen ein Liebeslied aus dem Radio zu hören. Die Gasse ist still, so still, daß ich den Tod nicht mehr liebe, nicht mehr mit ihm spiele. Diese Männer kommen nach Hause, man hört nicht, wie sie ihre Schuhe ausziehen, wer ihnen das Handtuch gibt, wie sie den Wasserhahn aufdrehen, wie das Wasser läuft und ihnen wieder ihre Kindergesichter zurückgibt. Meine Mutter sagte, diese Frauen sind sehr blaß, vielleicht weil sie mit ihren Schwiegermüttern zusammenwohnen mußten. Meine Großmutter sagte beim Weben:
»Ich war Mädchen, war ich Sultanin,
ich war verlobt, wurde ich nur hanin (Prinzessin)
ich war Braut, wurde ich Untertanin.
Geworden bin ich ein Sack, vor den Füßen.«
Mein Vater sagte: »Schöne Frauen sind sie. Sie zeigen sich nie der Sonne, schön weiß, wie die Hoden vom Widder. Weiß, dicklich, und sie schmecken gut.«
Meine Mutter sagte: »Der Nachbar glaubt, das Hähnchen des Nachbarn sei eine Ente.« Mein Vater sagte: »Und glaubt, die Frau vom Nachbarn sei noch Jungfrau.« Dann lachte er. Sein Schnurrbart lachte mit ihm mit. Mein Vater sagte: »In dieser Gasse fließt Kapital in die Hosentaschen. Die Männer dieser blassen Frauen sind Bäckereibesitzer, Zuckerfabrikanten, Busbesitzer, Seidenstoffgeschäftsbesitzer.« Ich fragte meinen Vater, was Kapital ist. Mustafa sagte: »Kapital ist etwas, was dein Vater nicht hat, weil er ein Waisenkind ist.« Ich fragte, ob die verrückte Saniye, die in dem einzigen Holzhaus wohnte, auch Kapital hat. Mustafa sagte: »Sie ist verrückt, das ist ihr Kapital, sie gibt es immer aus. So viel sie ausgibt, so viel größer wird ihre Verrücktheit.« Großmut-

ter sagte: »Sie ist gerettet in dieser lügenden Welt.« Der Mann der verrückten Saniye arbeitete als Straßenleberverkäufer, er hatte einen Korb, er kaufte früh am Morgen billig Leber vom Schlachtzentrum, und tagsüber verkaufte er sie auf den Straßen. Seine Stimme verkaufte er mit der Leber zusammen. Wenn er nach Hause kam, hatte er einen leeren Korb und eine leere Zunge. Ich sah aus dem Fenster. Die verrückte Saniye hatte jede Sekunde mit dieser seelenlosen Gasse nur gekämpft, sie hatte einen schwarzen Rock und eine schwarze Bluse und ein schwarzes Kopftuch, sie kaufte 200 Gramm Käse, nahm ihn in ihre linke Hand, hielt ihren Arm hoch, und diesen Käse zeigend lief sie auf der Gasse. Das Käsewasser tropfte ihren Arm herunter. Sie hatte elf Katzen, sie gab ihnen jeden Tag draußen in der Mitte der Gasse Leber, und dabei redete sie sehr laut: »Eßt, meine Kinder, euer Vater ernährt euch mit Fleisch, er ist nicht ein armer Teufel wie die anderen.« Sie kochte Huhn oder backte Teig, stellte es auf die Fensterbank, und draußen schrien ihre Katzen unter dem Fenster. Dieses Essen blieb drei Tage lang am Fenster. Als sie sicher war, daß das alle Leute aus der Gasse gesehen hatten, nahm sie es rein. Sie machte bei offenem Vorhang und Licht ihre Beine auf und wakkelte mit den Beinen links, rechts, ich kannte alle ihre langen Unterhosen. Der Hase wird laufen, aber der Hund wird ihn schnappen, du kannst nicht weglaufen, verrückte Saniye, der Regen wird in dieser Gasse nur in dein Haus laufen. Eines Tages rief die verrückte Saniye meine Mutter und sagte, wir sollten zu ihrem Haus kommen. Zwischen den Fenstern, aus denen ihr Kopf und Mutters Kopf rauskamen, lagen ein paar Meter Entfernung. Mutter sagte: »Saniye Teyze« (Tante Saniye). Alle fremden Frauen konnte man Tante nennen. »Hast du keine Angst vor Krankheiten? Meine Tochter ist krank.«

Saniye sagte: »Bring das Mädchen mit, eine alte Aubergine läßt sich vom Morgentau nicht stören.« Großmutter, Mutter und ich gingen in Saniyes Haus. Sie sagte: »Das Kind ist krank, die Kranke muß auf einem festen Platz sitzen«, und sie gab mir einen Stuhl aus Stroh, der ziemlich wackelte. Auf ihrem Balkon lagen weiße Maulbeeren wie ein Teppich, das waren die Maulbeeren von dem reichen Nachbarhausbaum, der schlafend über Saniyes Balkon gewachsen war. Saniye schob die Äste dieses Baumes weg von ihrem Balkon, die Äste kamen wieder zurück. Saniye lachte, sagte: »Sie lassen mich nicht los.« Und sie erzählte eine Geschichte: »In einer Nacht hörte ein Mann Geräusche, wachte auf, fragte: Was ist los? Sein Sohn sagte von unten: Vater, ich habe einen Dieb erwischt. Der Mann sagte: Laß ihn los, Sohn, laß ihn gehen. Der Sohn sagte: Aber er läßt mich nicht los.«
Saniye war eine Emigrantin aus Jugoslawien. Saniye sagte: »Die Nachbarinnen sind von Kopf bis zur Schachtel verrostete Frauen, weil sie nicht arbeiten. Sie können nicht mal Soldaten des Teufels werden.« Dann lachte sie.
Saniye rief mich jeden Tag: »Kız gel« (Mädchen, komm!). Ich ging zu Saniye, die weißen Maulbeeren vom reichen Nachbarbaum lagen weiter als Teppich unter unseren Füßen, Saniye brachte mir in einer Schüssel schwarze Maulbeeren und sagte: »Mädchen iß, bis deine Augen satt werden, ich habe sie gekauft.« Ich saß da, lutschte die Maulbeeren und spuckte ihre uneßbaren Teile auf den Boden, auf die Gesichter der weißen Maulbeeren des reichen Nachbarn. Saniye lutschte und spuckte mit und erzählte mir, was ich nicht im Leben tun sollte, damit das Kismet unserer Familie sich nicht wieder knotet:
Nicht in der Nacht die Fingernägel abschneiden.
Nicht im Stehen Wasser trinken.
Bei Vollmond keine Fremden besuchen.

Bei Vollmond nicht nähen, nicht stricken.
Nie zwischen zwei Männern laufen, sonst bekommt eine Frau kein Kind.
Keinen Löffel den Nachbarn leihen.
Auf der Straße den Kopf nicht drehen und zurückschauen.
Am Freitag keinen Staub rausschmeißen.
Nicht in der Nacht das Spülwasser in den Garten schütten, die Geister hauen dir eins ins Gesicht.
Hände über Hände, oder Hände über Oberschenkel bringt Unglück.
Brotkrümel dürfen nicht auf den Boden fallen, wenn man Brot ißt.
Niemals an einem Kleid nähen, wenn der Mensch es an hat.
Wenn man jemandem ein Messer gibt, muß man erst auf die Erde spucken, dann ihm das Messer geben, ohne ihm in die Augen zu schauen.
Nicht gegen den Mond und die Sterne spucken.
Wenn jemand eine Katze tötet, muß er sieben Brücken bauen lassen, sonst wird er in die Hölle gehen.
Wenn ein Mädchen unter einem Regenbogen von einer auf die andere Seite läuft, wird es ein Junge, und ein Junge wird ein Mädchen.
Dann sagte Saniye: »Und der Regen soll auf die Erde der Armen und in das Feuer der Reichen regnen, İnşallah.« Ich sagte auch İnşallah. Der Abendwind kam, nahm beim Vorbeigehen die Schweißperlen von Saniyes Gesicht mit. Saniye hatte einen sehr langen, dünnen Körper. Wenn man sie zwischen den Händen langgezogen hätte, wäre sie wie ein dünnes Gummi weitergewachsen und tınnnnn wieder zurückgegangen. Die Schatten wohnten in ihren Knochen, die Schatten liebten Saniyes Gesicht, sie setzten sich auf sie und spielten miteinander. Sie saß da, mit ihrem Schatten jetzt noch

länger geworden, ihr schwarzes Kopftuch gelöst, wie ein Totenskelett, das lachte und hustete. Wenn ihr Mann kam, standen wir beide auf. Saniye rief von ihrem Holzhaus zu meiner Mutter: »Fatma Hanım, çocuk geliyor« (Fatma Hanım, das Kind kommt). Ich lief über ihre Stimme und die ihr antwortende Mutterstimme wie über eine kleine Brücke, die nur für mich da stand. Ich hörte meine eigenen Schritte, sah ihre aus dem Fenster auf mich schauenden Augen. Schwitzend wegen der Trennung von Saniye und aus Sehnsucht nach meiner Mutter kam ich im dritten Stock in unser Zimmer. Manche von Saniyes Schatten kamen mit und setzten sich an die Wände unserer Zimmer. Großmutter sagte: »Hast du deine Würmer mit Saniye ausgeschüttelt?«, und sie legte auf meinen verschwitzten Rücken wie der gefaltete Şavkı Dayı eine Zeitung. Ich sah die Bewegungen von Saniye in ihrem Holzhaus und die Bewegungen meiner Mutter, Großmutter im Zimmer. Sie bückten sich, sie hoben sich, sie machten eine Tür auf, sie waren da, ich konnte sie riechen, ich konnte sie fassen, sie waren immer da, aber ich hatte eine Sehnsucht nach ihnen, ich roch heimlich im Schrank an den Kleidern meiner Mutter, trocknete meine Augen mit ihren Kleiderröcken, wusch mein Gesicht und trocknete es mit dem Handtuch meiner Großmutter. Ich weinte dann noch mehr, als ob sie tot wären und von ihnen nur noch diese Kleider und Handtücher zurückgeblieben wären. Ihre Stimmen sagten AKŞAM OLUYOR (es wird Abend). Draußen starb die Welt, aus der nur eine kurz weinende Babystimme und der Abendezan aus den Minaretten wie die letzten Wörter der Sterbenden in unsere Zimmer kamen und wieder weggingen. Die Welt schrumpfte zu einer Walnußschale, das war unser Zimmer. Ich sah die Augen meiner Mutter, Großmutter, die, im Zimmer sitzend, die Autobusse und

Kutschen draußen schneller schoben, in denen mein Vater nach Hause kam. Mutter, Großmutter, sie standen da, als ob sie genug für sich selbst waren, aber in ihren Augen waren die Lichter, die den Männern und Söhnen den schnellen Weg nach Hause zeigten.
Ich sagte sehr oft: »Mutter, Anne, Anne, Anne, wo bist du, Mutter?«
Meine Mutter sagte: »Ich bin in der letzten Gasse der Hölle.«
Ich sagte wieder: »Mutter, wo bist du?«
Sie sagte, vielleicht wäre ich verliebt in sie.
Und sie sang einen Satz eines Liedes:
»Die Liebe ist ein Hemd aus Feuer«, und sie sagte: »Einmal dieses Hemd anziehen, am Ende kennt man den Geliebten nicht mehr, weil man sich im Feuer der Liebe von dem Geliebten ein anderes Bild schafft, und man verbrennt für dieses Bild.« Und sie erzählte mir die Legende von Leyla und Mecnun. Leyla war eine reiche Tochter, Mecnun war ein armer Bauer. Sie sahen sich, fallen in das Feuer der Liebe. Der reiche Mann sagte, wenn Mecnun den großen Berg, der da ist, mit einem Hammer durchbohrt und das Wasser, das hinter dem Berg ist, durch dieses Loch ihm zu Füßen fließen ließe, würde er ihm seine Tochter Leyla geben. Mecnun bohrte an dem Berg lange, lange Jahre und brachte eines Tages das Wasser bis zu den Füßen des reichen Mannes. Leyla stand da, der reiche Mann sagte: »Nimm, hier ist Leyla.« Aber der Mecnun kannte die Leyla nicht mehr und zog von einem Ort zum anderen Ort mit einem Saz, und sang über Leyla Lieder.
Mutter sagte, ich solle auch wie der Mecnun, der einen Berg gebohrt hat, etwas tun, falls ich möchte, daß sie mich liebt.
»Was soll ich machen, Mutter?«

Mutter sagte: »Werde gesund.«
Wenn ich wieder von meiner Liebe reden wollte, sagte meine Mutter: »Meine Tochter, mach mein Herz nicht eng, komm nicht so auf mein Herz los, du wirst mich töten, Allah soll dir Geduld geben, Aaaaa.«
Ich setzte mich, und um Geduld zu kriegen, zog ich an dem Rosenkranz meiner Großmutter, es waren 91 Steine. Zu jedem Stein sagte ich:
»Ja, Geduld, mein Allah, ja, Geduld, mein Allah.
Ja, Geduld, mein Allah, ja, Geduld, mein Allah.
Ja, Geduld, mein Allah, ja, Geduld, mein Allah.
Ja, Geduld, mein Allah, ja, Geduld, mein Allah.
Ja, Geduld, mein Allah, ja, Geduld, mein Allah.
Ja, Geduld, mein Allah, ja, Geduld, mein Allah.«
Von einem Ja-Geduld-mein-Allah zum anderen Ja-Geduld-mein-Allah kam mein Vater Mustafa nach Hause, drehte den Knopf der Elektrik, die Glühbirne ging an, er sagte: »Sitzt ihr im Dunkeln? Warum sitzt ihr so da? Ist euch euer Mann gestorben, wir sind nicht tot, meine Tochter, wir leben.« Dann saßen wir am Tisch, mein Vater aß sehr langsam, trank Rakı, ein Schluck Rakı, ein Schluck Wasser. Er aß so langsam wie der gefaltete Şavkı Dayı, der die Granatapfelstücke, um ins Paradies zu gehen, so langsam gegessen hatte. Mein Vater hob mit der linken Hand sein Rakı-Glas auf die Seele der Derwische hoch und brachte dann seine rechte Hand über sein Herz. Das machte meine Mutter gleichzeitig mit ihm. Ich hatte das einmal in der Moschee gesehen, die Menschen sangen zusammen aus dem Koran, und wenn der Name unseres Propheten Mohammed gesagt wurde, brachten alle ihre rechten Hände als Chor über ihre Herzen. Und dieselbe Bewegung machte jetzt mein Vater für die armen Derwische, die vom Rakıtrinken gestorben waren. Als sie noch lebten, waren sie wegen ihrer Be-

scheidenheit, Unaufdringlichkeit in dieser Welt für manche Menschen heilig geworden. Mein Vater sagte: »Meine Tochter, es ist Zeit, daß du für deinen Vater singst. Singen öffnet deine verkümmerte Seele und heilt Krankheiten.« Dann fing er selbst an zu dichten:
»Ergib dich dem Trunk.
Liebe einen Schönen.
Ob die Welt gibt oder nicht gibt,
ist nicht mein Kummer.«
Von diesem Tag an eröffnete er jeden Abend unser Singen mit diesen Sätzen. Oder mit einem anderen Satz: »Orhan Veli sagt: Ach, wenn ich nur ein Fisch wäre in einer Rakı-Flasche.«
Beim Singen schauten wir uns tief in die Augen. Ich schaute in die Augen meines Vaters, er schaute in meine Augen, dann schaute er in die Augen meiner Mutter. Ich schaute auch in die Augen meiner Mutter, ich schaute nicht in die Augen meiner Großmutter und Brüder, sie sangen nicht. Großmutter konnte nur Dorflieder singen. Mutter sagte: »Wir singen klassische Musik.« Großmutter faßte ein Stück Brot und wackelte leicht mit ihrem Gebiß, hörte uns zu, als ob sie mit Fremdsprache sprechenden Menschen an einem Tisch säße. Die Lieder sagten solche Sätze:
»Ach, sie soll sich zieren, kokett auftreten.
Wo wir uns versammelt haben.
Zart und empfindlich, verwöhnt und verzärtelt
mein Leben Feuer und Flamme
Yelele yelelele yelelelelelelelelelele.
Aaahhh, yelelelele ...«
Mutter sagte: »Das ist ein Lied von einem Sultan.« Die Sultane hatten, wie wir, viel Zeit, dachte ich, und viele Augen, in die sie tief schauen konnten. Ein anderes Lied sagte:

»Meine Scham hindert mich, euch meine Lage zu erzählen.
Mach mich nicht traurig, genug, genug, Erbarmen.
Ich bin sowieso eine Ruine in deiner Hand.«
Oder:
»Die schwarzen Augen schauen nicht mehr in meine Augen,
Hilfeeeee, Hilfeeee ...
Grübchen der Wange, komm zu Hilfe
und schrei' mit mir: Wehe, wehe, Jammer, Jammer.«
Oder:
»Warum habe ich diese schwarzaugige Frau geliebt?
Sie hat mir den Geschmack des Lebens vergiftet.«
Unsere Stimmen mußten beim Singen lange zittern und andere, fremde Stimmen aus unserem Körper zu Hilfe holen. Wir sangen, die Lieder weinten und hielten ihre zwei Augen vor zwei tiefe Brunnen. Aber um die Lieder zum Weinen zu bringen, mußten wir sehr ernst arbeiten. Die Töne, die die Lieder zum Weinen brachten, brauchten jeden Tag neue Töne, um Weinen zu können. Die Töne liefen über ein weinendes Seil, das am Himmel zwischen zwei Minaretten gezogen war, unsere Körper und Gefühle mußten die Töne über dieses Seil, ohne runterzufallen, laufenlassen. Das letzte Lied, das wir sangen, war immer zum Lachen. Leichtsinnig, tanzend, unzuverlässig.
»An einem Ast zwei Kirschen,
ach, mein Geliebter,
eine ist rot, die andere ist weiß,
wenn du mich liebst, schreib deine Briefe öfter,
winke, winke, dein Taschentuch,
es ist Abend geworden
schick' mir deine Geliebte.«
Dann sagte mein Vater wie die bucklige Frau meines On-

kels – dem kleinen Postbeamten in Anatolien – mal im Frauenbad gesagt hatte, als wir alle auf dem warmen Marmor auf unseren Rücken gegen das ins Bad hereinregnende Sonnenlicht nackt gelegen hatten: »Heute haben wir dem Schicksalsengel noch einen Tag geklaut.« Jeden Tag mit verrückter Saniye in ihrem wackelnden Stuhl über weißen Maulbeeren sitzend, an dem Rosenkranz Ja-Geduld-mein-Allah ziehend und abends mit meinem Vater, meiner Mutter dem Schicksalsengel noch einen von seinen Tagen klauend, habe ich eine neue Stimme gefunden, und eines Morgens bin ich gesund wach geworden. Großmutter sagte: »Der Tod ist aufgestanden« und klatschte in die Hände. Sie stand da mit einem glänzenden schwarzen Schulkittel und einem gestärkten weißen Kragen in der Hand. Ich mußte in die Schule, in die vierte Klasse, gehen. Gewonnen die Liebe meiner Mutter, ging ich mit meinem Bruder Ali raus aus unserer seelenlosen Gasse, zur Schule, in die Straßen von Bursa. Auf dem Weg zur großen Straße war ein Barbierladen, ein Gemüseladen, eine Tischlerei. Jeden Tag schauten wir beim Vorbeigehen in diese Läden rein. Der Barbier schaute auch jeden Tag, ohne mit dem Schaumschlagen aufzuhören, zu uns, der Tischler hörte kurz mit Tischlern auf und schaute mit staubbedeckten Wimpern zu uns, der Gemüsehändler wog gerade ein Kilo Äpfel oder Pfirsiche, und während seine Waage die Gerechtigkeit suchte, schaute auch er kurz zu uns. Dann kam die große Straße, auf der saß eine Eiche, die vierhundert Jahre alt war, sie hieß Heilige Eiche. Bis zur heiligen Eiche schaute der Yoghurtverkäufer zu uns, der Spiritusladenbesitzer aus seinem dunklen Laden mit staubigen Flaschen schaute zu uns, dann die Knöpfe, Faden, Nadel und Wolle verkaufende Frau. Während sie einen Faden aus ihren Haaren zog, schaute sie zu uns.

Ein Auge gab uns zum anderen Auge, und wir kamen, in ihren Augen getragen, bis zur heiligen Eiche. Da fing die lange steile Straße an, an deren Ende wir den Fuß des heiligen Berges sahen. In der Mitte dieser steilen Straße war unsere Schule. Unter der heiligen Eiche standen wir und schauten um die Ecke zu einem großen Brotladen, da war das Feuer. Die Männer mit mehlbedeckten nackten Oberkörpern schoben auf den sehr, sehr langen Holzstangen den schlangestehenden Brotteig in das Feuer. Die Brote rauchten, das Feuer brannte in die Körper dieser mehligen Männer.

Das waren die letzten Augen, die uns begleiteten. Wenn wir auf unserer steilen Straße standen, lag der lange Weg vor uns und Kinder, die in Gruppen oder allein und mit ihren schwarzen Kitteln und halbversteckten, weißen Kragen und Taschen wie Gänse, die das Laufen neu gelernt haben. Dann sahen wir die Augen von Hunden. Öfter sahen ich und Ali auf dem steilen Weg einen Straßenhund im Sterben. Es waren vergiftete Hunde. Großmutter hatte mal gesagt, gegen Gift ist Knoblauchyoghurt gut. Wir brachten mal Knoblauchyoghurt zum Hund, aber er hatte seine Seele schon lange zwischen seinen Zähnen. Diese Hunde starben in unsere Augen schauend, das Gift war sehr stark, es war mit Staatshand gegebenes Gift. Wenn der Hund gestorben war, kamen Soldaten und steckten den Hund in einen Sack und schleppten den Sack auf dem steinigen Weg hinter sich her. In der Schule, in Geographie, lernte ich: Die Türkei ist ein Ackerland. Im Geschichtsunterricht ritten Reiter von einem Land zum anderen, im Literaturunterricht Gedichte:

»Ey, reitende Reiter, reitende Reiter,
eure Pferde haben Flügel aus Silber.«

Und dann kam das Milchpulver aus Amerika in die

Schule. Dieses Milchpulver mußten wir trinken. Die Lehrerin zeigte ihr Notenheft, klopfte mit dem Stift auf das Heft und sagte: »Wer das nicht trinkt, kriegt von mir eine große Null.«
Ich kotzte die aus Pulver gemachte Milch, die vor jedem in der Klasse in den Plastikbechern stand, auf den Boden. Dann putzte ich die Kotze vom Steinboden. Die Lehrerin sagte: »Du wirst sehen, du wirst nicht wachsen.« Sie sagte, das Pulver brächten die Schiffe, tagelang im Wasser schwimmend, von Amerika bis zu unseren Füßen, ob wir keine Scham vor Allah und vor seinen Propheten hätten. Milchpulverkotze im Magen, sterbende Hundeaugen im Auge, Saniyes am Fenster stehender Huhngeruch in der Nase, kam ich jeden Tag in der Mittagspause nach Hause. Eines Tages, in der Mittagspause, saßen mein Vater, Mutter, Großmutter im Zimmer. Und ein Mann mit einem runden, schwarzen Bart. Mein Vater sagte zum Hodscha: »Das ist meine Tochter, das ist das naivste Kind aller meiner Kinder.« Mein Vater hatte gehört, daß unter den Treppen der Heiligen Moschee in Bursa ein Schatz lag. Zum Ausgraben brauchte er die Erlaubnis der Bürgermeisterei, aber vorher wollte er sicher sein, ob dort wirklich ein Schatz lag. Der arme Hodscha, der ihm das ins Ohr geflüstert hatte, sagte: »Das kann ein naiver, sündenloser Mensch sehen.« Mein Vater erzählte ihm, daß ich mit meinen Gebeten einmal den Regen gestoppt hatte. Der arme Hodscha war da, mir diesen Schatz sehen zu helfen. Ich wusch mich wie vor dem Namaz-Gebet und saß neben dem Hodscha auf der Holzbank, er saß neben mir auf seinen Knien und betete in arabischen Wörtern, ich betete mit. Dann färbt er mit einem Bleistift meinen rechten Daumennagel ins Dunkelblau. Er brachte den Stift in seinen Mund, mit der Nässe seines Mundes färbte der Stift meinen Daumenna-

gel sehr kräftig dunkelblau. Ich schaute auf meinen Daumennagel, der Hodscha sagte: »Sag', was du siehst.« Sein Atem roch nach einem fremden Geruch, ich ging in den Geruch rein und sah wirklich auf meinem rechten Daumennagel Menschen, die auf den Treppen einer Moschee hin und her gingen. Ich sah meinen Vater mit seinem Hut im grauen Anzug auf der Treppe, er stand da, bückte sich. Der Hodscha sagte: »Sprich, sag' meine Tochter, gehe weiter, unter die Treppen, was siehst du da?« Auf meinem Daumennagel bückten sich Männer weiter, stiegen Treppen hoch, kamen runter. Mein Vater sagte: »Sag', was du siehst. Siehst du nicht einen Schatz, eine Schatztruhe? Sag'.« Ich sah ihn sich weiter bücken, hochheben, immer dieselben Bewegungen. Ich weiß nicht, wie lange. Mein Vater stand auf, ging vor mir auf die Knie, sagte: »Geh' unter die Treppen, siehst du keinen Schatz? Warum siehst du ihn nicht?« Ich sah keinen Schatz. Der Hodscha betete und pustete seinen Atem in mein Gesicht. In dem Moment verschwanden alle Männer und mein Vater aus meinem Daumennagel. Die dunkelblaue Farbe blieb. Dann brachten sie eine Schüssel Wasser. Ich mußte aus dem Wasser lesen. Die Wasserschüssel zwischen meinen Händen, habe ich ins Wasser geschaut. Das Wasser war grau. Ich fing an zu zittern in meinem schwarzen Schulkittel. Die anderen fingen auch an zu zittern. Meine Mutter sagte: »Genug! Ich kann nicht mein Kind töten. Sie geht jetzt in die Schule.« Der Hodscha, mein Vater, ich, wir essen zusammen. Dann ging ich mit Ali den steilen Weg hoch zur Schule. Ich schaute weiter auf meinen Daumennagel.
Der gestorbene Hund war nicht da. Ein giftbeschmiertes Brot lag da, trocken, die Hundespucke war auch getrocknet.
Am Abend sagte mein Vater: »Meine Tochter, du hast

keinen Schatz gesehen, du läßt deinen Vater ohne Kutsche, aber Allah hat dich sicher die Wahrheit sehen lassen.«
Großmutter sagte: »Wer soll denn einen Schatz verloren haben?, daß du ihn findest?«
Ich liebte Spätnachmittage. Wenn ich aus der Schule in unsere seelenlose Gasse kam, ließ Mutter aus dem dritten Stock aus dem Fenster ein Seil mit einem leeren Korb und einer leeren Flasche und Geld herunter. Ich nahm alles und legte meine Tasche in den Korb, sie zog ihn hoch. Sie rief aus dem Fenster: »Bring Salz nach Hause! Komm nach Hause mit Spiritus.« Ihr kurz aus dem Fenster sich zeigender Kopf, ihre süße Stimme, wie die Stimme des aus den Bergen frei laufenden Wassers, meine einzige Mutter. Aus Liebe zur Mutter ging ich zum Spiritusladen.
Spiritusladen, ey, nach Spiritus riechend.
Im Dunkel sitzender Laden.
In unserer Kinderhand Flaschen,
leer, warteten wir in
der Menschenschlange, den alten Männern
antwortend, wer unser Vater ist, wie er
heißt usw., während die alten Männer
uns vor sich stehenließen.
Der Ladenbesitzer, langsamer, gesprächiger
Mann – wenn er zuhörte,
spazierten seine Augen an der Wand –
nickte, seine rechte Hand
bewegte er rauf und runter,
seine linke Augenbraue rauf und runter,
streckte seine Hand sehr langsam
zu dem von uns dort gelassenen Geld,
zählte es nicht, mit jedem ging
er raus, aus seinem Laden,

und schickte jemandem einen Gruß.
Er ist nie satt geworden, jedesmal
mich zu fragen:
»Braucht ihr Spiritus,
Will Deine Mutter Spiritus?«
Einmal, mit voller Spiritusflasche, ging ich auf die andere Seite der Straße. Dort stand ein Mädchen in meinem Alter, sie hatte ein Kind in ihren Armen. Das Kind weinte, ich fing auch an zu weinen und fragte das Mädchen: »Warum weint es?« Das Mädchen lächelte und sagte: »Unsere Mutter ist in der Moschee; es will die Mutter.« Weinend lief ich weiter in die Richtung unserer Gasse, da kam ein Junge, er hatte kaputte Beine. Beim Gehen legte sein Körper sich mal auf die rechte Seite, mal auf die linke Seite. Warum, wußte ich nicht, ich fing an, noch Tränen im Gesicht, so zu laufen wie er. Er kam, rechts, links wackelnd, zu mir, ich ging rechts, links wackelnd zu ihm. Er schaute mich an, als ob er seinen Augen nicht glauben würde, ich schaute auf ihn, als ob ich meinen Augen nicht glauben würde, dann kam seine Mutter, er sagte laut zu ihr: »Muumumutter, dadadas Mämämädchen mamacht sisisich lustitig üüüber mimich.« Seine Mutter schwieg, sie gingen an mir vorbei. Ich stand da, sah meinen vor mir stehenden Schatten, mein Rücken war so kalt, ich wollte jemandem laut sagen, daß ich nicht gewußt hätte, was ich gemacht hatte. Die Spiritusflasche fällt runter. Ich sah den ausfließenden Spiritus und dachte nur, warum ich diesen Jungen mit kaputten Beinen so nachgemacht hatte. Der Gemüsehändler kam raus und sagte: »Die Flasche ist runtergefallen.« Er gab mir Kleingeld, damit ich wieder Spiritus kaufen konnte. Er sagte: »Deine Mutter soll nicht auf dich böse werden.« Warum bin ich so wie er gelaufen? Und er mußte zusehen, und seine Mutter hat nichts gesagt. Warum? Groß-

mutter hatte mal gesagt, wenn ich einen blinden Menschen sehe, solle ich meine Augen zumachen, um ihn zu verstehen. Wenn ich einen stummen Menschen sehe, solle ich Steine unter meine Zunge tun. Ich hatte keine Antwort, außer, daß ich einen kalten Rücken hatte. Ich fragte Großmutter, warum ich wie er gelaufen war. Sie sagte: »Was weiß ich, manchmal hat man Affenappetit.« Mein Mund blieb offen, ich verstand mich nicht mehr. Dann sagte sie: »Jetzt guck, ich laufe wie du, dann sind wir quitt.« Sie ging im Zimmer wie ich, hin und her, der Kopf wie ein kleines Kamel, einen Zeigefinger zwischen ihren Zähnen. Meine Mutter sagte: »Guck, ich laufe auch wie der Ehemann der Nachbarin.« Sie lief, ihre Beine auseinander, als ob sie zwischen ihren Beinen heiße Eier tragen mußte, und gab dem Mann auch einen Namen: Herr Sein-Hoden-hat-einen-Riß. Meine Mutter machte hintereinander alle unsere Nachbarinnen nach, wie diese Frauen, ihre Münder zusammenziehend, sprachen, wie sie im Stehen liefen und keinen Schritt weiterkamen. Sie wollte auch die verrückte Saniye nachmachen. Wie Saniye mit 200 Gramm Käse, ihre Hand hochhebend, auf der seelenlosen Gasse lief. Großmutter sagte: »Schade, Saniye hat Asyl unter Allahs Flügeln gefunden, wir sollten auch unsere Flügel über sie strecken. Saniye braucht in dieser Welt so wenig Platz wie ihr Schatten.« Sie sagte: »Wenn man Saniye fragen würde, warum bist du verrückt, Saniye, würde sie sagen: 'Ihr Menschen, ich habe viele Ideen, aber habe keinen Käufer.'«
»Komm wir gehen zum Atatürk.«
Mutter, Großmutter, ich, wir gingen zum Atatürk. Dann habe ich die heilige Brücke gesehen. Wir liefen über diese Brücke Richtung Stadtmitte, es regnete, wir waren die einzigen, die gingen. Die Menschen standen da, als ob sie in diesem Moment zu Stein geworden waren, und

schauten hoch zum heiligen Berg und zeigten mit Zeigefingern und Regenschirmen in Richtung Bergspitze. Wir blieben stehen und schauten auch zur Bergspitze. Ich hörte unter der Brücke das Wasser, es stieß seinen Kopf wie ein Verrückter auf seine Steine. Da waren Kinder, sie spielten da und wußten nicht, daß die ganze Stadt zum Berg schaute. Der heilige Berg saß da wie ein stummer großer Vogel, und seine heimliche Stimme war das Wasser unter der heiligen Brücke. Die Leute sagten: »Ein Liebespaar hat sich von der Spitze des heiligen Berges runtergeworfen.« Jetzt schauten die Menschen von der heiligen Brücke ins Wasser, ob das tote Liebespaar da vorbeifließen würde. »Das Wasser bringt alles, was der heilige Berg ihm gibt«, sagten sie. Das Wasser war sauber und wusch sich noch sauberer, indem es sich an den Steinen rieb. Jemand sagte: »Auch ein Mädchen hatte sich wegen der Liebe von der heiligen Brücke ins Wasser geworfen, aber nur ihre Beine sollen kaputtgegangen sein. Sie liebte den Stadtphotographen.« Der heilige Berg hinter meinem Rücken, die heilige Brücke unter meinen Füßen. Der heilige Berg hatte meine Lungen zugeleckt und ein Liebespaar getötet. Die heilige Brücke brachte meinen Vater jeden Abend nach Hause. Wir gingen von der heiligen Brücke in Richtung Atatürk. Die Brücke blieb hinter uns, und der heilige Berg ging mit uns mit. Bevor wir zum Atatürk kamen, sahen wir den Photoladen des Stadtphotographen. Da waren viele Photos. Wir standen und suchten unter diesen Photos das Photo des Mädchens, das sich von der Brücke geworfen hatte. Mutter sagte: »Sie hat sich wahrscheinlich von ihm photographieren lassen. So sollen sie sich kennengelernt haben, wahrscheinlich.« Mutter sagte: »Er soll von uns ein Photo machen.« Wir ließen uns von dem schönen Stadtphotographen photographieren. Ich schaute nur auf sein Ge-

sicht und wollte dort etwas finden, weswegen ein Mädchen sich töten wollte. Ich sah nur seine etwas schlecht rasierte Oberlippe. Draußen erwartete uns der heilige Berg und weiter der Regen. Mutter sagte: »Dieser Regen heißt: Der den Dummen naßmacht.« Mutter und Großmutter sagten als Chor: »Schöner Mann, Allah soll dem Mädchen Geduld geben.« Wir kamen zum Atatürk, drei nasse Menschen. Unter den Vorderfüßen des fliegenden Pferdes von Atatürk erzählte mir meine Mutter, daß, als sie eine Schülerin in Anatolien war, eines Tages Atatürk zur Schule gekommen war. Er streichelte die Haare meiner Mutter und fragte sie, wie sie heißt. »Mutter, liebst du Atatürk?« Sie sagte: »Wie kann man Atatürk nicht lieben. Wenn es ihn nicht gegeben hätte, wären jetzt nicht wir hier so schön gelaufen, sondern unsere Schatten.
»Warum ist er gestorben, Mutter?«
»Am Rakıtrinken.«
Dann liefen wir weiter bis zur heiligen Moschee. Ich sah die heilige Moschee, die ich auf meinem rechten Daumennagel durch die Gebete eines armen Hodschas gesehen hatte. Es war die gleiche Moschee, und sie hatte auch Treppen wie auf meinem Daumennagel. Die Männer wuschen sich für das Abend-Namaz-Gebet, ihre Köpfe vom Regen naß, im Hof der Moschee, am runden Brunnen. Aus den Löchern des Brunnens floß Wasser, der Himmel war naß, die Männer waren naß, die Bäume waren naß. Im Hof lagen die schiefen Friedhofssteine der toten heiligen Männer unter einem Baum, sie waren auch naß. Alles war naß, und es floß noch mehr Wasser aus dem Moscheebrunnen. Ich sah die nackten Füße und die nackten Arme und die nackten Beine der sich fürs Gebet sehr langsam waschenden Männer. Sie saßen da vor dem Brunnen, als ob sie immer in einer Welt aus Wasser sitzen würden und sich, um mit Allah zu reden,

ständig waschen würden. Der Regen wird immer da sein, sie werden diesen Hof nie verlassen, weil es für sie draußen keine Welt gibt. Sie werden ein nasses Leben haben, und wenn sie sterben, werden sie unter der Erde, dort unter dem Baum, unter dem Regen als Tote auch naß leben. Dann kam ein Blitz. Als er ging, nahm er das Bild der nassen Männer mit sich. Im Blitz sah ich die Männer, und ich sah in ihnen die Ladenbesitzer, die vielleicht ihre Läden von ihren Lehrlingen fegen und zuschließen ließen, sie hatten ihnen sicher die Schlüssel gegeben und waren schnell zum Abendgebet zur Moschee gekommen. Es war auch so. Als sie mit Waschen fertig waren, kamen ihre Lehrlinge, gaben ihnen die Ladenschlüssel, küßten ihnen die Hände und gingen, und die Männer steckten die Schlüssel in ihre Westentasche und gingen betend in die heilige Moschee hinein. Wir sahen vom Hof aus die beleuchteten Fenster der Moschee. Mutter sagte: »Tagsüber tun sie in den Reis und die Bohnen Steine, verkaufen es, jetzt versuchen sie Allahs Augen mit Gebeten zu färben.« Großmutter sagte: »Das weiß nur Allah.« Mutter sagte: »Laß uns für den Toten beten.« Mutter, Großmutter und ich, wir machten unsere Hände vor den schiefen Grabsteinen unter dem Moscheebaum vor unserer Brust auf, zum Himmel. Der Regen sammelte sich dort, wir sprachen die Gebete als Chor für diese Toten und für die Toten, die wir auf dem Weg hierher gesammelt hatten: das Liebespaar von der heiligen Bergspitze, das Mädchen, das sich von der heiligen Brücke geworfen hatte, falls sie inzwischen tot sein sollte, und den Atatürk, der aus Kummer über unser Land am Rakıtrinken gestorben war. Wir kehrten von der heiligen Moschee mit den toten heiligen Männern, mit dem heiligen Berg, mit Atatürk, über die heilige Brücke zurück zu unserer seelenlosen Gasse. Ich hörte nur die hohen Absätze der

Mutterschuhe und schaute nur auf ihr schönes Profil im dunklen Regen. Zu Hause saßen mein Vater und meine zwei Brüder am Tisch unter der nackten Glühbirne. Vater sagte: »Wo wart ihr?« Mutter sagte: »Wir haben uns gelüftet.«
Vater lachte, sagte zu meinen Brüdern: »Frauen lüften ihre Schachteln und lassen die Bären verhungern.«
Ich fiel ins Bett, die Farbe der Haut meiner Mutter, die etwas dunkler war als ein Gerstenkorn, vor meinen Augen, und fing von diesem Abend an, bevor ich schlief, für die Seelen der Toten die arabischen Gebete zu sagen und die Namen der Toten, die ich kannte oder deren Namen ich gehört hatte, zu nennen. So konnten die Gebete ihre Toten finden. Für meine andere Großmutter, die tot war, die tote armenische Frau, die im Hauseingang in İstanbul gestorben war, die acht Kinder meiner lebenden Großmutter, alle Toten, die ich am İstanbuler Friedhof mit meiner Großmutter gesehen hatte, die tote Mutter und den toten Vater des gebogenen Şavkı Dayı, die tote Mutter und den Vater von dem Friedhofsnarren Musa in İstanbul, die tote Mutter und Vater von der verrückten Saniye, die toten Väter und Mütter von Soldaten, die ich im Zug gesehen hatte, die toten Väter und Mütter der Steinbrucharbeiter, die toten heiligen Männer, die in der heiligen Moschee wohnten, den toten Atatürk, die tote Isadora Duncan, das tote Liebespaar, das sich von der heiligen Bergspitze geworfen hatte, die drei toten Ehemänner meiner Großmutter.
Ich machte mit Toten die Augen zu, mit Großmutterstimme die Augen auf. Sie sagte: »Die Uhr ist wie immer, steh auf, steh auf, die Uhr zeigt sieben und zwei Finger nach rechts.« Ich ging mit Ali den steilen Weg hoch – bei den von Staatshand vergifteten Hunden kurz stehenbleibend, um Milchpulver aus Amerika zu

trinken, um in die Klasse zu kotzen – in unsere Schule. Eines Nachmittags kam ich aus der Schule nach Hause, unsere Hausvermieterin stand vor der Haustür und sagte: »Du gehst nicht hoch zu euch, du gehst zu uns.« Ich ging in ihre Wohnung und sah ihre Tochter, ein Mädchen in meinem Alter. Sie sagte: »Sie heißt Güler, aber sie will lieber Tina heißen.« Ich sagte zu ihr: »Gülertina.« Gülertina und ich saßen im Zimmer, irgendwann kam Gülertinas Mutter und sagte zu mir: »Mädchen, dein Schuh ist auf das Dach geworfen worden.« Das bedeutete, daß meine Mutter eine zweite Tochter geboren hatte. Mein Schuh war jetzt aufs Dach geworfen, weil ich nicht mehr die einzige Tochter war. Ich ging hoch. Das zweite Mädchen und meine Mutter lagen im Bett und schliefen. Sie war plötzlich da. Großmutter sagte: »Bis jetzt waren wir sechs Narren, jetzt sind wir sieben Narren geworden.« Und sie erzählte mir die Geschichte von den sieben Narren.

»Es waren sieben Narren, die sagten: 'Laßt uns ins Bad gehen und uns gegenseitig sauber waschen.' Die Sieben nahmen ihre Sachen mit, gingen ins Bad. Sie schäumten sich gegenseitig mit Seife ihre Köpfe, und schrieen: 'Vai-vai, du hast meine Augen mit Seife verbrannt', und sie schlugen sich mit Holzlatschen auf die Köpfe, bis sie starben.«

Dann setzte sich Großmutter auf einen Stuhl am Bett und schaute still auf die Schlafenden.

Mein Schuh war auf das Dach geworfen, meine Mutter schlief mit einem anderen Mädchen im Bett. Ich ging raus auf unsere seelenlose Gasse, ging hinter einem Jungen her bis unter die heilige Brücke. Ich warf mich, als ob ich Flügel hätte, vom Tal zum Bach, der Weg trug mich, ließ mich fliegen. Als ich neben den Bach kam, fand ich mich zwischen vielen Jungen. Sie schauten auf

die Erde und suchten dort etwas. Zu mir schauten sie nur kurz hoch, so, als ob ich schon immer mit ihnen am Wasser etwas suchte und heute etwas zu spät gekommen war. Dann suchten sie weiter. Ich suchte mit. Am anderen Ufer des Baches suchten andere Jungen auch etwas. Zwischen den Jungen am anderen Ufer und den Jungen hier am Bach schwammen Holzstücke. Diese Holzstücke kamen manchmal bis zum Ufer. Die Jungen brachten sie wieder in den Bach. Es war, als wären auch wir stehengeblieben, wenn diese Holzstücke am Ufer liegengeblieben wären. Die Holzstücke gingen mit dem Wasser mit, unsere Schatten gingen vor unseren Füßen, um weiter mit uns zu suchen. Unsere Schatten liefen mal auf der Erde, mal fielen sie in den Bach. Wir suchten über unseren Schatten nach Flaschendeckeln, alten kaputten Kämmen, denen ein paar Zähne fehlten, leeren Streichholzschachteln, Nägeln, Eisenstücken, alten einsamen Schuhen. Beim Suchen liefen die Schildkröten- und Igelfamilien öfter in die entgegengesetzte Richtung wie wir. Die Frösche sprangen in den Bach, kleine Schlangen gingen aus einem Loch raus, in das andere rein und sahen so aus, als ob sie alle aus unserem Schatten sich gebären würden. Was unsere Schatten zuviel hatten, waren die Ameisen, und sie verließen unsere Schatten nie so schnell wie die Frösche und kleinen Schlangen. Unsere vor uns herlaufenden Schatten waren Teppiche für Ameisen.
Einer der Jungen sagte: »Zum anderen Ufer, los! zum anderen Ufer!« Wir erhoben uns, die Schatten nahmen sich aus der Erde weg und fielen in den Bach. Die Ameisen ließen wir am Ufer, und wir gingen durch den Bach mit Nägeln und Schachteln in den Händen, in den Hemden, zum anderen Ufer. Als wir zur Mitte des Baches kamen, tauschten die Jungen von unserem Ufer und die Jungs

vom anderen Ufer ihre Sachen. Ein Junge vom anderen Ufer gab mir für meinen kaputten blauen Kamm acht Flaschendeckel. Er nahm den im Deckel festsitzenden Korken raus, drückte den Deckel an den Saum meines Kleides, und von der anderen Seite meines Kleides drückte er den Korken genau in den Deckel rein. Ich stand da mit acht glänzenden Flaschendeckeln an meinem Saum am Bach und sah die Jungen von beiden Ufern in einer Reihe am Rande des Baches stehen und in den Bach pinkeln. Ich glaubte, ich könnte es auch machen, so im Stehen. Das Wasser lief meine Beine runter und machte nicht den Bach naß, sondern mein Kleid. Die Pisse von den Jungs ging mit dem Bach mit. Dann kam der plötzliche Regen und steckte uns von beiden Ufern unter einen einzigen Granatapfelbaum. Der Regen mischte den Haut- und Kleidergeruch der Jungen mit dem Geruch des Granatapfelbaums und gab ihn mir. Ein Junge sagte: »Jetzt hat der Bach viel Wasser.« Es war wie der Geruch von unreifem Obst mit haarigen Blättern, die in einem kleinen nassen Feuer brannten.
Der Regen ging plötzlich, so wie er gekommen war, wie mit einem Messer abgeschnitten, wieder weg, und es kam der Regenbogen.
Regenbogen hieß: Gökkuşağı. Gök ist der Himmel, kuşak ist der Gürtel = Himmelsgürtel. Die Jungen schrien: »Wir gehen unter dem Himmelsgürtel durch.« Wir liefen, in Schmutz rutschend, das steile Tal hoch, weg vom Bach zur Straße, und kamen zu einer anderen Brücke. Von dieser Brücke aus sah ich noch eine Brücke und noch eine Brücke. Es gab nicht nur die heilige Brücke, die meinen Vater zur Abendzeit nach Hause brachte. Es gab für fast jeden Vater von jedem Kind Brücken in Bursa. Wie weit ich von meiner Mutter, Großmutter weg war, konnte ich an der Zahl der Brücken sehen. Ich lief hinter den Jun-

gen und dem Himmelsgürtel her, unsere heilige Brücke lief mehr und mehr weg von mir, mit dem Geruch unserer geruchlosen, seelenlosen Gasse, wo ich meine Mutter mit ihrer neuen Tochter in einem Bett im Schlaf gelassen hatte, als ich sie zum letzten Mal sah. Ich dachte, weil ich nicht da bin, werden sie weiterschlafen, und wenn ich wieder zurück bin, werden sie wach sein. Die verrückte Saniye hatte gesagt, wenn ein Mädchen unter einem Himmelsgürtel durchlaufen kann, wird es ein Junge. Der Himmelsgürtel saß da am Himmel, als ob er auf uns warten würde. »Wir kommen jetzt unter ihm durch«, sagten wir. Er lief weg. Wir laufen, er läuft, wir laufen, er läuft. So kamen wir zum Läusebazar. In diesem Bazar lagen alte Jacken, Hosen, Mäntel, Schuhe auf der Erde. Die Läuse liefen über sie, die Männer verkauften diese Jakken, Hosen, Mäntel an andere Männer, die auch sehr alte Kleider trugen, auf denen andere Läuse, sicher wie in ihrem eigenen Garten, hin und her spazierten. Die Luft roch nach Männern, Pferdescheiße, Pferdeschweiß und Läuseschweiß wie in Anatolien. Diese Männer schauten auf uns, als ob wir wie die kleinen Hunde, die ihre Gasse nicht finden können, dort rumlaufen würden, weil der Geruch von Armut, der wie ein anderer Himmel über ihnen stand, uns in die Irre geführt hatte. Wir wären in diesem armen Geruch geblieben, aber der Himmelsgürtel holte uns raus, wir kamen an einen runden Platz. Ein paar längliche Baracken aus Stein standen da, wie für einen Film schnell hingestellt, ein paar Männer würden kommen und dort vorbeiziehen. Dann würden diese Häuser wieder weggetragen. Ein Junge sagte: »Das sind Seidenwebereien.« Ich sah in ihren Kellern Menschen in meinem Alter, Mädchen, Jungen, die vor den Webmaschinen standen. Sie schauten im Stehen zu uns aus den Kellern, und wir auf sie beim SchnellhinterdemHimmelsgürtelHerlaufen. Es kamen ein paar Webmaschinenstimmen hinter uns her, bis zu einer sehr, sehr langen engen Gasse, am Anfang der Gasse kehrten die Webmaschinenstimmen zurück, wir gingen in die enge Gasse rein. Da sah ich die stehenden Männer, sie warteten da wie Tausende von Soldaten auf einen Zug. Die Pferde der Droschkenkutscher warteten auch da, sie schliefen im Stehen. Sehr alte Holzhäuser standen da, so, als ob man sie sofort als Brennholz auseinandernehmen könnte. Vor einem Holzhaus brannte ein offener Kohlenofen, die ganze Gasse roch wie eine in Essig und Seife gelegte Gasse. Die Kleider der Männer waren auf dem Läusebazar gekaufte Kleider, diese Männer sahen aus, als ob sie keine Mutter hatten, nur ihre Augen sahen so aus, als ob sie mal eine Mutter gehabt hätten. Weil diese Männer warteten, warteten die Jungs aus dem Bach und ich auf das, auf das auch diese Männer warteten. Eine kleine Frau mit einem Buckel kam aus dem Holzhaus mit einer Zeitung und machte das Feuer am Kohleofen lebendig. Die Jungs sagten im Chor: »Kanbur orospu (die bucklige Hure), die bucklige Hure.« Die Frau mit dem Buckel regte das Feuer weiter mit der Zeitung auf, spuckte ins Feuer und sagte: »Eure Mütter soll ein Hund ficken!« Die Jungen lachten und zogen mich mit sich raus aus der Gasse. Ich sah die bucklige Hure, sie stand da am kleinen Feuer, so, als ob sie ihre Liebe nicht den dort wie mutterlos wartenden Männern, sondern nur den Pferden der Droschkenkutscher schenkte, die da auf dem Droschkenplatz schliefen. Wir liefen Richtung heilige Brücke, der Himmelsgürtel war etwas blaß, er stand da, ich konnte jetzt durch ihn hindurch, jetzt werde ich ein Junge, noch etwas laufen, ich hielt an. Die Jungen hielten auch an. Wir schauten lange in den Himmel. Der Himmelsgürtel ging weg, wir gingen auch, wie sehr mü-

de gewordene Hunde, unsere Schwänze zwischen unseren Beinen, nach Hause. Als ich in unsere seelenlose Gasse kam, sah ich oben die Sterne. Am beleuchteten Fenster unseres Steinhauses sah ich die Gülertina. Sie sagte: »Der Name deiner Schwester ist Schwarze Rose, und dein Vater wird dir deine Knochen kaputtmachen.«
Ich ging hoch, mein Vater machte mir meine Knochen nicht kaputt. Er fragte mich: »Maşallah, woher kutschierst du dich so spät, bist du ein Junge geworden?«
Ich schwörte, wie ich es vom gefalteten Şavkı Dayı gelernt hatte: »Baba, Vallahi Billahi, ich bin kein Junge geworden.«
Mit der Geburt meiner Schwester Schwarze Rose fingen für mich Vallahi Billahi-Tage an. Ich kam abends nach meinem Vater vom Bach nach Hause, und er fragte mich immer, ob ich ein Junge wäre, ich sagte: »Vallahi Billahi, ich bin kein Junge.«
Ich betete, bevor ich schlief, für die Seelen der Toten, die neuen Toten standen da: »Für die gestorbenen Mütter und Väter der Männer, die im Läusebazar standen, die gestorbenen Großmütter und Großväter der Männer, die in der engen Gasse standen, den gestorbenen Vater und die Mutter der buckligen Hure, die das Feuer lebendig machte, für Atatürk, für Isadora Duncan, meine tote Großmutter, die tote armenische Frau, die im Hauseingang in İstanbul gestorben war, alle acht Kinder meiner Großmutter, alle Toten, die ich am İstanbuler Friedhof mit meiner Großmutter gesehen hatte, den toten Vater und die tote Mutter des gefaltetem Şavkı Dayı, die tote Mutter und den Vater von dem Friedhofsnarren Musa in İstanbul, die tote Mutter und den Vater von der verrückten Saniye, die toten Väter und Mütter der Soldaten, die toten Väter und Mütter der Steinbrucharbeiter, die toten heiligen Männer, die in der heiligen Moschee wohnten,

die Liebespaare von der heiligen Bergspitze, die toten Ehemänner meiner Großmutter.«
Meine Mutter sagte, die Jungen lüften auf der Straße ihre Pipis, was ich denn lüften würde. Sie machte ihre Augen groß und sagte: »Bei dir wird ein Pipi wachsen, bei dir wird ein Pipi wachsen.«
Großmutter sagte: »Wer mit Blinden schläft, wird schielend aufstehen. Hast du das von der verrückten Saniye gelernt? Wenn dir deine Seele eng wird, wirfst du dich auf die Straße.« Sie sagte zu mir: »Schwester«. »Schwester«, sagte sie, »Schwester, Bursa ist ein Topf, du bist darin eine Kelle geworden. Schwester, du bringst neue Gewohnheiten nach Hause, Schwester, ich werde auch meinen Kopf nehmen, und was meine Nase mir zeigt, dorthin werde ich laufen, wie du, Schwester.«
Großmutter ging auch zu den Straßen von Bursa, um ihre Würmer auszuschütteln. Ich sah sie öfter, wenn es dunkel war, am Ende unserer seelenlosen Gasse, am heiligen Brunnen, auf mich warten. Sie sagte mir: »Du erzählst mir, Schwester, was du heute gesehen hast, ich erzähle dir, Schwester, was ich heute gesehen habe.« Und sie fing an, indem sie sich erst über die Geschichten, die sie erzählen würde, mit Lauten wie Aboooo, Aboo- ooo erstaunte. »Ich habe eine junge Frau gesehen, ah, ein Kind, eieiei, an ihrer Brust, Schwester, sie war sehr jung, sie sagte mir: ›Mutter, meine Milch hat sich zurückgezogen.‹ Ihr Mann war gestorben an feiner Krankheit. Er soll seine Lunge als Blut gekotzt haben, Schwester. Ich habe ihr gesagt: ›Tochter, hast du keine Mutter, keinen Vater?‹ Sie hat gesagt: ›Greisin, alle sind in der anderen Welt. Es gibt keinen Untertanen Allahs in dieser Welt, der mir die Hand gibt.‹ Aboooo, wie frisch diese Frau war, wie eine neue Braut.« Dann sagte sie: »Was hast du gesehen?« Ich zeigte Großmutter, was ich am Bach gesucht

und gefunden hatte. Sie holte ihr Taschentuch raus: »Schwester, gib es mir, wenn deine Brüder das sehen, gibt es Krach. Ich verstecke sie für dich.« Vater fragte mich: »Wo warst du?« Ich sagte: »Vallahi, Billahi, ich war mit meiner Großmutter zusammen. Vater fragte Großmutter: »Wo seid ihr so lange geblieben, Mutter?« Großmutter sagte: »Wir sind zum Atatürk gegangen.«
Großmutter brachte mir immer neue Tote. Ich betete in der Nacht für die Seelen dieser neuen Toten mit den alten Toten zusammen. Für den toten Mann der jungen Frau, die meine Großmutter getroffen hatte, bei der sich die Milch zurückgezogen hatte, für das tote Kind von der Frau, die meine Großmutter im Hof einer Moschee gesehen hatte, für die tote Mutter und Vater und Schwester des bettelnden Mannes, den meine Großmutter an der Moschee gesehen hatte. Für den toten Mann der alten Frau, die meine Großmutter auf einer Parkbank gesehen hatte, für die tote Tochter der Frau, die meine Großmutter auf einer Brücke gesehen hatte, für die tote Mutter und den Vater der Frau, die meine Großmutter an dem heiligen Brunnen gesehen hatte, für den toten Atatürk, für Isadora Duncan, für die tote Großmutter, für die tote armenische Frau, die im Hauseingang gestorben war, für acht Kinder meiner Großmutter, für die drei Ehemänner meiner Großmutter, für alle Toten auf dem Friedhof in İstanbul, für die tote Mutter und den Vater des gefalteten Şavkı Dayı, für den Friedhofsnarren Musa in İstanbul, für die tote Mutter und den Vater der verrückten Saniye, für die toten Mütter und Väter der Soldaten, für die toten Mütter und Väter der Steinbrucharbeiter, für die toten heiligen Männer, die in der heiligen Moschee wohnten und für die Liebespaare von der heiligen Bergspitze, für die toten Mütter und Väter, die im Läusebazar und in den engen Gassen stan-

den, für die tote Mutter und Vater der buckligen Hure. Meine Großmutter gab mir Tag um Tag neue Toten. Ich gab ihr die Nägel und Eisenstücke, die ich sammelte, sie gab sie meiner Mutter, meine Mutter gab sie einem Mann, der mit seinem Esel öfter durch unsere seelenlose Gasse kam. Er gab meiner Mutter dafür Wäscheklammern, meine Mutter klammerte mit diesen Klammern die Tücher von meiner neuen Schwester Schwarze Rose. Die Schwarze Rose lebte in einer Wiege, die in der Mitte des Zimmers in der Luft hing. Ich versuchte einmal, sie aus dieser Wiege rauszuholen. Die Wiege war sehr tief. Ich stieg auf einen Stuhl, holte sie aus der Wiege, nahm sie in meinen Arm, sie war in weißen Tüchern sehr fest gebunden, keine Arme, keine Beine, nur ein Kopf und geknotete Tücher um ihrem Körper. Ich stand mit ihr auf dem Stuhl, drückte mit meinen Fingern ihre Fontanelle. Ihr Kopf war so weich wie ein Wasserbeutel, ich drückte noch mehr an ihrer Fontanelle. Sie konnte ihren Kopf nicht halten, ihr Kopf fiel zurück. Ich dachte, ich habe ihr Genick kaputtgemacht, ich legte sie in die Wiege, ich wusch mich für das Namaz-Gebet, setzte mich auf den Gebetsteppich, machte Namaz, sagte dem Allah, daß er meiner Schwester den kaputten Hals gesund machen solle.

Ich lief sehr dicht an den Wänden, schaute auf die Wiege und dachte nur, daß ich meine Schwester zum Krüppel gemacht hatte. Mutter fragte mich: »Oh, Maşallah, heute sitzt du zu Hause, deine Teufel haben dir noch nicht gepfiffen. Was denkst du so schmutzig.« Ich fragte sie: »Mutter, wirst du der Schwarzen Rose Milch geben?« Mutter sagte: »Willst du auch, komm du Esel, komm, klebe dich an meine andere Brust.« Sie stillte Schwarze Rose, und ich sah: Ihr Hals war nicht kaputt, sie trank die Muttermilch, ihre sehr langen Wimpern lagen bis zu ihren Wan-

gen, Augen zu, als ob die Muttermilch ihr nur mit Augenzu schmeckte. Ich probierte an der zweiten Brust meiner Mutter ein paar Tropfen mitzutrinken, die Tropfen kamen, schmeckten aber nicht. Mutter sagte: »Großes Baby, schneide dir deine Beine ab und leg dich in die Wiege von Schwarzer Rose. Oder mach dich klein und komm in meinen Bauch wieder rein, dann bist du meine Kleinste.« »Ich gehe zur Straße«, sagte ich. Mutter lachte und sagte: »Dein Weg ist frei bis ans Ende der Hölle. Geh, du hast eine Reise bis ans Ende der Hölle«. Ich kicherte als Antwort.
Als ich aus dem Haus ging, konnte ich nicht wissen, daß ihr Fluch heute klappen würde. Ich sah die Tochter unserer Vermieterin, die Gülertina, auf der Treppe im Dunklen mit einem einsamen Ball spielen. »Gülertina, komm mit mir unter die Brücke zum Bach.«
Gülertina sagte: »Meine Mutter wird von meinen Brüdern meine Beine kaputtmachen lassen, wenn ich einen Schritt weg von unserem Haus spiele.« Sie warf aber ihren Ball fast bis zum Ende der Gasse und rief zu ihrer Mutter: »Mutter, mein Ball ist weggelaufen.« Ihre Mutter rief aus dem dunklen Raum hinter den Vorhängen, die sich durch eine kleine Windhand sehr wankelmütig bewegten: »Komm nicht nach Hause ohne deinen Ball, sonst reiße ich dir alle Haare aus.« Der Ball erwartete uns am Ende der seelenlosen Gasse. Als wir vom steilen Tal zum Bach liefen, lief der Ball von Gülertina schneller als wir vor uns her und ging in den Bach. Die Jungen sagten als Chor: »Top dereye düştü« (Ball in den Bach gefallen). Dann suchten sie weiter auf der Erde ihre Sachen.
»Ich werde deinen Ball retten, Gülertina«. Im Bach hatte das Wasser heute etwas Tollwut, Moos und Tang liefen im Wasser und machten die Steine, über die wir hüpfen und laufen konnten, rutschig. Ich rutschte und setzte mich mit

meinen Kleidern ins Wasser. Die Jungen von beiden Ufern des Baches suchten weiter gebückt auf der Erde. Ich saß weiter im Wasser. Gülertina stand am Ufer, alle ihre Nerven waren aus den Häusern rausgekommen. Wenn ich jetzt in ihre Nähe gehe, wird sie eine Löwin werden. Ich blieb lieber im Wasser, im Moos. Gülertina sang:

»Sümüklü böcek	Schleimige Schnecke
suya düşecek	fiel ins Wasser,
akşam olacak, eve gidecek	sie geht abends nach Hause
dayak yiyecek«	und wird geschlagen zu Hause.

Ich ging zum anderen Ufer unter den Granatapfelbaum. Mein Kleid war aus Taft und hellrosa, jetzt brauchte man tausend Augenzeugen, bis ich beweisen könnte, es war mal ein hellrosa Kleid. Der Schmutz trocknete an dem Kleid in der Sonne etwas grünblau, Gülertina rief: »Ich werde es deiner Mutter sagen«. Sie ging weg, ich blieb unter dem Granatapfelbaum. »O weh«, sagte ich, »jetzt bin ich gebrannt.« Ich hatte keine Angst vor meiner Mutter, ich hatte Angst vor Gülertinas Mutter. Ich dachte: Wenn ich in unsere seelenlose Gasse ins Steinhaus komme, wird die Mutter von Gülertina vor ihrer offenen Wohnungstür stehen, ihre Hände an ihren Hüften, ich werde ohne etwas zu sagen mit in ihre dunkle Wohnung gehen, und diese Frau wird mir meine Haare abziehen, und ich zählte: 1, ach, 2 ach, 3 ach, 4 ach, 5 ach, 6 ach, 7 ach, 8 ach, 9 ach, 10 ach, 11 ach, 12 ach, 13 ach, 14 ach, 15 ach, 16 ach, 17 ach, 18 ach, 19 ach, 20 ach, 21 ach, 22 ach, 23 ach, 24 ach, 25 ach, ich blieb weiter unter dem Granatapfelbaum.
Da stand einer der Jungen von dieser Seite des Baches und rief:

»Verrückte, Verrückte,   Deli, Deli,
ihre Ohren haben Ohrringe«   Kulakları, Küpeli.

Ich dachte, er sagte das zu mir, aber da kamen auch die anderen Jungen, sagten als Chor das gleiche und gingen wie an den Hüften gepeitschte Pferde den steilen Weg hoch zur Brücke. Dort auf der Brücke ging eine Frau. Die Jungen schreien: »Die verrückte Ayten«. Die verrückte Frau, die Ayten hieß, war barfuß, sie trug um ihren Hals und ihre Schultern sehr viele kaputte Musikinstrumente. Eine Trommel, die am Bauch zerrissen war, eine Geige, der die Saiten wie lockige Haare herabhingen, eine halbe Flöte. Sie schlug mit ihren Händen auf die zerrissene Trommel, zog die Saiten der Geige, sie rollte ständig ihre Augen, bis wir uns alle um sie versammelt hatten und als Chor sagten:
»Deli Ay-ten
Deli Ay-ten
Deli Ay-ten.«
Sie rollte weiter mit ihren Augen, schlug weiter auf Trommel und Geige und lief und lief. Wenn wir zu laut waren, nahm sie von ihrer Brust Steine und warf auf uns, wir liefen, aus den Fenstern schauten Frauenköpfe raus und sagten: »Deli Ayten geht vorbei.«
Deli Ayten ging beim Läusebazar vorbei. Die Männer, die die Läusehemden verkauften, standen da und sagten: »Ayten, du hast es heute gut, du hast viele Waren gesammelt.« Ein Mann gab ihr eine Zigarette und sagte: »Hier rauch! und bete für mich, verrückte Ayten.« Deli Ayten lief, aber sie ging nicht zu den Seidenwebereien, sie ging zu einem anderen Platz, zum Hırthurt-Bazar. Im Hırthurt-Bazar saßen die Männer vor den Wänden, neben ihnen gab es in Kisten und alten Blumentöpfen viele Nägel, Eisenstücke, Blechstücke, alte kaputte Lenkräder, schmutzige Flaschen, schmutzige Glühbirnen, ver-

rostete Blechkisten, Schraubenzieher, alte verrostete Ofenrohre, Ofenteile, alte Drähte. Alle diese Männer arbeiteten mit dem Hammer, sie klopften an Eisen- oder Blechstücken, auf den krummen Nägeln. In ihren Gesichtern und Kleidern Staub und Rost. Ich sah, daß sie mal Kinder gewesen waren, ein Gesicht und ein Kleid gehabt hatten, dann kam ein Wind aus Staub und Rost, mit diesem Wind wuchsen sie, und die Kleider wuchsen mit ihnen mit, so daß ihre Kleider und Körper sich so aneinander gewöhnt hatten, daß diese Kleider nichts anderes hatten in dieser Welt als diese Menschen und die nichts anderes hatten als das mit ihnen mitgewachsene Kleid. Einer von diesen Männern hatte eine Brille, die er mit einem Faden um seinen Kopf gebunden hatte. Er sagte: »Kinder, macht einen Verrückten nicht verrückt, habt Angst vor Allah.« Neben diesem Mann stand ich und fing an zu weinen, alle Männer waren so arm und sahen noch mutterloser und vaterloser aus als die Männer, die vor dem Holzhaus der buckligen Hure warteten. Sogar großmutterlos, großvaterlos. Aber dieser Mann mit der staubigen Brille, mit dieser ruhigen Stimme und seinen kurzen Haaren, mit seinem so ruhig über einem seiner Stoffschuhe liegenden rechten Fuß in einem hellbraunen Strumpf, warum weiß ich nicht, holte aus mir das Weinen heraus. Meine Tränen sammelten sich im Staub neben seinem auf seinen Schuhen stehenden Fuß. Er sagte mir: »Kleines, weine nicht, schau auf die Verrückte, schau, weint sie? Sie weint nicht, weine du auch nicht. Geh mit Ayten, geh.« Ich ging mit den anderen Jungen weiter hinter der Ayten her. Ich weinte laut, die Menschen auf den Gassen fragten mich: »Hat die verrückte Ayten nach dir einen Stein geworfen, hat ein Stein deine Seele gebrannt?« Ayten vorne, wir hinten, ich weinend, kamen wir in die enge Gasse der buckligen

Hure. Es waren heute nicht viele Menschen auf der Gasse. Ayten kam vor einem alten Haus an, und plötzlich pinkelte sie wie ein Pferd im Stehen. Ihr Pinkel ging zwischen Stein und Schmutz zum aus Häuserlöchern zur Gasse fließenden Seifenwasser. Die Jungen sagten: »Da wohnt die verrückte Ayten, ihre Schwester ist eine Hure.« Ayten ging in das Holzhaus rein, die Jungen gingen aus der Gasse, ich weinte weiter.
Da war ein Café, da saßen Männer, zogen an den Rosenkränzen oder spielten auf einer Holzkiste ein Spiel. Der Lehrling vom Café brachte vom Café zu den Hurenhäusern Tee, Kaffee, wenn eine Hure aus dem Fenster rief: »Ein Kaffee mit viel Zucker zu unserem Haus«. Oder: »Wo bist du, Kaffeejunge? Bist du in der letzten Gasse der Hölle?« Oder sie sagte: »Du, Kaffeejunge, du sollst zur letzten Straße der Hölle gehen, mein Kaffee hat keinen Schaum.« Ich saß auf der Gasse und wollte die Steine und die Erde beißen vom Weinen. Eine kleine Frau kam aus einem Haus, mit Hausschuhen, sagte: »Meine Tochter, weine nicht, hast du deinen Weg verloren? Wie heißt deine Mutter, dein Vater?« Ich sagte: »Fatma und Mustafa.« Sie sagte: »Ich bin auch Fatma, komm, wasch dein Gesicht.« Ich ging hinter ihr ins Holzhaus. Ein großes Zimmer, der Boden war aus Stein und Erde und roch nach mit Wasser gefegter Erde. Ein Stuhl stand da, ein Ofen, kalt, stand in der Mitte. Der Ofen hatte kein Feuer, aber eine sehr kleine alte Frau stand vor dem Ofen, als ob sie sich dort wärmen wollte. Sie hatte fast keine Haare auf dem Kopf, wie ein kranker Vogel, der einmal geflogen war und seine ganzen Haare auf dem Weg verloren hatte. Sie schaute mich neugierig und ruhig wie eine Ziege an. Sie sagte: »Zieh dein Kleid aus, wir waschen es, sonst wird deine Mutter böse, du riechst wie eine Furzenpflanze. Bist du in den Bach gefallen?« Ich sagte: »Ich

bin in den Bach gefallen.« Sie sprach dann nicht mehr, ich saß auf dem Stuhl, sie wuschen mir mein Taftkleid und hingen es aus dem Fenster. Und dann bügelten sie es. Als die Frau ohne Haare mit dem sauberen Kleid vor mir stand, sagte sie: »Bismillâhirahmanirrahim«. Ich sagte beim Anziehen auch »Bismillâhirahmanirrahim«. Fatma fragte mich, wo ich wohne, ich sagte am heiligen Brunnen. Sie wußte nichts vom heiligen Brunnen. Welche Brücke ist in der Nähe? Heilige Brücke. Fatma und die anderen Frauenhuren sagten im Chor: »Ah, am Hakenbrunnen.« Sie sagten zu einem Mann, der vor dem Café an der Wand saß: »Recep, mein Sohn, gehe mit dem Mädchen bis zum Hakenbrunnen.« Recep lief vor mir her, ich hinter dem Recep-Onkel her, er guckte einmal hinter sich, einmal, ob ich komme, und das war es auch, bis wir zum heiligen Brunnen kamen. Er hatte den hinteren Teil von seinen Schuhen plattgedrückt, lief in ihnen auf den Gassen von Bursa wie in Hausschuhen, wie ein in seinem eigenen Garten laufender Truthahn. Am heiligen Brunnen sagte er: »Gehe zu deiner Mutter.« Und dann ging auch er vielleicht zu seiner Mutter zurück. Wie ich am Bach gedacht hatte, stand in unserem Haus die Mutter von Gülertina vor ihrer Wohnungstür. Ich blieb stehen, sie sagte: »Güler hat mir gesagt, du bist in den Bach gefallen, komm, ich wasch dir dein Kleid, sonst wird deine Mutter böse.« Ich ließ mein Kleid von ihr auch waschen, ihr Mann saß in seinem Pyjama auf einer Couch, ich stand im Zimmer, in meiner Unterhose und Unterhemd, er setzte mich auf seine Beine, wackelte mit seinen Beinen, links, rechts, hoch, runter, und mit seiner rechten Hand klopfte er auf meinen Bauch und sagte: »Meine Tochter, bist du in den Bach gefallen, paß auf, paß auf«, und faßte dabei meine Schachtel ein paarmal an. Seine Frau bügelte mein Kleid schnell trocken. Ich

ging hoch zu unserer Wohnung, meine Mutter fragte mich: »Maşallah, woher kommst du?«
»Vallahi Billahi, von der letzten Gasse der Hölle.«
»Vallahi, Billahi, haben die Teufel dir den Weg nach Hause gezeigt?«
Meine Großmutter brachte am Abend noch zwei Tote nach Hause. Zwei gestorbene Schwestern einer Frau, ich hatte auch die tote Mutter und den toten Vater von dem Mann mit Brille in dem Hırthurt-Bazar, die tote Mutter und den Vater der verrückten Ayten, die tote Mutter und den Vater von Fatma und den anderen Huren und von Recep-Onkel, der mit mir zum Hakenbrunnen gekommen war. Großmutter erzählte von den Grabsteinen der heiligen Männer, die den Kranken helfen, die den Kindern in der Schule lernen helfen. Wenn man diese Männer besuchte und Kerzen zu ihren Seelen brachte und dort brennen ließ, würden sie meinem Vater bei der Arbeit helfen. Oder wenn wir aus Obst Marmelade kochten, würde diese Marmelade sich ständig vermehren. Ich ging mit Großmutter mit zu dem Grab von zwei heiligen Männern, von Karagöz und Hacivat.
Diese beiden Männer waren vor Hunderten von Jahren Bauarbeiter und arbeiteten an einer Moschee, die der Sultan bezahlte. Die Männer erzählten sich gegenseitig so viele komische Geschichten, daß die anderen Bauarbeiter vor Lachen nicht mehr bauen konnten. Der Sultan hörte das, war böse und ließ die Köpfe dieser Bauarbeiter unterm Messer runterfallen. Dann aber fragte er die anderen Bauarbeiter, was diese beiden Männer immer erzählt hatten. Die anderen Bauarbeiter erzählten es dem Sultan, der Sultan weinte vor Lachen, hielt seinen Bauch, sagte: »Ach, was habe ich gemacht, das waren heilige Menschen«, und er ließ vor dieser Moschee für die beiden, für die durch seinen Mund geköpften Karagöz

und Hacivat, heilige Grabsteine stellen. Großmutter und ich steckten Kerzen für Karagöz und Hacivat an, über den anderen Kerzen, die, schon bis ans Ende abgebrannt, dort übereinander lagen.
Großmutter sagte: »Sultan, Sultan, blinder Sultan, du siehst, die Weltware bleibt in der Welt. Deine Moschee ist in dieser Welt geblieben. Als du mit zwei Meter Tuch in die andere Welt gingst, hat keine von deinen Waren gesagt: 'Ich will mit, ich komme mit dir mit.'« Dann sagte sie zu mir: »Ach, was weiß ich, ich scheiße auf die Waren dieser gelogenen Welt.«
Wir kamen mit Karagöz und Hacivat nach Hause und erzählten, daß wir beim heiligem Karagöz und Hacivat waren. Mutter sagte: »Diese Männer im Schattenspiel heißen auch Karagöz und Hacivat. Karagöz ist ein Zigeuner oder Bauer, Hacivat ist ein Stadtmann, Lehrer vielleicht, und sie sprechen und verstehen sich immer falsch. Dann lachen die Menschen. Im Schattenspiel gibt es Juden, Griechen, Armenier, Halbstarke, Nutten, jeder spricht einen anderen Dialekt, jeder ist ein anderes Musikinstrument, redet nach seiner eigenen Zunge und versteht die anderen nicht, jeder macht an sich tın tın tın. Das ist unser Land«, sagte sie, »wir sind ein an Menschen reiches Land, aber ein armes Land.« Und sie klopfte an einer Zeitung auf die Bilder von Männern, die dort lachend aus einem Flugzeug ausstiegen.
Mein Vater sagte: »Die Hunde bellen, aber die Karawane geht ihren Weg.« Dann hob er sein Rakı-Glas und sagte wieder:
»Ergebe dich dem Trunk.
Verliebe dich in einen Schönen,
ob es die Welt gibt oder nicht gibt,
ist nicht mein Kummer.«
Mutter und Vater sagten: »Morgen ziehen wir in ein drei-

stöckiges Holzhaus in der nebenstehenden Gasse von unserer seelenlosen Gasse.« Wir sollten heute singen und den Geistern dieses Steinhauses von uns einen schönen Klang hinterlassen. Vater sagte:
»Ja, meine schöne Tochter,
eines Tages gehen auch wir aus dieser Welt heraus,
was als Schönes bleibt
in diesem leeren Gewölbe,
ist ein schöner Schall.«
Ich betete in dieser letzten Nacht für alle Toten, die ich bis jetzt hatte. Für Karagöz und Hacivat, für die gestorbenen zwei Schwestern der Frau, für den toten Mann der Frau mit Kind, für die tote Mutter, Vater und Schwestern des Mannes an der Moscheewand, für den toten Mann von der Frau am Park, für die tote Tochter der Frau auf der Brücke, für die tote Mutter und den Vater der Frau am heiligen Brunnen, für die toten Mütter und Väter von den Männern im Läusebazar, für tote Mütter und Väter der wartenden Männer in der engen Gasse, für die toten Mütter und Väter der buckligen Hure, von Fatma und der anderen Huren, von Onkel Recep, der mich bis zum Hakenbrunnen gebracht hatte, für die tote Mutter und den Vater der verrückten Saniye, für die tote armenische Frau, die in İstanbul im Hauseingang gestorben war, für die tote Mutter meiner Mutter, für den toten Atatürk, für die tote Isadora Duncan, für das tote Liebespaar von der heiligen Bergspitze, das sich runtergeworfen hat, für die tote Mutter und den Vater des gefalteten Şavkı Dayı, für die tote Mutter und den Vater des Friedhofsnarren Musa, der mir sein Ding gezeigt und mich gefragt hatte: »Ist das schön?«, und ich: »Schön«. Für alle Toten, die ich mit meiner Großmutter am İstanbuler Friedhof gesehen hatte, für die toten Väter und Mütter der Soldaten, die ich im Zug gesehen hatte, für die toten acht Kinder meiner

Großmutter, für die toten Mütter und Väter der Steinbrucharbeiter, für die toten Männer an der heiligen Moschee, für die tote Mutter und den Vater des Manns mit Brille im Hırthurt-Bazar, für die tote Großmutter und den Großvater des Manns mit Brille im Hırthurt-Bazar, für die tote Mutter und den Vater der verrückten Ayten, für die tote Mutter und den Vater der Baumwolltante.
AMİN.

Wir zogen am nächsten Tag mit unseren Betten und Holzbänken und Schwarzer Roses Wiege und mit allen Toten in die Gasse neben unserer seelenlosen Gasse um, in ein Holzhaus, das drei Stockwerke hatte. Aus seinem dritten Stock, hinten vom Balkon, konnte man über Bäumen zu einem Friedhof schauen. Der Friedhof saß da mit langen Bäumen.
Als wir von unserer seelenlosen Gasse weggingen, war ich auch fertig mit der Grundschule und ging in die 6. Klasse. Die neue Schule lag auf demselben Steinweg wie die erste Schule, aber am Ende der Steinstraße, dort, wo ich mit Ali auf dem Weg nicht nur an einer Stelle von Staatshand vergiftete Hunde traf, sondern an mehreren Stellen. Warum der Staat die Hunde auf diesem steilen Weg vergiftete, wußte ich nicht, vielleicht, weil es da keine Läden gab, sondern nur Schulen und andere Amtsgebäude. Tagsüber waren drinnen immer Lampen an.
Als wir von der seelenlosen Gasse in die danebenstehende Gasse zogen, sagte die verrückte Saniye: »Ihr laßt mich hier allein.« Mutter sagte: »Saniye Teyze (Tante Saniye), wir sind so nah, wenn du furzt, hören wir es in unserem neuen Haus.«
Es war wahr, wenn die verrückte Saniye furzte oder mit ihren Katzen sprach, hörten wir es in unserem neuen Holzhaus. Ich dachte nach, warum wir die Stimmen die-

ser neuen Gasse nicht gehört hatten, als wir in der seelenlosen Gasse wohnten. »Die nichtsprechenden, nach nichts riechenden tauben Steinhäuser, haben vielleicht in der Stille unsere Ohren auch verrostet«, sagte meine Mutter. Die neue Gasse war eine lange, steile Gasse. Am Ende der Gasse fand man sich wieder auf einer Brücke, über die auch mein Vater nach Hause kommen könnte. Die Häuser in dieser Gasse waren aus Holz, aus Stroh, aus Stein, klein, groß, grob, krumm. Sie standen da, nicht wie die Steinhäuser in der seelenlosen Gasse wie ein geputztes Gebiß, sie sahen wie schlechte kleine, große, krumme, echte Zähne aus. Die Türen der Häuser waren oft offen. Wenn man vor ihrer Tür stand und in sie reinguckte, da war das Zimmer, das man Lebensraum nannte. Immer sah ich dort in solchen Lebensräumen die Wasserkrüge stehen, Wasser drin, draußen schwitzte der Krug mit kalten Wasserperlen und wartete auf den Abend, wenn die Männer nach Hause kamen und als erstes ein Glas Wasser trinken würden.
Ich sah in dieser Gasse erst die kaltschwitzenden Krüge, dann kamen ihre Besitzer zu uns, um uns willkommen zu sagen. Die steile Gasse kippte in Richtung unseres Holzhauses, die Menschen, die zu uns kamen, waren so viele, daß sie sich überall auf den drei Etagen des Holzhauses hinsetzen mußten. Im Erdgeschoß, in unserem Lebensraum, verteilte ich Wasser an alte Frauen. Sie haben mich gefragt, Wassergläser in ihren Händen, ob ich beten könnte. Ich sagte ja und sprach sofort einmal das Fâtiha-Gebet:
»Bismillâhirahmanirrahim
Elhamdü lillâhirabil âlemin.
Errahmanirrahim,
Maliki yevmiddin.
Iyyakena'büdü ve iyyake neste'in.

Ihtinessıratel müstekıym;
Siratellezine en'amte aleyhim
gayril mağdubi aleyhim
veleddâllin.«
»Amin«, sagten die Frauen, eine trocknete sich ihre Tränen im Auge und sagte: »İnşallah, du sollst ein Leben haben, das wie ein Wasser fließt.« Dann fangen zwei Frauen an, miteinander zu reden:
»Wie geht es Ihnen«   (Nasılsınız)?
»Mir geht es gut«   (iyiyim).
»Wie geht es Ihnen«   (siz nasılsınız)?
»Wie geht es Ihrem Mann?« – »Allah sei Dank, gut.«
»Wie geht es Ihrem Sohn?« – »Allah sei Dank, gut.«
»Wie geht es Ihrem Mann?« – »Allah sei Dank, gut.«
»Wie geht es Ihrer Braut?« – »Allah sei Dank, gut.«
»Wie geht es Ihrer Braut?« – »Allah sei Dank, gut.«
Die anderen Frauen hörten ihnen zu, nickten bei jedem »Allah sei Dank, gut«, lächelten ihnen zu. Als die zwei Frauen fertig waren, fingen zwei andere Frauen miteinander an zu fragen. Und die anderen schweigenden Frauen nickten bei jeder Antwort »Allah sei Dank, gut.«
»Wie geht es Ihnen« (Nasılsınız)?
»Wie geht es Ihnen« (siz nasılsınız)?
»Wie geht es Ihrer Tochter?« – »Gut.« (iyi).
Also, sie hatte eine Tochter und keinen Mann.
Die Frage, wie geht es Ihrem Mann, wurde nicht gefragt, aber die Antwort las ich in den Gesichtern der zuhörenden Frauen, sie nickten mit ihren weinenden Mündern zum Holzboden, der Holzboden gab die Antwort: Knack, knack.
»Wie geht es Ihrem Enkel?« – »Allah sei Dank, gut.«
»Wie geht es Ihrer Schwiegermutter?« – »Sie ist gestorben.«
Alle Frauen unterbrachen ihr Nicken und sagten:

»Allah soll Ihnen langes Leben geben. Amin.«
Dann fangen sie alle miteinander zu fragen an:
»Wie geht es Ihrer Schwester?« – »Gut.«
»Wie geht es Ihrem Bruder?« – »Gut.«
»Wie geht es den Kindern von Ihrem Bruder?« – »Gut. Allah sei Dank.«
Als alle Frauen alle anderen Frauen gefragt hatten: »Wie geht es Ihnen« (Nasılsınız)?
»Mir geht es gut, Gott sei Dank« (Allaha şükür iyiyim), machten sie eine Pause. Sie seufzten ein paar Minuten lang als Chor, und dann fingen die Frauen wieder von Neuem an, noch noch mal. »Wie geht es Ihnen?« zu fragen.
Meine Mutter brachte Tee und setzte sich auf einen Stuhl zu den älteren Frauen. »Wie geht es Ihnen, Fatma Hanım?« Mutter sagte: »Danke, Tante, mir geht es gut.« Obwohl ich da stand, fragten sie auch: »Wie geht es Ihrer großen Tochter, Fatma Hanım?« Meine Mutter sagte: »Gut, sie küßt euch allen die Hände.«
Ich ging zur zweiten Etage, ich küßte allen Frauen ihre Hände, sie küßten meine zwei Wangen, dort fragten die Frauen sich wie die Frauen im Erdgeschoß gegenseitig: »Wie geht es Ihnen?« »Gott sei Dank, gut.«
Da saß auf einem Stuhl meine Großmutter und antwortete. Sie hatte ihr Kopftuch etwas gelöst und lüftete ihre Stirn, Wangen und Hals, sie würde jetzt für unsere Familie, für uns sieben Leute, »es geht gut« sagen. Das würde sie siebenmal jeder Frau antworten und anfangen, sie zu fragen. Ich ging hoch zur dritten Etage, da war ein Stuhl leer, es waren vier junge Frauen da, so jung wie meine Mutter. Die Sonne aus dem großen Fenster wuchs in den Raum, da saßen sie, als ob sie gemeinsam die Sonne als ein großes Tuch über ihre Beine gelegt hatten. Sie fragten sich auch:

»Wie geht es dir?«
»Mir geht es gut.«
»Wie geht es deinem Mann?«
»Gut, er bringt jeden Tag seinen unheiligen Schwanz auf den Straßen spazieren.«
»Wie geht es deiner Tochter?«
»Gut, sie spaziert, mit ihrem Busen wackelnd.«
»Wie geht es deiner kleinen Tochter?«
»Gut, sie spaziert immer mit einem Kaugummi im Mund.«
»Wie geht es deiner anderen Tochter?«
»Gut, sie kriegt unten viele Haare. Meiner Tochter habe ich gesagt, laß uns diese Haare abziehen, das ist Sünde, wir müssen dich von den Haaren trennen. Sie sagte, nein, sie wird sie wachsen lassen und eine Schleife umbinden.«
»Wenn sie sich in der Hochzeitsnacht so ihrem Mann zeigt, wird er sagen, ich hab Makarios Bart geheiratet.«
»Wie geht es deiner Schwiegermutter?«
»Gut, sie macht die Türe zu laut zu. Sie braucht den Schwanz von einem Araber.«
»Wie geht es deinem Sohn?«
»Gut, er läuft auf den Straßen wie ein am Fuß verbrannter Hund.«
»Du muß ihn verheiraten.«
»Wie geht es deiner Schwester?«
»Gut, sie sitzt, ihre Hand über ihrer Hand, und die Hände über ihrer Schachtel.«
Dann kam eine neue Frau mit großem Busen und sehr dünnen Beinen in die dritte Etage in das sonnige Zimmer. Sie setzte sich auf den leeren Stuhl, lachte eine Weile in die Gesichter der anderen Frauen. Sie fangen auch an zu lachen. »Wo bist du geblieben, Sıdıka Hanım?«, fragten die anderen Frauen als Chor. Sie sagte: »Der Bür-

germeister der Demokratischen Partei hat einen kleinen Lastwagen auf die Gasse kommen lassen. Da läßt er Milchpulver und amerikanischen Käse an die Menschen verteilen. Ich bin hingegangen, habe meinen Topf hingehalten, sie haben den Topf mit Milchpulver vollgemacht, dann habe ich den Topf vor ihren Augen auf die Gasse umgekippt, dann habe ich die Gassenhunde gerufen: kuçu kuçu kuçu kuçu kuçu karabaş, karabaş« (schwarzer Kopf). Jedem besitzerlosen und besitzlosen Hund gab man diesen Namen. »Karabaş' sind gekommen, haben einmal am Milchpulver gerochen, zweimal gerochen, dann sind sie weggegangen. Ich habe gesagt: 'Herr Bürgermeister, sie sehen mit ihren eigenen Augen, die hungrigen Gassenhunde wollen ihr Milchpulver nicht essen.' Aber alle, die da standen, ließen ihre Töpfe vollmachen.« Die anderen Frauen sagten: »Wir haben gehört, es gibt manchmal Würmer in amerikanischem Käse, Sıdıka Hanım.«

Sıdıka sagte: »Sie werden noch die Mütter dieser Menschen in ihrem Grabe zum Weinen bringen.« Die Frauen sagten: »Die Füße dieses Landes sind von ihrem Boden weggeflogen, wohin?, wer weiß.« Eine Weile nickten diese fünf Frauen und schauten auf die auf ihren Knien sitzende Sonne und sahen so aus wie der Hodscha, als er in der Kleinstadt-Moschee im Koranunterricht auf den Boden geschaut hatte, als ob er dort ein auf seinen Rücken gefallenes Tier sah, das sich nicht retten konnte. Meine Mutter kam, alle Frauen sagten: »Fatma Hanım ist gekommen.« Meine Mutter fragte Sıdıka: »Wie geht es Ihnen?« Sıdıka sagte kein »Gut.« Sie sagte: »İç güveysinden hallice«, und das bedeutete, mir geht es ein bißchen besser als einem Schwiegersohn, der bei seinen Schwiegereltern wohnen muß. Dann fingen die anderen Frauen auch an:

»Sıdıka Hanım, wie geht es deiner Mutter?«
»Sıdıka Hanım, wie geht es deiner Schwester?«
»Sıdıka Hanım, wie geht es deiner Republikanischen Volkspartei?«
Also, Sıdıka hatte keinen Mann. Sie hatte Mutter, Schwester und die Volkspartei. Auf die Frage, wie geht es deiner Volkspartei, antwortete sie wieder mit: »Ihr geht es ein bißchen besser als einem Schwiegersohn, der bei seinen Schwiegereltern wohnen muß.« Der Abend kam, die Frauen gingen miteinander sprechend raus. »Was hast du heute gekocht, was hast du heute gekocht, was hast du heute gekocht?« »O weh«, sagten sie, »heute haben wir wieder den Abend herangezogen, jetzt werden wir von unseren Männern Wörter hören.« Manche Frauen gingen die steile Gasse hoch, manche runter, sie riefen ihre Katzen und Kinder: »Kommt mit.« Die Katzen gingen hinter ihnen her in die Häuser, die Kinder blieben noch in der steilen Gasse. Aus den Häusern kamen Wasser- und Holzlatschengeräusche, die den Steinboden klopften. Großmutter sagte: »Jetzt waschen sie sich für ihr Abend-Namaz-Gebet.« Ich sagte: »Den Nachmittags-Namaz haben sie verpaßt.« Großmutter sagte: »Jetzt werden sie beide Namaz-Gebete zusammen machen, komm, Schwester, wir machen auch mit Abend-Namaz.« Wir saßen in unserem sehr großen Zimmer auf zwei Gebetsteppichen. Ich sah beim Namaz durch die großen Fenster, daß auch unsere Nachbarinnen sich bükken, hochheben, Namaz machen. In dem Moment war diese neue Gasse für mich wie eine sehr große Moschee. Ich merkte, daß meine Gebetsbewegungen die Bewegungen der Nachbarinnen, die ich aus dem Fenster sah, nachmachten. Wenn die Gebetsbewegungen wie in einer Moschee zusammenpaßten, dann guckte ich nicht mehr auf die Bewegungen der anderen. Ich hatte sie in

meinem Körper, ich sah nur mich und meinen Gebetsteppich, die Gebetswörter kamen zusammen aus meinem und Großmutters Mund halblaut heraus, trafen sich zusammen in der Luft und setzten sich wieder zusammen auf den Gebetsteppich. Die Abendschatten setzten sich auf die Tücher dieses Zimmers und an die Wände, sie bewegten sich so langsam, daß ich wußte, ich habe viel Zeit, mit Allah langsam und geduldig zu reden. Als Namaz zu Ende ging, faltete ich mein Namaz-Kopftuch und den Gebetsteppich mit Rosenkranz wieder gleichzeitig mit unseren Nachbarinnen, die ich weiter durch das Fenster sah. Sie hatten sehr schläfrige und leichte Bewegungen, nur in diesem Moment trugen ihre Körper und Köpfe, die viel Kummer hatten, eine beruhigte Welt. Bald werden die Männer kommen. Wenn die Haustüre auf- und zuschnappt, werden sie denken, Allah sei Dank, er ist auch heute nach Hause gekommen, er lebt. Jetzt kann das ganze Haus anfangen, neu zu leben. Die Männer kamen von der Arbeit, sagten zu ihren Kindern: »Mein Sohn, komm nach Hause, meine Tochter komm nach Hause.« Die Kinder spielten weiter in der Gasse. Die Männer, die sich jetzt in der Gasse trafen, fragten sich wie ihre Frauen:
»Wie geht es Ihnen, Osman Bey?«
»Allah sei Dank, gut.«
»Wie geht es Ihnen, Rıdvan Bey?«
»Allah sei Dank, gut.«
Es war ein Unterschied zwischen Männern und Frauen. Die Männer fragten nicht nach Frau, Mutter, Schwester, Kindern, sie fragten nur, wie geht es Ihren Kleinen und Großen. Die Antwort war dann: »Gut, die Kleinen küssen Ihre Hand, die Großen küssen Ihre Augen.«
In dieser Gasse fühlte ich mich unter Sternen. Unter den Sternen war ein offener Platz, die Menschen, die in Grup-

pen in Zelten am Feuer lebten, jeder Mensch, jedes Tier, konnte in diese Zelte rein- und rausgehen, sich mal an einem Feuer wärmen, seinen Bauch satt machen, mal an einem anderen Feuer stundenlang sitzen und mit einem Stock ab und zu mal das Feuer umdrehen. Man konnte aus ihren frei dort sitzenden Körpern ihre Gefühle sehen, sich mit ihnen bewegen. Der Schnee wird kommen und sich leise zwischen das Leben dieser Menschen setzen. Mutter sagte: »Wohin bist du abgesunken? Sind deine Schiffe am Schwarzen Meer gesunken, Kapitän?« Ich fragte Mutter, warum die Nachbarin geantwortet hatte, als die andere Nachbarin gefragt hatte, wie es ihrem Mann ginge:
»Gut, er bringt jeden Tag seinen Schwanz auf den Straßen spazieren.«
Mutter sagte: »Was weiß ich, vielleicht weil ihr Mann Polizist ist.«
Ich fragte Mutter: »Warum geht es der Sıdıka ein bißchen besser als einem Schwiegersohn, der bei seinen Schwiegereltern leben muß?« Sie sagte: »Ich weiß es nicht, so sagt man, das ist normal. Sıdıka Hanım ist Witwe.« Großmutter fragte: »Ist ihr Mann gestorben?«
»An Tuberkulose. 23 Jahre alt, ein sehr junger Leutnant.«
Mutter sagte: »Diese Sıdıka Hanım hat eine sehr süße Zunge, sie bringt alle zum Lachen wie der heilige Karagöz.« Großmutter sagte:
»Was hat der Mensch
sein Fleisch kann man nicht essen
seine Haut kann man nicht anziehen
er hat nichts als eine süße Zunge.«
Ich hatte einen neuen Toten zum Beten, der junge Leutnant, der 23 Jahre alt gewesen war, als er an Tuberkulose starb, der Ehemann von Frau Sıdıka, der es ein bißchen besserging als einem Schwiegersohn, der bei seinen Schwiegereltern leben muß.

Ich sah, daß man dieses »Nasılsınız iyiyiz – Allah sei Dank, wie geht es Ihnen?« nicht nur sagte, wenn man zu Besuch gekommen war. Eine Frau geht Gemüse kaufen – es fängt an. Am Fenster oder vor der Türe stehende Frauen fragen: »O, Maşallah, wie geht es Ihnen?« »Mir geht es gut, Allah sei Dank, wie geht es Ihnen?« Bis zum Gemüsehändler kriegte man von vielen Fenstern, von vielen Frauen diese Fragen, und wenn man in den Gemüseladen gekommen war, fragte der Gemüsehändler auch: »Wie geht es Ihnen?« »Allah sei Dank, gut! Ein Kilo Auberginen.« »Wie geht es den Kindern?« »Gut, Allah sei Dank, sie wachsen, sich gegenseitig schlagend, und küssen Ihre Hand, ein Kilo Tomaten.« Ich verspätete mich sehr oft wegen der Frauen, die ich beim In-die-Schule-Gehen am Fenster sah. »O, Maşallah, meine Tochter, gehst du in die Schule?«
»Wie geht es deiner Mutter?« – »Gut.«
»Wie geht es deinem Vater?« – »Gut.«
»Wie geht es deiner Großmutter?« – »Gut.«
»Wie geht es deinen Geschwistern?« – »Gut.«
Ich gab allen Antwort. Zwischen meinen Beinen die Katzen und Hunde und kleinen Kinder der Gasse, kam ich, allen Frauen an den Fenstern »Gut« antwortend, bis zur Hauptstraße. Da hörte das »Wie geht es Dir? – Gut« auf. Da fuhren die Busse vorbei. Großmutter sagte, wenn ich nicht zu spät zur Schule kommen wolle, solle ich nicht auf die Fenster schauen. Sie sagte: »Schau auf die Erde und lauf wie ein junger Hund weg von der Gasse zur Straße.« Ich liebte aber diese Frauen, die ich am Fenster sah, die mich immer fragten, wie es meiner Mutter ging. Meine Mutter war eine Freundin von ihnen, sie trafen sich jeden Tag, die Männer gingen zur Arbeit, die Frauen riefen sich aus dem Fenster zu: »Fatma Hanım, heute bin ich an der Reihe, heute ist mein Tag.« Jede Frau hatte

einen Tag, an diesem Tag kamen die anderen Frauen zu ihr zu Besuch, so war meine Mutter immer weg. Sie ging, um sich zu lüften, zu ihren Freundinnen, ich ging unter die Brücken zu den Jungen, Großmutter ging die Toten suchen. Als wir am Abend am Tisch saßen, waren wir alle gelüftete Frauen.
Wenn meine Mutter ihren Tag hatte, schickte sie mich zum alten Bazar, um von der Keksfabrik Kekse zu kaufen. Mit einem Papiergeld, das wie ein alter Strumpf stank. Es war öfter ein Liebesgedicht darauf geschrieben oder Heiratswünsche. Die Fabrik roch warm und süßlich, die da drin arbeitenden Männer rochen mehlig und warm, und diese Keksfabrik war sehr nahe der engen Gasse, wo die bucklige Hure und die alte Hure Fatma wohnten. Ich schaute jedesmal da rein, aber es war schwer, Fatma und die bucklige Hure zu sehen. Die verrückte Ayten kam jeden Tag zu unserer steilen Gasse, immer mit ihrer kaputten Trommel am Hals. Ihre großen Steine hatte sie zwischen ihren Busen gesteckt und ging barfuß,
dom dom da dum dam,
trın trın trın trın.
Ayten koooommmmt.
Sie machte uns verrückt, dafür machte sie alles, rollte mit ihren Augen, drehte ihre Hände über ihrem Kopf, pinkelte beim Gehen. Wenn auch die Kinder verrückt gemacht waren und nur noch an Ayten dachten, nur hinter ihr herliefen, dann warf die verrückte Ayten die Steine. Die Kinder warfen sich auf die Erde. Wenn ihre Steine alle waren, lief Ayten wie eine verheiratete Frau, die jetzt einkaufen geht. Einmal ging sie in unsere alte seelenlose Gasse rein, da kam ein Mann von der Gasse. Ayten lächelte, zeigte mit der Hand auf ihren Mund und sagte: »Gib Zigarette!« Der Mann lächelte fein, steckte seine lin-

ke Hand in seine innere Jackentasche, wahrscheinlich um sein Zigarettenetui herauszuholen. Da holte er es auch raus. In diesem Moment faßte die verrückte Ayten sein Ding und streckte ihren Mund zu ihm und sagte: »Laß mich dich einmal küssen.« Der Mann zog seine Beine an wie ein Hund, der gerade gepinkelt hatte, und lief weg. Ich sah auch die verrückte Saniye von unserer steilen Gasse zu ihrer seelenlosen Gasse laufen, sie hatte Käse oder etwas anderes gekauft, aber sie streckte ihre Hand nicht über ihren Kopf, um zu zeigen, was sie gekauft hatte. Das machte sie nur in der seelenlosen Gasse, wo die Reichen wohnten. Hier in unserer steilen Gasse wohnten der Polizist, die Messerhandwerker, eine junge hinkende Hure, Witwen, die Männer, die in den Seidenwebereien arbeiteten, ein Journalist, dem es auch schlechtging, weil er ein Kommunist war und seine Zeitung war auch Kommunist, und die machten die Demokratischen Parteileute immer zu.
Tante Sıdıka, der es ein bißchen besserging als einem Schwiegersohn, der bei seinen Schwiegereltern leben muß, kam jeden Tag aus der Hauptstraße, wo die Busse fuhren, mit einer Zeitung die steile Gasse runter. Ihr Zeigefinger machte in diese Zeitung ein Loch, die Zeitung war offen, sie steckte in dieses Loch ihren Zeigefinger, trug die Zeitung, die sie gelocht hatte, über ihrem Kopf und spazierte auf unserer steilen Gasse und in der seelenlosen Gasse rauf und runter. Wenn sie an unserem Holzhaus vorbeilief, rief sie: »Fatma Hanım.« Meine Mutter ging zum Fenster, Sıdıka zeigte die Zeitung, indem sie die Zeitung um ihren Finger über ihrem Kopf kurz drehte und lachte. Mutter lachte auch sehr. Sie sagte: »Sıdıka bohrt jeden Tag ein Loch in die Zeitung, wo das Bild von dem Ministerpräsidenten der Demokratischen Partei abgedruckt ist, und genau an seinem Kopf macht sie das

Loch.« Sie machte das auch vor dem Bürgermeister, der da um die Ecke der Gasse den Leuten amerikanisches Milchpulver und gelben Käse verteilte.
»Siehst du, Fatma Hanım«, sagte die Sıdıka, »siehst du den Bürgermeister? Er verkleidet sich genauso wie der Ministerpräsident von seiner Demokratischen Partei, und der Präsident verkleidet sich wie die Amerikaner.« Ich wußte nur, daß die Demokratische Partei an der Regierung saß, und es gab noch eine Partei, die Republikanische Volkspartei, die nicht an der Regierung saß. Diese Partei war von Atatürk gegründet worden. Sıdıka sagte: »Die Demokratische Partei hat das Land, ohne unsere Mütter zu fragen, Amerika in einer Nacht als Nutte serviert, auf dem Tablett.«
Man sagte: »Kapital fließt und tropft auch in die Taschen kleiner Männer, und sie wählen alle Demokratische Partei. Sie sagen, wir wählen diese Partei, weil die Republikanische Volkspartei uns im Zweiten Weltkrieg unseren Tee ohne Zucker trinken ließ.« Der Zucker war schuld, daß die Republikanische Volkspartei aus den Augen der Tee-mit-Zucker-Trinker runtergefallen war. Sıdıka sagte: »Die Demokraten haben uns unter einem amerikanischen Schuldenberg begraben. Man sagt, wer ein Minarett klaut, soll vorher auch sein Kleid nähen, um es zu verstecken. Die Demokraten haben das Minarett geklaut, aber sie haben kein Kleid zum Zudecken.« Sie sagte: »Kinder, eure Ärsche bereithalten, es wird alles von Amerika gefickt.« Sie ging auch manchmal auf unserer steilen Gasse, ein Finger in der gelochten Zeitung, und machte mit dem anderen Finger ihren Arsch zu.
Die verrückte Saniye ging jeden Tag vorbei.
Die verrückte Ayten kam jeden Tag vorbei.
Die Sıdıka ging jeden Tag mit dem gelöcherten Demokratische Parteichef-Kopfbild vorbei.

Es gab noch drei andere verrückte Frauen in unserer steilen Gasse, die nicht vorbeikamen und -gingen, sie blieben in ihren Häusern. Zwei wohnten neben uns, zwei Schwestern. Sie waren so weiß, so weiß, ihre Kissentücher waren auch weiß. Sie saßen immer am Fenster, man sagte: »Eine von diesen Schwestern ist verrückt, die andere ist nicht verrückt, aber weil eine verrückt ist, ist die andere auch verrückt.« Die, die verrückt war, ging, wenn ihre Schwester nicht da war, raus zur Polizei und sagte: »Ich bin schuldig, ich habe gemordet, geklaut. Ich bin schuldig, daß es der Welt so schlimm geht. Verhaften Sie mich«, und sie wollte Handschellen. Deswegen mußte die andere Schwester bei ihr bleiben, damit sie nicht wegläuft. Sie schauten zur Straße, und wenn ich da stand und sie anschaute, bewegten sie sich nicht aus ihren Kissen, als ob ihre Gesichter auf ihre Kissen genähte Stoffe wären. Aber irgendwann fingen sie an, sich etwas zu bewegen, wenn ich da stand und auf sie schaute. Oder, wenn ich von einem warmen, rauchenden Brot etwas essend, bei ihnen vorbeilief, hoben sie sich etwas von ihrem Platz. Ihre Vorhänge bewegten sich auch etwas, ihre Körper bewegten sich etwas, ich dachte ich bin ein kleiner Wind, ihr Wind.
Die andere verrückte Frau war die verrückte Muazzez. Das Fenster, hinter dem sie saß, war mit Eisenstangen vergittert. Muazzez stand da am Fenster und schimpfte ständig laut zur Gasse. Wenn Männer vorbeikamen, schimpfte sie:
»Ich werde euern Schwanz zerreißen und an eure Stirne nähen.
Eure Schwänze sollen auf euern Kopf fallen,
legt eure Schwänze ins Moscheewandloch.
Die Läuse sollen auf ihre Schwänze fallen.«
Die verrückte Muazzez hatte nur einen Vater, den sah

ich immer an der Hauptstraße hin- und herlaufen, er hatte eine Mütze. Dann kam eine vierte verrückte Frau. Sie war keine laufende oder zu Hause sitzende Verrückte. Sie war Wäscherin. Die Frau Naciye. Sie kam auch zu uns, um Wäsche zu waschen. Mutter und sie kochten Wasser, sie hockte auf dem Boden vor einer großen Blechschüssel und erzählte, was sie als erstes machen würde. »Fatma Hanım, als erstes werde ich die weiße Wäsche und die farbige Wäsche trennen, dann werde ich die Weiße schon ins Wasser legen. Wenn ich die weiße Wäsche ins Wasser gelegt habe, werde ich kochendes Wasser in eine Schüssel reintun, dann werde ich da arabische Seife reintun, dann werde ich die weiße Wäsche da rein tun, dann, Fatma Hanım, werde ich die farbige Wäsche ins Wasser legen, und wenn sie weich geworden ist, werde ich das Wasser wechseln, dann werde ich die weiße Wäsche waschen, dann werde ich sie auf die Seite legen.« Wenn sie mit Erzählen dessen fertig war, was sie alles machen würde, setzte sie sich auf einen Stuhl, sagte: »Fatma Hanım, weißt du, ich mache einen Film. Ich spiele mit dem Zeki Müren in einem Film. Zeki kommt und rettet mich, ich sage ihm: 'Zeki, mein Liebling', im Film natürlich, 'ich kenne dich, ich kenne deine Mutter'.« Die Wäsche hörte ihr zu, meine Mutter hörte ihr zu, das kochende Wasser hörte ihr zu.

Dieser Zeki Müren war ein sehr berühmter Sänger, man sagte: »Er ist anders, er hat sich sogar in Japan einen künstlichen Arsch bauen lassen.« Wenn Zeki nach Bursa zum Singen kam, kippten unsere Frauen aus der steilen Gasse und von ganz Bursa um, in Richtung Casino zur Nachmittagsmatinee. Zeki wechselte für jedes Lied sein neues, glänzendes Kleid und warf sich auf die Bühne und schrie: »Meine Mütter, meine Schwestern, hier bin ich. Iß mich, friß mich, beiß mich. Habt ihr jemals so

einen Süßen gesehen wie mich?« Alle Frauen schrien, weinten, küßten Zeki und gingen aus dem Casino raus, ihre Würmer richtig ausgeschüttelt, zu ihren Gassen. Und die schönen Mädchen aus Bursa waren verrückt, so sagte man, nach den Offiziersschülern, die in Bursa in einem Internat wohnten. Diese jungen Offiziersschüler machten sehr oft Paraden auf der Hauptstraße. Die jungen Offiziere marschierten mit Musikern am Nachmittag, wenn die Männer bei der Arbeit waren. Eine Frauenstimme schrie: »Die Militärband kommt!« Die Frauen gingen hin, die Kinder machten Offiziere nach und gingen hin. Alle sammelten sich an der Hauptstraße. Wenn jetzt ein Feuer in die Häuser kommen würde, hätte es keine Frauen zum Verbrennen gefunden. Meine Mutter sagte: »Unsere Familie liebt keine Uniformmänner«, weil mein Großvater als Schmuggler in den Bergen gegen die uniformtragenden Männer war. Aber sie ging mit den anderen Frauen mit zur Hauptstraße. Die Offiziersschüler liefen im Tempo der Musik.
tıst tat tıst tat tıst tat tätärä
tätärä tätärä
tıst tat tıst tat tıst tat tätärä
tätärä tätärä
tıst tat tıst tat tıst tat tıst tat tätärä
tätärä tätärä.
tıst tat tıst tat
tıst tat
tätärä
tätärä.
Ihre Kleider sahen so aus, als ob man sie aus den Körpern der toten Offiziere rausgezogen, gewaschen, gebügelt und den lebenden Offiziersschülern angezogen hätte. Dann sind viele Schneider gekommen und haben die Kleider an diesen Offiziersschülern mit Stecknadeln

neu gesteckt, und die Nadeln steckten noch in diesen Kostümen, und deswegen durfte man sie nicht anfassen, Nadel sticht. Die jungen Frauen sah ich dort mit ihrem sehr eng geschnürten Gürtel, daß ihr festes Fleisch an ihren Hüften zuckte. Sie waren Fleisch, Stoff und Augen. Man sagte, daß einmal eine Frau ihren Rock anzuziehen vergessen hatte, als sie mit der ganzen Straße die Parade schauen kam.
Sıdıka-Tante, meine Mutter und ich standen hinter diesen jungen Mädchen, Sıdıka-Tante dirigierte mit der Musik der Militärband hinter den Mädchen mit dem zukkenden Fleisch. Sie sagte:
»Fatma Hanım, tıst tat tıst tat tätärä
die Schachteln fliegen tätärä
tätärä, die Schachteln brennen tätärä,
ach, wenn nur eine Feuerwehr in der Nähe wäre,
tätärä tätärä, Fatma Hanım
brennt, brennt tıst tat tıst tat
schon verbrannt tätärä.«
An den Abenden nach dieser vorbeimarschierenden Militärband gingen plötzlich sehr viele junge Männer auf dieser Hauptstraße spazieren. Tagsüber trug die Straße die Offiziere, abends trug der Bürgersteig die jungen Männer in Ziviljacken und -hosen. Man nannte es Promenade, sich am Markt zeigen. Die jungen Männer gingen Arm in Arm auf einer Seite des Bürgersteigs, auf der anderen Bürgersteigseite gingen Väter, Mütter, Töchter, Kinder spazieren. Die Männer behielten ihre Frauen im Auge, die Frauen behielten ihre Töchter im Auge, die Kinder dieser Frauen behielten ihre älteren Schwestern im Auge, die jungen Männer auf der anderen Seite des Bürgersteigs sahen so aus, als ob sie nur ihre Richtung im Auge behielten. Ich lief einmal auf dem Bürgersteig, auf dem die jungen Männer spazierten, und ich lief nicht

hinter ihnen her, ich kam ihnen entgegen, so viele Stoffe, Schuhe, Schnurrbärte liefen in schönem Abendwind und sahen so aus, als ob sie die Sterne anschauten. Ich schaute auch die Sterne, in dem Moment bückte sich vor mir ein Mann, sein Atem kam in mein Ohr, er sagte: »Meine Seele, ich leck dich.« Dann lief er mit seiner Gruppe Arm in Arm weiter. Als ich zu unserem Holzhaus kam, fragte Großmutter mich: »Ist ein Hund hinter dir hergelaufen? Trink ein Glas Wasser.« Ich trank ein Glas Wasser.
Unsere Nachbarinnen sagten: »In Bursa wachsen die Verrückten an den Bäumen.« Der Polizistnachbar hatte drei Töchter, sie sagten: »Wir gehen zu unserem Verrückten.« Ich ging mit, zu einem leeren Grundstück, dort saß ein sehr alter Mann, er hockte da, wir hockten um ihn rum, er nahm sein Pipi in seine Hand, so ein Stück Fleisch, zog daran und sagte: »Das heißt die WARE.« Und er sagte, daß er mit seiner Ware mit seiner Frau etwas gemacht hatte. Die Mädchen fragten nicht, sie lachten ruhig und nickten mit ihren Köpfen, damit seine Erzählung weiterging. Er hatte keine Zähne in seinem Mund, seine Wörter zeigten sich kurz an seinem Mund und gingen wieder in seinen Mund rein. Er war klein. Wir sahen so aus wie fünf Kinder, die gerade gemeinsam auf eine leere Erde schissen. Wir vier Mädchen standen auf, er blieb noch da hocken, seine Wangen rot, und sagte: »Ich bin immer hier, ihr findet mich hier.« Wir sagten als Chor: »Wir werden wiederkommen.« Er saß da und sah so aus wie ein alter Bettler, der an eine Tür geklopft hatte. Die Leute haben ihm eine Schüssel heiße Milch mit Brotstücken drin gegeben, er saß da vor dem Haus auf einem Stein, lächelte, nahm sehr langsam einen Löffel Milch und Brot aus der Schüssel, bringt es in den Mund, schaut in die Sonne, lächelt, schaut auf die Erde,

die Ameisen sammeln sich vor ihm, er dreht langsam den Löffel in der Milchschüssel, schaut auf die dünnen Beine eines Esels, der dort vorbeigeht, er schaut auf die Erde, auf hin- und hergehende kleine Tiere, auf fliegende Fliegen, der Tag hat ihm auch heute sein Kismet reichlich gegeben. Er läßt die Schüssel stehen, um auch die Tiere davon essen zu lassen.
Der Alte hatte zu seinem Ding gesagt:
Die Ware – Hab und Gut. Ich sah auch immer die Ware von meinen Brüdern und ab und zu mal von meinem Vater. Mein Vater sagte dazu ein anderes Wort: çük. Er lief im Zimmer, und aus seinem Unterhosenschlitz kam sein Çük raus und spazierte mit ihm mit, wie ein aus dem Fenster schauendes, seltenes Tier. Ich lachte, Vater lachte. »Warum lachst du, meine Tochter? Lachst du über den Çük von deinem Vater, das Vermögen der Helden liegt offen.« Es gab noch viele Namen für die Ware und Çük.
Malafat.
Alat.
Babafingo.
Bombili.
Kereste.
Maslahat.
Matrakuka.
Saksafon.
Zurna.
Baba Torik.
Zeker.
Zekeriya.
Vites.
Pantolonbalığı (Hosenfisch).
Similya.
Görke.

Böllük.
Issızı.
Zu den Hoden sagten sie
Taşak.
Gargor und
Incir dolması (gefüllte Feige).
Für das Frauenorgan gab es nicht viele Namen. Es hieß Am, und Schachtel nannte man es, und wenn man über jemanden sagen wollte, daß er töricht redet, sagte man: Amcıkağız (Mösenmund).
Der echte Name von Schwanz war Sik. Den benutzten die Leute, wenn sie schimpften. Im Wörterbuch stand er als Sik, aber neben ihm stand eine Notiz: »sehr peinlich.«
Meine Mutter sagte zu mir auch sehr oft, wenn ich zuviel redete: »Fick nicht meine Ohren« (Kulağımı sikme). Mein Vater sagte zu mir, wenn ich viel redete: »Meine Tochter, du hast meinen Kopf gebügelt, bügele nicht meinen Kopf.« Wenn eine Nachbarin etwas länger zu erzählen hatte, sagte sie vorher: »Fatma Hanım, heute bin ich gekommen, ihren Kopf zu bügeln.«
Einmal, in der Schule im Englischunterricht, mußte ein Mädchen einen englischen Satz lesen: »I am sick.« Sie sagte: »I am si.«
Die Lehrerin sagte: »Sag: I am sick!«
Das Mädchen sagte: »I am sak.«
Die Lehrerin sagte: »Sag: sick, sonst gebe ich dir eine Null als Note.«
Das Mädchen sagte nicht sik, die Lehrerin gab ihr eine große Null und sagte zu ihr: »Was schämst du dich denn, es gibt kiloweise sik bei euern Vätern und Brüdern.«
Ich erzählte es meiner Mutter, sie sagte, sie hätte von der Englischlehrerin keine Null gekriegt.
Das Mädchen, das von der Englischlehrerin eine Null gekriegt hatte, sagte mir, ihr Vater hatte gesagt: »Ich

werde die Sippe dieser Englischlehrerin glattficken.« Ich lief mit diesem Mädchen nach der Schule manchmal zusammen die Straße runter, ich fragte sie, wo sie wohnt. Ich wollte sehen, wie ihr Vater war, wie dieser Mann aussah, der die Sippe der Englischlehrerin glattficken würde. In unserem Englischbuch gab es eine Familie, Mrs. und Mr. Brown, ihre Kinder Mary and John. Ich verstand, daß sie ein Auto hatten und Picknick machen wollten, aber dann verstand ich nicht mehr viel. Ich ging zum Grab der heiligen Männer Karagöz und Hacivat und betete und verlangte von ihnen, daß ich in einer Nacht plötzlich im Schlaf gut Englisch lernte und, wenn ich wach war, plötzlich englisch könnte. Ich sagte am Grab: »Wenn ich in einer Nacht Englisch im Schlaf lernen werde, werde ich euch zehn Kerzen bringen«, und ich schlief an solchen Tagen immer mit der Hoffnung früher als normal ein. Morgens war ich wach und konnte kein Englisch. Ich fragte Mutter, ob sie Englisch kann. Sie sagte: »Yes. No. Okay. Sik.« Ich dachte, wenn die Englischlehrerin ihre Beine kaputtmacht und zu Hause bleibt, würden wir uns vor Englisch retten. Dafür betete ich zu Allah in meinen Namaz-Gebeten. Einmal hörten wir, daß die Englischlehrerin auf der Straße ausgerutscht und über ihrem einen Bein gesessen hatte, aber man sagte, eine Englischlehrerin hat nicht nur eine Seele, sondern neun Seelen, wie eine vielköpfige Schlange. Sie kam hinkend wieder in den Unterricht, und wir lernten, wie Mr. Brown und Mrs. Brown frühstückten. Sie aßen Eier und so weiter. Ich fragte das Mädchen, das nicht »I am Sik« sagen wollte, wo sie wohnte, sie zeigte mir ein sehr großes, schönes weißes Haus in einem Garten, mit grüngefärbten Fensterrahmen. Alle anderen Häuser hatten sich aus dem Staub gemacht und diesem großen Haus Platz gemacht. Wir standen vor diesem Haus, das

Mädchen sagte mir: »Geh jetzt, ich geh jetzt rein.« Ich ging weg. Jedesmal, wenn wir vor diesem weißen, großen Haus standen, sagte sie zu mir: »Geh jetzt, ich gehe jetzt rein.« Ich fragte: »Ist dein Vater zu Hause?« »Nein«, sagte sie, »mein Vater kommt nach Hause, wenn die Dunkelheit kommt.«
Ich weiß nicht, warum, ich lief immer schnell weg, und mir schwitzte mein Rücken. Eines Tages sagte ich ihr, sie sollte erst ins Haus reingehen. Sie sagte, ich müßte gehen, ihre Mutter würde böse, wenn sie sähe, daß sie mit mir redete. Ich lief weg und versteckte mich, ich sah das Mädchen bis zu der Gartentür des weißen Hauses gehen, dann schaute sie links, rechts, es war kein Mensch auf der Straße, dann ging sie die Straße rechts hoch. Sie sah auch geschwitzt aus. Ich fragte meine Mutter, wem dieses große weiße Haus gehörte. Sie sagte: »Da wohnt die Mätresse eines Ministerpräsidenten der Demokratischen Partei.« Ich fragte Mutter, warum das Mädchen log, daß sie in diesem Haus wohnte. Mutter sagte: »Sie lügt und glaubt vielleicht selbst an ihre Lüge, mach du auch so, als ob du ihr glaubst, vielleicht ist sie arm. Vielleicht stinkt ihr Atem vor Armut, sie macht sich mit der Lüge satt.« Nach der Mittagspause roch ich an diesem lügenden Mädchen, an ihrem Atem. Ich wollte verstehen, ob sie arm ist. Ihr Atem roch kräftig nach Oliven. Ich sagte Mutter: »Ihr Atem riecht nach Oliven.« Mutter sagte: »Sie sind arm. Aber Allah sei Dank finden sie noch Oliven zum Essen.« Ich ging weiter mit dem Mädchen bis zu diesem weißen Haus, wir sagten zu uns Goodbye, goodbye. Ich lief weg, ohne hinterherzuschauen. Mutter sagte: »Das Geld der Reichen macht die Zunge der Armen müde.«
Oder sie sagte: »Das Geld der Reichen fickt die Mütter der Armen.« Es gab auch das Hausficken oder das In-

den-Mund-des-Hauses-Scheißen. Meine Mutter sagte das oft, wenn sie mit meinem Vater ins Kino gegangen war. Am nächsten Morgen sagte sie zu uns: »Ihr habt diese Nacht das Haus gefickt.« Meine Mutter und mein Vater gingen ins Kino, um Pürt Lankester und Ava Kartener zu sehen. Großmutter sagte: »Laß uns hinkendes Huhn spielen.« Sie band ihre Augen mit einem Handtuch zu, ihre eine Hand und ihren einen Fuß banden wir zusammen. Die Augen zugebunden, lief sie in unserem Lebensraum auf einem Bein hüpfend hinter uns her, sagte:
»Gıt gıt gıt gıdak
Bilibilibilibili
kücken kücken.«
Natürlich warfen wir sie wie einen Ball zwischen uns, und bald küßte sie den Boden. Da lag sie, schimpfte mit verbundenen Augen auf den Boden: »Es sollen euerm Vater die Augen blind werden.«
Der Polizistnachbar sagte an seinem Fenster wie ein Radioreporter: »Sie haben angefangen.« Ich und meine Brüder gingen die Treppen hoch, unsere 23 Katzen hinter uns, vor uns, gingen mit uns, das waren Katzen aus der Straße, meine Brüder und ich hatten aus der Straße zuerst drei, vier Katzen, mit denen wir auf unserer steilen Gasse sowieso immer zusammen spielten, nach Hause gebracht, die Katzen gewöhnten sich ans Holzhaus, wir versteckten sie zuerst in unseren Schulbuchschränken, die auf den Treppen an der Wand waren. Diese Katzen gebaren alle viele Kinder, und auf einmal hatten wir 23 Katzen. Meine Mutter hatte Allah-Angst, schwangere oder milchgebende Katzen auf die Straße zu schmeißen. So lebten sie im Holzhaus mit uns. Wir gingen mit unseren 23 Katzen die Treppen hoch, erst rannten wir in unsere Zimmer und Treppen. Wenn wir überall hin und her gerannt waren, schauten wir, ich und meine Brüder, uns

gegenseitig an und atmeten laut, dann nahm einer von uns ein oder zwei Katzen, die dem anderen gehörten, und rannten mit ihnen weg. Die Katzen schreien, wir schreien, Treppen knarren, und der Polizistnachbar, in Ruhe an seinem Fenster, sagt: »Jetzt haben sie die Tollwut.« Fensterscheiben gingen kaputt, Glühbirnen gingen kaputt, die Katzen ließen Kratzwege auf unseren Händen, dann schlugen wir uns mit Kissen auf die Köpfe, dann waren wir müde. Einer sagte: »Wir gehen nach Großmutter schauen.« Großmutter sagte: »Wenn ich wieder mit euch spiele, müßt ihr in meinen Mund spucken.« Noch ein bißchen später fragte sie uns: »Was soll ich euch heute nacht erzählen?« »Die Mutter vom Riesen, Großmutter.«

»Es war einmal, es war keinmal, in einem Land suchte ein junger Mann nach dem schönen Vogel Zümrütü Anka, um mit ihm zum Araratberg zu fliegen, dort wollte er einen heiligen Mann treffen, der auf die drei Fragen Antwort wußte, die der Sultan diesen jungen Mann gefragt hatte. Er kam auf dem Weg zum Vogel in das Haus eines Riesen. Die Riesenmutter saß da und schärfte ihre Zähne, der junge Mann nahm sofort die Brüste der Riesenmutter und saugte aus ihnen Milch. Die Riesenmutter sagte: 'Menschenkind, Menschenkind, ich hätte dich jetzt gegessen, aber du hast meine Milch getrunken, jetzt werden meine Söhne kommen und dich essen. Hier ist ein Kamm, ein Spiegel, lauf weg. Wenn meine Söhne in deine Nähe kommen, wirf den Kamm, dann den Spiegel.' Die Riesensöhne kamen, und die Mutter versteckte den Jungen unter ihren Beinen. Die Riesensöhne sagten: 'Mutter, hier riecht's nach Menschenfleisch.' Sie rochen mit ihrer Nase die Luft und kamen bis unter die Beine ihrer Mutter. Die Riesenmutter sagte: 'Lauf!' Der Junge lief weg, die Riesen hinter ihm her, der Junge schaute hinter sich und sah sie kommen, er warf den Kamm hinter sich, da setzten sich viele Berge hinter ihn, der Junge lief weiter, einmal drehte er sich um, und sah die Riesen wieder kommen. Er warf den Spiegel, da war dann ein ganz großes Meer. So blieben die Riesensöhne hinter dem Meer stehen. Der Junge kam zu einem Platz, da wartete auf ihn der Vogel Zümrütü Anka. Der Vogel Zümrütü Anka kriegte eine Zunge und sagte: 'Ich werde dich auf meinem Rücken zum Araratberg bringen, kaufe Fleisch und Wasser. Wenn ich oben im Himmel Gak sage, gibst du mir ein Stück Fleisch, wenn ich guk sage, gibst du mir Wasser.' Der junge Mann kaufte Fleisch und Wasser. Zümrütü Anka flog und sagte 'Gak', er gab ihm Fleisch, der Vogel sagte 'Guk', er gab ihm Wasser. Der Araratberg zeigte sich schon, der Vogel sagte 'Gak', der Junge guckte, es gab kein Fleisch mehr. Er schnitt von seinem Bein ein Stück Fleisch und gab es dem Vogel Zümrütü Anka. Als seine Füße die Erde faßten, sagte Zümrütü Anka: 'Lauf, du bist da.' Der Junge lief, aber hinkte. Der Vogel nahm aus seinem Mund das Stück Beinfleisch, das er unter seiner Zunge versteckt hatte, legte es dem Jungen auf das Bein und leckte es mit seiner Zunge und heilte das Bein.« Ich kannte das Märchen nur bis hierher, obwohl Großmutter das Riesenmuttermärchen immer bis zum Ende erzählte. Ich und meine Brüder sagten: »Noch mal, Großmutter«, und so erzählte die Großmutter das Märchen dreimal. Aber während sie erzählte, lief ich im Märchen immer rückwärts, bis zu der Tür, die Tür ging auf, der junge Mann kam rein, die Tür blieb offen, da saß eine Frau mit viel Fleisch an Bauch und Beinen, und bevor sie sprach, faßte der Junge ihre Brust und nahm sie in seinem Mund und saugte. Die Frau sagte: »Menschenkind, Menschenkind, ich hätte dich gegessen, aber du hast aus meiner Brust Milch getrunken.«

Am Morgen sagte unsere Mutter Fatma: »Çocuklar, Kinder, ihr habt das Haus gefickt. Ihr macht jetzt die Ehre des Hauses sauber, sonst schenke ich euch nicht beim Allah meine Milch, die ihr getrunken habt, als euer ehrlich erworbenes Gut.« Ich fegte das dreistöckige Holzhaus von oben bis unten, mein Bruder Ali ging mit einem Eimer Wasser und Lappen hoch und wischte das ganze Holzhaus und Holzboden, dann gingen wir zur Mutter und sagten: »Mutter, wir haben die Ehre des Hauses saubergemacht. Was machen wir jetzt?« Sie sagte: »Meine Milch, die ihr getrunken habt, schenke ich euch bei Allah als euer ehrlich erworbenes Gut.« Ich und Ali mußten sehr oft zusammen fegen und wischen, damit wir die Milch, die wir aus unserer Mutter Fatma getrunken hatten, als ehrlich erworbenes Gut bei Allah zurückerhielten. Mit Ali konnte ich sehr gut arbeiten. Er liebte nassen Holzgeruch und wischte lange, bis das ganze Holzhaus nach nassem Holz roch. Er sprach von der Arbeit wie die verrückte Wäscherin Naciye. Das Wasser lief aus dem Wasserhahn in den Eimer, schırr schırr schırr, Ali sagte: »Erst fängst du an, Schwesterchen, tamam mı« (einverstanden)?
»Tamam« (einverstanden), antwortete ich.
»Wenn du das große Zimmer gefegt hast, tamam mı?«
»Tamam«, antwortete ich.
»Und im Flur bist, fange ich in dem großen Zimmer an, den Holzboden zu wischen, tamam mı?«
»Tamam«, sagte ich.
»Wenn du auf den Treppen fegst, werde ich den Flur mit Wasser abwischen, tamam mı?«
»Tamam«, sagte ich.
»Den Eimer tragen wir zusammen, tamam mı?«
»Tamam«, sagte ich.
Wir trugen den Eimer zusammen hoch, und mit viel Ta-

mam mı machten wir das Holzhaus wieder sauber. Wenn Ali Tamam mı sagte, sagte ich immer Tamam. In den Nächten weckte mich Ali und sagte: »Wir stehen auf, ich muß pinkeln, du läufst vor mir, tamam mı?« »Tamam«, sagte ich. Manchmal sprangen die fremden Katzen aus dem Balkon zur Treppe, Ali sagte: »Hab keine Angst, tamam mı.« »Tamam«, sagte ich leise. Er pinkelte, ich wartete auf ihn und traf wie sehr oft auf eine wohnungslose Schnecke, die da auf dem Steinboden leise lief und nur ihre glänzenden Spuren hinterließ. Ich trat im Dunklen auf sie. Den nassen Speichel der Schnecke unter meinem Fuß, brachte ich die Schnecke, in der Hoffnung, daß sie weiterleben würde, wenn ich sie ins Gras legte, zur Straße. Es war die Zeit, in der die Nacht wie ein Stein schlief, aus den Minaretten kam noch kein Ezan-Gesang, das einzige Geräusch in dieser Zeit war vielleicht ein Blatt aus einem Baum, und das kam lautlos runter.
Jetzt schläft die verrückte Ayten, die Brücken stehen im Dunkeln, der heilige Berg steht wie ein im Sitzen schlafender Vogel, die Kohlen stehen draußen vorm Holzhaus der buckligen Hure im Dunkeln, kalt, die Grabsteine von Karagöz und Hacivat stehen mit so vielen gebrannten Kerzen im Dunkeln, die Minarette sind leer, sie lehnen ihre Köpfe zur Stein gewordenen Nacht. Der Mann mit Brille vom Hırthurt-Bazar schläft, Atatürks Statue und sein Pferd warten im Dunkeln, die verrückte Muazzez schläft, ihr Vater schläft, die verrückten Schwestern schlafen, das vergitterte Fenster steht leer, ihre weißen Kissen stehen am Fenster im Dunkeln, die verrückte Saniye schläft, die verrückte Wäscherin Naciye schläft, alle Musikinstrumente von der Offiziersschule stehen im Dunkeln in der Offiziersschule, die schönen Mädchen von Bursa schlafen, die Tante Sıdıka, der es ein bißchen besser geht als einem Schwiegersohn, der bei sei-

nen Schwiegereltern leben muß, schläft, die Zeitungen, auf denen die demokratischen Parteiminister gedruckt sind, stehen im Dunklen. Ich dachte: Auch die Seidenweber schlafen.
Ali fragte mich: »Bist du noch da, tamam mı?«, er kam und sah die sterbende, wohnungslose Schnecke über ein paar grünen Blättern, er sagte: »Sie ist nicht tot, tamam mı?« »Tamam«, sagte ich und ging mit ihm hoch, um weiterzuschlafen.
Einmal gab mir Ali Papiergeld, das meine Mutter ihm, um Zucker zu kaufen, gegeben hatte, und sagte: »Du kaufst ein Kilo Zucker, tamam mı?« Ich sagte: »Tamam« und ging zum Laden. Der Ladenmann sagte: »Zucker ist alle, meine Tochter.« Ich fragte ihn: »Wo kann ich hier Zucker kaufen?« Er zeigte mir Richtung Hauptstraße einen anderen Laden. Vor dem Laden sprach der Mann mit einer Frau und einem Mann, dieser Mann kam hinter mir her und sagte: »Sag mal, meine Tochter, bist du nicht die Tochter von dem Herrn ...?« »Mustafa«, sagte ich. »Ja«, sagte der Mann, »Dein Vater Mustafa ist mein Freund. Ich werde dir ein Kilo Zucker kaufen, gib mir deine 5 Lira. Du wartest auf mich hier.« Und er fragte mich wie Ali: »Tamam mı?« Ich sagte: »Tamam« und gab ihm die 5 Lira. Er ging. Ich wartete an der Straßenecke und wartete. Die Busse fuhren vorbei, die Leute aus den Bussen schauten auf die Leute, die auf der Straße liefen. Ich schaute ständig in die Richtung, in die der Freund meines Vaters weggegangen war. Er kam nicht. Ali fand mich beim Warten und sagte: »Der Mann war ein Taschendieb.« Ali erzählte meiner Mutter die Geschichte, als wäre er ich gewesen. Mutter umarmte ihn und sagte: »Mein Lamm, gut daß der Taschendieb nicht dich mitgenommen hat.« Sie schlug ihren Oberschenkel: »Was hätte ich gemacht, wenn der Mann dich mitgenommen hät-

te?« Und sie fing an zu weinen. Ich weinte mit und dachte auch, was hätte ich gemacht, wenn der Taschendieb meinen Bruder Ali mit den fünf Lira mitgenommen hätte und Ali nicht mehr zurückgekommen wäre. Ali sagte mir: »Weine nicht, weine nicht, tamam mı?« »Tamam«, sagte ich und weinte weiter.

Am Abend ging ich mit meiner Mutter und Großmutter zu den heiligen Grabsteinen von Sultans Bauarbeitern Karagöz und Hacivat, wir brachten viele weiße Kerzen und beteten vor ihren Grabsteinen, weil sie Ali vor diesem Taschendieb geschützt hatten. Die Kerzenlichter gingen mit leichtem Wind aus, wir gaben ihnen noch mal Feuer und kamen wieder nach Hause. Ali saß zu Hause und las Comic-Bücher, von denen jetzt so viele rauskamen. Das waren amerikanische Cowboy-Comics. Tom Mix. Er war ein junger Cowboy und Offizier, sein Freund war ein betrunkener Doktor, der in seiner Wasserflasche immer Cognac hatte. Es gab auch zwei Frauen, eine Frau saß immer auf einem Pferd und ging mit beiden mit, manchmal sogar allein. Sie hieß Jane Kalemiti. Es gab auch ein anderes Mädchen, sie hieß Sue, und sie wartete zu Hause auf ihren Verlobten Tom Mix und glaubte sehr oft, er sei von den Indianern getötet worden. Wenn Tom Mix wieder zurückkam, konnte sie erst nicht glauben, daß er lebte, dann glaubte sie es doch. Aber Tom Mix mußte mit seinem Pferd wieder weggehen. Ich sah die Ruinenbilder, die unendlichen Landschaften, in denen Jane Kalemiti oft allein ritt, und ich liebte Jane Kalemiti. Jane trug immer Männerkleider. Sue hatte Frauenkleider. Wir lasen diese Comics in unserem Atlasbuch, saßen da in dem Lebensraum vor den Augen meiner Mutter und lasen mit ernsten Gesichtern Tom Mix. Mutter kam einmal wie ein Adler auf mich los und schnappte die Tom Mix-Comics im Atlasbuch. Sie sagte: »Ich pinkele auf die Tom Mix«, und warf die Bücher in den Ofen. Die Bücher brannten, aber es gab so viele Tom Mix-Bücher. Die Jungs tauschten die Bücher unter sich, und jeden Abend kamen neue Tom-Mix in die Holzhäuser. Mutter weinte manchmal und kniete vor uns und sagte: »Meine Lämmchen, habe ich euch deswegen geboren, daß ihr die Soldaten von Tom Sik (anstatt Tom Mix sagte sie Tom Sik) werdet, nein, ich habe euch nicht für Tom Sik geboren. Warum geht ihr hinter dem menschenfleischfressenden Ketzerschattenspiel her? Sie sind blinde Vorhänge für eure Augen, bleibt hier bei mir, unter meinen Flügeln, das ist Gift«, sagte sie. Dann verfluchte sie ihre Mutter und sagte: »Mutter, warum hast du mich geboren, besser hättest du einen Stein geboren als mich, so wäre ich heute wenigstens nützlich zum Walnüsseknacken. Ah, mein Allah, nimm meine Seele, daß mein Auge nicht sieht, daß meine Lämmchen so verhaftet sind von schlechten Geistern.« Manchmal, um sie zu trösten, verbrannten wir selbst Tom Mix im Ofen, ein Blatt nach dem anderen. Großmutter fragte auch, ob wir keine Angst hätten, wenn diese schlechten Bilder in der Nacht lebendig würden und im ganzen Haus reiten würden? Großmutter sagte, daß wir, seitdem wir diese Bücher lasen, dünner geworden wären. Sie sagte, diese Ketzerschatten saugen an euch, sie kriegen dickes Leben, und ihr werdet dünner und dünner. Und sie sagte: »Ihr seid Soldaten des Teufels geworden, ihr sitzt mit dem Teufel Hand in Hand in den Wolken und knotet unser Kismet.« Wir sagten als Antwort: »Juppi, apatschi, komantschi.« Großmutter und Mutter holten die verrückte Saniye aus unserer alten seelenlosen Gasse. Sie sollte für uns Hexerei machen. Die verrückte Tante Saniye kam mit einem sehr großen Sieb aus sehr dünnem Draht und mit einer Blechtasse und Kelle und

Blei. Sie sagte: »Bismillâhirahmanirrahim.« Sie machte die Tasse mit sehr heißem Wasser voll, und mit der Kelle legte sie in dieses Wasser Blei. Das Blei änderte sich im Wasser, sie betete und spazierte mit dem Blei in dem Sieb über unseren Köpfen, dann vor unseren Herzen, dann hinter unserem Rücken, dann gab sie drei Tropfen Bleiwasser in Alis und meinen Mund. Wir tranken es. Mit dem Bleiwasser machte sie unsere Hände naß, die verrückte Saniye betete und pustete ihren Atem direkt in unser Gesicht. Ihr Atem roch so schwer. Ich und Ali wollten schlafen, und wir schliefen auch etwas ein. Mit einem Auge sah ich die drei Frauen weiterbeten. Ali sagte mir am nächsten Tag: »Wir bringen keine Tom Mix mehr nach Hause, tamam mı?« »Tamam«, sagte ich. Wir blätterten am Zeitungskiosk die Tom Mix schnell zu Ende, und Tom Mix kam nicht mehr ins Haus. Meine Mutter ließ von einer Schneiderin ein neues Kleid für die verrückte Saniye nähen. Die Tante Sıdıka kam wieder mit der gelöcherten Zeitung bei uns vorbei, sie lachte und sagte: »Ah, Fatma Hanım, dieser unheilige Tom Sik geht aus der Tür raus, und hopp, kommt er aus dem Schornstein wieder rein.« Mutter kaufte uns ein anderes Comic. Das war ein dickes Buch. Es hieß: »Der Blindensohn.« Dieser Comicroman begann in einem Palast von einem reichen Bey. Er hatte einen Knecht, der sehr viel von Pferden verstand, der Knecht mußte immer reiten und neue Pferde für diesen reichen Mann finden. Einmal brachte er ein sehr kleines und dünnes Pferd zum Palast und sagte seinem Bey, daß dieses Pferd eines Tages ein Wunderpferd sein würde. Der reiche Mann war sehr böse, sagte: »Dieser Pferdeknecht macht sich über mich lustig. Das Fleisch von diesem Pferd, das er mitgebracht hat, kann man nicht mal den Aasgeiern zum Fressen geben.« Und der reiche Bey ließ die beiden Augen des Pfer-

deknechts mit Feuerglut blind machen und schickte ihn blind auf dem dünnen, kleinen Pferd in sein Dorf zurück. Der blinde Mann kam in seinem Dorf an. Sein Sohn war ein kleiner Junge, als sein Vater blind mit einem armen Pferd zurückkam. Während er wuchs, wuchs das kleine Pferd auch. Der junge Mann kriegte einen Schnurrbart, und er schwor, Rache an dem reichen Bey zu nehmen. Das Pferd war ein fliegendes Pferd geworden. Der junge Mann küßte seines Vaters Hand und ging in die Berge, sammelte um sich viele junge Banditen. Und der AYVAZ, ein sehr schöner junger Mann, war sein Lieblingsbandit. Sie schworen alle dem reichen Bey Rache. Und der Sohn des Blinden dichtete in den Bergen:
»Sagen Sie einen Gruß dem Bey,
Man muß auf diese Berge steigen
und seinen Rücken an diese Berge lehnen,
von Pferdestimmen und Säbelgeräuschen
müssen die Berge sprechen: Hey hey hey.«
Der Blindensohn flog mit dem Pferd zum Palast des Bey und wollte ihn töten, aber er sah dort: Es kamen gerade aus Venedig Waffenhändler ins Türkenland, und sie verkauften diesem reichen Bey Waffen, die das Feuer aus dem Mund kotzten. Der Blindensohn sah es, kam zurück in die Berge und dichtete auf den Bergen:
»Die Schußwaffen sind erfunden
das Heldentum ist kaputt
die schiefen Säbel werden in Gürteln verrosten.«
Der Blindensohn dichtete jedes Mal ein neues Gedicht gegen den Bey, weil er ihn noch nicht töten konnte. Es gab auf seinem Weg zum Bey viele sehr schöne halbnackte Frauen, er liebte sie, sie liebten ihn, am Ende hatte er viele Gedichte und Frauen. Der Bey ließ seinen schönen Banditenfreund, den schönen Ayvaz, entführen, da töte-

te der Blindensohn den Bey, und der Tod kam auch zu ihm durch die Waffen der venezianischen Waffenhändler, die sie im Türkenland verkauft hatten. Das Pferd flog zurück in die Berge, und die Bauern sagten: »Der Blindensohn saß auf diesem fliegenden Pferd und lebt.« Ali sagte: »Der Blindensohn lebt, tamam mı?« »Tamam«, sagte ich. Wenn ich in der Nacht für die Toten betete, sagte ich nicht den Namen des Blindensohns, weil er lebte. Es war vielleicht siebenhundert Jahre her, aber er lebte. Für seinen schönen Banditenfreund, den schönen Ayvaz, betete ich. Tante Sıdıka, der es ein bißchen besserging als einem Schwiegersohn, der bei seinen Schwiegereltern leben muß, sagte zu meiner Mutter, sie habe sehr gute Freunde in einem Dorf in der Nähe, Ali und ich könnten zu dieser Familie fahren. Mutter setzte uns in einen Bus, in dem Bauern mit ihren Hühnern und Schafen und auch mit Truthähnen saßen, der Busfahrer schwor meiner Mutter: »Frau Fatma, ich soll den Tod meiner Kinder küssen, ich fahre vorsichtig und bringe deine Kinder gesund zu Herrn Mehmet Ali. Ich kenne ihn. Wir fahren, tamam mı?« fragte der Busfahrer. Die Bauern sagten: »Tamam.«

Wir fuhren ab, meine Mutter und Tante Sıdıka blieben stehen, der Bus erstieg einen Hügel nach dem anderen, und ich sah von ganz oben herab die Ebene von Bursa mit dem heiligen Berg. Wenn ich geschrien hätte, hätten mich die Flüsse und die da in ihm lebenden Tiere nicht mehr gehört. Die Schafe schissen runde schwarze Scheiße in den Bus, keiner schwitzte, es kam ein Wind in den Bus rein, alle Menschen schauten in Ruhe auf die Ebene. Unten, dort in Bursa, schwitzte jetzt in Staub und Sonne der Hırthurt-Bazar, die bucklige Hure rief vielleicht nach dem Kaffeelehrling: »Ein Kaffee, es soll viel Zukker drin sein.« Und die verrückte Ayten schlug in den

Straßen von Bursa auf ihrer Trommel, nahm aus ihrem Busen Steine, warf sie nach den Kindern und pinkelte beim Gehen. Ich setzte die verrückte Ayten und die bucklige Hure unten auf die Felder. Ayten und die bucklige Hure machten dieselben Bewegungen wie immer. Ayten sah ich in einer unendlich farbigen Ebene, wie eine Bäuerin, die auf die Vögel Steine warf, und die bucklige Hure dort machte auf der Erde ein kleines Feuer. Es war aber besser, wenn ich sie wieder zwischen Läusen, Brücken und schnurrbärtigen, vaterlos und mutterlos aussehenden Männern in schiefstehenden Holzhäusern ließ. Der Bus fuhr in einem Tunnel von Granatäpfeln. Die Granatäpfel stießen an die Busfenster und zogen sich zurück. Der Bus kam in einem Dorf an, das auf einem kleinen Berg stand. Da war der Mehmet Ali Bey, zu dem die Tante Sıdıka uns geschickt hatte. Mehmet Ali Bey nahm seine Mütze von seinem Kopf – er hatte einen Glatzkopf – und er begrüßte alle Bauern und den Busfahrer und sagte, Allah solle mit ihnen einverstanden sein, daß sie ihm mich und Ali gebracht hatten. Die Bauern sagten, Allah solle auch mit ihm einverstanden sein. Auch ihre Schafe blökten, der Bus fuhr und ließ uns in einem schwarzen Rauch stehen. Mehmet Ali Bey nahm uns aus dem Bus wie zwei Kürbisse und trug uns über den bergigen Weg zu einem Haus aus Stroh und Kuhscheiße. Er sagte uns: »Maşallah, ihr seid so groß wie die Esel.« Er hatte vier Kinder und eine Frau. Die Tante Müzeyyen. Die Tante Müzeyyen hatte eine Brille, die ihre Augen dreimal größer machte. Sie hatte so einen warmen Körper, ich wärmte mich zu dieser Abendzeit heimlich an ihr. Die ganze Familie schaute uns so an, als ob sie nicht wußte, wohin sie uns stellen sollte, über ihre Kissen oder über ihre Köpfe oder in ihre Arme. Wir gingen alle in ihre Gärten unter die Granatäpfel. Wir saßen alle da, Mehmet Ali Bey und seine Frau Müzeyyen fragten uns wie die Frauen in unserer steilen Gasse: »Nasılsınız« (wie geht es euch)? »Wie geht es eurer Mutter, Vater, Großmutter?« Wir sagten »Gut.« »Wie geht es Frau Sıdıka?« Ali sagte: »Gut.« Ich sagte: »Der geht's ein bißchen besser als einem Schwiegersohn, der bei seinen Schwiegereltern wohnen muß.« Mehmet Ali Bey und seine Frau Müzeyyen sagten: »Uns geht's wie dem Schwiegersohn.« Mit dem Abend zusammen kamen die Kühe und Schafe und Esel zu ihren Häusern zurück. Sie liefen an dem Garten vorbei, schauten uns an und sagten: »Muuuuh.« Mehmet Ali Bey sagte: »Die Kühe sind auch in der Demokratischen Partei, sie bellen, wenn sie mich sehen.« Er war von den Demokratischen Partei-Leuten in dieses Dorf verbannt worden, weil er in der republikanischen Volkspartei war. Er hatte sehr dünne Lippen, er lachte in sich hinein: »Hihihihihi.« Wenn ich dann die Augen zumachte und ihn nicht sah, dachte ich, eine Frau weint. Wie ein plötzlich aus dem Baum gefallener Granatapfel fragte er uns: »Sage mir, wie lange hat der Sultan Abdülhamit regiert.«

»32 Jahre.«
»Wer hat ihn gestürzt?«
»Die Jungtürken.«
»Wann?«
»1909.«
»Was haben die Jungtürken gemacht?«
»Die Freiheit gebracht, und sie haben versucht, das zerfallene Osmanische Reich wieder zu retten.«
»Mit wem waren sie im Ersten Weltkrieg?«
»Mit den Deutschen zusammen.«
»Gegen?«
»Gegen die Engländer, Franzosen, Russen.«
»Was ist Freiheit?«

Ich wußte es nicht. In den Geschichtsunterrichtsbüchern liebte ich die Gemälde von Sultanen und hatte Angst vor den Daten der Kriege usw., weil ich sie nicht richtig auswendig konnte. Mehr wußte ich nicht. Mehmet Ali Bey sagte zu seinem Sohn: »Bring dein Geschichtsbuch.« Er brachte das Buch. Mehmet Ali Bey blätterte in dem Buch, über dem Buch hockend, und drückte mit seiner rechten Hand auf seinen Bauch und furzte, furtfurtfurt auf die Blätter. Dann nahm er das Geschichtsbuch, lief vor unseren Nasen, das Buch kurz haltend, eine Runde, das Buch stank nach Mehmet Ali Beys Fürzen. Er sagte zum Geschichtsbuch: »Man spuckt einem schamlosen Mann ins Gesicht, der aber sagt: 'Oh, es regnet wieder.'«
Dann zeigte der Mehmet Ali Bey seine Nase und sagte: »Çocuklar (Kinder), was ist das?«
Keiner sagte etwas.
Weil ich vorhin nicht sagen konnte, was die Freiheit ist, hatte ich Angst vor der Antwort.
Ich sagte nichts.
Ich dachte, wenn ich antwortete und sagte: »Es ist Burun« (Nase), müßte ich auch beantworten, was die Freiheit ist.
Da aber der Mehmet Ali Bey auf eine Antwort wartete und dabei in seiner Nase bohrte, fing ich an, meine Finger zu zählen. Ich zählte elf Finger an meinen Händen, und um statt der elf wieder zehn Finger zu haben, fing ich von neuem an, die Finger zu zählen. Jetzt waren es zwölf. Ich schaute durch die Spitzen meiner Wimpern, was die anderen machten: Sie zählten auch irgend etwas.
Einer zählte seine Zähne, der andere zählte seine Pickel, Ali zog seine Hosenbeine lang, als ob seine Beine plötzlich länger geworden wären als seine Hose.
Nur Tante Müzeyyen lachte und sagte: »Aa, Mehmet Ali Bey, lauf nicht über die Kinder, erzähle!« Mehmet Ali

Bey zwickte seine Nase mit seinen Fingern, sprach durch die Nase und sagte: »Nınnnnnnn, es war einmal eine türkische Nase, diese Nase hieß Sultan Abdülhamit, und er regierte 32 Jahre lang. Man sagt, Sultan Nase war ein Despot. Er hatte Angst vor Aufständen. Weil er so viel Angst hatte und niemanden in seiner Nähe haben wollte, durfte sein Schneider auch nur aus der Entfernung Maß nehmen. So lief er nur mit schlechtsitzenden Anzügen herum.«
Als Mehmet Ali Bey das erzählte, zwickte er mit einer seiner Hände seine Nase, mit der anderen machte er seinen Gürtel auf und zog seine Hose etwas herunter. Ich sah seinen halben Popo, so lief er vor uns unter dem Granatapfelbaum hin und her und sagte:
»Man sagt, weil dieser Sultan eine große Nase hatte, hatte er das Wort Burun (Nase) zu sagen verboten. 32 Jahre lang durfte kein Türke Burun (Nase) sagen. Der Sultan Nase ließ viele Krimibücher aus dem Französischen übersetzen. Der Mann, der ihm diese Bücher vorlas, müßte hinter einem Vorhang sitzen, weil die Nase Angst hatte. Als der Sultan Nase einmal beim Krimizuhören eingeschlafen war, brachten die türkischen nationalistischen Offiziere, die Jung-Türken, die Freiheit.«
Als Mehmet Ali Bey »die Freiheit« sagte, ließ er seine Hose ganz runterfallen, und er lief zwischen uns, die Hose über seinen Füßen, unter dem Granatapfelbaum mit dem halbnackten Popo und nackten Beinen und sagte: »Wer wußte schon, was die Freiheit ist? Wer wollte sie, die Menschen? Wußten die Menschen, was die Freiheit ist?« Mehmet Ali Bey nahm aus seiner Hemdtasche ein Stück Seife, machte zuerst seine Hände mit der Erde schmutzig, goß aus einem Wasserkrug, der im Garten wartete, Wasser über seine Hände und wusch seine Hände mit dieser Seife. Beim Waschen sagte er: »Die Freiheit

war eine französische Seife, die die Türken, die vor dem Sultan Nase nach Frankreich abgehauen waren, mitbrachten. Sie wollten ihre etwas dunklen Hände mit französischer Seife weiß waschen. Ein Prinz, der damals gegen den Sultan Nase Aufstände plante – warum plante er es? –, war verliebt in England.« Als Mehmet Ali Bey »verliebt« sagte, umarmte er in seiner heruntergelassenen Hose stehend den Granatapfelbaum und sprach weiter: »Dieser aufständische Prinz sagte: 'Die Engländer sind fortschrittlich, wir sind Nomaden.' Er haßte uns, denen er die Freiheit bringen wollte. Ein anderer Mann, der uns die Freiheit bringen wollte, sagte: 'Man sollte aus Europa besondere Männer ins Osmanische Reich bringen, um mit diesen Männern eine höhere Menschheit zu züchten.' Die höheren Offiziere, die 1908 die Freiheit brachten, Enver Pascha und Cemal Pascha, heirateten als erstes die Sultanstöchter.« Als Mehmet Ali Bey »heiraten« sagte, nahm er einen Granatapfel, zerdrückte ihn in seiner Hand, und der rote Saft des Granatapfels floß auf den hellen Rock der Tante Müzeyyen. Dann kletterte Mehmet Ali Bey auf den Baum, seine heruntergelassene Hose hing jetzt den Baum herunter und flatterte im Wind. Mehmet Ali Bey pflückte ein paar Granatäpfel aus dem Baum und warf die Granatäpfel auf unsere Köpfe und sagte: »England und Rußland hatten 1907 abgemacht, das Osmanische Reich zu zerschneiden. England wollte nach Ägypten, Sudan und Zypern, um sich auf arabische Petrolbetten hinzulegen. England trieb mit seinen Agenten die Moslemaraber gegen das Osmanische Reich zu Aufständen. Dann kamen die Deutschen, als Archäologen verkleidet, und suchten Petrol. Die Deutschen hatten es eilig. Sie hatten sich verspätet und wollten sich schnell nach Osten ausbreiten.«
Als Mehmet Ali Bey das sagte, kletterte er eilig mit seiner

von seinen Füßen aus dem Granatapfelbaum herunterhängenden Hose noch höher. Er lag da atemlos zwischen den Ästen und sagte: »England, Frankreich, die Russen und die Deutschen bezeichneten das Osmanische Reich als kranken Mann am Bosporus. Die Engländer bauten Bahnlinien nach Baku. Die Deutschen bauten Bahnlinien nach Bagdad und Musul, zu den Petrolbetten. Dann kam die Deutsche Bank nach Istanbul. Die Deutschen bauten die Bahnlinie nach Bagdad, und die osmanische Regierung mußte pro Kilometer zahlen. Die Deutschen haben, um diesen Kilometerverdienst zu vermehren, unnötig gefaltete Schlangenlinien gebaut. Die Wälder von Anatolien sind für diese Bahnlinien geköpft worden.« Als Mehmet Ali Bey das sagte, zerbrach er Granatapfelbaumäste und warf sie auf uns herunter. Dann zog Mehmet Ali Bey seine Hose ganz aus, stand auf dem Baum wie ein Tarzan und sagte: »Und das war die Lage, als die Jungtürken Sultan Nase stürzten und die Freiheit brachten. Die Freiheit war ein Gesetzbuch, und die Engländer, Franzosen, Russen, Deutschen, Österreicher gaben sich gegenseitig die Hand und bauten nebeneinander, um das Osmanische Reich danach untereinander zu verteilen. Das ganze Land war wie ein Spielcasino, verschiedene Sprachen klangen in einem leeren Gewölbe, die türkischen Offiziere kriegten Lust, mit den deutschen Offizieren zusammenzuspielen. Der Chef der Freiheit, Enver Pascha, war eitel und ekelte sich vor Schwäche, und er ging mit den Deutschen in den Ersten Weltkrieg.« Mehmet Ali Bey warf sich aus dem Granatapfelbaum herunter, nahm seine auf der Erde liegende Hose, zog sie langsam an, schnallte seinen Gürtel zu, setzte sich auf die Erde und schaute auf seine Knie. Er sagte: »Die Soldaten starben, wenn sie nicht vom Feind getötet wurden, auf den Wegen, unter der Sonne, in Flüssen, manche fielen

von den Bergen in den Abgrund. Mein Vater saß als Offizier krank im Zelt, das Zelt zitterte unter Malaria, war im Schlamm halb begraben, und die Soldaten saßen draußen im Regen, tagelang. Manche starben, so wie sie da saßen, es hatte so viel geregnet. Als der Erste Weltkrieg zu Ende war, hatten wir vier Millionen Menschen verloren. Steht in Geschichtsbüchern, daß die Soldaten unterm Regen wie Espenlaub zittern, steht nicht. Bringt das Buch wieder her«, sagte Mehmet Ali Bey.
Ich lag in der Nacht in einem auf dem Boden liegenden Bett. Ich wollte für die Toten beten, aber ich wußte nicht, wie ich diese vier Millionen Soldaten zählen sollte. Ich dachte, erst müßte ich alle Namen der anderen Toten, die ich bis jetzt kannte, sagen. Und wenn ich mit dem Zählen fertig bin, werde ich die vier Millionen Soldaten, die im Ersten Weltkrieg gestorben sind, weiterzählen.
Ich betete die arabischen Gebete:
»Bismillâhirahmanirrahim
Elhamdü lillâhirabbil âlemin. Errahmanirrahim,
Maliki yevmiddin. Iyyakena'büdü ve iyakke neste'in.
Ihtinessıratel müstekıym; Siratellezine en'amte
aleyhim gayril mağdubi aleyhim
veleddâllin. Amin.
Bismillâhirahmanirrahim
Kül hüvallahü ehad. Allahüssamed.
Lem yelid velem yüled.
Velem yekûn lehu küfüven ehad. Amin.
Mein Allah, bitte gib meine Gebete zu den Seelen – für die Mutter meiner Mutter, für die durch Sultans Mund geköpften Sultansmoscheebauarbeiter, den heiligen Karagöz und Hacivat, für die gestorbenen zwei Schwestern der Frau, die meine Großmutter auf der Straße getroffen hat, für den toten Mann von der Frau mit Kind, für die tote Mutter und den Vater und die Schwester des betteln-

den Mannes vor der Moschee, für den toten Mann der Frau am Park, für die tote Tochter der Frau auf der Brücke, für die tote Mutter und den Vater der Frau am heiligen Brunnen, für alle Toten, die meine Großmutter getroffen hat, für die tote Mutter und den Vater der Männer im Läusebazar, für den toten schönen Banditen Ayvaz, für die tote Mutter und den Vater der wartenden Männer in der engen Gasse, für die tote Mutter und den Vater der buckligen Hure, der alten Hure Fatma und der anderen Huren, für die tote Mutter und den Vater von Onkel Recep, der mich bis zum Hakenbrunnen gebracht hat, für die tote Mutter und den Vater der verrückten Saniye, für die tote armenische Frau, die in İstanbul im Hauseingang gestorben ist, für den toten Atatürk, für die tote Isadora Duncan, für die toten Liebespaare, die sich von der Bergspitze runtergeworfen haben, für die tote Mutter und den Vater des gefalteten Şavkı Dayı, für die tote Mutter und den Vater des Friedhofsnarren Musa, der mir seine Ware gezeigt hat, für alle Toten, die ich mit meiner Großmutter auf dem İstanbuler Friedhof gesehen habe, für die toten Mütter und Väter der Soldaten, die ich im Zug gesehen habe, für die toten acht Kinder meiner Großmutter, für die toten Mütter und Väter der Steinbrucharbeiter, für die tote Mutter und den Vater der heiligen Männer im Hof der heiligen Moschee, für die tote Mutter und den Vater des Manns mit Brille im Hırthurt-Bazar, für die tote Mutter und den Vater der verrückten Ayten, für die tote Mutter und den Vater der Baumwolltante, für den toten 23jährigen Leutnant, der an Tuberkulose gestorben ist, den Ehemann der Tante Sıdıka, der es ein bißchen bessergeht als einem Schwiegersohn, der bei seinen Schwiegereltern wohnen muß.« Dann kamen die vier Millionen Soldaten. Für den ersten toten Soldaten, für den zweiten toten Soldaten, für den dritten toten

Soldaten, für den vierten toten Soldaten, für den fünften toten Soldaten, für den sechsten toten Soldaten, für den siebten toten Soldaten, für den achten toten Soldaten, für den neunten toten Soldaten, für den zehnten toten Soldaten, für den elften toten Soldaten, für den zwölften toten Soldaten, für den dreizehnten toten Soldaten, für den vierzehnten toten Soldaten, für den fünfzehnten toten Soldaten, für den sechzehnten toten Soldaten, für den siebzehnten toten Soldaten, der im Fluß gestorben ist, für den achtzehnten toten Soldaten, für den neunzehnten toten Soldaten, für den zwanzigsten toten Soldaten, für den einundzwanzigsten toten Soldaten, für den zweiundzwanzigsten toten Soldaten, für den dreiundzwanzigsten toten Soldaten, für den vierundzwanzigsten toten Soldaten, für den fünfundzwanzigsten toten Soldaten, für den sechsundzwanzigsten toten Soldaten, für den siebenundzwanzigsten toten Soldaten, für den achtundzwanzigsten toten Soldaten, der sitzend im Regen gestorben ist, für den neunundzwanzigsten toten Soldaten, für den dreißigsten toten Soldaten, für den einunddreißigsten toten Soldaten, für den zweiunddreißigsten toten Soldaten, für den dreiunddreißigsten toten Soldaten, für den vierunddreißigsten toten Soldaten, für den fünfunddreißigsten toten Soldaten, für den sechsunddreißigsten toten Soldaten, für den siebenunddreißigsten toten Soldaten, für den achtunddreißigsten toten Soldaten, für den neununddreißigsten toten Soldaten, für den vierzigsten toten Soldaten, für den einundvierzigsten toten Soldaten, für den zweiundvierzigsten toten Soldaten, für den dreiundvierzigsten toten Soldaten, für den vierundvierzigsten toten Soldaten, der beim Zittern gestorben ist, für den fünfundvierzigsten toten Soldaten, für den sechsundvierzigsten toten Soldaten, für den siebenundvierzigsten toten Soldaten, für den achtundvierzigsten toten Soldaten, für den neunundvierzigsten toten Soldaten, für den fünfzigsten toten Soldaten, für den einundfünfzigsten toten Soldaten, für den zweiundfünfzigsten toten Soldaten, für den dreiundfünfzigsten toten Soldaten, für den vierundfünfzigsten toten Soldaten, für den fünfundfünfzigsten toten Soldaten, der im Schlaf gestorben war, für den sechsundfünfzigsten toten Soldaten, für den siebenundfünfzigsten toten Soldaten, für den achtundfünfzigsten toten Soldaten, für den neunundfünfzigsten toten Soldaten, für den sechzigsten toten Soldaten, für den einundsechzigsten toten Soldaten, für den zweiundsechzigsten toten Soldaten, für den dreiundsechzigsten toten Soldaten, für den vierundsechzigsten toten Soldaten, für den fünfundsechzigsten toten Soldaten, für den sechsundsechzigsten toten Soldaten, für den siebenundsechzigsten toten Soldaten, für den achtundsechzigsten toten Soldaten, für den neunundsechzigsten toten Soldaten, für den siebzigsten toten Soldaten, der in der Sonne gestorben ist, für den einundsiebzigsten toten Soldaten, für den zweiundsiebzigsten toten Soldaten, für den dreiundsiebzigsten toten Soldaten, für den vierundsiebzigsten toten Soldaten, für den fünfundsiebzigsten toten Soldaten, für den sechsundsiebzigsten toten Soldaten, für den siebenundsiebzigsten toten Soldaten, für den achtundsiebzigsten toten Soldaten, für den neunundsiebzigsten toten Soldaten, für den achtzigsten toten Soldaten, für den einundachtzigsten toten Soldaten, für den zweiundachtzigsten toten Soldaten, für den dreiundachtzigsten toten Soldaten, für den vierundachtzigsten toten Soldaten, für den fünfundachtzigsten toten Soldaten, für den sechsundachtzigsten toten Soldaten, für den siebenundachtzigsten toten Soldaten, der auf dem Weg gestorben ist, für den achtundachtzigsten toten Soldaten, für den neunundachtzigsten toten Soldaten, für

den neunzigsten toten Soldaten, für den einundneunzigsten toten Soldaten, für den zweiundneunzigsten toten Soldaten, für den dreiundneunzigsten toten Soldaten, für den vierundneunzigsten toten Soldaten, für den fünfundneunzigsten toten Soldaten, für den sechsundneunzigsten toten Soldaten, für den siebenundneunzigsten toten Soldaten, für den achtundneunzigsten toten Soldaten, für den neunundneunzigsten toten Soldaten, für den hundertsten toten Soldaten, für den hundertersten toten Soldaten, für den hundertzweiten toten Soldaten, für den hundertdritten toten Soldaten, für den hundertvierten toten Soldaten, für den hundertfünften toten Soldaten, für den hundertsechsten toten Soldaten, für den hundertsiebten toten Soldaten, für den hundertachten toten Soldaten, für den hundertneunten toten Soldaten, der sich in den Abgrund gestürzt hatte, für den hundertzehnten toten Soldaten, für den hundertelften toten Soldaten, für den hundertzwölften toten Soldaten, für den hundertdreizehnten toten Soldaten, für den hundertvierzehnten toten Soldaten, für den hundertfünfzehnten toten Soldaten, der im Fluß gestorben war, für den hundertsechzehnten toten Soldaten, für den hundertsiebzehnten toten Soldaten, für den hundertachtzehnten toten Soldaten, für den hundertneunzehnten toten Soldaten, für den hundertzwanzigsten toten Soldaten, für den huderteinundzwanzigsten toten Soldaten, für den hundertzweiundzwanzigsten toten Soldaten, für den hundertdreiundzwanzigsten toten Soldaten.
Als ich am Morgen wach wurde, wußte ich nicht mehr, beim wievielten toten Soldaten ich geblieben war. Ich und Ali, Mehmet Ali Bey und seine Frau, Tante Müzeyyen, und ihre Kinder gingen runter vom Dorf zum Fluß. Mehmet Ali Bey ging in seinem Pyjama. Sie trugen Tücher, Eßsachen und Kissen, Gasofen, Spiritusflasche,

Brot in ihren Händen, ein bißchen wie bei einem Umzug. Tante Müzeyyen erzählte: »Ein Mann wachte in einer Nacht auf, sah, daß ein paar Diebe in seiner Wohnung alles zusammenpackten. Er sagte nichts, die Diebe nahmen alles mit und machten sich auf den Weg. Der Mann rollte sein Bett zusammen, nahm sein Bett mit, ging hinter den Dieben her. Die Diebe kamen zu ihrer Wohnung, machten gerade die Tür auf, ein Dieb guckte hinter sich, sah den Mann, der mit seinem Bett dastand, und er fragte: 'Was machst du denn hier?' Der Mann sagte: 'Sind wir denn nicht umgezogen?'« Die Kinder von Tante Müzeyyen sagten: »Mutter, wir können auch zum Demokratischen Partei-Haus gehen und sagen: Sind wir denn nicht umgezogen.«

Auf dem Weg zum Wasser saßen alte Männer an den Wänden und sagten: »AleyLümselâm«

»Selamün âleyküm«, sagte Mehmet Ali Bey in seinem Pyjama. Dann sagten die alten Männer zu mir und Ali: »Hoşgeldiniz« (Willkommen).

»Hoşbulduk« (angenehm gefunden), sagten wir.

Wir küßten im Gehen alle Großvaterhände. Ein Großvater, dem ich seine Hand geküßt hatte, hielt meine Hand in seiner Hand und fragte mich, wie es meiner Mutter und meinem Vater ginge, wie es meiner Großmutter und dem Großvater ginge. Wenn ich »gut« sagte, schüttelte er kräftig und lange meine Hand, dann hörte er mit Händeschütteln auf, hielt meine Hand in seiner ruhigen Hand und fragte mich: »Wie geht es deiner Schwester?«

»Gut.«

Dann schüttelte er wieder lange meine Hand, mit viel Maşallah. Die kleinen Hunde kamen und sammelten sich unter unseren sich schüttelnden Händen, leckten meine und des Großvaters Füße. Mehmet Ali Bey sagte: »Gibst du uns deine Erlaubnis, daß wir gehen.« Der

Großvater gab uns seine Erlaubnis und stand da, mit offenen, lachenden Augen und Mund, und blieb da so, bis wir nicht mehr zu sehen waren. Die Hunde kamen mit uns bis dorthin, wo der Großvater uns noch sehen konnte, dann kehrten sie wieder zurück.
Der Fluß war ein dünner Fluß, das Wasser, das darin ruhig floß, sah so aus, als ob es einmal seinen Weg verloren hatte und auf der Suche nach seinem Weg länger und länger geworden war. Es gab in der Nähe von diesem wankelmütig laufenden Fluß einen runden kleinen See. Die Kinder sagten: »Hier ist kein See, das ist Sumpf, Moor.« Am Rande des Moores standen die Bäume, sie hatten sich über das Moor gebückt, das Moor aber saß da wie ein blinder Spiegel und spiegelte keine Bäume. Tante Müzeyyen und wir legten große Tücher auf die Erde unter den Sumpfbäumen, sie sagte: »Legen wir unsere von der Unbarmherzigkeit dieser Welt müde gewordenen Knochen zur Erde.« Es kamen andere Menschen vom Dorf zum Moorsee. Sie setzten sich auch um den Moorsee herum. Außer ein paar Kindern ging keiner zum Fluß, der Fluß stand unter der nackten Sonne im Licht und lief mit diesem Licht weiter. Die Menschen saßen um den Moorsee mit vielen Schatten von dunklen Bäumen und schauten zum hellen, sonnigen Fluß, als ob dieser Fluß und die Sonne zu ganz anderen, eine andere Sprache sprechenden fremden Menschen gehören würde. Mehmet Ali Bey lag in seinem Pyjama auf der Erde, es brannte auf der Erde ein Feuer für das Essen. Das Feuer vor seinem Gesicht, schaute er durch das Feuer hin zum sonnigen Fluß. Ich sah im Sumpf zwei Männer in einem Boot stehen, sie hatten sehr lange dicke Stöcke, sie hielten sie in den Sumpf, zogen sich daran und brachten das Boot sehr langsam lautlos in Bewegung, sie sprachen auch miteinander, ihre Stimmen waren lautlos wie

das Boot am Moor. Tante Müzeyyen erzählte: »Vor fünfzig Jahren ist ein Kutscher mit seinen zwei Pferden, zwei Söhnen und mit dem Pferdewagen in diesen Sumpf hinuntergezogen worden, die Pferde hatten vor irgend etwas Angst gekriegt und waren in den Sumpf gegangen, und seit fünfzig Jahren konnte kein Untertan von Allah sie aus dem Sumpf rausholen.«
Ich dachte, vielleicht suchen die Männer in diesem Boot nach diesen Menschen. Der Sumpf saß da wie eine feste Erde, Tante Müzeyyen sagte: »Die Welt ist ein Sumpf, wir sind drin und wissen es nicht.« Der Mehmet Ali Bey sagte: »Müzeyyen, sag nicht so was, der Dichter Orhan Veli sagt:
Das große Geheimnis des Lebens, schau,
nur eine Wurzel ist übrig vom Baum unter der Erde,
wie süß soll die Welt sein, schau, Tausende
Menschen ohne Beine, ohne Arme,
leben weiter.«
Nach dem Essen machten Mehmet Ali Bey und Tante Müzeyyen ihre Augen zu, die Schatten lagen so ruhig über ihnen, ich wärmte mich weiter heimlich an dem warmen Körper von Tante Müzeyyen und weinte, weil ich dachte, Ali wird in den Sumpf treten, der Sumpf wird ihn runterziehen, er ist allein, ich werde ihn nie mehr finden.
Ich sah mit einem Auge meinen Bruder Ali in seiner Unterhose am Fluß mit anderen Jungen mit unverständlichen Wörtern schreien, ich sah das spritzende Wasser aus dem Fluß, ein Junge hatte aus dem Fluß eine Schlange geholt und wackelte mit der Schlange in seiner Hand und lief hinter den anderen Jungen her, ich sah Ali lachen und schreien, aber ich weinte mit dem anderen Auge weiter. Ali war für mich schon im Moor, unten, tot, ich hatte keinen Ali mehr, der Sumpf saß da weiter wie eine

feste Erde, Tante Müzeyyen schlief, ich hatte in dieser Welt nur meinen Rock, auf den meine Tränen tropften.
Ali kam und sagte: »Ich habe keine Angst vor dieser Schlange, tamam mı?«
»Tamam«, sagte ich. Er setzte sich neben mich und schaute mit zu dem Boot im Sumpf, auf die nichtfahrenkönnenden Männer. Ich schaute auf Alis Gesicht, sah seine geschwitzte Nase, seine mit Zitronenwasser gekämmten Haare, er hatte schon ein paar graue Haare, ich roch seinen Kopfgeruch und weinte noch mehr. Ali sagte: »Weine nicht, sonst weine ich auch, Tamam mı?«
Ich sagte kein Tamam.
Ali fing an zu weinen, sagte: »Mutter.«
»Weine nicht Ali, tamam mı?«
»Tamam«, sagte er, »jetzt gehen wir zum Fluß, tamam mı?«
»Tamam«, sagte ich, vergaß den Sumpf, ging mit Ali zum Fluß. Ali sagte: »Wir fahren morgen ab, sonst bleiben Mutters Augen auf unserem Weg, tamam mı?«
»Tamam«, sagte ich.
Als wir wegfuhren, sagte mir Tante Müzeyyen, ich sei die Mitte ihrer Lunge. Es war ein großes Liebeswort, die Mitte der Lunge zu sein. Ciğerimin içi. Ich sagte ihr, sie sei noch tiefere Mitte meiner Lunge. Sie sagte, ich sei tiefster Punkt ihrer Seele. Sie sagte: »Ihr geht und laßt uns auf dem Berg hier.« Mehmet Ali Bey sagte zu seiner Frau, die uns jetzt nicht loslassen konnte: »Müzeyyen, wir fahren auch mal nach Bursa, tamam mı?« Tante Müzeyyen sagte wie ich: »Tamam«, und so konnte der Bus abfahren.
In Bursa schickte mich Ali weiter Einkaufen, mit Tamam mı – Tamam. Einmal ging ich hundert Gramm Kaffee kaufen, der Mann wog hundert Gramm Kaffee, schaute mich an, während er noch ungemahlene Kaffeestücke in die Tüte tat, und sagte: »Wer ist Ihr Vater?« »Ich bin die

Tochter von Mustafa Bey«, sagte ich. Er sagte: »Wissen Sie, Sie werden eines Tages eine sehr, sehr schöne Frau werden, Sie sind noch klein, aber Sie müssen sich später an meine Sätze erinnern, Sie werden sagen, er hatte das gesehen. Werden Sie an meine Sätze denken?« Dann fragte er mich wie Ali: »Tamam mı?«
Ich fragte ihn: »Habe ich schon bezahlt?
Er sagte: »Ja, Sie haben schon bezahlt, denn vorhin, als Sie mir das Geld gaben, haben unsere Finger sich berührt.«
Als ich über die heilige Brücke in Richtung unserer steilen Gasse lief, gehörten meine Beine nicht mehr mir, ich hielt mich beim Gehen am Brückengitter fest, ich dachte, sonst werden meine Beine von der Erde fliegen und ich falle in den Bach.
Zu Hause trank ich sofort ein Glas Wasser.
Am schwierigsten war es, wenn Ali mich zum großen Gemüseladen an der Hauptstraße einkaufen schickte. Besonders nachdem die Sonne untergegangen war. Da arbeiteten zwei Männer, einer von ihnen hatte einen sehr dünnen Schnurrbart, dieser Mann zog mich ins Hintere des Ladens, der vom Laden mit einem halben Vorhang getrennt war, er setzte sich auf einen Stuhl, nahm mich über seine Beine, tat seine Hand durch meinen Rock auf meinen Bauch und klopfte mit seiner Hand auf meinen Bauch. Er fragte mich: »Meine liebe Tochter, tap tap, was willst du, tap tap tap?«
»Ein Kilo Erbsen, Onkel.«
Er konnte nicht lange an meinem Bauch klopfen, mich rettete immer eine Stimme. Weil der andere Mann, der auch im Laden arbeitete, laut zu diesem Mann mit Schnurrbart rief, stand er vom Stuhl auf und ging in den Laden. Ein anderes Mal habe ich etwas ausprobiert: Ich blieb draußen vor dem Laden, sagte laut: »Ladenbesitzer-

onkel, meine Mutter will ein Kilo gute Bohnen.« Dann fragte ich ihn wie Ali: »Tamam mı?« Er sagte: »Tamam Tamam«, aber er gab mir keine Bohnen, er sagte: »Kommst du mal, meine Tochter?« Ich ging wieder hinten in den Laden.
Einmal kam Ali tagsüber aus dem Kino, geschwitzt, und sagte, daß ihm im Dunklen ein Mann an seine Knie gefaßt und immer seine Hand an seinem Knie gerieben hätte. Mutter verfluchte den Mann. Seine Hände, seine Beine sollen zerbrechen. Was wollte er denn von einem Jungen? Ich sagte: »Ali, nächstes Mal komme ich mit dir ins Kino.« Mutter sagte: »Wenn sie schon die Jungen anfassen, dich fassen sie noch leichter an. Oder willst du angefaßt werden, ha?« Sie sagte: »Wenn sie dich anfassen, wirst du immer, bis du stirbst, zu Hause bleiben, auf meinem Kopf. Keine Mutter wird dich als Frau für ihren Sohn nehmen. Du bleibst zu Hause.«
»Wie werden diese Frauen sehen, daß man mich angefaßt hat?«
»Das hinterläßt Zeichen auf dem Körper, und nur die Mütter können es sehen.«
Als Ali wieder ins Kino ging, sagte er: »Gehen wir ins Kino, tamam mı?«
»Tamam«, sagte ich.
Ich merkte, daß dieses Tamam mı – Tamam zwischen mir und Ali immer klappte, aber zwischen den anderen Menschen nicht immer klappte. Es hatte auch zwischen Mehmet Ali Bey und seiner Frau, Tante Müzeyyen, gut geklappt, aber die Menschen sagten entweder tamam tamam und hielten ihr Jawort nicht, oder sie sagten kein Tamam. Mein kleiner Bruder ging einmal verloren, es wurde dunkel, andere Kinder sagten, mein Bruder wäre mit einem Mann zum Bach unter die Brücke gegangen. Irgendwann fanden sie meinen kleinen Bruder, Mutter

fragte ihn: »Mein Sohn, sage mir, bist du mit einem Mann zum Bach runtergegangen? Sag, was hat er gemacht? Mein Sohn, du wirst mir jetzt sagen, wo du warst, tamam mı?«
Mein Bruder sagte nichts. Er schaute wie eine Kuh, die zur Abendzeit auf die vorbeilaufenden Menschen schaut, auf die Mutter. »Ich werde dir jetzt in dein Fleisch beißen. Wenn du nicht sprichst, beiße ich, tamam mı?«, sagte Mutter. Er sagte nichts. Sie biß das Hüftfleisch meines Bruders. Er sagte weiter nichts. Die Großmutter kam und sagte: »Fatma, tamam, tamam, tamam.« Wie durch ein Zauberwort ließ Mutter das Fleisch meines Bruders los.
Einmal ging er wieder verloren. Es gab in der Nähe ein Feuer, er wollte das Feuer gucken gehen, er kam nicht nach Hause. Ich fragte auf der Straße einen seiner Freunde, ob er meinen kleinen Bruder gesehen hatte. Er sagte: »Ja, er ist tot. Er ist überfahren von einem Feuerwehrauto.« Ich sagte das zu Hause. Meine Mutter fiel in Ohnmacht, Großmutter lief in ihren Strümpfen und ohne Kopftuch zur Straße. Da kam aber mein Bruder lebendig zurück. Ich ging am nächsten Tag zu dem Laden, wo dieser Junge seinem Vater half. Ich sagte: »Warum hast du gesagt, daß mein Bruder überfahren worden ist?« Er sagte: »Woher soll ich das wissen? Du hast mich gefragt, ob ich deinen Bruder gesehen habe. Weil ich ihn nicht gesehen habe, habe ich gesagt, daß er von der Feuerwehr überfahren worden ist.« Sein Vater sagte: »Mein Sohn, sag nie wieder so was, tamam mı?« Er sagte kein Tamam.
Einmal ging meine Schwester Schwarze Rose verloren. Sie war drei Jahre alt, Mutter wusch Wäsche mit der verrückten Wäscherin Naciye, und weil alle Katzen hin und her liefen, dachte sie, Schwarze Rose wäre auch da. Irgendwann suchte sie nach Schwarzer Rose in dem drei-

stöckigen Holzhaus, weil Schwarze Rose sich sehr gerne und oft in den Schränken versteckte. Sie war in keinem Schrank. Mutter ging zur Straße, wir suchten alle nach Schwarzer Rose. Die Kinder sagten, sie hätten Schwarze Rose auf der Hauptstraße gesehen, sie wäre hinter dem furzenden Onkel hergegangen. Mutter sagte: »Dann ist sie im Demokratischen Partei-Haus.« Sie ging in die Richtung des Demokratischen Partei-Hauses. Mutter fand Schwarze Rose um die Ecke vom Demokratischen Partei-Haus stehen, und sie fragte Schwarze Rose: »Auf wen wartest du hier?« »Auf den furzenden Onkel«, sagte die Schwarze Rose. Mutter sagte: »Du gehst nie wieder hinter dem furzenden Onkel her, tamam mı?« Schwarze Rose sagte: »Damam damam.« Aber sie ging noch mal in der Nähe des Demokratischen Partei-Hauses verloren. Der furzende Onkel brachte sie zurück.

Der furzende Onkel war ein Mann ohne Zähne. Man sagte, er wäre ein dicker Anhänger der Demokratischen Partei. Er kam in unsere steile Gasse und machte Propaganda für die Partei, dann sammelte er die Kinder um sich und sagte: »1, 2, 3«, drückte auf die rechte Seite seines Bauchs und furzte. Er konnte so oft furzen, so oft er auf seinen Bauch drückte. Als meine Schwester mit dem Sprechen anfing, war das erste Wort meiner Schwester nicht »Mutter«, sondern »Ossuruk« (Furz). Sie sagte: »Ossuk.« Meine Mutter sagte dem Mann: »Ach, furzender Onkel, Sie haben mit Ihrem Ossuruk die Zunge meiner Tochter geöffnet.« Der furzende Onkel brachte meine verlorengegangene Schwester, trank bei uns einen Kaffee mit viel Zucker, furzte noch mal für Schwarze Rose, sie lief im Raum mit viel Ossuk glücklich hin und her. Der furzende Onkel der Demokratischen Partei sagte: »Fatma Hanım, ich habe Ihre Tochter zurückgebracht, Sie müssen dafür jetzt bei den Wahlen die Demokrati-

sche Partei wählen, tamam mı?« Mutter sagte: »Nein, furzender Onkel, wir sind schon von der Familie her alte Republikaner. Ich wähle die Republikanische Volkspartei, seien Sie mir nicht böse, tamam mı, Onkel?« Der furzende Onkel sagte: »Tamam.«
Kurz vor der Wahl kam der Bürgermeister der Demokratischen Partei zur steilen Gasse, sammelte die Wahlscheine aus den Häusern zurück. Er sagte, es wäre ein Fehler gemacht worden, er würde sie wieder zurückbringen. Aber er brachte die Wahlscheine nicht mehr zurück. Kurz vor der Wahl sagte Mutter zu dem furzenden Onkel: »Onkel, unsere Wahlscheine hat der Bürgermeister von deiner Partei nicht zurückgebracht.« Furzender Onkel sagte: »Er wird sie nicht zurückbringen, weil ihr von der Republikanischen Volkspartei seid.« Mutter sagte: »Furzender Onkel, geh hin zum Bürgermeister und sag, daß wir die Demokratische Partei wählen werden, er soll uns unsere Wahlscheine zurückbringen, tamam mı?« »Tamam«, sagte der furzende Onkel und ging, und der Bürgermeister brachte die Wahlscheine für meine Mutter und meinen Vater. Mutter erzählte, daß der Bürgermeister zur Tür gekommen war. Dann gab er meiner Mutter die Scheine, bückte sich sehr höflich vor ihr und sagte: »Entschuldigen Sie, meine Dame, aber ich hatte Sie immer mit oppositionellen Frauen zusammen spazierengehen gesehen.« Mutter sagte ihm: »Ah, mein Herr, alle werden dieses Mal die Demokratische Partei wählen.« So verteilte der Bürgermeister alle Wahlscheine von den Republikanern wieder an die Leute zurück. Am Wahltag wählten alle Republikaner der steilen Gasse die Republikanische Volkspartei, aber die Wahltruhe verschwand. Der furzende Onkel kam zu uns, furzte wieder für Schwarze Rose zweiundzwanzigmal, trank einen Kaffee mit viel Zucker und sagte: »Fatma Hanım, Ihre

Stimmabgaben sind mit der Truhe der Stadt Gemlik ins Meer geschmissen worden, ich habe keine Sünden, tamam mı?« »Tamam«, sagte meine Mutter. Die Demokraten hatten gewonnen. So ging es der Tante republikanische Sıdıka, der es ein bißchen besserging als einem Schwiegersohn, der bei seinen Schwiegereltern leben muß, weiter ein bißchen besser als einem Schwiegersohn, der bei seinen Schwiegereltern leben muß. Sie sagte: »Früher sagte man, wer sein Schiff vor dem Untergang rettet, ist Kapitän. Heutzutage: Wer sein Schiff versinken läßt, ist Kapitän.«
Ich ging weiter in die Schule. Es gab in unserer Schule Religionsunterricht, der Lehrer erzählte, daß Allah überall, zur gleichen Zeit, alle und alles sehen kann. Ich fragte ihn: »Mein Lehrer, sieht jetzt Allah mich und meine Mutter gleichzeitig?« Er lachte und sagte: »Natürlich, Fünfhundertdreiundzwanzig« (meine Schulnummer). »Der Allah sieht dich, und deine Mutter auch.« Das konnte ich nicht verstehen, das war sehr schwer für mich. Ich dachte, wenn der Allah im Himmel sitzt und auf mich und meine Mutter schaut... Ich sitze aber in der Schule, und die Schule hat ein Dach, und zu Hause gibt es auch ein Dach... Wenn Allah in der Klasse steht, dann kann er nur mich sehen. Oder, wenn Allah im Holzhaus steht, kann er nur meine Mutter sehen. In diesen Tagen fing ich an, zu Hause in einem Raum mit Allah zu sprechen. Ich verlangte von ihm, wenn er mich in dem Moment sehen könnte, daß er mir sofort meine Augen blind machen sollte. Ich sagte: »Wenn es dich gibt, mach meine Augen blind.« Ich machte meine Augen auf, und nichts machte mich blind. Ich ging auf die Toilette, ich wußte, da wohnte der Teufel, ich sagte: »Allah, ich scheiße auf deinen Mund, mit Teufel.« Ich blieb lange in der Toilette und schimpfte auf Allah weiter. Dann ging ich raus und

setzte mich auf den Gebetsteppich und entschuldigte mich bei Allah. Ich wählte dunkle Ecken wie die Küche, unter meinen Füßen kalter Steinboden, ich schaute im Halbdunklen an die Wände, ich fragte, wer ich bin. Wie kann ich jetzt denken, was die Welt ist, wer ich bin? Wie kann ein Gehirn das denken? Wie kann ich das denken? Woher kommen die Wörter? Der Mund, der 'warum?' fragt, wie kann der Mund das fragen? Wer bin ich? Wo war ich, als ich noch nicht hier war? Ich schaute meine Hände und mein Gesicht an, dann wusch ich meine Füße. Mit nassen Füßen drehte ich die Glühbirne auf und zu, die Glühbirne tötete mich nicht, ich schaute in den Spiegel in der Nacht und schnitt mir Grimassen, die mir Angst machen sollten. Ich wollte Angst haben, aber kriegte keine Angst. Großmutter sagte: »Schau nicht in der Nacht in den Spiegel, sonst wirst du in ein fremdes Land als Braut gehen.« Ich fing an, im Haus ständig sauberzumachen. Ich schimpfte auf meine Brüder, die oben spielten, ich jagte sie weg und putzte hinter ihnen her, besonders die Treppen. Die Jungen gingen weg und sagten: »Deli, deli« (verrückt, verrückt). Großmutter sagte: »Es ist alles sauber«, sie sagte: »Schwester, lerne deine Bücher, damit du nicht die Füße des Mannes waschen mußt. Schau, ich mach sauber, Schwester.« Einmal in der Schule, im Familienunterricht, kam die Lehrerin nicht, sie war krank, und die Jungen lasen laut aus einem Buch eine Stelle: »Die weiblichen Eier werden befruchtet von schnell laufenden männlichen Samen.« Wir freuten uns, daß die Stunde leerlief. In der Pause blieb ich mit einem Mädchen in der Klasse. Es zeichnete an die schwarze Tafel eine Frau und einen Mann, die sich im Stehen umarmten, sie zeichnete ein Loch und eine Birne an ihre Körper und sagte: »Was die Jungen gelesen haben, war das.« Sie sagte, daß unsere Mütter und Väter das so machten, und

wir kämen so in die Welt, aus den Schachteln der Mütter. Ich lief rückwärts und sagte: »Nein, nein. Meine Eltern machen das nicht.« Das Mädchen erschreckte sich auch, mit großen Augen stand sie vor ihrer Zeichnung an der Tafel, sagte: »Doch, sie machen das auch«, aber ihr Mund blieb offen. Ich ging zu meiner Mutter und fragte: »Woher hast du mich geboren?« Mutter nahm ihren Rock hoch, an ihrem rechten Bein oben war eine sehr tiefe Narbe, da hatte das Fleisch sich in ihrem Fleisch begraben, sie sagte: »Hier bist du rausgekommen.« Es mußte furchtbar weh getan haben.
»Wie kriegt man Kinder?«
»Wenn ein Mann dich umarmt – Allah muß dabei helfen –, kriegst du Kinder.« Ich wollte nur diese tiefe Narbe sehen: »Hat es sehr weh getan?«
»Ja, sehr«, sagte sie.
In der Nacht träumte ich meinen ersten Traum. Ich war in einem Raum, in der Mitte war ein Stuhl. Auf diesem Stuhl saß ein junger Mann mit einer Brille und schaute mich direkt an und lächelte ein bißchen. Um ihn herum, rechts und links, saßen sehr alte Männer auf ihren Knien, sie hatten lange Bärte und Rosenkränze in der Hand, sie schauten mich auch lächelnd an. Ich stand genau gegenüber dem Mann, der auf dem Stuhl saß, und verstand, er wäre der Allah. Die bärtigen Männer waren seine Propheten, und der eine, der mich besonders lieb anguckte, sollte unser Prophet Mohammed gewesen sein. Der Allah sagte mir, daß meine ganze Familie ins Paradies gehen würde, aber bei mir wußte er es nicht, weil ich meine Mutter sehr traurig gemacht hätte, weil ich ihr nicht zugehört hatte. Dann sagte er: »Geh, wir werden darüber reden.« Ich ging raus, draußen auf einer Wiese warteten auf mich mein Vater und meine Mutter, und sie waren aufgeregt. Ich erzählte ihnen leise, daß Allah noch nicht

wüßte, ob ich mit ins Paradies kommen könnte oder nicht. Dann warteten wir dort im Freien, meine Mutter und mein Vater sahen sehr traurig aus. Mutter sagte: »Warten wir ab.« Dann war der Traum zu Ende. Ich erzählte das meiner Mutter, sie sagte: »Siehst du, dann mußt du mir mehr zuhören.« Ich war sicher, daß ich zur Hölle gehen würde. Ich fragte Großmutter: »Wie heiß ist das Feuer der Hölle?« Sie sagte, wieder wie früher: »Das Feuer in einem Ofen, das wir anmachen, ist siebenmal mit kaltem Wasser gewaschenes Feuer, wie das Feuer in der Hölle, das Höllenfeuer ist siebenmal mehr Feuer, als das Feuer hier.« Ich wollte mich an das Feuer der Hölle gewöhnen. Wenn der Ofen an war, versuchte ich meine Hand in sein Feuer zu stecken. Ich faßte den Ofen von außen an, wenn er sehr rot vom Feuer war. Ich steckte meine Hand in brennende Flammen, aber sehr kurz, und stellte mir das Feuer in der Hölle vor, in dem ich eines Tages brennen würde. An den Tagen erinnerte ich mich auch an den gefalteten Şavkı Dayı. Wenn ich einen Granatapfel, ohne daß ein Stück herunterfiel, bis ans Ende essen könnte, könnte ich ins Paradies gehen. Meine Großmutter sagte auch: »Wenn kein Stück runterfällt, geht man ins Paradies.« Ich aß mit meiner Großmutter Granatäpfel und faßte weiter an den feurigen Ofen. Einmal warf ich ein Teeglas in das Feuer, es platzte im Ofen, ich ging weiter auf die Toilette und fühlte, daß ich beim Teufel war, und schimpfte weiter mit ihm, auf Allah, dann wieder zum Gebetsteppich, und da blieb ich lange, dann ging ich wieder zur Toilette und schimpfte auf Allah, ich wollte ihn sehen, erwartete von ihm ein Zeichen. Er machte mich nicht blind, er zerbrach mir kein Bein, keinen Arm, obwohl ich ihn darum bat.

Dann kam die Baumwolltante aus Istanbul zu uns zu Besuch, mit ihrem Neffen, der ein junger Offiziersschüler war. Er war sehr schön, meine Mutter gab ihm das Zimmer, in dem ich schlief, ich mußte auf dem Flur schlafen. Eines Morgens kam viel Licht durch das Fenster in meine Augen, ich ging runter zu unserem Lebensraum. Ich legte mich in den dunklen Raum auf die Holzbank, dann kam der Neffe der Baumwolltante. Ich tat so, als ob ich tief schlief, er legte sich leicht über mich, umarmte mich und sagte: »Ach meine Seele, ach meine süße Seele.« Ich habe so getan, als ob ich gerade wach würde, er sagte: »Meine Schöne, warum liegst du hier?« Ich sagte: »Oben das Licht ist in meine Augen gekommen.« »Ach meine arme Seele«, sagte er und streichelte meine Haare. Wir hörten Schritte auf den Treppen, der Neffe ging schnell zur Toilette, meine Mutter kam, ich fühlte, daß sie mich ganz tief anschaute, dann ging sie und wartete, bis der Neffe der Baumwolltante aus der Toilette rauskam und hochging. Dann blieb meine Mutter wach, kochte Tee, bald weckte sie alle Schlafenden. Am Nachmittag, nach der Schule, saß ich vor unserem Holzhaus auf den Holztreppen, ich sagte mir, ich bin schwanger, der schöne Neffe hat mich umarmt, ich werde ein Kind kriegen. Ich sah die Tochter unseres Polizistennachbarn, die auf einen Maulbeerbaum kletterte, die Jungen spielten mit den Katzen, schnitten ihnen ihre Schwänze ab, die verrückte Ayten kam auch, aber ich bewegte mich nicht von der Treppe, ich habe ein Kind, dann kam ein dünner Regen, der Neffe ging mit einem Regenschirm raus, sagte zu mir: »Meine Seele, du sitzt unterm Regen, geh rein.« Ich blieb sitzen, er ging mit Schirm Richtung Hauptstraße, dann ging die älteste Tochter vom Polizistennachbarn, auch mit einem schwarzen Schirm, Richtung Hauptstraße. Am Abend fragte die Baumwolltante ihren Neffen: »Sag mal, gefällt dir das Mädchen, soll ich sie dir bringen?« Der Nef-

fe lachte und sagte: »Nein, Tante, sie lief wie ein Kamel.« Meine Mutter und Baumwolltante lachten und sagten: »Lausbub, wir wissen, du hast mit dem Mädchen auf der Straße gesprochen.« Der Neffe sagte: »Ich hab ihr nur gesagt, es regnet. Sie hat dann ›ja, es regnet‹ gesagt.« Die Frauen sagten im Chor: »Ihr habt zusammen die Linsen in den Ofen getan.« Das bedeutete, daß sie zusammen in einem heißen Topf kochten. Am Abend hatte ich kein Kind mehr im Bauch. Ich hatte es vergessen. Die ältere Tochter vom Polizistennachbarn stand immer an ihrem Fenster, der Neffe der Baumwolltante an unserem Fenster, sie schauten sich gegenseitig an, als ob sie zwei Spiegel wären. »Mein Sohn, du wirst dich erkälten«, sagte die Baumwolltante. Das Mädchen hieß Perle. Wir sagten immer: »Die Perle ist am Fenster, sie guckt.« Großmutter sagte: »Sie soll gucken, davon werden ja nicht ihre Augen alt werden, Schwester.« Sie sagte: »Schwester, statt des Herzens klopft jetzt bei ihr die Schachtel. Ihr Kopf ist nicht mehr bei ihr, bald wirst du genauso wie sie werden. Dann siehst du, wie viele Ekken diese Welt noch hat.« Der Neffe und die Baumwolltante gingen nach Istanbul zurück, ich sah die Polizistennachbartochter öfter unterm Regen mit einem Schirm Richtung Hauptstraße laufen. Die Mutter von Perle sagte zu meiner Mutter: »Ach Fatma Hanım, ich habe kein Lenkrad, das Mädchen zu lenken.« Dann sagten beide Frauen über Mädchen: »Ein Mädchen ab sieben Jahren: Entweder zum Mann oder unter die Erde.«
»Ein Stein mit Loch wird nie auf der Erde liegenbleiben, einer hebt ihn schon auf.«
»Wenn man ein Mädchen mit seinem Herz frei läßt, heiratet sie entweder einen Trommler oder einen Klarinettisten.«
»Mädchen geboren – Höllenlärm geschlagen.«

»Mädchen kann man nicht im Bazar verkaufen, Mädchen haben lange Haare, kurzes Gehirn.«
Dann kicherten meine Mutter und die Mutter der Perle, weil die Perle die Türe zu laut schlug und die Teller aufeinanderschlug. Sie sagten: »Arme Perle, die Zeit ist gekommen.« Die Mutter zeigte mit ihren Augenbrauen und Mundbewegungen auf mich. Meine Mutter sagte: »Sie hat noch keine Ahnung, sie ist sehr naiv.« Mutter sagte dann: »Ich glaube, ich habe sie ohne es zu wissen, als Jungen geboren. Sie spielt nicht mit Puppen. Ich hatte ihr mal eine Puppe gekauft, mit ihr haben Nachbartöchter gespielt und sie kaputtgemacht. Sie hat nur eins im Kopf: Straße. Du fragst, gehst du einkaufen, sie geht.« Die Mutter von Perle sagte: »Ach, Fatma Hanım, deine Tochter wird schwer einen Mann finden, sie ist zu lang, zu dünn.« Meine Mutter sagte: »Sie öffnet ihre Augen wie eine Verrückte. Meine Tochter, ein Mädchen betrachtet die Welt mit schmachtenden Blicken, warum öffnest du deine Augen wie die Verrückten. Die Männer werden vor dir Angst kriegen.« Dann sagten die beiden: »Die Mädchen lernen das von der verrückten Ayten, nein, von der verrückten Saniye, nein, vielleicht von der verrückten Muazzez, die auch mit ihren weit geöffneten Augen den ganzen Tag am Fenster steht, auf die vorbeigehenden Männer und deren Ware schimpft.« Dann sagten die beiden Frauen die Sätze eines Liedes und schauten beide in meine Augen und sangen für mich:
»Lerne mit diesen schönen Augen auch das Schauen,
lerne nicht nur, dich selbst zu verbrennen,
lerne auch, die anderen zu verbrennen.«
Der Kummer mit der Perle hörte bald auf, weil das Holzhaus von unserem Polizistennachbarn eines Nachmittags verbrannte, und die Mutter von Perle rettete aus dem Holzhaus nicht ihre Nähmaschine, sondern nur ein

paar alte Kissen. Ich sah sie mit Kissen aus dem Feuer kommen. Was sie retten konnte, waren diese Kissen. Die ganze steile Gasse und der furzende Onkel von der Demokratischen Partei haben Geld gesammelt, obwohl der Polizistnachbar die Republikanische Volkspartei wählte. Auch mein Vater brachte Baumaterial und fing an, ein Haus aus Stein für den Polizistnachbarn zu bauen. Ich sah aus dem Fenster zum erstenmal meinen Vater bei seiner Arbeit. Er bückte sich, erhob sich, lief mit seinem Hut zwischen den Bauarbeitern, redete mit ihnen. Er sah so aus, wie ich ihn mal auf meinem Daumenfingernagel gesehen hatte, als er unter den Treppen der heiligen Moschee mit dem armen Hodscha den Schatz suchen wollte. Er sah nicht so aus, als ob er eine Arbeit machte, er sah aus, wie es meine Großmutter über ihn gesagt hatte: wie der Assistent eines arbeitslosen Meisters. Eines Tages brachte ein dort arbeitender Bauarbeiter zu uns seine Tochter. Sie mußte in ein paar Monaten heiraten, er sagte, sie sollte von meiner Mutter etwas nähen, waschen, kochen lernen und bei uns arbeiten. Das Mädchen war genau in meinem Alter, Seher hieß sie. Das bedeutete: Die sehr frühe Morgenzeit. Die sehr frühe Morgenzeit hatte Läuse am Kopf, Mutter schnitt ihre Haare und wusch ihre Haare jeden Tag mit Essig. Einen Abend wusch sie das Geschirr, den anderen Abend wusch ich das Geschirr. Mutter zeigte ihr, wie man feine Stricksachen strickte, sie häkelte ständig Spitzenumrandungen und sammelte sie in einem großen Tuch, das war ihr Brautbeutel, den mußte jedes Mädchen haben. Der sehr frühen Morgenzeit's Kopf ohne Haare und der Kopf meiner Mutter mit vielen Haaren standen nebeneinander, fast ineinander, ihre Stirnen stießen leicht zusammen über den Spitzenumrandungen, die mal meine Mutter in ihren Händen hatte, dann die sehr frühe Mor-

genzeit in ihre Hände nahm, um meine Mutter nachzumachen. Von draußen guckte der Tag in das Fenster, vor dem sie zusammensaßen, auf ihre Köpfe und Hände. Um der Angst der sehr frühen Morgenzeit vor dem neuen Lernen nicht noch mehr Angst zu machen, bewegte sich das schöne Gesicht meiner Mutter, Augen, Haare und Mund fast nicht, bis die Angst der sehr frühen Morgenzeit in den vier Händen zu Spitzenumrandungen wuchs. Beim stundenlangen Ruhigsitzen gaben diese Frauen ihr Leben in ihre Hände, und aus ihren Augen kamen ihre Toten, die sie in ihrem Leben gesammelt hatten, und setzten sich zwischen die Spitzenumrandungen. Auch der Tag mischte sich in die in ihren vier Händen wachsende Freude und ihre Toten mit ein, gab von seinem Leben Stücke in die Spitzenumrandungen und starb da so gerne in den Händen dieser Frauen, und er wird wieder seine Augen zum Leben aufmachen, wenn diese gehäkelten Spitzenumrandungen von den anderen Frauen schön gefunden werden. Diese Frauen werden die Seele dieses Tages und der Toten in ihre Hände nehmen, sie auswendig lernen, um sie nachzumachen, so wird die Seele dieses bestimmten Tages mit ihren Toten von Haus zu Haus gehen.
Ich fragte meine Mutter, ob ich auch einen Brautbeutel hätte, sie sagte, ich würde wahrscheinlich keine Frau, sondern nur ein Weib, weil ich nicht nähen, kochen und häkeln würde, und meine Augen sähen nur nach draußen. »Du führst immer deine Schachtel spazieren«, sagte sie. Sie sagte: »Ein Mädchen muß über ihrer Schachtel sitzen und arbeiten.«
»Und die Jungs?«, fragte ich.
»Die Jungs können ihre Waren spazieren führen.«
Aber sie zeigte mir dann doch Bettücher und gehäkelte Spitzen, sie sagte, sie sammelte sie für mich. In der Schu-

le, im Familienunterricht, mußten wir Babykleider nähen, ich nähte das nicht, und meine Mutter drohte mir, daß sie für mich nicht nähen würde, und ich würde wegen Babys in der Schule sitzenbleiben. Aber in den letzten Nächten nähte sie es doch für mich. Ich kriegte gute Noten vom Baby. Beim Kochunterricht fehlte immer irgend etwas, Salz oder Tomatenmark, einer mußte immer einkaufen gehen, ich hob meinen Finger, um einkaufen zu gehen. Ich bekam im Kochunterricht wegen meiner schnellen Beine immer gute Noten. Die sehr frühe Morgenzeit konnte bald alles, häkeln, kochen, stricken, nähen, sie mußte bald heiraten. Ich schlief mit ihr im selben Bett, sie sprach nicht viel, sie zählte, wie die verrückte Wäscherin Naciye am Abend im Bett, was sie am nächsten Tag alles machen würde. Wenn sie schlief, sah sie ein bißchen wie ein dickliches Kind aus, aber auch etwas ausgetrocknet und langsam im Körper und schnell im Sitzen, wenn sie häkelte und strickte. Ich ging mal mit der sehr frühen Morgenzeit zu ihrem Vater-Mutter-Haus zu Besuch: ein großer steiler Hügel, auf dem schichtweise über Nacht gebaute Häuser standen, die nannte man Gecekonduhäuser, nachts gelandete Häuser. Es war nur ein Zimmer drin. Diese Häuser mußten die Menschen in einer Nacht bauen, bis zum Morgen, und mit Betten schon reingehen, damit, wenn die Polizei morgens kam, diese die Gecekondu nicht mehr kaputtmachen konnten, wenigstens für eine Weile, weil drinnen gewohnt wurde. An den Wänden der Häuser standen viele alte verrostete Blechkanister, es gab auch mit alten Kleidern zugestopfte Wände. Alte Autoräder, Kutschenräder, alte Kochtöpfe, große Steine, Baumstämme, alte Pferdesättel lagen auf den Dächern, damit die Dächer mit dem Wind nicht wegflogen, es gab dort so viele Nägel, Holzstücke, Blech, alte Eisenstücke, Zeitungen, leere Flaschen, verrostete Blechschüsseln, Seile, alte Schuhe wie im Hırthurt-Bazar. Es gab keine Elektrik, kein Wasser. Wenn man raus zum Klo ging, blieben im Schlamm die Schuhe stecken. Man sagte, der Wind wird von diesem Hügel nie runter nach Bursa gehen, der Wind wohnt hier und hat unsere Kragen in der Hand. Wenn der Wind ihnen in der Nacht von ihren Dächern die Sachen wegnahm, arbeiteten diese Menschen in der Nacht weiter, um neue Gegenstände, die neben ihren nachts gelandeten Häusern lagen, auf die Dächer zu legen. Manchmal mußten sie die Häuser mit Seilen an einen Baumstamm binden, damit sie nicht wegflogen. Ich ging öfter mit der sehr frühen Morgenzeit zu ihrem nachts gelandeten Haus und schlief auf den auf die Erde gelegten Betten mit ihr und mit ihrem Vater und ihrer Mutter. Hier konnte man den Wind hören, auch die Nässe hören. Wenn man morgens wach war, mußte man seine gefrorenen Knochen erst mal ins Leben zurückholen, hier setzte sich alles in den Körper. Die sehr frühe Morgenzeit und ihr Vater und ihre Mutter bewegten sich viel langsamer als ich. Die Kälte hatte sich in ihre Körper so tief reingesetzt. Sie waren wie gefrorene Landschaften. Der Bräutigam der sehr frühen Morgenzeit war auch ein auf den Baustellen Arbeit suchender Bauarbeiter. Ich dachte: Wenn mein Vater Mustafa der Assistent des arbeitslosen Meisters war, war er der Assistent des Assistenten des arbeitslosen Meisters. Er mußte auch in einer Nacht ein Nachthaus bauen, dann heiraten. Die Mutter der sehr frühen Morgenzeit hatte vor einer Sache Angst: Die neu verheirateten Menschen in den nachts gelandeten Häusern ließen, um sich in der ersten Hochzeitsnacht zu wärmen, den Gasofen an, vergaßen ihn auszumachen und erstickten daran. »Der Tod kam mit einem süßen Schlaf«, sagte sie,»so viele Bräute und Bräu-

tigame sind vom Gas gestorben in der ersten Nacht.« Ich fragte die Mutter der sehr frühen Morgenzeit, wie diese Bräute und Bräutigame hießen, die jetzt tot waren. »Ich kann es nicht im Kopf behalten«, sagte sie. Als ich in der Nacht für die Toten betete, nannte ich sie die Bräute und Bräutigame, die in der Hochzeitsnacht in dem nachts gelandeten Haus gestorben waren, deren Namen die Mutter der sehr frühen Morgenzeit nicht in ihrem Kopf behalten konnte. Weil der Bräutigam der sehr frühen Morgenzeit noch nicht das nachts landende Haus in einer Nacht bauen konnte, blieb die sehr frühe Morgenzeit noch lange bei uns, und ich nahm von ihrer Mutter bei meinen Besuchen noch ein paar Tote mit nach Bursa. Die sehr frühe Morgenzeit lernte von meiner Mutter – und ich von der sehr frühen Morgenzeit – das Kaffeekochen und die Hosen meines Vaters zu bügeln und gute Falten mit Bügeleisen zu machen vom Gürtel bis zum Hosenbein. Das hatte meine Mutter geschafft, weil sie mir immer sagte, ich sollte der sehr frühen Morgenzeit sagen, daß sie drei Tassen Kaffee kocht, eine mit Zucker, zwei ohne Zucker. Oder ich sollte der sehr frühen Morgenzeit sagen, daß sie die Hose meines Vaters bügelt, ich konnte das aber der sehr frühen Morgenzeit nicht sagen, ich schämte mich, ihr so eine Nachricht zu bringen, so habe ich das Kaffeemachen und Vaterhosenbügeln auch gelernt. Die vollen Kaffeetassen mußte man sehr vorsichtig tragen. Ich schaute ständig in die Augen des Schaums, der auf dem Kaffee lag. Der Schaum durfte nicht abhauen, sagte man.
»Ein Kaffee ohne Schaum ist ein Abwaschwasser.«
Man sagte: »Die Brautschauerinnen werden auch ein Mädchen dann gut und schön finden, wenn der Schaum über dem Kaffee ohne Löcher und dick ist. Danach werden sie entscheiden, ob dieses Mädchen eine gute Frau

für ihren Sohn wird.« Ich trug das Tablett, auf dem die Kaffeetassen standen, sehr, sehr langsam. Mein Vater aber streckte, wenn er mich kommen sah, vor Freude seine rechte Hand in die Luft, machte mit seinem Zeige- und Mittelfinger eine offenstehende Schere und atmete aus seiner Nase sehr laut, hichhichhich, als ob er gerade mit zwei Fingern in meine Nase und Wangen zwicken würde. Ich hielt beim Laufen meine Nase zum Zwicken bereit, die Nase wuchs vor mir in Richtung der zwei Finger meines Vaters, so daß ich manchmal durch diese aus Freude wachsende Nase den Schaum über der Kaffeetasse aus den Augen verlor und Kaffee auf den Unterteller kleckerte. »Das macht nichts«, sagten sie als Chor, »unser Kismet ist so viel, daß es überläuft.« Mein Vater nahm mit seiner linken Hand die Kaffeetasse, mit der rechten zwickte er mir lange meine Wange, indem er seine Lust am Zwicken mit Luftstößen aus seiner Nase noch hochsteigerte, und so lief aus der Kaffeetasse in seiner linken Hand wieder Schaum runter auf den Kaffeeteller.
Mein Vater Mustafa sagte nach jedem Schluck Kaffee: »Ach, meine damenhafte Tochter, deine Hände sollen gesund bleiben.« Und zu seinen Hosen sagte er: »Ach, meine damenhafte Tochter, deine Hände sollen keinen Kummer sehen.« In diesen Momenten konnte ich vor Freude in Ohnmacht fallen, außerdem wußte ich, wenn Kinder sehr viele Gebete von ihren Eltern kriegten, konnten sie ins Paradies gehen. Ali schickte mich weiter mit »Tamam mı – Tamam« zu den Läden und nahm mich mit ins Kino, damit die Männer ihn nicht anfaßten. Mutter schickte mich, der sehr frühen Morgenzeit dies und das zu sagen, so wusch ich ab, kochte Kaffee, bügelte Vaterhosen, ging zu den Läden, ging in die Schule, kam aus der Schule, ging zum Bach unter die Brücke, auf dem

Weg antwortete ich weiter dem Nachbarn, wie es meiner Mutter und meinem Vater ging, ich mußte auch jeden Tag einmal hinter der verrückten Ayten herlaufen, mit den an ihrem Fenster sitzenden Schwestern Blicke wechseln, in der Toilette mit dem Teufel den Allah beschimpfen, mich auf dem Gebetsteppich vor Allah entschuldigen, abends mit meinen Geschwistern unser Holzhaus ficken, am nächten Tag die Ehre des Hauses wiederherstellen, damit uns unsere Mutter wieder die Milch, die wir aus ihr gesaugt hatten, als unser ehrlich erworbenes Gut schenkte. Ab und zu mal mußte ich mit der Polizistennachbarstochter zu dem Grundstück gehen, damit der alte Mann uns seine Ware zeigen konnte, abends im Bett von der sehr frühen Morgenzeit hören, was sie am nächsten Tag alles machen würde, von der Großmutter dreimal dem Märchen zuhören, für die Toten beten und die vier Millionen Soldaten weiterzählen, die Mutter der sehr frühen Morgenzeit besuchen, von ihr neue Tote holen, die Katzen satt machen, zu den von Staatshand vergifteten Hunden Knoblauchyoghurt bringen, an den Zeitungskiosken schnell Tom Mix-Comics blättern.

In unserer steilen Gasse kamen viele alte Männer, Bettler und Spiritustrinker vorbei, manche von ihnen fielen in der Gasse in Ohnmacht, denen mußte man Wasser geben, warten, bis sie tranken, und die Tasse wieder nach Hause zurückbringen. Ein Spiritustrinker sagte mir einmal, ich sei die Tochter des Propheten Mohammed, die Fatma. Ich eilte immer zu den alten armen Männern, um ihnen Wasser zu bringen, und kriegte von ihnen viele Gebete.

Ich hatte die Frau von Mehmet Ali Bey, Tante Müzeyyen, sehr geliebt. Einmal, zu Hause, kriegte ich eine große Sehnsucht nach ihr, ich brannte, es war wie ein Erdbeben, von meiner Sehnsucht wackelte unser ganzes Haus.

Ich dachte nur an sie, ich sagte zu meiner Mutter: »Die Tante Müzeyyen und Mehmet Ali Bey kommen.« Ich machte unsere Haustür auf und schaute raus, es kam keine Tante Müzeyyen. Aber nach einer halben Stunde klopfte es an unserer Tür, und Mehmet Ali Bey und seine Frau, Tante Müzeyyen, standen vor unserer Tür. Meine Mutter erzählte unserer Nachbarin, daß ich gefühlt hatte, daß sie kommen. Jetzt mußte ich für die Frauen unserer steilen Gasse träumen. Eine Nachbarin wollte, daß ich für sie träume, ob sie einmal ein Kind kriegen würde. Eine andere Frau wollte, daß ich träume, ob sie heiraten würde. Sogar die Tante Sıdıka sagte, ich sollte mal träumen, ob bei der nächsten Wahl die Republikanische Volkspartei gewinnen würde oder nicht. Für den Traum bereiteten mich die Frauen vor. Ich mußte zu ihrem Haus gehen, sie wuschen mich und sich sauber, dann beteten wir unser Abend-Namaz-Gebet auf dem Gebetsteppich. Dann betete und pustete diese Frau, bei der ich war, ihren Wunsch auf mein Gesicht, ich schlief in einem sehr sauberen Bett ein, und wenn ich wach wurde, mußte ich sofort erzählen, was ich geträumt hatte. Ich weiß nicht, was ich diesen Frauen erzählte, aber sie erzählten meiner Mutter, was ich ihnen erzählt hatte, und sie versuchten zusammen aus den Bildern zu verstehen, was das alles bedeuten könnte. Einmal sagte die Frau, die einen Mann wollte: »Fatma Hanım, sie hat einen Baum gesehen, das ist ein Mann.« Diese Frau lernte auch irgendwann einen Mann kennen, aber er war verheiratet und hatte vier Kinder. Sie sagten dann: »Ja, ein Baum hat eben viele Früchte und sitzt fest auf der Erde, sie hat das gesehen.« Ich mußte für diese Frau weiterträumen, ob dieser Mann sich von seiner Frau trennt. Großmutter wollte auch, daß ich träumte, wann sie sterben würde, ob sie ins Paradies gehen würde. Auch ich wollte in meinem

Traum sehen, ob ich selbst ins Paradies gehen würde. Mein Vater sagte mir: »Tochter, du träumst für andere Leute, und ich? Für mich hast du nicht gesehen, ob es unter der Moschee einen Schatz gibt oder nicht.« Mutter sagte: »Sie hat ja gesehen. Es gibt keinen Schatz.« Vater sagte: »Wo sind denn die vielen Schätze, die die Osmanen hatten?« Mutter sagte: »Aman Mustafa, du weißt ja, das Geld der Reichen macht nur die Zunge der Armen müde.« Vater sagte, seine Arbeit ginge schlecht, ich sollte träumen, ob seine Arbeit wieder gutgehen würde.

Als die sehr frühe Morgenzeit heiratete, ging ich in die siebte Klasse. Der heilige Berg verlängerte sich über die ganze Stadt Bursa, und alles war weiß. »Der schwarze Winter ist gekommen«, sagte Großmutter. Ich schaute in der Zeitung, ob wieder ein Brautpaar oben auf dem Hügel in einem nachts gelandeten Haus in der Hochzeitsnacht vom Gasofen erstickt worden war. Ich fragte jeden Morgen meine Mutter, wie meine Großmutter, die Zeitung in der Hand, mich gefragt hatte, ob die sehr frühe Morgenzeit tot oder lebendig wäre. Mutter sagte: »Was für ein Wort, der Wind soll aus deinem Mund den Tod wegnehmen. Meine Tochter, bist du närrisch geworden?« Großmutter fragte auch, wer tot war, dann zeigte sie die Photos vom Ministerpräsidenten in der Zeitung und fragte: »Ist die sehr frühe Morgenzeit tot, ist sie das?« Dann sagte sie: »Wenn sie auch tot ist, man hört es erst nachher.« »Warum?« Großmutter sagte: »Wenn ein Armer stirbt, hört man das nach vierzig Tagen, und einen armen Toten waschen sie mit dem kalten Wasser, aber der Tod ist der einzige Trost für die Armen«, sagte sie. Das war wahr. In unserer steilen Gasse starb ein alter Mann in einem kleinen Zimmer. Die Tante Sıdıka, der es ein bißchen besserging als einem Schwiegersohn, der bei seinen Schwiegereltern leben muß, kam und sagte:

»Großmutter, komm.« Der tote alte Mann wohnte in demselben Haus wie Tante Sıdıka, das war ein altes Holzhaus, in dem in jedem Zimmer ganz verschiedene Menschen für sich wohnten. Das Fenster des alten Mannes war offen. Er lag in seinem Bett, nackt, er hatte einen dünnen Körper, seine Nachbarn hatten ihn gewaschen und in sein Bett gelegt, und der Tote wartete dort, weil er arm war und niemanden hatte als eine Tochter, die eine hinkende Hure war. Die war wegen ihrer Arbeit weg und kam erst nach ein paar Tagen zurück, ich und Großmutter gingen ein paarmal zu dem Toten. An seinem Fenster standen wir und beteten für ihn. Als seine Tochter, die hinkende Hure, kam, sah der Tote so aus, als ob er erst jetzt gestorben wäre. Es war ein sehr junges Mädchen, und sie hatte einen roten Hula-Hoop-Ring in der Hand. Sie stand da wie wir am Fenster und schaute von draußen ins Zimmer rein, wo ihr Vater totnackt lag. Es war kein Geld da. Die Stadtverwaltung mußte den toten Mann begraben. Die Republikaner haben den furzenden Onkel von der Demokratischen Partei geholt, und er hat für den Toten einen Sarg und zwei Männer gebracht. Der Tote ging im Sarg weg, seine Tochter gab seine Kleider zu einem Mann, der den Sarg trug, mir gab sie den roten Hula-Hoop-Ring. Den Sarg trugen sie im Schnee, ich sah die Fußspuren der Sargträger, die ihre Füße tief in den Gassenschnee setzten, weil sie etwas Schweres trugen. Noch ein paar Männer kamen von der Gasse und nahmen den Sarg auf ihre Schultern. Der Schnee fiel, er kam und wusch die Spuren der Sargträger schnell weg. Es schneite und schneite. Man sagte, die Gasse sah aus wie ein nichtangefaßtes Mädchen. Die Menschen der steilen Gasse aber liefen über den Schnee und brachten der hinkenden Hure Essen, der Schnee wusch wieder ihre Fußspuren ab. Sie trugen zur hinkenden Hure das Essen die steile Gasse runter, und ich trug alte Unterhemden die steile Gasse hoch zu den Katzenkindern, die überall in der Gasse oder unter den Bäumen, vom Schnee müde, lagen. Ich deckte ein paar Katzen mit unseren Unterhemden zu. Als ich wieder auf dem sauberen Schnee zu diesen Katzen ging, war eine davon schon tot. Als ich aus dem Fenster zu diesem toten Katzenkind schaute, hatte der Schnee meine Fußspuren schon zugedeckt.

Am nächsten Tag kamen ein paar Männer über den Schnee, sie trugen ein Sofa und ein paar Sessel und brachten sie zu unserem Holzhaus, sie nahmen unsere Holzbänke weg und machten sie vor dem Holzhaus im Schnee zu Kleinholz. Die Holzstücke blieben vor unserem Holzhaus, und der Schnee deckte sie schnell zu. Die Männer gingen weg, ihre Fußspuren gingen weg. Über den Schnee, der wie ein nichtangefaßtes Mädchen war, lief eine Frau und klopfte bei uns. Mutter sagte, das ist die Frau des Bankdirektors, der meinem Vater Kredit geben könnte. Unsere Holzbänke waren deswegen weg, und wir hatten deswegen dieses moderne Sofa und die zwei Sessel gekauft, weil die Frau des Bankdirektors uns heute besuchte. Die Frau des Bankdirektors blieb ein paar Stunden bei uns. Ich betrat das Zimmer nicht, in dem sie und meine Mutter auf dem neuen Sofa und dem Sessel saßen. Ich blieb vor dem Zimmer stehen, als ob das Zimmer auch schneebedeckt wäre und dieser Schnee keine Fußspuren kriegen dürfte. Im Zimmer fing plötzlich eine Uhr an zu schreien. Ich sah meine Mutter, sie stand von dem neuen Sessel auf, hielt ihre beiden Hände vor ihre Brust und fing an, laut Gebete aufzusagen, sie sagte: »Zübeyde Hanım cin bastı.« Sie meinte, die Geister machen Razzia. Die Zübeyde Hanım, die Frau des Bankdirektors, der meinem Vater Kredit geben konnte, machte ihre Handtasche auf, holte aus der Tasche einen großen Wecker, brachte ihn zum Schweigen und sagte, jetzt müßte sie gehen, ihr Mann käme nach Hause. Meine Mutter sagte: »Hatten Sie die Uhr gestellt?« Zübeyde Hanım sagte: »Ja, ich mache es immer. Bevor mein Mann von der Bank nach Hause kommt, werde ich so zu Hause sein.« Die Frau des Bankdirektors ging mit dem Wecker über den sauberen Schnee weg, ihre Fußspuren deckte der Schnee wieder zu, aber ich blieb weiter vor der Tür des Zimmers stehen, wo das neue Sofa und die Sessel standen, und ging nicht rein. Als ich am nächsten Tag wach wurde, ging ich wieder zu dieser Zimmertür und sah wieder, daß das Sofa und die Sessel weiter dastanden, und ging wieder nicht rein. Ich stand da. Wie die Menschen am Moorsee, die von weitem zum sonnigen Fluß gucken, guckte ich auf dieses moderne Sofa und die Sessel, als ob sie auch zu fremden Menschen gehören würden. Weil der Schnee nicht wegging und dablieb und es auch so aussah, als ob er nie wieder aus unserer steilen Gasse weggehen würde, brachten Nachbarn eine Holzleiter zu unserer steilen Gasse. Sieben- bis Siebzigjährige setzten sich hintereinander auf diese Leiter und rutschten mit der Leiter auf dem Schnee die Gasse herunter. Die hinkende Hure des toten nackten Mannes saß vor mir. Es gab Holzleitern von den Republikanischen Partei-Leuten und Holzleitern von den Demokratischen Partei-Leuten. Aber weil die steile Gasse bis zu einer Brücke der einzige Weg war, rutschten alle Leute aus diesen zwei Parteien auf deren Leitern zusammen runter bis zur Brücke, stießen zusammen und lachten und machten ihre schneebedeckten Haare und Schnurrbärte und Kleider gleichzeitig sauber und trugen die Leiter wieder hoch und setzten sich mit ihren im Schnee noch ver-

ständlicher gewordenen Stimmen wieder auf die Leitern.
In diesen Tagen kam diesmal der Fastenmonat Ramadan. Gegen drei Uhr morgens kam der Ramadantrommler, ein einsamer Mann mit seiner Trommel, und er schlug auf seine Trommel mit seinem Holzhammer damdamda damdam, ey Moslemmann, steh auf, damdamda damdam. Die Lichter gehen in unseren Nachbarhäusern und in unserem Holzhaus gleichzeitig an und legen Schatten auf den Schnee, zwischen denen nur dieser einsame Mann mit seiner Trommel läuft. In der Nacht holten sich die Nachbarn gegenseitig die Sachen, die ihnen fehlten, vielleicht Brot, Yoghurt. Eine Nachbarin kam mit einem Löffel und holte sich von uns Tomatenmark. Nachbarn brachten anderen die süße Kaltschale, und wir gingen in manchen Ramadan-Nächten um vier Uhr in unseren Nachthemden und Mänteln rüber zu unseren Nachbarn zum Essen. Dann ging die Morgenkanone los, und alles schwieg, nur der Schnee deckte alle unsere Spuren auf der Gasse zu. Dann kamen die Zigeuner und verlangten von den Leuten ihre Töpfe, um sie – um Allahs Liebe – von ihnen verzinnen zu lassen. Die Leute gaben im Schnee den Zigeunern ihre Töpfe, und die Zigeuner überzogen die Töpfe vor einem großen Feuer im Schnee mit Zinn. Am Morgen, als ich in die Schule ging, lagen viele verzinnte Töpfe vor den Zigeunern, die Zigeuner standen im Schnee, mit ihren gezähmten Pferden, ruhig, und schauten sich die ihre Töpfe suchenden Menschen an und nahmen das Zinngeld wie zufällig in ihre Hände gelegtes Geld und sprachen miteinander, für sich, als ob ihre Sprache für uns sowieso eine fremde Sprache wäre. Im Monat Ramadan waren die Türen der Häuser immer offen, wie in den Sommernächten. Alle, ältere und jüngere Frauen blieben nicht mehr zu Hause. Zur Abendzeit,

wenn ihre Männer nach Hause kamen, sah es sonst so aus, als ob das Leben nur mit diesen Männern zu Hause weitergehen könnte. Die Frauen kamen, wenn die Abendkanone losgegangen war und alle mit Bismillâhiramanirrahim gegessen hatten und die Tische weggeräumt waren, raus in den Schnee der steilen Gasse und gingen mit ihren Mänteln und mit Kerzen zu den vielen heiligen Männergräbern, um ihre Kerzen dort bei diesen Männern anzuzünden. Im Schnee und Kerzenlicht beteten wir vor den vergitterten und nichtvergitterten heiligen Männergräbern, ich schaute in ihre Gesichter, sie schauten zu den Kerzen, die Lichter der heiligen Männer setzten sich auf die Frauenmünder, Kragen, Ohren, Wimpern, in ihre Augenpupillen, über ihre Finger, so als ob der Tod und das Leben immer in der Luft zusammenstehen würden.

Viele Frauenkörper in Stoff, und ihre Füße liefen in der Nacht, als ob sie alle zu einem Körper gehörten, und vor den Häusern trennten sich diese Füße ohne Schmerz. Manche blieben noch auf der steilen Gasse, um sich auf den Schneeleitern der Republikaner oder der Demokratischen Partei-Leute hinzusetzen.

Mein Vater hatte von dem Bankdirektor keinen Kredit gekriegt. Er sagte: »Auf die Berge, auf die ich mich verlassen habe, hat es geschneit.« Großmutter sagte wieder: »Die Augen des Geldes sollen blind werden.« Vater sagte: »Allah hat mir nicht alle Türen zugemacht, ich gehe wieder zu den großen Männern Geld borgen.« Mutter sagte: »Geldborgen von Reichen ist, als ob man einem Blinden versucht, einen Spiegel zu verkaufen.« Großmutter sagte: »Mustafa, mein Sohn, das Geld von Reichen ist ein Henkersseil für die Armen, geh zu den Baustellen, trage Steine auf deinem Rücken, du hast ja noch alle Zähne im Mund.« Mein Vater sagte: »Ihr sollt euch

mit eurer teigverschmierten Hand nicht in Männersachen einmischen. Ein Mann mit Geld ist ein Mann, ohne Geld hat er ein schwarzes Gesicht.« Mein Vater gähnte jeden Abend und erzählte, wie er Millionär sein würde und uns alle zu Millionären machen würde. Er saß am Tisch, wir saßen um ihn herum, unsere Hände auf dem Tisch, er gähnte, wir gähnten, und wenn er erzählte, wie wir alle Millionäre werden würden, nickten wir alle mit unseren Köpfen, unseren Herzen, unseren Händen, mit unseren Bäuchen, und wir sahen so aus, als ob wir dem allein schiebenden Mustafa, der ein im Wasser liegendes Schiff zum Schwimmen bringen will, mit unserem ganzen Körper helfen würden. Als das Schiff zum Schwimmen kam, fing der Tisch, auf dem unsere Hände lagen, an zu wackeln. Da stand mein Vater auf, nahm seinen Hut, wir gähnten weiter, zwischen unseren gähnenden Schatten ging sein Schatten an der Wand wie ein rettender Riese in Richtung Tür, wir sagten als Chor: »Güle güle, Mustafa« (Geh lachend, Mustafa). Dann ging er. Ich sah ihn jeden Abend auf dem Schnee mit seinem Hut wie sein eigener Schatten in Richtung Hauptstraße laufen, der Schnee deckte seine Fußspuren zu. In der Nacht schaute ich immer wieder aus dem Fenster, die steile Gasse stand da, ohne Fußspuren, mein Vater kam nicht. Am nächsten Abend sah ich ihn wieder mit seinem Hut auf dem Schnee wie sein eigener Schatten in Richtung Hauptstraße laufen. Der Schnee deckte seine Fußspuren wieder zu. Dann stand da unsere steile Gasse wieder ohne Fußspuren, mein Vater kam nicht.
»Mutter, wo ist Vater?«
Mutter sagte: »Er ist im Nightclub. Er sitzt dort an einem Tisch mit den dort arbeitenden Frauen und bestellt den Frauen, die dort sitzen, Bol, und er erzählt ihnen, daß er ein großer Mann ist. Die Frauen hören ihm zu und sa-

gen: 'Wai wai, Mustafa Bey, oi oi, Mustafa Bey'. So kriegt er Federn und wird ein Truthahn und bestellt noch mal Bol für die Frauen, die dort arbeiten. Dieser Bol ist sehr, sehr teuer, aber es ist kein Getränk, sondern kalter Tee. Den gießt man aus einer Alkoholflasche.« Großmutter sagte: »Fatma, hebe nicht so viele Steine auf, sonst triffst du Schlangen oder Skorpione.« Mutter sagte: »Was werden wir im Schnee und Winter machen?« Dann sagte sie zur Großmutter: »Dein verrückter Sohn wird uns zu Huren machen.« Großmutter sagte: »Hure sein, für mich zu spät. Er ist verrückt. Wenn er nicht verrückt wäre, hätte er nicht meinen Acker verkauft und wäre in die großen Städte gegangen. Ich muß aber noch verrückter sein, ich bin hinter ihm hergelaufen.« Dann sagte meine Mutter, sie wäre noch verrückter, weil sie auch hinter ihm hergelaufen wäre. In der Nacht wachte ich auf, von der Stimme meiner Großmutter. Großmutter, Mutter, Vater waren in dem Zimmer, in dem das moderne Sofa und die Sessel standen. Mutter stand in der Mitte des Zimmers und sagte nichts. Großmutter stand vor ihr, ihre Arme offen, und mein Vater hatte eine Pistole in der Hand. Ali sagte: »Guck nicht hin, tamam mı?« »Tamam«, sagte ich. Die Augen zu, fühlte ich, daß mein Vater mit der Pistole aus dem Zimmer rauskam. Mein Vater kam zu uns, ich wollte zu meiner Mutter und konnte wieder nicht in das Zimmer mit dem Sofa und den Sesseln reingehen. Vater sagte: »Die Pistole war leer.« Er machte mit der Pistole klack, klack, es kam kein Feuer und keine Kugel raus. »Tamam mı«, sagte er. Ich saß vor der Tür des Sofa-und-Sessel-Zimmers und schaute auf meine Füße. Ali und meine Großmutter sagten: »Sie stirbt.« Ich blieb weiter vor der Tür stehen und konnte nicht reingehen. Meine Mutter saß auf dem Sofa, und Großmutter steckte ihren Finger in ihren Hals. Ali hielt eine Schüssel unter ihr Gesicht, Mutter sah wie dieser von Staatshand vergiftete Hund aus und hustete kurz äch äch wie Hunde, und aus ihrem Mund kam etwas Gelbes raus. Ali sagte: »Geh zum Apotheker, tamam mı? Und geh zum Nightclub und suche unseren Vater, tamam mı?« »Tamam«, sagte ich. Großmutter sagte: »Deine Mutter hat Jod getrunken.« Ich ging in die Nacht, um eine Nachtapotheke zu suchen, ich ging über die heilige Brücke Richtung Atatürk und sein Pferd, weil da immer eine Nachtapotheke offen war. Aber an der Apotheke stand eine andere Apothekenadresse, Richtung Hırthurt-Bazar. Ich ging Richtung Hırthurt-Bazar. Auf einem Platz standen im Schnee ein paar Marktzelte, und ein paar Männer wärmten sich vor einem Feuer. Es waren Marktleute, die sich bis zum Morgen dort wärmten. Die Lastwagen standen ausgeladen und leer, die Orangen lagen unter dem Schnee zusammen, die Hunde liefen zwischen den Kisten, die Männer, die sich an dem Feuer wärmten, schauten mich kurz an, zwei Männer von ihnen tranken aus einer Flasche Wein, ich stand im Licht der Apotheke und sagte: »Meine Mutter hat Jod getrunken.« Der Apotheker sagte: »Man soll sie zum Kotzen bringen« und gab mir ein Medikament, aber er sagte: »Sie soll salziges Wasser trinken zum Kotzen.« Als ich Richtung Atatürk und seinem Pferd zurückging, fand ich meine Fußspuren vom Kommen nicht mehr. Ich ging dann zum Nightclub, ein paar Männer saßen da, manche einzeln an den Tischen, die Musik war aus, und sie sahen so aus, als ob es hier drinnen mehr schneien würde als draußen. Der Mann, der hinter der Bar stand, sagte mir: »Meine Tochter, geh nach Hause, dein Vater ist weggegangen.« Mein Vater saß in unserem Lebensraum und hatte den heiligen Gebetsbuchkoran in der Hand und saß da, und schaute in das Buch. Ich wußte, daß er die arabischen Wörter nicht lesen konnte. Großmutter stand da und schaute auf ihren Sohn, als ob er ein Gast wäre, und sie müßte diesen Gast, bis er weggeht, bedienen. Ich ging hoch und blieb wieder vor dem Sofa-und-Sessel-Zimmer stehen, Mutter saß weiter auf dem Sofa, Ali stand da wie Großmutter bei meinem Vater, wie bei einem Gast. Mutter sagte: »Ali, gib Wasser! Komm, meine Tochter, wir trinken das Wasser zusammen.« Ich ging nicht rein.

Als wir aus der Schule kamen, sagte meine Großmutter, daß die Arbeit meines Vater sehr schlecht ginge, und wir würden oben in dem großen Raum alle sieben zusammen schlafen, damit wir nicht überall den Ofen anmachen müßten.

»Warum hast du Jod getrunken, Mutter.«
»Meine Seele hat mich erdrückt.«
»Warum geht Mustafa zum Nightclub?«
»Seine Seele hat ihn erdrückt.«
Ich sagte: »Wird er jetzt in die Hölle gehen?«
»Nein, meine Tochter«, sagte meine Mutter, »Euer Vater ist wie ein Kind, wenn man sein Innen nach außen drehen und schauen könnte, würde man da ein fließendes klares Wasser sehen. Sein Urgroßvater war der Dorfmoscheehodscha, Eyüp Dede, er soll schon als Baby seine Hände aus den Windeln rausgenommen haben und auf seine beiden Schenkel geschlagen haben clap clap und heilige Sätze gesagt haben. Einmal kam der Sultan als armer Mann verkleidet in sein Dorf. Der Eyüp Dede, euer Ururgroßvater, sagte zu ihm: 'Mein Sohn, du wirst in einen Krieg gehen, aber lebend herauskommen.' Dieser Sultan soll wirklich in den Krieg gegangen und lebend wieder rausgekommen sein, der Sultan saß dann in Istanbul in seinem Palast und schickte eurem Ururgroßvater Eyüp Dede seine Leute, damit Eyüp Dede mit ihnen nach Istanbul zum Sultanspalast kommt, weil er ein heili-

ger Mann war. Eyüp Dede soll aber aus Angst einen Herzschlag bekommen haben und gestorben sein. 'Was will der Sultan von mir? Habe ich einen Fehler gemacht?'« Meine Mutter sagte: »Die Sippe eures Vaters sind heilige naive Menschen.«
Ich suchte die Kugeln der leeren Pistole und fand eine Kugel. Ich wußte nicht, was ich machen sollte. Ich fragte mich: »Soll ich sie in den Bach werfen, soll ich sie in die Toilette werfen?« Ich dachte, das Wasser wird alles wieder zurückbringen, was man ihm gibt. Am Ende schluckte ich die Kugel runter. Später nahm ich die Kugel aus meiner Scheiße und begrub sie unter dem Maulbeerbaum des Polizistennachbarn.
Einmal kam der Polizist, seine Frau und seine drei Töchter, und sie trugen unsere modernen Sessel und unser Sofa für einen Tag zu ihnen ins Haus, weil die Brautschauerinnen für ihre älteste Tochter Perle zu ihnen kommen würden. Am Spätabend brachten sie über den Schnee die Sessel und das Sofa wieder zurück, und Perles Mutter machte mit ihrem Mund Bewegungen, als ob sie gerade eine bittere Zitrone essen müßte. Das war der Geschmack, den die Brautschauerinnen bei ihr hinterlassen hatten. Auch andere Nachbarn kamen öfter zu unserem Holzhaus und trugen unsere modernen Sessel und das Sofa in ihre Wohnungen, bevor die Brautschauerinnen kamen. An den Tagen, an denen die Sessel und das Sofa in den Nachbarhäusern wohnten, konnte ich plötzlich in diese Zimmer hineingehen und mich auf den modernen Sesseln und dem Sofa hinsetzen.
Mein Vater hatte das heilige Buch Koran geküßt und Allah gesagt, daß er nicht mehr zum Nightclub gehen würde. Wir schliefen alle sieben oben im großen Zimmer. Das Zimmer war so groß, daß ich, wenn ich meinem Vater und meiner Mutter »Allah soll euch Gemütlichkeit

geben« sagen wollte, laut schreien mußte. Großmutter erzählte auch die Märchen laut, dann sagte sie immer: »Meine Zunge ist eingetrocknet, gib mir ein Glas Wasser.« Vater sagte auch laut zu mir: »Meine Tochter, bring deiner Großmutter Wasser, tamam mı?« Ich sagte: »Tamam.« Ich schrie: »Warte auf mich, tamam mı?« »Tamam« schrieen sie im Chor. Ich ging die Treppe runter. Als ich zurückkam, warteten alle auf mich.
Einmal sagte mein Vater zur Großmutter: »Mutter, erzähle das Märchen von Teceren.« Ich kannte dieses Märchen noch nicht. Es war das Märchen, das meine Großmutter immer meinem Vater erzählt hatte. »Es war einmal, es war keinmal, als die Vergangenheit in der Zeit lebte, als das Stroh im Sieb lebte, da lebten in einem Dorf in Kapadokia ein alter Mann und seine junge Frau. Der alte Mann Ahmet Ağa hatte Garten und Hab und Gut. Seine Frau war jung, aber sie war ein bißchen ...«
Mein Vater sagte: »Mutter, ihre Augen waren ein bißchen draußen.«
Großmutter erzählte weiter: »Ja, ja, so soll sie gewesen sein. Aber das wußte ihr Mann Ahmet Ağa nicht, ein alter Mann. Seine Frau backte immer Brot aus Kleie, obwohl sie sehr viel Weizen hatten. Er brachte den Weizen zur Mühle, er machte aus dem Weizen Mehl, brachte volle Säcke nach Hause, aber sie stellte vor ihren Mann immer nur Brot aus Kleie. Ahmet Ağa sagte zu seiner Frau: 'Ich bringe so viel Weizen zur Mühle, ich mache dort aus dem schönen Weizen Mehl, bringe es nach Hause, warum backst du nicht einmal Brot aus Weizen?' Die Frau antwortete Ahmet Ağa: 'Ahmet Ağa, deine Tochter im anderen Dorf furzt, und das macht Wind, und unser Weizenmehl verschwindet mit diesem Wind aus den Säcken.' Ahmet Ağa sagte: 'Ich gehe zum Dorf meiner Tochter.' Er stand auf, ging zum Dorf seiner Tochter und fragte

sie: 'Meine Tochter, warum furzt du?' 'Was für einen Furz?' fragte ihn seine Tochter. 'Du furzt, und das macht Wind, und mit diesem Wind stäubt unser Mehl aus den Säcken, deine Stiefmutter kann deswegen kein Brot aus Weizenmehl backen, ich esse nur Brot aus Kleie.' Seine Tochter verstand, was da los war, aber sagte nichts. Dann sagte sie: 'Vater, ich gebe dir meinen Sohn Teceren mit, nimm ihn zu euerm Dorf mit, er wird dich dort Brot aus Weizenmehl essen lassen.' Ahmet Ağa sagte: 'Gut, meine Tochter.' Teceren soll ein sehr schlauer Junge gewesen sein. Er kam mit seinem Großvater ins Dorf, schaute sich das Dorf an, das Haus, die Nachbarn, seine Stiefgroßmutter und sagte: 'Großvater, ab jetzt werde ich alles in die Hand nehmen, du gehst morgen mit deinen schwarzen Ochsen auf deinen Acker. Gib mir deinen roten Schal, ich werde ihn um den Bauch einer deiner schwarzen Ochsen binden.' Dann wurde es Morgen, Ahmet Ağa und sein Enkel Teceren gingen zum Acker. 'Ich werde euch gegen Mittag euer Essen bringen', sagte die Frau. Die Frau hatte einen Geliebten, den Mehmet Ağa. Mehmet Ağas Acker lag neben dem Acker von Ahmet Ağa. Auch er hatte zwei schwarze Ochsen, einer hatte an seinem Bauch einen roten Fleck. Die Frau kam am Mittag, sie hatte für ihren Liebhaber Truthahn gebraten, für ihren Mann Brot aus Kleie. Sie stand da und sah auf einem Acker einen Ochsen mit einem roten Fleck am Bauch, auf dem anderen Acker aber auch einen Ochsen mit einem roten Fleck am Bauch, weil Teceren den roten Schal um den Ochsen seines Großvaters gebunden hatte. Die Frau muß sehr naiv gewesen sein. Sie ging mit dem Truthahn zum Acker ihres Mannes, im Glauben es wäre der Acker des Liebhabers. Und als sie bei ihrem Mann ankam, erröteten ihre Wangen, sie log und sagte: 'Ah, ich habe für euch einen Truthahn geschlachtet und ihn euch gebracht.' Teceren sagte: 'Großmutter, deine Hände sollen gesund bleiben, du hast für mich einen Truthahn gebraten.' Sie sagte: 'Ja, mein Teceren.' Innerlich sagte sie sich, er solle Unfälle erleben. Dann sah sie ihren Liebhaber Mehmet Aǧa seinen Acker pflügen. Was soll sie machen: sie will nicht, daß ihr Mann Ahmet Aǧa und sein unheiliger Enkel Teceren den Truthahn alleine essen. Sie sagte: 'Schade, Mehmet Aǧa pflügt unter der Sonne allein seinen Acker, lade ihn ein, er soll auch kommen und essen.' Teceren sagte: 'Großvater, ich gehe zu ihm und lade ihn ein.' Auf dem Weg zum Mehmet Aǧa holte sich Teceren von den Bäumen viele Äpfel und schmiß die Äpfel bis zu Mehmet Aǧas Acker auf den Weg. Er ging zu Mehmet Aǧa und sagte: 'Mehmet Aǧa, geh schnell weg, mein Großvater wird kommen und dich töten, weil du seine Frau liebst.' Nach einer Weile kam Teceren zurück und sagte: 'Großmutter, ich habe Mehmet Aǧa gefragt, aber er kommt nicht zum Essen.' Die Frau sagte zu ihrem Mann: 'Ach, Ahmet Aǧa, geh du hin.' 'Gut, ich gehe', sagte Ahmet Aǧa, stand auf und ging hin, auf dem Weg sah er die auf der Erde liegenden Äpfel, er sammelte einen nach dem anderen und steckte sie in sein Hemd. Mehmet Aǧa sah Ahmet Aǧa kommen, und er glaubte, Ahmet Aǧa würde von der Erde Steine sammeln, um ihn zu töten. Er ließ seine beiden Ochsen auf dem Acker und lief schnell weg. Ahmet Aǧa rief: 'Wohin gehst du Mehmet Aǧa, komm zum Essen, es gibt Truthahn.' Mehmet Aǧa aber haute ab. Ahmet Aǧa kam zurück und sagte: 'Frau, ich habe das nicht verstanden, er hat mich gesehen und ist sofort weggelaufen. Hier, ich habe euch viele Äpfel mitgebracht.' Teceren war glücklich, sagte: 'Laß uns essen, komm, Großmutter.' Die Frau sagte: 'Gut, wir essen.' Innerlich aber sagte sie: Die Wurzel des Giftes solltet ihr essen. Es wurde Nacht, alle gingen ins Bett, aber Teceren schlief nicht, Ahmet Ağa war ein alter Mann, schlief, die Frau rief leise: 'Mehmet Ağa, komm, ich mache dir Spiegeleier, komm zum Essen.' Sie fragte Mehmet Ağa: 'Warum bist du heute nicht gekommen, ich hatte für dich Truthahn gebraten. Ich dachte, ich komme auf deinen Acker, weil aber deine Ochsen und unsere Ochsen beide rote Flecken am Bauch hatten, trat ich auf unseren Acker. Ahmet Ağa ist gekommen, um dich zum Essen einzuladen, du bist abgehauen, warum?' 'Wie sollte ich nicht abhauen, Teceren hat mir gesagt: 'Mein Großvater wird dich töten, er sammelt dazu Steine, weil du seine Frau liebst.' Die Frau sagte: 'Allah, nimm Teceren das Leben weg.' Am Morgen stand sie auf und fragte Teceren: 'Mein Teceren, woran kannst du sterben?' 'Großmutter, du kennst ja den Bach, dort gibt es einen langen Birkenbaum, du gehst hin, unter dieser Birke mußt du sagen: 'Allah, nimm Teceren seine Seele weg', und dann betest du und von dem Birkenbaum wird Wasser herunterfließen. Mit diesem Wasser wirst du deine Hände und dein Gesicht waschen, dann werde ich sterben, Großmutter.' In der Nacht kletterte Teceren auf den Birkenbaum, die Frau ging morgens zum Birkenbaum. Wahrscheinlich war sie sehr naiv. 'Allah, nimm die Seele von meinem Teceren weg, Allah, nimm die Seele von meinem Teceren weg.' Sie sprach auch Gebete, da floß aus dem Baum Wasser herunter. Teceren pinkelte von oben sschhhhiirrrrrr herunter, die Frau sagte: 'Meine Gebete sind angekommen', wusch ihr Gesicht und ihre Hände und ging weg. Dann ist es Abend geworden, ihr Mann Ahmet Ağa und Teceren schliefen, sie rief wieder nach Mehmet Ağa: 'Mehmet Ağa komm, Spiegeleier essen.' Sie tat viel Butter in die Pfanne, machte das Feuer an, die Butter fing an zu braten, sie sagte: 'Mehmet Ağa, ich hole ein paar Eier.'

Mehmet Ağa fing an zu schlafen, ein müder Mann, ein Bauer. Teceren stand auf, nahm die Pfanne voller heißer Butter, goß sie in Mehmet Ağas Mund, legte sich wieder in sein Bett und tat so, als ob er schläft. Mehmet Ağa starb sofort, natürlich stirbt man, wenn kochende Butter in den Hals gegossen wird.
Die Frau kommt, flüstert: 'Mehmet Ağa, Mehmet Ağa, steh auf, ich werde dir Eier machen.' Dann sieht sie, daß Mehmet Ağa tot ist. 'Aman, was werde ich machen?', sagt sie zu sich. Teceren fragt: 'Großmutter, was ist los?' Die Frau sagt: 'Mein Sohn, der Mehmet Ağa kam zu uns zu Besuch, ihr habt schon geschlafen, ich habe gesagt, ich mache ihm Spiegeleier. Ich ging raus, als ich zurückkam, war er tot.' Teceren sagt: 'Großmutter, ich werde ihn jetzt auf deine Schulter legen, bring ihn vor seine Tür und lege ihn dort ab. Mein Großvater soll es nicht sehen.'
Teceren schnitt dem toten Mehmet Ağa seine Ware ab, versteckte sie in seiner Tasche, die Frau brachte den toten Mehmet Ağa zu seiner Tür. Am nächsten Tag stand Teceren auf, sagte: 'Großmutter, du mußt zum Totenhaus gehen, du mußt dort zusammen mit allen Nachbarn weinen.' Die Frau sagt: 'Wie soll ich hingehen?' Teceren sagte: 'Ich werde dir ein Kopftuch umbinden.' Die Frau sagte: 'Gut, mein Teceren.' Teceren band um ihre Stirn ein weißes Kopftuch und hängte die Ware des Mehmet Ağa auf die Stirn der Frau. 'Du gehst jetzt hin und weinst und sagst: 'Ach, alle weinen, alle weinen, wer aber meine trauernde Stirn sieht, der wird noch mehr weinen.' Die Frau geht hin und fängt an zu weinen 'Ach, alle weinen, alle weinen, wer meine trauernde Stirn sieht, wird noch mehr weinen.' Nach einer Weile sagten alle Leute: 'Was sagt sie da? Wir wollen für unsere Toten weinen. Warum sollen wir für ihre Stirn weinen?' Die Menschen schauten auf ihre Stirn und sahen dort Meh-

met Ağas Ware hängen. 'Oh, Hure, du hast ihn getötet', sagten sie und töteten die Frau. Teceren sagte: 'Großvater, ab jetzt wirst du Brot aus Weizenmehl essen. Wir gehen und holen auch meine Mutter aus ihrem Dorf hierher.' Sie gingen und holten die Mutter, und Ahmet Ağa aß von diesem Tag an Brot aus Weizenmehl.«
»Dein Mund soll gesund bleiben«, sagte mein Vater laut.
Bald zog ich eine Treppe tiefer in ein kleines Zimmer um. Mein Busen war gekommen. Mich störten die Männerstimmen. Ich lag in diesem kleinen Zimmer im Bett, mein Vater kam in der Nacht nach Hause, lief im Dunkeln die Treppe hoch, irgendwas fiel runter, ich hielt den Atem an, ich dachte, er wird in mein Zimmer kommen. Mein Vater lief die Treppen weiter hoch, hustete, öhö öhö öhö. Diese Hustenstimme beunruhigte mich, und meine Schachtel fing, wie mein Herz, zu klopfen an. Ich dachte, mein Vater wird reinkommen, dastehen und mich angucken, ich bin im Halbschlaf. Und um das vor meiner Mutter zu verstecken, tut er, als ob er husten müßte, öhö öhö öhö. Ich sagte meiner Mutter: »Ich möchte einen BH.«
»Du hast noch Busen wie Walnüsse«, sagte sie, »du brauchst noch keine Zwillingsmützen.« Die Verkäufer auf den Märkten schrieen: »Zwillingsmützen, Zwillingsmützen« (Ikizlere Takke, Ikizlere Takke).
Ich nahm eine Zwillingsmütze von meiner Mutter, drehte ihre Spitzen vorne zusammen, nähte sie fest, so hatte man große Brustwarzen. Ich trug diese Zwillingsmütze. Wenn ich einkaufen ging, zog ich keinen Mantel an, damit die Leute die Brustwarzen unter meiner Bluse sehen. Ich ging oft Richtung Hauptstraße zum Zeitungskiosk, gegenüber dem Zeitungskiosk gab es einen Laden. Der Ladenbesitzer hatte drei Söhne, sie standen immer an der Tür, aßen Kürbiskerne und spuckten sie vor

sich hin. Ich las am Zeitungskiosk die Zeitungen und gab den Söhnen mein Profil, so daß sie meine Brustwarzen sehen konnten. Ich warf heimlich Geldmünzen auf die Erde und bückte mich ein paarmal, um sie aufzuheben. Einmal rutschte ich auf Eis aus und saß genau gegenüber diesem Laden über meinen Beinen, hinkend ging ich nach Hause zurück. Ich ging immer hinter den Katzen her, ich versuchte ihnen meine Brust zu geben, sie kratzten in meine Hände, Arme und den Hals. Ich lutschte in der Nacht an meinen Armen, beide Arme hatten Flecken und Katzenkratzspuren. In der Schule nahmen manche Lehrer meine Hände in ihre Hände, schauten tief in meine Augen, sagten: »Was ist das?« Mutter sah meine Arme, sagte: »Meine Tochter, lutsche nicht an deinen Armen, du kriegst Tollwut.« »Ja, ja, mach' ich«, sagte ich und lutschte an meinem Mund, bis er dick wurde, und meine Arme färbte ich mit Tintenstiftflecken, auf meine Fußgelenke zeichnete ich Gebißflecken. Ich ging zum Handtuch meines Vaters, wusch mein Gesicht, trocknete es mit seinem Handtuch ab. Meine Mutter sagte: »Du wirst nicht mehr das Handtuch deines Vater benutzen, tamam mı?« Ich sagte nichts. Und sie sagte: »Sag: tamam, sonst beiße ich dir in dein Fleisch.« Ich sagte kein Tamam, Mutter biß mir in mein Beinfleisch und sagte: »Bist du verliebt in deinen Vater?« Immer, wenn ich mich abtrocknete, kam sie, um mich zu sehen. Sie kaufte mir ein Handtuch und sagte: »Benutz nicht das Handtuch deines Vaters, sonst kriegst du ein Kind.« Ich hing mein Handtuch über das Handtuch meines Vaters, dann wollte ich die Kleiderröcke meiner Mutter zerschnippeln. Ich saß mit einer Schere im Dunkeln im Schrank zwischen ihren Kleidern und schnitt Grimassen, als ob ich ein Drache wäre, der auf einen Menschen losgeht, aber ich wagte nicht, die Röcke zu zerschneiden.

Ich putzte meine Nase, spuckte auf die Kleiderröcke und kam heraus. Ich zog ihre Schuhe an und drückte ihre Ferse runter, daß sie Falten kriegten. Mutter sah das, verfluchte mich und sagte: »Du sollst, İnşallah, Tollwut an deiner Schachtel kriegen.« Dann sagte sie: »Ach, was soll ich machen, wenn es ein offenes Feuer wäre, könnte ich Wasser daraufgießen, was soll ich machen?« Als der März kam, gingen alle Katzen aus unserer steilen Gasse auf die Dächer, saßen auf den Dächern, erst stumm, dann fing eine der Katzen laut zu an zu weinen, dann die anderen Katzen als Chor, dann holten alle Katzen aus ihren Körpern fremde Stimmen, jede Katze hörte nur auf sich, es hörte sich an wie verschiedene, laut spielende Musikinstrumente. Die Frauen sagten: »Die sind auf den Dächern. Sie werden uns nicht mehr schlafen lassen.« Manche unserer Katzen kamen an ihren Hintern blutend zurück nach Hause. Ich schloß einmal meine kleinste Katze in ein Zimmer ein. Die Katze wollte raus, sie warf sich auf den Boden, mit ihrem ganzen Körper drehte sie sich, mal nach rechts, mal nach links, sie ging zur Tür, ihr Schwanz zitterte in der Luft, sie stand da, schaute in meine Augen, warf sich wieder hin und her und rief durch die Tür heraus zur Straße. Großmutter sagte: »Laß sie raus, Schwester, du wirst bald genauso wie sie werden.« Ich ließ die Katze los. Großmutter sagte: »Das Blut, das fließen muß, soll nicht in den Adern bleiben.« Alle Karabaş, die besitzerlosen, schwarzköpfigen schwarzen Straßenhunde, die bald wieder von Staatshand vergiftet würden, standen, Spucke in den Mundwinkeln, in den Gassen der schönen Stadt Bursa wie ineinanderliegende Löffel, mit ihren nur für ein kurzes Leben geborenen Augen – jetzt aus Feuer. Sie sahen nur ihr eigenes, zuckendes Fleisch und nichts anderes. Manche Menschen standen um sie herum, wie bei einer Hochzeit, mit viel-

wissenden, ruhigen Augen, sagten im Chor: »Kolay gelsin«
(Allah soll es euch leichtmachen). Dann sah ich die Fahrräder und Stöcke, die die schwarzköpfigen, schwarzen Straßenhunde voneinander trennen wollten, Stöcke schlugen, Räder rollten auf sie zu, die Karabaş liefen blutend ineinander. Dann kamen Frauen aus den Häusern, nahmen den Jungen die Stöcke aus den Händen, hauten damit auf die Jungen und die Fahrräder und sagten im Chor:
»Habt Angst vor Allah«
»Habt Angst vor Allah«
»Allahtan korkun«
»Allahtan korkun«
Die Fahrräder fuhren rückwärts, die Stöcke blieben in den Händen der Frauen, die dort noch weiter riefen »Allahtan korkun, Allahtan korkun.« Die Hochzeitsgäste nickten dazu, klatschten in die Hände, sagten »Çok yaşa teyze, anne« (Lebt lange, Mütter, Tanten).
Unsere Karabaş standen weiter da wie aufeinandergelegte Löffel, zuckten mit ihren Körpern, alle Gesänge aus den Minaretten klangen so, als ob sie nur für diese schwarzköpfigen, schwarzen, bald von Staatshand sterbenden Straßenhunde singen würden, damit auch die schwarzen Hunde sagen könnten: »Heute haben wir dem Schicksalsengel einen von seinen Tagen geklaut.«
Alle Frauen aus unserer steilen Gasse gingen wie ihre Katzen zur Straße und riefen als Chor zu den Fenstern:
»... Hanım, kommst du mit, wir gehen zum Grab des heiligen Hyzanthi Efendi.« Ein anderes Mal gingen sie zum Grab des heiligen Salzvaters,
dann zum heiligen Grab des Schafvaters,
dann zum heiligen Grab des Rosenvaters,
dann zum heiligen Grab des Tulpenvaters,
dann zum heiligen Grab des Meervaters,
dann zum heiligen Grab des Wöchnerinnen-Sultans.

Die Tante Sıdıka, der es ein bißchen besserging als einem Schwiegersohn, der bei seinen Schwiegereltern leben muß, sagte: »Allah sei Dank, daß es so viele heilige Männer gibt, so lüften alle Frauen im Frühling ihr in Mottenpulver gelegtes Leben und ihre Schachteln.« Wenn die Frauen nach ihren Männer nach Hause kamen, fragten die Männer: »Wo seid ihr geblieben?« Dann zogen die Frauen ihre Wörter sehr in die Länge, machten ihre Münder klein und sagten: »Wir sind zum heiligen Grabe von Hyzanthi Efendi gegangen.« Dann schwiegen die Männer. Oder manchmal sagten sie auch: »Bist du von bösen Geistern heimgesucht?«
Wenn der Frühling das erste Obst und das erste Gemüse brachte, hörte ich aus allen Häusern an unserer steilen Gasse die Stimmen der alten Frauen. Sie schrieen aus ihren Kehlen:
»hu hu hu hu hu hu hu hu hu hu
hu hu hu hu hu hu hu hu«
Ihre Hu hu hu hu hu hus kamen aus ihren offenen Fenstern und halboffenen Türen, gingen zur Gasse und weckten zusammen die Blumen an den Bäumen, die noch nicht wach werden wollten, auf. Der kleine Regen, der in diesen Tagen öfter kam und ging, sprang über die Hu hu hu hu hus der im Himmel der steilen Gasse sitzenden alten Frauen und regnete dann unter den Hu hu hus weiter, damit er die alten Frauenstimmen nicht naß machte. Ich sah meine Großmutter, sie nahm ein Stück Obst in die Hand, sagte auch »hu hu hu.«
»Turfandayı tattım« (Ich habe das erste Obst geschmeckt).
»Kayguları attım« (All mein Kummer ist weg).
Erst dann brachte sie das Obst in ihren Mund. Dann war in der ganzen steilen Gasse Stille. Ich sah nur Großmutters Gesicht, ihr Kopftuch gelöst, ihren Mund, der das

Stück Obst sehr langsam kaute. Sie sah aus, als ob ihr die Wände, die Kissen, der kalte Ofen, die Schere, die Gebetsteppiche, die Aschenbecher, die Teekannen und das Stück Obst in ihrem Mund etwas erzählten. Und sie kaute sehr leise, damit sie diesen Stimmen gut und lange zuhören konnte.
In Bursa wachsen die Verrückten an den Bäumen und überall die Seidenraupen, weil Bursa eine seidene Stadt ist. Auch wir hatten in unserem Holzhaus ein paar Seidenraupen. Sie schliefen über den Maulbeerblättern, ich faßte ihre schlafenden Körper an. Sie lagen da wie schlafende kleine Pipis, ich dachte, sie sind tot, und ich wollte sie wecken. Ich drückte mit meinen Fingern auf ihre Körper, Großmutter sagte: »Laß sie schlafen«, dann nahm sie ein paar Seidenraupen in ihre Hand, saß da, schaute auf ihre Hand, und irgendwann fing auch sie an, wie ich, mit den Fingern auf ihre Körper zu drücken. Meine Mutter kam, sagte:
»Allahtan korkun« (Habt Angst vor Allah),
»Allahtan korkun« (Habt Angst vor Allah).
Dann nahm sie die Seidenraupen aus Großmutters Hand in ihre Hand, sagte: »Großmutter, wenn du heiraten willst, verheiraten wir dich.« Großmutter lachte mit ihrem wackelndem Gebiß, als ob man ihr etwas Süßes in den Mund gegeben hatte, sagte: »Wer nimmt mich?« Mutter sagte: »Der Geistersultan.«
Dann erzählte sie uns das Märchen:
»Es war einmal ein Sultanssohn, der immer, wenn er von der Jagd kam, an einem armen Haus vorbeiging, dort hörte er immer eine alte Frauenstimme, die zu jemandem sagte: 'Ach, meine feine, schöne Tochter, die sich sogar von einem Feigenblatt stören läßt.' Der Sultanssohn verliebte sich in dieses Mädchen, das so fein war, daß sogar ein Feigenblatt es verletzen konnte. Er schickte seine

Mutter als Brautschauerin zu dem armen Haus. Eine sehr alte Frau machte die Türe auf, die Mutter des Sultanssohns sagte: 'Ich möchte Ihre feine Tochter als Frau für meinen Sohn nehmen.' Die Greisin sagte: 'Ich habe keine Tochter zum Heiraten'. Die Mutter des Sultanssohns sagte: 'Entweder Ihre Tochter oder Ihr Kopf'. Was sollte die Greisin machen. Sie sagte: 'Gut, aber den Verlobungsring muß ihr Sohn durchs Schlüsselloch auf den Finger meiner Tochter stecken.' Die Mutter des Sultanssohns sagte ja. Die Greisin hatte eine sehr alte Tochter, die wie sie keine Zähne mehr im Mund hatte. Die Greisin schrubbte die Finger ihrer alten Tochter mit Seifen und Wasser und Draht und steckte die weiß und jung gewordenen Finger ihrer alten Tochter durch das Schlüsselloch nach draußen. Der Sultanssohn steckte den Heiratsring auf den Finger und fiel aus Liebe vor diesem weißen Finger in Ohnmacht. In der Hochzeitsnacht kam er ins Zimmer, deckte das Gesicht der Braut auf, und was sah er? Dort saß eine häßliche, häßliche Greisin. Er fiel wieder in Ohnmacht, schmiß aber vorher noch die alte Braut aus dem Fenster. Die Alte fiel mit ihren Brautkleidern auf einen Baum und blieb dort hängen. Unter diesem Baum hatten sich Geister versammelt. Die Geister waren traurig, weil der Geistersultan eine Tochter hatte, deren Gesicht nie lachte. Als sie aber diese aus dem Baum mit Brautkleidern herunterhängende Greisin sah, lachte sie. Der Geistersultan rief zum Baum: 'Du alter Mensch, verlange von mir, was du willst.' Die Greisin sagte: 'Mach mich zu einem jungen Mädchen.' Der Geistersultan sagte: 'Noch Leichteres als das gibt es nicht für mich.' Er machte sie jung, dann gingen die Geister mit ihren Pferden weg. Der Sultanssohn wachte auf, sagte: 'Ach, die arme Greisin, was macht sie wohl auf dem Baum.' Und was sah er? Da hing ein Mädchen in Braut-

kleidern, so schön wie der vierzehnte Tag des Mondes. Er nahm sie zur Frau.«
Großmutter sagte: »Dein Mund soll gesund bleiben, Fatma«, und sie saß da wie eine Braut mit rosa Wangen.
Mein Vater ging weiter zum Café und zum Nightclub, meine Mutter sagte: »Euer Vater ist zu seinem Arbeitsplatz gegangen.« Wir wußten, wo er arbeitete, wir holten ihn manchmal von seinem Arbeitsplatz, er spielte dort Poker. Und zu Hause spielte er mit meiner Mutter und meinem Bruder Ali weiter Poker. Dann stand er auf und sagte: »Hanım, ich gehe zum Café, heute wollte der soundso-Bey kommen, er ist ein sauberer Mann, vielleicht leiht er mir Geld. Fatma, mein Lämmchen, geh auch du raus.« So ging er jeden Tag zum Café, weil er dort einen reichen Mann treffen wollte. Diese Männer kamen nicht, aus diesem Grund ging er sehr oft dorthin, fast wohnte er im Café. Wenn mein Vater unsere Schulzeugnisse oder Hefte unterschrieb, schaute er nicht auf die Noten, er schaute mir ins Gesicht und sagte: »Wo soll ich unterschreiben, meine Tochter?« Einmal sagte ich zu ihm: »Ich gehe in die 9. Klasse.« Ich ging aber in die 7. Klasse. Er sagte: »Bravo, meine Tochter, lerne, meine Tochter, für dieses Land. Werde ein Mensch, werde nicht so ein Esel wie dein Vater.« Dann ging er und sagte: »Heute wollte der Hacı Halit Bey zum Café kommen, er ist ein barmherziger Mann.« Zwischendurch kam er nach Hause, trank seinen Rakı und sagte: »Fatma, trink du auch.« Wenn die Flasche leer war, sagte er: »Heute habe ich, Allah sei Dank, eine Flasche gefunden, für morgen ist Allah zuständig.« Er nahm seinen Hut, und jedesmal wenn er seinen Hut auf den Kopf setzte, sagte er: »Daß *wir* versunken sind, ist ja nicht schlimm, aber das Land ist versunken, die Türkei ist versunken.« Ich dachte, er sagte solche großen Sätze, damit er schnell zum Café gehen konnte.

Es gab kein Gas, kein Salz, keinen Zucker, keinen Käse, keinen Zement. Es gab Menschenschlangen vor den Läden, die vielen Zeitungen waren geschlossen worden, die Leute durften gegen die regierende Demokratische Partei nicht mehr den Mund aufmachen. Meine Mutter wollte Käse kaufen und ging zehn Tage lang sehr früh morgens zum Käseladen und sagte: »Ich möchte Käse.« Der Mann sagte jedesmal: »Meine Dame, es ist kein Käse mehr da, alles ist verkauft.« »Meine Dame, es ist kein Käse mehr da, alles ist verkauft.« »Meine Dame, es ist kein Käse mehr da, alles ist verkauft.« »Meine Dame, es ist kein Käse mehr da, alles ist verkauft.«
Als er auch am zehnten Tag sagte: »Meine Dame, es ist kein Käse mehr da, alles ...« Da sagte meine Mutter: »Warum sagen Sie das, seit zehn Tagen komme ich als erste, wieso ist aller Käse verkauft?« Der Ladenmann sagte: »Ach, meine Dame, zwingen Sie mich nicht zum Sprechen. Wir bekommen keinen Käse, es ist verboten, es zu sagen.«
Die Menschen sagten, die Schwarzhändler verstecken das Gas, das Salz, die Butter und den Käse, den Zucker und das Fleisch in ihrem Keller, damit sie es später so teuer verkaufen können, daß die Leute brennen. Die Menschen sagten: Die Demokratische Partei schafft diese Schwarzhändler, damit diese Händler den Menschen die Milch, die sie aus ihren Müttern getrunken haben, aus den Nasen herausholen können. Die Zeitungen, die nicht geschlossen waren, schrieben: »Amerika, schickt uns Fleisch.« Das Fleisch war da, es war drei Jahre altes, eingefrorenes, amerikanisches Fleisch, das man auch mit einer Säge nicht abschneiden konnte. Das Radio las jeden Abend, wenn die Menschen gerade beim Abendessen waren, Listen mit Namen. Das Programm hieß: Die Namensliste der Menschen, die zur Heimatfront

übergegangen sind. Der Sprecher im Radio las lange Namen von den Familien aus Städten und Dörfern, die zur Heimatfront übergegangen waren. Die Republikaner sprachen vor ihrem Radio zu der Stimme aus dem Radio. Der Sprecher sagte: »Der Herr Ömer aus dem Dorf soundso und seine Mutter Hatice, und sein Vater Osman ...«
Dann zählten die Republikaner vor dem Radio mit und sagten:
»Und sein Ochse,
und seine 1. Kuh,
und seine 2. Kuh,
und sein 1. Schaf,
und sein 2. Schaf,
und sein 3. Schaf,
und seine 1. Gans,
und seine 2. Gans,
und seine 3. Gans ...«
Man sagte, die Demokraten hätten von den Friedhöfen die Namen der Toten gesammelt und ließen auch die vorlesen. Einmal rief der Polizistnachbar aus dem Fenster zu uns: »Fatma Hanım, macht euer Radio an, euern Namen lesen sie auch.« Meine Mutter stellte das Radio an, der Sprecher las gerade den Namen meiner Großmutter. Meine Mutter sagte: »Dein Körper soll wie ein von seinen Wurzeln abgesägter Baum auf die Seite fallen, Bürgermeister! Deine Zähne sollen runterfallen, Bürgermeister!« Er hatte wahrscheinlich unsere Namen dem Radio gegeben. Der Polizistnachbar kam und sagte: »Fatma Hanım, sei nicht traurig, egal, drei Schafe mehr. Sie denken, der Platz gehört ihnen. Sie reiten mit ihren Pferden, aber die Nächte sind schwanger von etwas anderem.« Als manche Zeitungen nicht mehr sprechen konnten, kam eine laufende Zeitung in unsere stei-

le Gasse. Man sagte, er wäre ein Student, und man nannte ihn Arkadaş (Freund), weil er ständig »Arkadaş« sagte, wenn er sprach. Er klopfte an den republikanischen Türen und verkaufte kleine Taschentücher aus Baumwolle, auf denen das republikanische Volksparteiabzeichen gestickt war. Er wollte für die Taschentücher nur 100 Para, eine Münze mit Loch, haben. Man sagte, Arkadaş bestickte diese Taschentücher in der Universitätsklasse während des Unterrichts. Da er aber auch den Professoren zuhören mußte, stach er sich mit der Nadel in seine Finger, die Taschentücher hatten Blutflecke. »Arkadaş« sagte er, »ich werde eine Minute etwas erzählen.« Wenn er sprach, stand er eine Weile nur auf seinem rechten Fuß, den linken Fuß hielt er in der Luft. Wenn er »Arkadaş« sagte, ließ er sein Körpergewicht auf seinen linken Fuß fallen. So wackelte sein Körper vom rechten zum linken Fuß und vom linken zum rechten Fuß. Ich sah, daß die Leute, die ihm an den Türen zuhörten, auch irgendwann anfingen, mit ihren Körpern zu wackeln, weil er nicht nur eine Minute erzählte. Er befeuchtete seine Wörter mit seiner Spucke, es regnete Wörter auf seine rechte Schuhspitze. Er sagte: »Ob die Erde wackelt, Arkadaş, oder ob ich wackele, wer weiß. In diesem Land essen manche Yoghurt, manche essen den Schmerz. Zählt, Arkadaş, euren Kummer, meinen mit. Die Sonne blickt durch, Arkadaş, mit einer Hand macht sie ihr Gesicht zu. O gerechter Allah, du gabst der Sonne Augen, der Demokratischen Partei keine. Doch!, ein Auge, Arkadaş, haben sie in ihrem Bauch. Die Würde verblaßt in unseren Nächten, die Hölle, Arkadaş, brennt bald, ja bald. Wer mich versteht, Arkadaş, soll aufstehen. Wer mich nicht versteht, soll nicht auf mich schauen. Schau nicht, Arkadaş, auf mich, schau auf meine Wörter. Sag nicht, es war ein Regen, Arkadaş, der gekommen und gegangen ist.

Atatürk, Atatürk, komm zurück aus deinem Grab. Ich möchte mich in das Grab hineinlegen. Mein Atatürk hatte, Arkadaş, bevor er starb, in das Loch unseres Landes eine Tür gehängt. Er hat gesagt, Arkadaş: 'Ich pflanze euch diese Tür, lebt wohl, Weisheit in Frieden. Hinterlassen will ich euch eine schöne Welt, schließt die Tür zu, macht nicht jedem auf. Fragt erst, wer da ist. Gedenket mein, lebt wohl.' Als wir schliefen, Arkadaş, wer öffnete da unsere Landestür? Der Demokratenwolf mit der langen Hand. Wir hatten, Arkadaş, keine Hunde, die dem Wolfsauge ein bißchen Furcht einjagten. Sieh da, Arkadaş, wer da? Die Nato, kiss me baby. Sie hatte grüne Strümpfe, kurze Nächte. Ein Wind, Arkadaş, ein blauer Vogel sah und fiel herunter, eine Angst in seinem Herzen. Die Nato, Arkadaş, Truman, seine Waffen, Bücher, amerikanische Soldatenschuhe, Militärsocken, grüne Strümpfe kamen mit dem Wind durch unsere eigene Tür. Der Türbauer tot – ach, mein Atatürk, sterbende Sterne, mein Herzvogel, gelbe Nachtigall. Demokraten, Arkadaş, oh, was für Bettler, nehmen einen Strumpf, geben einen türkischen Soldaten. Silberne Kinder gegen grüne Strümpfe, Arkadaş, sie gingen mit diesem fremden Wind rückwärts aus unserer Landestür.
– Wohin, mein silberner Vogel?
– Nach Korea, Bruder, grüß meine Mutter, sag ihr, sie soll nicht weinen.
Die Nato sagt:
– Unhappy boy. I need you, I want you.
– Do you need me?
– Yes, Lovestory.
Es regnete in Korea.
Drei schwarze, tote türkische Soldatenaugen, Arkadaş, auf der Erde. Sie wunderten sich weiter, daß es in der Koreawelt Menschen mit anderen Augen gibt. Gestorbe-

ner silberner Vogel. Gebrochene Feder im Fluß. Eine Mutter weint auf die Erde. Vierzig Nägel im Mutterherz.«

Arkadaş holte aus seiner Tasche ein Stück eingefrorenes Fleisch, das die Amerikaner als Hilfe geschickt hatten, warf es ein paarmal auf unsere steile Gasse und sagte: »Hier, was der Demokraten-Bettler aus Amerika für uns gekriegt hat, vielleicht ist es Indianerfleisch. Sie haben ja nicht alle getöteten Indianer begraben.« Dann hob Arkadaş das Fleisch wieder auf, kriegte seine Münze mit Loch und ging.

Als Arkadaş wegging, merkte ich, daß die Menschen, die Arkadaş am Anfang auf einem Fuß, mit dem Körper wackelnd, zugehört hatten, schon lange nicht mehr da standen. Nur ihre halboffenen Türen hatten dem Arkadaş zugehört. Manche Menschen hatten ihm ab und zu mal aus den in ihren Lebensräumen stehenden Wasserkrügen ein Glas Wasser gebracht. So standen ein paar leere Wassergläser vor diesen halboffenen Türen, aus denen Arkadaş seine trockene Gurgel naß gemacht hatte. Als er ging, kamen die Menschen wieder aus ihren halboffenen Türen, nahmen ihre leeren Wassergläser in eine Hand, mit der anderen Hand holten sie aus ihren Taschen die Taschentücher, auf denen das republikanische Volksparteizeichen gestickt war, die sie vom Arkadaş für eine Münze mit Loch gekauft hatten, und weinten eine Weile vor ihren Türen und trockneten zusammen als weinender Chor ihre Augen mit diesen Taschentüchern, sie schnaubten rein, gingen mit leeren Wassergläsern in ihre Lebensräume und machten die dem Arkadaş zugehört habenden Türen zu.

Ich staunte, wieviel Arkadaş hintereinander erzählen konnte. Seine Sprache war für mich, als ob er englisch redete, nur sein ständiges Wackeln beim Sprechen erinner-

te mich an meinen Korankursus-Hodscha in der Moschee. Großmutter fragte meine Mutter, was Arkadaş ihr erzählt hatte. Mutter sagte: »Was weiß ich. Wenn ich verstehen könnte, was er sagt, wäre ich nicht hier, ich wäre ein großer Sterngucker.« Dann sagte sie: »Er erzählte von Menschenfressern« (yamyam). Großmutter sagte: »Menschenfleisch soll süß sein. Es soll in unserem Dorf einen Menschenfresser gegeben haben, aber keiner hat das geglaubt.« Großmutter erzählte dann, daß ein Sohn von der Familie Vassils mit seiner Frau und den Kindern zu seiner reichen Tante zu Besuch ging. Die Tante kochte Essen, brachte es ihnen, und sagte: »'Eßt, eßt, sonst werdet ihr hungrig bleiben.' Sie aßen und tranken, dann kam der Schlaf, sie legten sich schlafen. Die reiche Tante machte ein großes Feuer, setzte einen großen Blechkanister Wasser auf das Feuer, dann stellte sie sich vor einen Spiegel und fing an, sich ihre Zähne zu schärfen. Hırthırthırt, sagte sie dabei.
'Vassils Sohn Hırt
Seine Kinder Hırt'
(Vassil oğlu Hırt
Oğlu uşağı Hırt).
Vassils Frau wurde wach, hörte das, sagte zu ihrem Mann: 'Vassil, Vassil, steh auf, deine Tante hat ein Feuer angemacht und schärft ihre Zähne, sie wird uns essen, steh auf, wir hauen hier ab.' Vassil drehte sich von rechts nach links und sagte: 'Kann meine Tante mich fressen? Ich gehe nicht, ich bleibe hier.' Was sollte die Frau machen, sie nahm ihre Kinder und ging weg. Die Tante kam und sagte: 'Vassil, mein Sohn, ich werde dich essen. Wie soll ich dich essen, soll ich dich am Spieß drehen oder soll ich dich im Wasser kochen?' Vassil sagte: 'Tante, wer seiner Frau nicht zugehört hat, den soll man essen, wie man will. Man kann ihn auch lebendig fressen.' So hat

die Tante den Vassil lebendig gegessen.« Meine Mutter sagte: »Das ist ein Märchen, es ist ja nicht wirklich geschehen.« Großmutter sagte: »Warum soll es ein Märchen sein, es ist wahr, es hat mir meine Mutter erzählt.« Mutter sagte: »Deine Mutter war wahrscheinlich eine Zungenhure wie du, Großmutter.« Großmutter sagte: »Die Sterne können mit den Sternen sprechen, die Menschen können mit den Menschen nicht sprechen.« Zur Abendzeit, wenn die Liste der zur Heimatfront übergegangenen Leute vorgelesen wurde, machten die Republikanischen Volkspartei-Wähler ihr Radio nicht mehr an. Die Demokraten drehten ihre Radios lauter. Die verrückte Saniye ging wie früher vorbei, in ihrer rechten Hand, jetzt wo es keinen Käse gab, Radieschen. Wieder hielt sie ihre Hand über dem Kopf, die Radieschen in der Hand drehend. Mutter sagte: »Die Reichen machen die Saniye noch verrückter.« Mein Vater ging weiter mit dem Satz zum Café: »Das Land ist versunken.« Der auf einem Bein wackelnd erzählende Arkadaş kam nicht mehr, man sagte, ihn hätten Demokraten vielleicht im Straßenbau als Stein benutzt. Ich lutschte weiter an meinen Armen und zeichnete weiter mit Tintenstift Flecken auf meine Beine, auf Brust, Gesicht und Arme. Meine Mutter sagte mir, ich wäre nicht ihre richtige Tochter, sie hätte mich von den Zigeunern gekauft. »Die Zigeuner kamen, unsere Töpfe zu verzinnen, vorbei. Ich habe dem Zigeuner ein Stück Seife gegeben und dich dafür gekauft.« »Wie heißt meine Zigeunermutter und mein Zigeunervater, Mutter?« »Sie waren Töpfeverzinner. Du bist wie aus ihrer Nase geschnitten, schwarz und dünn wie ein Reisig.« Ich sagte meiner Mutter, ich will zu meinem Zigeunervater und meiner Zigeunermutter zurückgehen. Mutter sagte: »Gut, sie müssen dich erst mal verzinnen. Geh hin, dann siehst du, sie werden dich über den grünen Klee loben. Sie werden dich verzinnen.« Ich glaubte ihr nicht so sehr, aber trotzdem sah ich vor meinen Augen die Bilder von dem, was die Mutter erzählt hatte. Zigeuner sitzen vor einer kaputten Mauer auf einem steinigen Grundstück, da ist ein Feuer, ich liege als Baby auf der Erde, die vielen Töpfe liegen vor dem Zigeunermann und -frau, erst machen sie die Töpfe mit einem Draht sauber, schwarzer Schaum tropft aus den Töpfen zur Erde, die Verzinnarbeit hat eine Stimme, schischschschschisch, und dann sind die Töpfe silbern. Dann kommt Fatma und gibt meinem Zigeunervater und meiner Zigeunermutter ein Stück Seife und nimmt mich mit.

Was mich beschäftigte, war die Frage: War ich so billig, oder war ein Stück Seife so teuer. Ich fragte Mutter, was für ein Stück Seife sie meiner Zigeunermutter gegeben hatte. Sie sagte: »Das war ein Stück grüne Seife.« Mit grüner Seife wusch man Geschirr. Bald hatte ich mich daran gewöhnt, daß ich auch einen Zigeunervater und eine Zigeunermutter hatte. Ich lutschte weiter an meinen Armen, meine Mutter nahm mich, lief mit mir die Hauptstraße bis ans Ende von Bursa, stundenlang. Wenn kein Mensch auf unserem Weg war, spielte ich entweder, die Augen zu, eine Blinde, oder fing an zu hinken. Wenn ältere Frauen uns entgegenkamen, hinkte ich noch mehr. Sie standen da und schauten mich an, ich hinkte noch mehr. Wenn junge Männer uns entgegenkamen, klebte ich mich an meine Mutter, so gingen wir beide, als ob unsere vier Füße zusammengebunden waren. Mutter sagte, ich solle gerade gehen, die Männer würden mich nicht essen. Ich nahm mir vor, in Männeraugen zu gucken und gerade zu laufen. Ich sah sie von weitem als Ganzes. Wenn sie aber in meine Nähe kamen, sah ich sie nur als Hose und Hemd, ich sah ein Detail, ihren Hosengürtel oder ein Taschentuch in ihrer Hemdtasche, und ich schlingerte zwischen den Füßen meiner Mutter. Sie sagte: »Siehst du, jetzt schauen sie uns beide an.« Die Töchter des Polizistennachbarn liefen zu Hause, mit Büchern über ihren Köpfen herum, besonders die ältere Tochter Perle, aber die Kinder machten sich über sie lustig. Wenn Perle sehr gerade lief, sagten sie: »Perle hat einen Stock geschluckt.« Am besten war es, wenn ich zusammen mit meiner Großmutter auf der Straße ging. Großmutter lief schlingernd, ich lief auch schlingernd, sie sagte: »Schlingere nicht so, Schwester.« Auch ich sagte: »Schlingere nicht so, Großmutter.« So schlingerten wir weiter und sagten die Sätze, die mit unserem Schlingern einen Rhythmus bekamen.

»A kadı nerden gelirsin
Zartum zurtum şeehrinden
Belin niye eğridir
ossurmağın derdinden«

Ah, Richter, woher kommst du
von der Stadt Zart und Zurtum
warum ist deine Hüfte so schief
von dem Kummer des Furzes.

Als mein Vater zu Hause fast nicht mehr zu sehen war, ging meine Mutter mit der Tante Sıdıka, der es ein bißchen besserging als einem Schwiegersohn, der bei seinen Schwiegereltern leben muß, zu Bursas türkischen Bädern, die der Sultan hatte bauen lassen. Mutter sagte: »Sıdıka Hanım, du bist Witwe, ich bin auch Witwe, Mustafa hat den Weg nach Hause vergessen, laß uns vom Schicksalsengel einen seiner Tage klauen.« So betrat ich nach vielen Jahren wieder den Mösenplanet. Alle

Frauen liefen nackt, auf Stelzenschuhen, über den nassen Marmor, sie saßen über dem Wasser, wuschen sich. Bevor sie in Ohmacht fielen, gingen sie raus zu den kälteren Sitzräumen, lutschten an den halben Zitronen oder rochen an einer Orangenschale. Als Tante Sıdıka mich nackt sah, lachte sie sehr, versteckte ihre Brüste vor mir und machte ihre Beine zu, sagte: »Makkarios.« Makkarios war der griechisch-orthodoxe Pope von Zypern und hatte einen langen, schwarzen Bart. Tante Sıdıka meinte damit, daß meine Schachtel Haare gekriegt hatte. Ich hielt meine beiden Hände vor meine Schachtel, damit die anderen Frauen meine Haare nicht sahen, keine Frau hatte über ihrer Schachtel Haare. Nur zwei ältere Zwillingsschwestern liefen im Sultansbad mit Makkarios-Bärten herum. Die beiden Zwillingsschwestern hatten die Bärte mit blauen Schleifen gebunden, sie hatten nie geheiratet, und sie waren noch Jungfrauen. Wenn sie beide nebeneinander auf dem Marmorboden standen, sah ich zuerst ihre Gesichter, sie waren wie aus Leder, das nicht von Schnee, Regen und Sonne, sondern vom Warten alt geworden war. Meine Mutter sagte: »Sie haben ihre Hände und Füße aus dieser Welt zurückgezogen.« Ihre dünnen Bäuche hatten Falten. Diese Falten und ihre mit blauen Schleifen gebundenen Schachtelhaare sahen so aus, als ob dort zwei Männer mit ihren für den Schlaf gebundenen Bärten, die Augen zu, schliefen. Tante Sıdıka nannte sie Zeppelinbrüder und sagte: »Es sind griechische Türkinnen, sie können über ihren Schachteln Haare haben, weil der Prophet Isa (Christus) in seinem Buch nichts über die Haare auf Frauenschachteln geschrieben hat.« Es gab einen Extraraum, dort stand ein Eimer voll mit etwas Grünem, ein Enthaarungsmittel, das wie sehr faule Eier roch und in der Nase piekte. Ich ging an dem Eimer schnell vorbei. Meine

Mutter sagte, ich müßte den Marmorboden sehr gut waschen, bevor ich mich auf den Marmor setzte. Warum? Vielleicht haben sich dort Männer gewaschen, und aus ihnen ist ein Wasser gekommen. Davon kann eine Jungfrau schwanger werden. Dann erzählte sie mir, daß unsere Mutter Meryem, die Mutter Isas, der auch unser Prophet, unser heiliger Christus war, so schwanger geworden wäre. Eins gefiel mir: Ich dachte, wenn die Mutter Meryem als Jungfrau einfach so vom Wasser schwanger geworden war und heilig für uns war, konnte ich, wenn ich eines Tages schwanger sein sollte, sagen, ich bin wie Mutter Meryem. Trotzdem wusch ich den Marmorboden, bevor ich mich hinsetzte, mit sehr viel Wasser. Wir blieben bis Mitternacht im Bad. Uns erwarteten zu Hause keine Männer. Mutter und Tante Sıdıka lagen auf den heißen Marmorsteinen, auch das Licht aus der Badkuppel legte sich ins fein fließende Wasser. Tante Sıdıka sagte wie der Arkadaş: »Fatma Hanım, der Wolf kommt rein, wenn er die Tür offen findet, aber was machen wir, Fatma Hanım, was machen wir?« Wenn Tante Sıdıka erzählte, sagte Mutter immer: »Die Augen der Demokratischen Partei sollen blind werden, İnşallah.« Oder sie sagte: »Haben denn die Demokratischen Partei-Leute keine Mutter? Wenn nur ihre Mütter sie einmal lange genug schlagen würden.« »Allah soll uns von dieser Demokratischen Partei retten İnşallah«, sagten sie und gingen sich noch mal waschen. Man konnte aus dem Bad zum Garten rausgehen. Ich saß einmal allein an einem Tisch. Der Garten lag auf einem Hügel, der Fluß Nil floß unten in der Ebene von Bursa, der Abendwind bewegte die Kopftücher der Frauen, die dort mit ihren lange in heißen Bädern gewaschenen Gesichtern saßen, ohne zu sprechen. Da saß eine sehr schöne Frau mit einer alten Frau, sie tranken Kaffee, und die schöne Frau drehte die Tasse über den Teller. Dann sagte sie: »Lese meinen Kaffeesatz, Tante!« Die alte Frau erzählte ihr von einem kommenden Kismet, von einem Vogel, der in seinem Mund eine Nachricht bringen würde. Die schöne Frau sagte: »İnşallah, İnşallah.« Sie schaute tief in meine Augen. Als sie aufstand und sagte »Ich gehe arbeiten«, fühlte ich mich so einsam wie der Fluß Nil, der unten auf einem einsamen Weg floß und kein Ende hatte, und ich ging hinter der schönen Frau her. Sie ging in einen Nightclub gegenüber dem Bad. Ich ging in den dunklen Club, Männer saßen dort auf den Tischen, manche allein mit einem Glas vor sich, manche hatten Sonnenbrillen. Ich staunte, wie es hier so dunkel sein konnte, und im Sultanbad, wo meine Mutter und Tante Sıdıka sich wuschen, so hell sein konnte. Dort, wo manche Frauenkörper unterm hellen Licht, Rücken an Rücken, sitzen und Zitronenwasser in ihre Münder bringen. Das war für mich genausoschwer zu verstehen, wie wenn Allah mich in der Schule und meine Mutter gleichzeitig zu Hause sehen konnte. Mit Musik kam die schöne Frau auf eine kleine Bühne, sie war fast nackt. Auf ihre Brustwarzen waren kleine runde, rosa Wattestücke geklebt, und es sah sehr schön aus. Sie wackelte mit ihren Brüsten, die fest an sie geklebt waren, nur diese rosa Watte wirbelte in der Luft. Ich wollte, daß sie mich sah. Dann kam ein Mann und sagte: »Kleine, suchst du hier jemanden, geh nach Hause, meine Tochter.« Ich ging aus dem dunklen Nightclub ins türkische Bad, ins Licht. Tante Sıdıka sagte: »Makkarios ist gekommen.« Meine Mutter und Tante Sıdıka, der es ein bißchen besserging als einem Schwiegersohn, der bei seinen Schwiegereltern leben muß, gingen wieder ins Sultanbad. Ich ging, meine Hände über meinem Makkarios-Bart, hinter ihnen her. Weil es Nacht geworden war, saßen jetzt alle Frauen mit den Sternen zusammen, die aus den Badekuppelgläsern heruntergeregnet waren. Die Frauen sahen auch aus wie Sterne, die ihre Adressen nicht mehr wußten. Ich wusch den alten Frauen ihren Rücken, ihre alte Haut redete vom Tod, und die Sterne zitterten um ihre Körper im fließenden Wasser auf dem Marmorboden. Ich sah mit einem Auge die zitternden Sterne, mit dem anderen Auge sah ich meine Mutter, auch sie wusch den Frauen ihre Rücken, sie beteten und stöhnten, und das Badgewölbe hallte wider von ihren Gebeten und ihren »och«-sagenden Stimmen. Ich dachte, daß diese Frauen alle meine Großmütter und Urgroßmütter sind, denn meine Mutter hatte fünf, sechs Mütter, weil mein Großvater viele Frauen hatte, und jede von diesen vielen Frauen hatten auch fünf, sechs Mütter, und auch die hatten fünf, sechs Mütter. Schon die Mütter, Großmütter, Urgroßmütter unserer Sippe konnten ein Sultansbad vollmachen. Ich zählte alle Frauen, damit ich, wenn ich in der Nacht für die Toten betete, wissen konnte, für wie viele gestorbene Väter und Mütter ich noch beten konnte. Meine Mutter sagte: »Komm, gehen wir in den Löwenmund.« Der Löwenmund war ein kleines Becken mit sehr heißem Wasser, und aus einem Loch aus der Wand kam immer heißes Wasser in das Becken. Meine Mutter stellte sich mit dem Rücken vor dieses Loch, aus dem heißes Wasser lief, und sie stand da im Wasser, Augen zu, und sagte zu mir, fast murmelte sie: »Siehst du, meine Tochter, siehst du, das ist die Welt. Denke dir, daß die Welt ein offener Platz ist, alle Menschen stehen dort und waschen sich und sprechen miteinander.« Dann sagte sie wie meine Großmutter: »Das Fleisch von Menschen kann man nicht essen, die Haut von Menschen kann man nicht anziehen. Hat ein Mensch mehr als seine süße Zunge?« Dann sagte sie: »Aber der Himmel hat kein Gewölbe, deswegen ver-

gessen die Menschen, daß sie nackt von ihren Müttern geboren sind.«
Um im türkischen Bad ohne mich zu schämen herumlaufen zu können, ließ ich meine Haare, die jetzt unter meiner Achselhöhle und über meiner Schachtel gewachsen waren, von meiner Mutter mit gekochtem Zitronenwasser und Zucker, das in den Händen meiner Mutter zu einem großen Kaugummi wurde, abziehen. Mutter klebte es auf die haarigen Stellen, dann sagte sie: »Achtung.« Die Haare gingen mit dem Kaugummi aus ihren Wurzeln, ich schrie: »Ach.« Als alles vorbei war, gefiel es mir gut. Die Frauen sagten im Chor: »Die Sauberkeit kommt vom Glauben.« Großmutter machte es auch. Sie hatte nicht so viele Haare, sie nahm sie mit Asche weg, sie nahm eine Handvoll Asche in ihre rechte Hand, legte sie auf ihre haarigen Stellen, dann zog sie. Ich sah durch das Fenster während die Haare von meiner Schachtel mit viel »Ach« weggingen, daß die Schachtelhaare der Polizistentöchter und anderer Töchter auch weggingen. Ich sah nur hinter ihren Fenstern ihre hochgehenden Köpfe und die »Ach«-sagenden Münder und die »Achtung«-sagenden Mutterstimmen. Sie sagten dann, wenn es vorbei war, mit mir gleichzeitig: »Off.« Großmutter sagte: »Sag nicht so oft 'Off', sonst kommt der Geist, der Off heißt, und steht plötzlich vor dir, er wird dich fragen, was du zu befehlen hast. Was wirst du ihm dann sagen?« Unsere steile Gasse, die öfter wie eine große Moschee aussah, in der sich die Menschen für Namaz-Gebete zusammen hoch- und herunterbückten, war jetzt ein heiliger Mutter-Meryem-Maria-Mösenplanet, der sich von seinen Haaren putzte. In solchen Nächten, wenn draußen der Mond stand, wenn ich mich auszog und meine Kleider übereinanderlegte, sah ich den Mond im Zimmer in meinen Kleidern wohnen. Und mein Körper ohne Haa-

re würde morgen und übermorgen den Mond als Kleid anziehen. In der Nacht kam der Mond aus meinen Kleidern raus, setzte sich auf meine Haare, Brust und Bauch und schlief bei mir und bei allen Mädchen der steilen Gasse ein. Beim nächsten Mal im Bad sagte Tante Sıdıka nicht mehr »Makkarios«, aber sie erinnerte mich jedesmal, daß ich den Marmorboden, auf dem ich sitzen würde, waschen müßte. Zu Hause sagte Großmutter: »Gut, ihr geht eure Würmer im Bad ausschütteln, meine Würmer bleiben bei mir.« Sie wollte Blutegel haben. Mutter kaufte von einer Zigeunerin Blutegel, und ich setzte sie auf den Rücken meiner Großmutter. Großmutter saß mit nacktem Oberkörper da und stöhnte: »Oi, Mutter, wai, Mutter, wie sie mich beißen.« Aber sie ließ die Blutegel lange an ihrem Fleisch, an ihrem Blut saugen, bis die Blutegel sehr dick wurden. Dann schaute sie die dikken Blutegel an und sagte: »Siehst du, wieviel schmutziges Blut ich gehabt habe.« Sie sagte: »Das schmutzige Blut muß raus aus dem Menschenkörper.« Dann sagte sie: »Du bist groß geworden, dein Blut kocht. Du mußt ein bißchen mit den Jungen ringen.« Ich versuchte, mit meinem kleinen Bruder zu ringen, aber er war wild, und wenn ich ihn beim Kampf böse machte, kam er mit dem Stuhl auf mich los, schlug mich mit dem Stuhl, warf die große Schere und die Gabel nach mir, so machte er einmal meinen vorderen Zahn kaputt. Großmutter sagte: »Nicht schlagen, ringen habe ich gesagt.« Was mein kleiner Bruder mit mir nicht schaffte, schaffte ein Buch, das aus Amerika in unser Land reinkam. Das Buch war ein Krimi, der Held hieß Mike Hammer, er war Privatdetektiv und hatte eine schwarzhaarige Sekretärin, die Velda hieß. Der Mike Hammer trank Whisky, kriegte Kater, nahm zwei Aspirin. Er wurde immer von Gangstern entführt, und sie schlugen ihn. Er hatte einen Hut und viele

Bandagen im Gesicht. Mein Bruder Ali brachte diesen Mike Hammer nach Hause. Ich las alle Mike Hammer und liebte ihn sehr. Der Freund, der dem Ali diese Bücher gab, kam immer zu uns und sagte: »Wir spielen Mike Hammer.« Er sagte: »Dein Bruder Ali ist Mike Hammer, du bist die Sekretärin Velda, und ich bin ein Gangster.« Er ließ sich etwas von meinem Bruder Ali als Mike Hammer schlagen, dabei erzählte er ganz schnell, was in der Geschichte passiert, und spielte, er sagte: »Jetzt geht Mike Hammer Zigaretten holen, jetzt kommen die schlimmen Männer, sie entführen die Sekretärin Velda.« Er schickte Ali als Mike Hammer raus, schloß die Tür und warf sich über mich, zerquetschte mit seinem Körper meinen Körper, ich versuchte mich als Velda zu retten, er hielt mich fest auf dem Boden, erzählte weiter aus dem Buch, und wir rangen lange auf dem Boden. Ali klopfte an die Tür und sagte: »Mike Hammer ist gekommen.« Sein Freund rief zu Ali: »Mike Hammer wird an der Tür von den anderen Gangstern festgenommen.« Ali mußte alleine hinter der Tür spielen, daß die Gangster ihn festnehmen. Er schlug seinen Kopf an die Tür und rief: »Ach, uh.« Ali wollte manchmal auch nicht mehr Mike Hammer sein, er wollte auch den Gangster spielen, aber sein Freund sagte: »Kein Spielverderber sein, du bist Mike Hammer, tamam mı?« »Tamam« sagte Ali. Wir verabredeten uns für das nächste Mike-Hammer-Spiel. Am schönsten war es, wenn die Eltern des Freundes nicht zu Hause waren. Das ganze Holzhaus gehörte uns, und weil mein Bruder das Haus nicht so gut kannte, entführte mich der Freund als Gangster in den Keller, der Steinboden war etwas steil, es war sehr schön, zusammen auf dem kalten Steinboden wie ein Körper zu rollen. Mein Rücken, die Beine und mein Kopf kriegten die Kälte von den Steinen ab. Der Junge, der meine

Arme über meinem Kopf festhielt und seinen Körper flink auf mir rieb, war sehr warm. Sein Mund erzählte ständig die Geschichte, die Wörter machten ihn atemlos, und er atmete laut und tief, indem er sagte: »Gangster atmet, der Atem leckt das Ohr von Mike Hammers Sekretärin Velda.« Irgendwann gab er auf, stand auf und sagte: »Gangster hat Mitleid mit Velda und läßt sie frei«, und dann ging er raus. Am Abend, zu Hause, sagte Ali: »Jetzt ist er Mike Hammer, und ich bin der böse Gangster, der die Sekretärin Velda entführt hat, jetzt wird Mike Hammer Rache für Velda nehmen.« Ali konnte aber nicht wie sein Freund spielen. Er schnitt Grimassen und kam mit seinen Händen, als ob er mich erwürgen wollte, auf mich los. Er würgte mich ein bißchen, dann sagte er: »Ah, Schwester, so geht das nicht, du kämpfst nicht mit mir.«

Als ich zur achten Klasse ging, mußten wir aus unserem Holzhaus in der steilen Gasse ausziehen. Mein Vater sagte: »Die Miete können wir nicht mehr zahlen.« Am Ende der Gasse gab es ein dreistöckiges Haus aus Stein. Die Besitzerin des Hauses wollte uns ein paar Monate im Erdgeschoß ohne Miete wohnen lassen, weil mein Vater ihr Haus reparieren würde. Dann war Allah zuständig. Das neue Haus stand vielleicht sechs, sieben Häuser weiter am Ende unserer steilen Gasse und schaute direkt auf eine Brücke und auf die andere Seite des Bachs, auf die Häuser, die aber für uns keine Nachbarn sein konnten, denn, wenn wir gefurzt hätten, hätten sie uns nicht gehört. Die Hausbesitzerin wohnte im dritten Stock, sie war eine sehr schöne, dicke Frau. Sie machte Damenhüte und nähte für reiche Frauen schöne Kostüme. Ich hörte immer Frauenstöckelschuhe, die im Haus hoch- und runtergingen. Unsere 23 Katzen hatten wir im Holzhaus in unserer steilen Gasse gelassen, hier hatte ich nur eine

Katze, und eines Tages brachte ich aus dem Bach einen kleinen Hund, den ich aus dem Wasser vor dem Ertrinken gerettet hatte. Meine Eltern hatten das moderne Sofa und unsere Sessel und Teppiche verkauft. Wir hatten weiter unsere Betten und einen Tisch, wir lebten von Vaters Pokerspielen. Ich war sehr gewachsen und lief weiter in meinem alten Schulkittel, der jetzt für mich zu klein war, herum. Wenn ich einen neuen Kittel wollte, sagte meine Mutter, sie wolle in Alikans Puff arbeiten, aber er wäre zu. Wenn Alikan den Puff öffnen würde, könnte sie mir neue Kittel nähen. Es brachte mich zum Lachen, daß meine Mutter in Alikans Puff arbeiten gehen würde. Alikans Puff war ein Zauberwort. Ich vergaß den neuen Kittel und ging mit dem alten Kittel in die Schule.
Es gab einmal einen Gedichtwettbewerb in der Schule. Ich mochte ein Mädchen sehr, die ein Gedicht für diesen Wettbewerb lesen wollte. Ich sagte: »Ich will auch eins lesen.« Ich lernte ein Gedicht auswendig:
»Langsam, langsam wirst du steigen auf diese Treppen
in deinen Röcken viele Blätter, sonnenfarbig,
und eine Weile wirst du schauen,
weinend, auf Himmelsgewölbe.
Sind die Wasser gebrannt?
Warum sah der Marmor der Bronze ähnlich?
Schau dir den roten glühenden Himmel an,
schau, es wird Abend.«
Ich las es in einem großen Saal vor vielen Leuten. Ich las, aber es klang wie ein hinkendes Lied. Hinter der Kulisse sah ich meinen Schulkittel, dem hinten der Saum herunterhing. Mein Literaturlehrer, ein kleiner, sehr schöner Mann mit unheimlich großen Augenbrauen ließ mich öfter im Unterricht Geschichten lesen. Ich las die Geschichten für seine Augenbrauen, weil diese immer mit

den Sätzen rauf- oder runtergingen. Oder eine Augenbraue ging hoch, die andere blieb unten. Die Augenbrauen waren wie ein Musikinstrument, wie die Stimme eines alten Mannes, die die singende Stimme eines Mädchens ruhig und leise unterlegt. Dann kam ein kleiner dicker Mann in die Schule, ein Schauspieler. Die Schule hatte eine Bühne, er sagte: »Atatürk und sein Kulturminister Hasan Ali Yücel haben alle Weltklassiker für euch ins Türkische übersetzen lassen.« Wir hörten, daß er von einem toten Dichter, Molière, ein Theaterstück mit Schülern in unserer Schule inszenieren würde: Der eingebildete Kranke. Für die Dienerin nahm er ein Mädchen, das im Waisenhaus wohnte. Sie war zwölf Jahre alt, ich auch. Ich liebte das Mädchen, so ging ich zu einer Probe und kriegte die Rolle der Ehefrau des eingebildeten Kranken. Der schwarze Schauspieler und Regisseur saß im dunklen Saal, ich sah ihn schwer, weil er schwarz war, wir hörten seine Stimme, mit seiner Stimme brachte er uns zur Premiere. Das Waisenkind, die die Dienerin spielte, ging immer am Rande der Bühne hin und her und fragte sich laut, was sie jetzt noch gegen ihren Herrn machen würde. Der eingebildete Kranke saß auf einem Stuhl und sprach wie ein Truthahn, der immer seine Arme hoch- und runterhebt, ich stand immer hinter ihm und klebte meinen Mund an seine Ohren und erzählte ihm etwas, ohne mich zu bewegen. Ich mußte meine Augen verdrehen, und mein Mund mußte sehr schnell reden. Der Junge, der den Arzt spielte, stotterte und brachte die Zuschauer zum Lachen. Er war sehr reich. Wir Schauspieler gingen in einen Laden, er bestellte uns allen Toast, deswegen liebte ich Molière. Die reichen Mädchen in der Schule nahmen mich in ihre Mädchengruppe auf, Arm in Arm liefen wir in den Pausen, und sie zeigten mir, wie sie mit den Jungen flirteten. Die Mädchen standen wie Zuschauer vor einer Mauer, ein Junge kletterte auf die kaputte Schulmauer, schnitt mit einer Rasierklinge etwas an seinem Arm und schrieb mit seinem Blut auf ein weißes Blatt: »Ich liebe dich.« Dann krempelte er seine Hemdsärmel wieder runter und ging. Bald liebte mich auch ein Junge, ein heller, verschämter, schöner Junge, er hieß Mustafa, und er wohnte am anderen Ufer des Baches. Ich wußte, wann er aus der Schule nach Hause kam. Um für meinen Mustafa schön auszusehen, schnitt ich mir mit einer Schere die Haare ab, die über meine Wangenknochen gewachsen waren, dabei schnitt ich mir ein bißchen in mein Wangenfleisch. Alles war mir zu klein, mein Schulkittel, meine Kleider. Ich zog den Sommermantel meiner Mutter an und ging zur Straße. Ich lief allein im weißen Muttermantel, unten floß der Bach, ich sah, daß Mustafa kam, aber mit seinen Freunden. Ich lief auf ihn zu, er kam. Als wir uns trafen, schauten wir in unsere Augen, dann liefen wir weiter. Ich schaute nicht mehr hinter mich, ich ging im Muttermantel, als ob auch mein Mustafa in diesem Mantel mitgehen würde, geradeaus. Ich ging am nächsten Nachmittag wieder, zur selben Zeit, zur Straße, mit einem Kleid meiner Mutter. Mustafa kam zur selben Zeit die Straße runter, seine Bücher unter seinem Arm, wieder mit zwei Jungen. Ich lief auf ihn zu, er lief auf mich zu. Wir schauten uns wieder in die Augen, und alles blieb stehen, dann bewegte sich alles, dann ging ich wieder, ohne mich umzudrehen, die Straße weiter geradeaus. Mustafa wohnte am anderen Ufer des Baches. Ich ging abends mit einer Kerze raus, zündete die Kerze an, lief vor dem Haus langsam auf und ab und sah, daß mein Mustafa auf der anderen Seite des Baches in einem Zimmer die Elektrik an- und ausdrehte. Manchmal kam meine Mutter und sagte: »Meine Tochter, die Geister hauen dir im Dunklen ins

Gesicht, du kriegst ein schiefes Gesicht, komm rein.« Unsere Wohnung war eng, ich schlief auf dem Korridor, in der Mitte stand der Tisch, hinter dem Tisch schlief mein Bruder Ali, meine Katze schlief auf meiner Brust, mein Hund schlief auf einem Stuhl, der dicht neben meinem Bett stand, ich hörte die Stimmen meiner Mutter und meines Vaters im anderen Zimmer. Großmutter sagte mir jeden Abend: »Schwester, wenn du schläfst, mach deinen Mund zu. In der Nacht tritt dein Geist aus, die Katze schnappt ihn und frißt ihn auf, dann stirbst du.« In der Nacht wachte ich öfter auf, machte meinen Mund zu. Ich wachte oft auf mit einer Hand an meinem Knie. Das war mein Bruder Ali. »Was ist los? War das die Katze?« Ali sagte: »Wach auf, du sprichst im Schlaf.« Wir hatten keine Nachbarn, und mein Vater wußte nicht, wie er Arbeit finden konnte. Aber das Schönste an dieser engen Wohnung war, daß man, wenn man rausging, die Brücke und den darunter fließenden Bach, der jeden Tag anders floß, sah. Wenn ich meinem Mustafa einmal in seine Augen geschaut hatte, ging ich mit meiner Großmutter runter zum Bach. Wir sammelten zusammen spinatartige Pflanzen, die Großmutter Ebegümeci nannte, und brachten sie nach Hause zum Kochen. Eines Tages klingelten zwei Frauen mit Kopftüchern an unserer Tür. Sie kamen rein und sagten, sie müßten mal auf die Toilette. Sie gingen zu unserer Toilette, kamen zu unserem Korridor zurück und setzten sich auf ein Bett. Ich kochte für sie Kaffee, sie sprachen irgend etwas mit meiner Mutter. Mutter sagte: »Meine Tochter ist noch zu klein zum Heiraten, sie geht noch in die Schule.« Die Frauen sagten im Chor: »Ja, sie ist zu klein. Man hat uns, als wir am Bach spazierten, erzählt, daß die Tochter vom Bauunternehmer Mustafa Bey im Heiratsalter wäre. Wir sehen, sie ist zu klein.« Das Wort »klein« kam aus ihren Mündern mit

großem Mitleidsklang heraus, so als ob sie mich gerade als ein neugeborenes nasses Lämmchen sähen. Und sie gingen weg. Meine Mutter sagte, diese Brautschauerinnen gingen absichtlich erst auf die Toilette, sie wollten sehen, ob die Tochter des Hauses sauber ist oder nicht. Meine Mutter staunte und fragte sich, wer diese Brautschauerinnen zu uns geschickt hatte. Sie sagte: »Arme Frauen, sie denken, der Bauunternehmer Mustafa ist ein reicher Mann.« Meine Großmutter sagte: »Warum hast du das Mädchen nicht gegeben. Sie haben wie gute Menschen ausgesehen. Die Zeit des Mädchens ist gekommen.« Mutter sagte: »Greisin, heirate du, wen du willst, meine Tochter wird in die Schule gehen.« Großmutter sagte: »Was habe ich denn gesagt, habe ich was Schlechtes gesagt? Ich habe gesagt, die Zeit für das Mädchen ist gekommen.«
In die Schule kam eines Tages ein sehr dicker Mann. Der Literaturlehrer sagte, ich soll zu ihm gehen und ein Gedicht lesen. Ich las ein Gedicht, die Nase dieses dikken Manns gefiel mir sehr, sie hing runter und runter. Er war der Direktor des Staatstheaters Bursa. Er inszenierte und spielte die Hauptrolle in Molières Stück Bürger als Edelmann. Er nahm mich aus unserer Schule mit zum Staatstheater. Ich ging nach der Schule zu den Proben, konnte drei Monate am Theater arbeiten und kriegte 350 Lira. Das war für meine Mutter und meinen Vater mehr als zwei Monate Miete. Das Staatstheater lag gegenüber Atatürk und seiner Pferdestatue. Ich ging öfter im Zuschauerraum in den Balkon und roch an den staubigen Stühlen. Ich sah zum erstenmal in meinem Leben ein Theaterstück: Das Tagebuch der Anne Frank. Anne wohnte in einem Holzraum ohne Teppich, sie sammelte Tabakstücke, machte eine Zigarette davon und gab sie einem Mann, der ein sehr dünner Schauspieler war. Als

Molières 'Bürger als Edelmann'-Proben anfingen, sagte uns der Mann mit der langen Nase, wann wir reinkommen, wann wir die Kerzen anmachen und wie wir uns drehen und rausgehen sollten. Ich kriegte Männerdienerkleider und künstliche Haare. Meine Mutter sagte mir: »Lauf mit ernstem Gesicht auf der Straße, wenn du nachts nach Hause kommst, dein Vater folgt dir heimlich.« Ich ging in der Nacht über die heilige Brücke nach Hause, keiner kam hinter mir her. Wenn ich und die anderen Schüler im Theater auf unseren Auftritt warteten, warteten wir in einem Raum, in dem die richtigen Schauspieler schnell hereinkamen, um eine Zigarette schnell zu rauchen. Einmal fiel plötzlich eine richtige Schauspielerin in Ohnmacht, sie mußte schnell wach werden, denn sie spielte die Dienerin im Bürger als Edelmann. Sie stellten eine offene Flasche vor ihre Nase. Ich liebte diesen Geruch, man sagte, es sei Äther. Ich liebte es, und als ich in der Nacht wieder über die heilige Brücke nach Hause lief, schwor ich mir, daß ich später in meinem Leben Schauspielerin werde. Und wenn ich in der Nacht in unserer engen Steinhauswohnung auf dem Korridor in meinem Bett mit der Katze über meiner Brust lag und für die Toten betete, betete ich auch für Molière die arabischen Gebete.
Eines Sonntagnachmittags spielten wir um drei Uhr Bürger als Edelmann, ich lief für meinen Auftritt von der linken Kulissenseite aus mit einem Kerzenständer und brennender Kerze auf die Bühne. Ein anderer Page lief von der gegenüberliegenden Seite mit einem Kerzenständer und brennender Kerze in der Hand auf die Bühne. Wir mußten bis zur Mitte der Bühne laufen, dann uns drehen und nach hinten laufen und den dort stehenden langen Kerzenständern von unseren Kerzen Licht geben. In der Mitte spielte der Schauspieler und Staatsthea-

terdirektor den Bürger als Edelmann, die anderen Pagen brachten ihm auf einem Tablett Bananen, Äpfel, Apfelsinen. Er tat so, als ob er eine Banane essen würde, aber der Vorhang fiel, und er legte die Banane schnell weg. Aber dieser Sonntag lag im Fastenmonat Ramadan, und wir wußten, daß der Direktor und Schauspieler von Bürger als Edelmann fastete. Ich trat auf die Bühne, die Lichter von meinen Kerzen gingen aus, ich weiß nicht, warum. Dann machte ich etwas, was der Regisseur mir nicht gezeigt hatte: Ich lief zu dem anderen Pagen, der in der anderen Bühnenecke die Kerzen anmachte, nahm von seinen brennenden Kerzen Licht und lief wieder zu dem Kerzenständer, den ich anmachen mußte. Weil alles zu lange dauerte, mußte der Direktor und Schauspieler von Bürger als Edelmann die Banane, die die Pagen ihm anboten, richtig essen, und so war sein Fastentag kaputt. Hinter der Bühne schimpfte er über den Pagen, also über mich, weil ich zu spät die Kerzen angezündet hatte, aber er entschuldigte sich sofort vor Allah, daß er an einem heiligen Ramadan-Fastentag geschimpft hatte. Als ich mit dem Theater fertig war, ging mein Vater mit dem Geld, das ich von Molière bekommen hatte, nach Ankara, um Arbeit zu suchen.
Ständig flogen Flugzeuge über Bursa. Die Tante Sıdıka, der es ein bißchen besserging als einem Schwiegersohn, der bei seinen Schwiegereltern leben muß, kam und sagte: »Fatma Hanım.«
Sie hatte eine Zeitung in der Hand, auf der die Demokratischen Partei-Minister groß abgebildet waren, die Tante Sıdıka machte aber kein Loch durch ihre Köpfe, sie saß da auf einem Stuhl, nahm einen Fuß aus ihrem Schuh, schlug ihre Beine übereinander, an ihrem linken Strumpf unter ihrem Fuß war ein Loch. Sie steckte ihren Zeigefinger in das Loch und schaute in dieses Loch, als

ob es ein ewiges Loch wäre. Ich ging zur Schule, keine Augen gaben mich weiter an andere Augen. Alle Augen schauten hoch zum Himmel. Die älteren Menschen schwiegen, nur ein paar Kinder schrieen den Flugzeugen zu, die über Bursa flogen:
»Teyyareci amca bilet at« (Fliegeronkel, schmeiß uns Tikkets runter).
Die Schule war zu. Eine kleine Lehrerin stand vor der geschlossenen Tür und sagte: »Kinder, heute lernen wir nicht.« Ein Schüler sagte: »Gut.« Ich freute mich, daß ich zum Bach gehen konnte. Als ich mit den anderen Schülern die steile Straße runterlief, sah ich wieder ein paar Hunde, die von der Staatshand vergiftet worden waren. Ihr kurzes Husten, hıh hıh hıh, hörte ich nicht mehr, weil die fliegenden Flugzeugstimmen über den sterbenden Hundestimmen und über unseren Schülerstimmen saßen und uns unsere Stimmen wegnahmen. Ich sah im Rückwärtsgehen die älteren Menschen noch immer in den Himmel schauen. Nur eine junge Frau stand mit einem Kinderwagen unter einem Ladendach, als ob es gerade sehr regnen würde. Sie schaute nicht in den Himmel, sie schaute in das Gesicht ihres Kindes. Ich sah auf unserer steilen Gasse meinen Bruder Ali und seine beiden Freunde. Die drei Jungen liefen in nassen Kleidern die steile Gasse herunter, aber es regnete nicht, die Sonne war da, ihre Haare waren naß.
»Seid ihr in den Bach gefallen?«
Ali sagte: »Wir gehen zu unserer Mutter«.
Er fragte kein »Tamam mı«, seine nassen Kleider fragten mich. Ich sagte »Tamam« und lief hinter den von seinen Haaren runterkommenden Tropfen her.
Großmutter sagte: »Ekmek getirin. Ekmek getirin« (Brot bringen, Brot bringen).
Die Tante Sıdıka, der es ein bißchen besserging als

einem Schwiegersohn, der bei seinen Schwiegereltern wohnen muß, saß weiter auf dem Stuhl, ihre Zeitung lag auf der Erde, neben ihrem Stuhl, die Zeitung schwieg, sie schwieg, meine Mutter stand ihr gegenüber, sie hielt sich mit einer Hand am Tisch fest und stand auf einem Fuß. Den anderen Fuß hielt sie etwas hoch, auch sie schwieg. Durch die Nässe ihrer Aufregung hatten ihre Haare viele kleine Locken bekommen, und diese bewegten sich um ihr Gesicht wie ein Ameisenhaufen. Weil alle schwiegen, sahen die Tücher und die im Zimmer sitzenden Kissen und Betten viel ärmer aus. Wie von der Armut erzogene Menschen schwiegen auch sie und hielten ihren Atem an, damit wir sie nicht rochen. Ich sah an einem verrosteten Bein des Bettes ein paar Wanzen laufen. Weil aber alles weiterschwieg, hielten auch die Wanzen am verrosteten Bein des Bettes an und bewegten sich nicht mehr. Plötzlich fing es an, im Zimmer zu regnen. Und jetzt hörten wir alle dem Regen zu. Es war kein Regen, es waren die Tropfen, die von Alis Haaren und Kleidern auf Tante Sıdıkas Zeitung heruntertropften. Meine Mutter sagte: »Oğlum« (Mein Sohn).
Ali erzählte, daß er mit seinen beiden Freunden ins Schwimmbad schwimmen gegangen war. Als sie im Wasser waren, waren Gendarmen gekommen und hatten gesagt: »Kommt aus dem Wasser raus! Kommt aus dem Wasser raus! Kommt aus dem Wasser raus!« Die Gendarmen hielten in einer Hand die Kleider, in der anderen Hand die Mauser. Die Jungen zogen die Kleider über ihre nassen Körper, zitterten, fragten: »Was ist los?« Die Gendarmen zitterten auch und sagten im Chor: »Das Militär kommt. Es gibt Revolution. Es gibt Revolution.«
Als Ali zu Ende erzählt hatte, sagte meine Mutter nicht: »Ali, trockne dich ab«. Sie setzte den in der Luft stehenden Fuß runter auf die Erde, nahm den anderen Fuß

hoch und sagte wie Großmutter: »Ekmek getirin.« Tante Sıdıka sagte: »Bringt mir auch Brot, heute kann mein Herz meine Füße nicht tragen«.
Als ich mit Ali die steile Gasse hochging, sah ich, daß die immer halb offenstehenden Türen zu den Lebensräumen der Häuser geschlossen waren. In den Brotschlangen stand ein blinder Mann. Alle anderen schauten weiter zum Himmel, zu den Militärflugzeugen, der blinde Mann schaute auf die Erde. An seinem Hals war ein Loch, ein Operationsloch. Er atmete aus diesem Loch, hıh hıh hıh hıh hıh hıh hıh.
Das Militär verhaftete die Demokratischen Partei-Minister, und aus den Radios hörten wir jetzt die Gerichtsprozesse. Die Revolution brauchte Geld. Alle Republikanischen Volkspartei-Wähler gingen und gaben ihre goldenen Eheringe dem Militär als Hilfe.
»Mutter, wohin gehst du?«
»Ich gehe zur letzten Gasse der Hölle.«
Meine Mutter ging allein, weil mein Vater in der Republikhauptstadt Ankara Arbeit suchte, er hatte eine Nachricht geschickt, daß er uns bald nach Ankara nachkommen lassen würde. Mutter ging und kam bald wieder zurück, ohne ihren Ehering. Als sie am Abend Bouletten machte, schob ich ihren runtergerutschten Ärmel hoch und schaute auf ihre Finger. Ich hatte mich daran gewöhnt, wenn sie Bouletten machte, Fleischreste an ihrem Ehering zu sehen.
Am nächsten Tag stand ein Lastwagen vor unserem Steinhaus, die Nachbarn aus unserer steilen Gasse, die die Republikanische Volkspartei wählten, standen auf dem Lastwagen, die Männer in ihren Pyjamas, die Frauen in den Pyjamahosen ihrer Männer, und sie sagten als Chor: »Wir gehen, dem Schicksalsengel einen seiner Tage klauen, komm mit, gelin tamam mı?«

»Tamam«, sagte meine Mutter, Großmutter, ich, Ali, mein kleiner Bruder Orhan. Meine Schwester Schwarze Rose sagte: »Damam«.
»Wir werden Picknick machen«, sagten sie im Lastwagen. Ich dachte, das Wort kenne ich irgendwoher, das sagten Mr. Brown und Mrs. Brown im Englischunterricht, und Eier hieß eggs. Der Lastwagen kam an einem Friedhof an. Unter den langen dunklen Bäumen, fast im Dunklen, gaben die Frauen ihren Petroleumöfen Gas. Die Männer machten zwischen den langen Friedhofsbäumen eine Schaukel. In der Nähe war ein Fluß, aber niemand ging hin. Die dunklen Friedhofsbäume erinnerten mich an den İstanbuler Friedhof. Hier gab es aber keinen Friedhofsnarren, ich sah weit weg von uns eine alte Frau mit einem Krug unter viel dunkleren Bäumen an einem Grab sitzen. Die Kinder kletterten auf die Bäume, bewegten die toten Äste und holten etwas Sonne auf den Friedhof. Die Männer saßen in den Schaukeln, andere Männer schoben sie höher und höher, und die Kinder auf den Ästen schaukelten mit ihren Stimmen mit und schoben ihre Väter mit ihren Stimmen »hop hop hop« höher, »hop hop hop hop hop« noch höher. Viele Zeitungen lagen auf der dunklen Erde, auf denen die verhafteten Demokratischen Partei-Leute oder die Bilder von den Militärputschisten groß abgebildet waren. Die Frauen schälten über ihnen die Gurken und Tomaten. Von der Nässe der Gurken wurden auch die Zeitungen naß. Meine Großmutter kam, lief zwischen den nassen Zeitungen und fragte uns: »Wer ist tot? Ist er tot oder lebt er, ist das die sehr frühe Morgenzeit? Ist sie es? Ist sie tot?«
»Nein«, sagten die Frauen als Chor.
»Großmutter, sie sind unsere Retter, sie leben.«
Großmutter sagte: »Sie sehen aber aus wie Tote.«
Bald tropfte auf die nassen Zeitungen viel Blut, weil die

ältere Tochter unseres Polizistennachbarn, Perle, beim Gurkeschälen ihre Finger mitgeschält hatte. Da stand ein junger Offiziersschüler, ein sehr schöner Junge, und Perle schaute ihn beim Gurkeschälen an, und Blut lief. Dieser junge Offizier war der einzige Mann, der stand. Alle Männer saßen oder lagen auf der Totenerde auf dem Rücken, aber er stand da in seiner Militäruniform und sprach:
»Mein Volk ist ein Analphabet.
Die Politiker können es betrügen.«
Dann sagte er:
»Atatürk Ideen.«
Ich schaute in die Gesichter der Tomaten und Gurken und Zwiebeln, die ich schälen mußte, und hörte halb seine Sätze. Er erzählte von heißem Wasser, und daß man an den Militärschulen die Männer mit stark behaarten Körpern, mit Farbblindheit, oder wenn sie zu kurz sind oder schiefe Gesichter haben, nicht aufnehmen würde. Er sagte auch: »Alle Männer in diesem Land sind aus dem gleichen Ton gemacht. Aber die Militärjungs sind bessere Krüge, die Zivilisten sind schlechtere Krüge, krumm.« Dann sagte er Sätze wie:
»Treue der Heimat.«
»Mit Fleisch und Gemüse vier Gänge an den Militärschulen.«
»An Fahnenhochziehtagen gibt es Militärschüler, die in Ohnmacht fallen.«
»Wir sind geboren mit Uniform und sterben mit Uniform.«
»Mit Uniform schreit man nicht, mit Uniform geht man nicht in den Puff, Atatürk ist in uns.«
Nachdem wir gegessen hatten, lagen alle Menschen auf ihren Rücken und schauten in die dunklen Friedhofsbäume. Der achtzehnjährige Militärschüler stand noch

immer in seiner Uniform da und schaute auf diese Menschen. Die Menschen sagten im Chor: »Schönes Mädchen, sing uns ein Lied.« Dann sprachen sie wie mein Vater: »Was von uns übrigbleibt in dieser lügenden Welt, ist ein schöner Klang.« Ich sang:
»Olmaz ilaç sine-i sad pareme
Çare bulunmaz bilirim yareme çare bulunmaz bilirim yareme.«
(Es gibt kein Medikament für meine zu Trümmern gewordene Brust.
Ich weiß, es gibt keine Lösung für meine Wunden).
Ich sah, während ich mit meiner Stimme, mit der ich das sehr alte Lied zum Weinen brachte, sang, alle Köpfe der auf der Friedhofserde liegenden Menschen. Ihre Köpfe erhoben sich von der Erde, die Augen zu, und sie hörten mir zu wie die Blinden, die der Welt nur mit dem ganzen Körper zuhören können. Der Wind nahm ihr aus ihren geschlossenen Augen herunterlaufendes Weinen mit sich und setzte ihre Tränen über die Äste der dunklen Friedhofsbäume. Die Friedhofsäste weinten, die Kinder wollten mich, die die Älteren zum Weinen brachte, auf ihre Schaukel setzen. Weil ich aber weitersang, nahmen sie von meinen Schultern leise meine Strickjacke und setzten diese Strickjacke auf ihre Schaukel, die zwischen zwei lange Friedhofsbäume gehängt war, und sie fingen an, meine Strickjacke zu schaukeln. Als meine Stimme alle Toten und die wie Tote auf der Totenerde liegenden, lebenden Menschen zum Weinen brachte, sahen wir alle so aus, als ob wir dort geboren wären und dort leben würden, bis zwei Engel aus Eisen kommen und unsere Seelen an deren Füßen und Armen herausziehen.
Die lebenden Tränen hingen weiter an den Friedhofsbäumen. Es kamen aber keine zwei Engel. Es kam ein Wind. Mit diesem Wind standen die auf ihren Rücken

liegenden Menschen auf, und der Wind klebte ihre dünnen Pyjamas an ihre Körper, die Schaukel schaukelte jetzt ohne die Hände der Kinder durch den Wind meine Strickjacke hin und her. Der Offiziersschüler ging hinter seinem im Wind wegfliegenden Offiziershut her. Die Frauen gingen hinter den Teegläsern und Teelöffeln her, und ich ging hinter den fliegenden, nassen Zeitungen her. Als ich ein paar fliegende Zeitungen zusammengesammelt hatte und sie an meinen Körper drückte, damit sie nicht wieder wegfliegen, sah ich, daß meine Mutter, meine Großmutter, mein Bruder Ali, mein kleiner Bruder Orhan und meine Schwester Schwarze Rose schon im Himmel zwischen den über Bursa fliegenden Militärflugzeugen flogen. Ich drückte die nassen Zeitungen fester an meinen Körper und sah auch mich im Himmel zwischen meiner Mutter und meinem Bruder Ali fliegen. Mit ihnen flogen auch unsere Betten, Gabeln, Löffel und eine Pfanne.

Ich blieb unten am Friedhof mit nassen Zeitungen in meinen Armen, aber flog als zweites Mädchen in den Himmel. Ich sagte auf der Friedhofserde: »Mutter«, dann war ich das zweite Mädchen, das im Himmel zwischen Ali und Mutter flog. Ich wollte, daß Ali zu mir sagt: »Hab keine Angst, tamam mı?« Aber er sagte nichts. Er flog mit dem Wind.

Vom Himmel aus sah ich mich unten auf der Friedhofserde weiter die nassen Zeitungen sammeln, ich schnappte mir auch den fliegenden Offiziershut des Offiziersschülers und gab ihn ihm, er drückte den Hut an seine Brust. Das war das letzte Bild, das ich noch sehen konnte, dann sah ich nur Großmutters Kopftuch im Himmel. Ich hielt mich an dem Kopftuch fest, die Militärflugzeuge flogen neben mir, unter mir, ich schrie: »Meine Eltern wählen auch Republikanische Volkspartei«, aber sie hörten mir nicht zu, und in ihrem Wind verlor ich das Kopftuch meiner Großmutter. Ich sah nur die in den Flugzeugen sitzenden, große Fliegerbrillen tragenden Offiziere. Sie sprachen zu ihren Maschinen. Die Lichter in ihren Flugzeugen gingen an und aus. Weil die Männer mir nicht zuhörten, sondern nur den Flugzeugknöpfen, auf die sie guckten, überließ ich mich dem Wind, den die Flugzeuge mit ihren Flügeln machten. Dieser Wind trug mich mit, die Nacht kam ohne Sterne und saß da und hörte mir auch nicht zu.

Dann war ich plötzlich unten, aber meine Füße berührten die Erde nicht. Meine Füße blieben ungefähr einen halben Meter über der Erde. Ich sagte »Bismillâhirahmanirrahim«, dann hörte ich noch fünf »Bismillâhirahmanirrahim«-sagende Stimmen, das waren meine Mutter, Großmutter, Ali, Orhan und die Schwarze Rose. Sie standen genauso da wie ich, einen halben Meter über der Erde. Auch ihre Füße kamen nicht auf die Erde, dann hörten wir alle ein siebtes »Bismillâhirahmanirrahim«.

Das war mein Vater. Seine Füße waren genauso wie unsere einen halben Meter über der Erde. Er klatschte in die Hände und sagte: »Willkommen in Ankara«.

Dann sagte er: »Die Baustellen sind wegen des Militärputsches stillgelegt, Allah soll uns helfen.« Wir liefen mit unseren vierzehn Füßen, die einen halben Meter über der Erde waren, durch die Dunkelheit. Ich wollte dort schlafen und wieder das Mädchen sein, das die nassen Zeitungen auf dem Friedhof von Bursa gesammelt hat. Der Film war zerrissen. Wohin sind Bursas Menschen und die nassen Zeitungen gegangen? Nur die Zigarettenglut meines Vaters und von Großmutter und Fatma gaben kurz Licht in dieser Dunkelheit, durch die wir liefen. Ich sah kurz etwas Gelbes, wie ein Auge, das als Feind unter unseren Füßen stand. Wenn unsere Füße dieses

Auge berühren würde, würde es wach und würde als erstes unsere Füße zwischen seine Zähne nehmen. Wir kamen in Ankara in einem Vorstadtviertel an, wir standen mit unseren Füßen einen halben Meter über der Erde, vor einem Loch, das einem Türloch ähnlich war. Ich roch nassen Zement und armen Stein. Mein Vater sagte: »Wir sind nach Hause gekommen.« Das Loch war die Haustür. Er hielt seine beiden Hände vor seine Brust, betete und sagte noch mal: »Die Baustellen sind stillgelegt, Allah soll uns helfen.« Wir sieben gingen sehr dicht aneinander wie ein einziger Körper mit sieben »Bismillâhirrahmanirrahim« in das Loch hinein.

Als ich morgens aus dem Bett aufstand, wußte ich nicht, wo wir waren. Meine Mutter und Großmutter standen nicht mehr wie in Bursa vor dem Fenster wie zwei Vögel, die nicht wußten, ob sie jetzt nach rechts oder links fliegen sollten. Großmutter saß auf einem Stuhl, Mutter lag oft im Bett, sie band ihre Stirn gegen Kopfschmerzen mit einem Kopftuch fest. Ich sah draußen die Steppe und einen langen Hügel, die Steppenhitze saß den ganzen Tag still in den Zimmern. Ich sah meine Mutter einmal am Tag vom Bett zum Petroleumkocher gehen, um Tee zu kochen. Wenn sie dem Petroleumkocher Gas gab, sah ich durch das Fenster die Steppe, die draußen so lag, als wenn sie jede Sekunde in Flammen stehen könnte. Wenn in der Wohnung jemand den Wasserhahn öffnete und das Wassergeräusch zu laut war, dachte ich, dieses laute Geräusch kann die unter der Sonne stehende Steppe draußen in Flammen setzen. Mutter und Großmutter saßen auf zwei Stühlen und tranken Tee, ohne zu sprechen, dann ging meine Mutter wieder ins Bett. Großmutter saß weiter auf dem Stuhl, dann ging sie in die dunkle Küche, wusch die Teegläser, kam mit einem Handtuch zum Stuhl, dann saß sie da, das Handtuch über ihren Beinen und ihre Hände über diesem Handtuch. Dann legte sie das Handtuch auf den Stuhl und ging in das Zimmer, in dem meine Mutter im Bett lag. Sie sagte: »Fatma, schläfst du?« Mutter sagte nichts. Großmutter sagte: »Steh auf.« Mutter sagte nichts. Großmutter sagte: »Geh etwas raus.« Mutter sagte nichts. Großmutter sagte: »Fatma, mein Herz ist aufgebraucht, steh auf.« Mutter sagte: »Greisin, du erschöpfst mich.« Großmutter sagte: »Steh auf, Fatma, du lädst dir den Tod ein.« Mutter sagte: »Es ist besser, wenn mein Tod mich aus diesem Haus ruft, İnşallah.« Großmutter sagte: »Der Wind soll dir diese Sätze aus deinem Mund wegtragen, steh auf.« Mutter sagte: »Ich muß sterben, dann werdet ihr gerettet.« Großmutter sagte: »Warum stirbst du, ich sterbe, İnşallah.« Großmutter kam heraus, ging zum Stuhl, nahm das Handtuch in ihre Hand und sagte: »Ich werde ja sterben, ich werde ja nicht einen Pfeil in der Mitte dieser Welt einrammen.« Sie sagte zu mir: »Schwester, bete du, daß ich sterbe, was ich esse, in dieser Welt, könntet ihr essen.« Meine Mutter weinte im anderen Zimmer und sagte immer: »Ach, meine Mutter, ach, meine Mutter.« Ich sagte: »Mutter.« Mutter sagte zu mir: »Ich bin nicht deine Mutter, geh zu deiner Großmutter, du zeugst mit ihr Unglück in diesem Haus, die Arbeit deines Vaters läuft rückwärts.« Dann sagte sie wieder: »Mutter, Mutter.« Mein Bruder Ali ging zu ihr und sagte: »Mutter, Mutter, Mütterlein.« Alis Mütterlein und meine Mütterlein-Wörter brachten die Worte meiner Mutter »Ach, Mutter, meine Mutter« zum Schweigen. Sie stand auf, nahm ihr Tuch von der Stirn, machte ihre Haare naß und kämmte sich. Mein Vater kam, er hatte seinen Kopf auf Nummer Null rasieren lassen, er sagte: »Unter der Hitze dieser Steppe brennen die Haare an meinem Kopf.« Er sagte, er hätte keine Tür ausgelassen, ohne angeklopft zu haben, aber was den Bauunternehmern aus ihren Gesichtern kam, ging in tausend Stücke kaputt. Er sagte: »Es geht allen schlecht, ihre Gesichter lachen nicht.« Er saß da auf einem Stuhl, und auch, was aus seinem Gesicht herunterfiel, ging in tausend Stücke kaputt. Weil wir keine Elektrik hatten, gingen wir früh schlafen. Ich trug in der Nacht mein Bett immer unter den Tisch und betete arabische Gebete für die Toten, die ich bis jetzt hatte: »Allah, bitte gib diese Gebete zu den Seelen: Für die durch Sultans Mund geköpften Sultansmoscheebauarbeiter, den heiligen Karagöz und Hacivat, für den gestorbenen Vater und die Mutter des Mannes mit der Brille im Hırthurt-Bazar, für die gestorbenen Väter und Mütter der Männer, die in der engen Gasse standen.«

Ich konnte die Toten nicht zu Ende zählen. Ich sah meinen Mustafa vor meinen Augen, der zwischen zwei Brücken, seine drei Schulbücher unter dem Arm, auf mich zukam. Ich sah auch mich im weißen Mantel meiner Mutter auf ihn zulaufen, ich sah mich immer viel größer als er. Er kam mir von weitem entgegen, ich lief neben meinem Bild, das Mustafa entgegenlief, deswegen sah ich mich immer größer als er. Ich sah meinen Mustafa nur groß, wenn wir kurz hielten, um uns in die Augen zu gukken, seine Augen schauten zwischen seinen Wimpern, als ob er die Sonne anschaute. Ich sah über seinen Wangen junge Haare wie an einem Pfirsich. Um dieses große Bild noch mal und noch mal zu sehen, fing ich immer wieder bei den Brücken an. Weil aber auch die Toten auf mich warteten, fing ich an, sie zu zählen. Manchmal in der Nacht rauchten mein Vater und meine Mutter in diesem Zimmer im Dunkeln. Sie saßen auf zwei Stühlen, die Glut der beiden Zigaretten ging gleichzeitig an und gab ihren Gesichtern kurz Licht und dann Schatten. Sie

sprachen leise und sagten öfter: »Bursa.« Dann sah ich, daß meine Großmutter und meine Brüder auch nicht schliefen. Bei dem Wort »Bursa« hoben sie ihre Köpfe von ihrem Kopfkissen und horchten. Am nächsten Tag schauten wir tief in die Gesichter meines Vaters Mustafa und meiner Mutter, sie sagten aber nicht, daß wir nach Bursa zurückgehen würden. Dann schauten wir vier Geschwister und Großmutter uns in die Augen, mein Vater ging weg, ich sah ihn in die Steppe gehen, und meine Mutter ging wieder mit dem Stirntuch ins Bett. Ich saß auf einem Stuhl, mit einem Auge sah ich meine Mutter, mit dem anderen meinen Vater. Mein Vater ging und ging in die Steppe, die Steppensonne sammelte sich zu einem Punkt auf seinem auf Nummer Null rasierten Kopf. Dieser nackte Kopf sah so aus, als ob er in diese Welt gekommen wäre, um die Sonne auf seinem Kopf zu tragen, bis er stirbt. Meine Mutter lag, ohne sich zu bewegen, im Bett, ich sah sie nicht, das Bett sprach nicht, weinte nicht, die Steppensonne wuchs aus dem Kopf meines Vaters bis zu diesem Bett, zog es, das Bett ging vor meinen Augen auf der Steppe hinter meinem Vater her, so sah mein Vater aus, als daß er nicht nur, um die Sonne zu tragen, sondern auch um das schweigende Bett hinter sich herzuziehen, auf diese Welt gekommen war. Wenn mein Vater nicht mehr zu sehen war, sah ich das schweigende Bett wieder im Zimmer stehen.
Mein Bruder Ali und ich gingen aus dem Haus. Das Haus aus Ziegelstein stand in der Steppe wie verlassen. Es war aber nicht verlassen, außer uns wohnten noch Menschen in einer anderen Wohnung, die anderen Wohnungen waren leer. Außer diesem Haus aus Ziegelstein stand kein anderes Haus in dieser Steppe. Um ein anderes Haus zu sehen, stellten wir uns vor dieses Ziegelsteinhaus und schauten es eine Weile an, als ob wir aus unse-

rem Fenster zu einem Nachbarhaus schauen würden. Wo das Ziegelsteinhaus stand, war keine Straße, keine Gasse. Es stand einfach auf der Steppe, ohne Tür. In seiner Nähe gab es Baustellen, Erde, Löcher, die Bauarbeiter arbeiteten nicht in ihnen, es war alles stillgelegt. Die Steppe hatte auf der rechten Seite einen sehr langen Hügel. Ali sagte: »Dort spielen die Amerikaner Golf.« Etwas weiter weg vom Steppenhaus gab es eine Schnellstraße. Auf der anderen Seite dieser Schnellstraße fing wieder eine andere, sehr weite, neue Steppe an. Ali und ich saßen am Rande dieser Schnellstraße am Bergabhang, es war sehr heiß. Die alten klapprigen Lastwagen fuhren, einer nach dem anderen, mit Geschrei und Brummen über den Asphalt, der durch die Hitze wie ein weicher Teig aussah. Wenn ich meine Ohren zumachte, sahen die Lastwagen aus, als ob sie in einem Wasser aus Feuer fahren würden. Sie fuhren wie in einem Lunapark-Spiegel, der die Welt wellig spiegelte. Ali hatte eine Brille, er nahm sie von seinen Augen und fing an zu weinen. Er sagte: »Nach Bursa gehen.« Wir saßen da auf dem Bergabhang, sagten »Bursa, Bursa« und weinten zusammen. Die Lastwagen waren laut, wir liefen weg in die Steppe. Das war sehr schön. Die Steppe war so groß, wir brauchten nicht zu denken, daß wir jetzt schweigen müßten, weil irgend jemand kommen würde. Wir konnten so viel weinen! Ali sagte mir irgendwann: »Weine nicht, tamam mı?« Ich sagte: »Tamam«, aber er weinte weiter. So weinte auch ich weiter. Als wir zu Hause waren, packte ich ein paar Sachen in ein Kopftuch und sagte zu meiner Mutter, die im Bett lag: »Ich gehe weg.« Ich ging aus dem Haus, lief vor das Haus, damit meine Mutter mich sah, falls sie aus dem Fenster schaute. Dann ging ich wieder ins Haus, auf den Dachboden. Ich setzte mich auf den Dachboden auf mein Bündel, da war ein kleines Fenster

ohne Fensterscheiben. Man konnte von dort aus irgendwo in der Ferne die Dächer mehrerer Häuser sehen, es war still auf dem Dachboden, es gab gar keine Sachen, die da lagen, nur alte Holzstücke. Ich zog mir ein Gesicht: Mich sucht keiner, ich werde immer hier sitzen. Ich schaute hinter mich, vor mich, in den Dachboden und auf das Fenster, es gefiel mir gut, daß ich für immer in einem stillen, halbdunklen Raum sitzen bleiben würde. Dann kam aber meine Mutter. Meine Mutter lachte und sagte: »Du Esel, bist du hier.« Wir gingen zusammen in die Wohnung, dann ging sie wieder ins Bett. Wenn sie in diesem Bett lag, sah ich sie immer als halbe Mutter, denn entweder lag sie auf ihrer linken Seite oder auf ihrer rechten Seite, und ihre Augen schauten halboffen ins Bett. Sie sah aus wie ein gestorbenes Tier, dem niemand seine Augen zugemacht hatte. Manchmal lag in diesem Bett ein totes Pferd, manchmal eine tote Schildkröte, manchmal ein toter Leguan.
Großmutter saß auf einem Stuhl, wieder ein Handtuch in ihrer Hand, schaute durch die offene Tür von weitem zum Bett. Ich ging nicht in das Zimmer, ich saß am Fenster hinter dem Stuhl meiner Großmutter und schaute von noch weiter her zu dem Bett, über die Schultern meiner Großmutter. Die Fliegen flogen über diesem Bett, setzten sich mit ihren dünnen Beinen auf das halbe Muttergesicht, weil meine Mutter ihnen aber nicht mit der Hand »Geht weg« sagte, fingen die Fliegen an, auf dem halben Gesicht und dem Bett zu wohnen.
Großmutter ging mit einem Spiegel zu meiner halben Mutter, hielt ihr den Spiegel vor das Gesicht, sagte: »Steh auf.« Mutter sagte nichts. Großmutter hielt den Spiegel weiter vor ihr Gesicht, viele Fliegen kamen und setzten sich auf diesen Spiegel, ich sah das halbe Gesicht meiner halben Mutter zu einem Fliegengesicht werden. Groß-

mutter ließ den Spiegel neben meiner Mutter, kam, setzte sich wieder auf den Stuhl, nahm das Handtuch in die Hand, sagte zum Handtuch: »Unsere Geister finden uns nicht mehr schön, sie haben uns auch verlassen.«
Ich packte wieder ein paar Sachen in das Kopftuch und ging wieder aus dem Haus, zeigte mich kurz vor dem Haus, bevor ich auf den Dachboden ging. Ich saß am selben Platz auf meinem Bündel vor dem Dachbodenfenster und wartete, daß meine Mutter käme und mich holte. Sie kam nicht. Ich saß stundenlang oben, aber sie kam nicht. Ich schlief im Sitzen ein, sie kam nicht, ich sagte, ich werde hier leben, machte mir aus meinem Bündel ein Bett. Ich legte mich hin und dachte, jetzt wird sie kommen. Sie kam nicht. Der Abend kam durch das Dachbodenfenster und setzte sich sehr müde auf den staubigen Boden und auf das arme Holz. Keine Spinnen gingen an den Wänden zu ihren Häusern, keine Fliegen flogen über das Gesicht dieses Abends, das Holz knarrte nicht, sprach nicht mit dem anderen Holz.
Der Tag ist ein Dienstag, der Abend ist ein Juliabend, es wird ein paar Jahre Dienstagabend bleiben. Hier. Die Armut hat diesen Juliabend gut erzogen. Er hat keine Zunge im Mund.
Weil der Abend seinen Atem anhielt, hielt auch ich meinen Atem an. Ich wollte, daß irgendein Schmerz kommt und mir weh tut, es kam kein Schmerz. Ich lag da in den Händen des Abends wie meine halbe Mutter. Sie werden mich nach drei Jahren, wenn dieser Julidienstagabend zu einem Julimittwochabend geworden sein wird, hier mit halboffenen Augen finden, in denen nicht einmal eine Spinne sitzt.
Ich machte meinen Mund auf, damit mein Geist aus meinem Mund leicht rausfliegen konnte, und schaute zu dem Dachbodenfenster, so daß ich meinen Geist fliegen

sah. Ich sah auch irgend etwas am Fenster fliegen. Es war aber nicht mein Geist, der flog, es war ein kleiner Vogel, der seine Adresse nicht mehr wußte. Der Vogel kam herein und flog zwischen den atemanhaltenden Abendwänden hin und her. Der Vogel ließ beim Fliegen seinen Vogelgeruch auf dem Dachboden. Sein Vogelgeruch gab mir die Hand, ich stand auf und ging hinter diesem Geruch her, bis der Vogel wieder aus dem Fenster heraus zum Himmel flog. Sein Geruch blieb auf dem Dachboden. Ich stopfte mit meinem Bündel das Dachbodenfenster zu, atmete den auf dem Dachboden stehenden Vogelgeruch ein und bekam eine Sehnsucht nach meiner Mutter. Dann sah ich, daß wegen meiner Sehnsucht nach meiner Mutter auch der Abend anfing zu atmen. Das Holz knarrte und knurrte, der Vogelgeruch fing an zu singen:
»Çıkalım sayrü şikare
çatarız belki o yare aman aman«
(Gehen wir spazieren
vielleicht sehen wir plötzlich unsere Geliebten).
Ich ging runter in die Wohnung, meine Mutter fragte nicht mich, sondern ihr Kopfkissen: »Kommst du aus Bursa?« Ich antwortete ihr: »Ich komme aus der letzten Gasse der Hölle.« Sie sprach wieder zu ihrem Kopfkissen: »Hast du schon mit den Teufeln gegessen?« Dann lag sie wieder als halbe Mutter da.
Ich trank vierzehn Aspirin, mein Magen kam in Wellen hoch. Draußen in der Steppe gab es kleine Hurricans, in denen Steppenstaub sich um sich selbst drehte und hoch ging. Mein Körper saß mit vierzehn Aspirin am Fenster und sah, daß er zugleich in diesem sich um sich selbst drehenden Steppenstaub war. Der kopflose Körper ging mit dem Hurrican hoch, dann wieder runter, wenn der Hurrican kurz Atem holte und alles etwas ruhiger war,

sah mein am Fenster sitzender Körper, daß der sich im Steppenstaub drehende Körper noch immer keinen Kopf hatte. Mein Körper am Fenster versuchte, meinem Körper, der draußen auf der Steppe im Hurrican mitging, den Kopf aufzusetzen, aber der Körper ging mit dem Hurrican weg, und der Kopf, den mein am Fenster sitzender Körper ihm aufsetzen wollte, blieb in den Händen meines am Fenster sitzenden Körpers. Als mein Körper im Hurrican von der Steppe in Richtung Schnellstraße verschwand, fiel mein am Fenster sitzender Körper vom Stuhl auf den Boden. Dann war ich als ein Kopf in den Händen meiner Großmutter. Großmutter brachte mich zum Kotzen und gab mir Knoblauchyoghurt. Ich sah meinen auf dem Boden von meinem Kopf getrennt daliegenden Körper langsam wieder zu meinem Kopf kommen. Ich lag dann unter dem Tisch wie die von Staatshand vergifteten schwarzen Straßenhunde von Bursa und sah mit einem Auge von weitem meine halbe Mutter, als ob sie auch ein schwarzer Hund wäre, der auf der anderen Seite der toten Straße lag, und dieser tote Hund schaute auch auf den auf der anderen Seite der Straße liegenden toten Hund.

Am nächsten Tag, als meine halbe Mutter immer noch im Bett lag, sagte ich ihr: »Ich werde mich töten.« Im Treppeneingang, über der Wohnungstür, lagen mehrere Elektrikkabel offen, in der Wohnung gab es keine Elektrik, aber auf dem Treppeneingang gab es Licht. Wer in seiner Wohnung Elektrik haben wollte, mußte einen Elektriker holen, aber mein Vater sagte: »Der Bauunternehmer, der dieses Haus gebaut hat, war wahrscheinlich ein Bauunternehmer mit einem Loch in der Tasche, wie ich.« Ich hatte gelernt, daß, wenn die Füße naß sind, die Elektrik in einen Körper richtig reinkommen kann. Ich wusch meine Füße und ging zum Treppeneingang. Ich überlegte, ob meine Länge reichen würde, um die Kabel zu erreichen. Meine Mutter kam und blieb mir gegenüber stehen. Ich tat so, als ob ich sie nicht sehen würde und schaute auf die Kabel. Sie sagte nichts, ich sagte nichts. Inzwischen ging im Treppeneingang das Licht aus, meine Mutter nahm mich an die Hand, wir gingen in die Wohnung. Als meine Mutter wieder im Bett lag, brauchte ich nur die Wohnungstür auf- und zumachen, sie kam dann wie ein aus dem Bogen fliegender Pfeil hinter mir her. Ich machte die Tür so oft auf und zu, daß meine Mutter aufhörte, im Bett zu liegen.

Als sie nicht mehr eine halbe, sondern eine ganze Mutter war, ging ich mit meinem kleinen Bruder Orhan zur Schnellstraße, er wußte von einem Park, in dem es Affen gab. Wir liefen am Rande der Schnellstraße mit den Lastwagen in Richtung Stadt, fanden den Luna-Park. Dieser Park war so groß wie eine Stadt. Die farbigen Glühbirnen gingen an und aus, ein Mensch schob den anderen auf den Weg, sie sahen wie zusammenlaufende Nomaden aus, die, bevor die Nacht kam, einen Platz am Wasser finden wollten. Es waren die ersten Menschen, die ich nach Bursas Menschen sah. Ich wußte, daß wir in der Republikhauptstadt Ankara sind, aber dieser Luna-Park war für mich Bursa. Diese mit dem Riesenrad hopphochgehenden Herzen, hoppruntergehenden Herzen, diese wie aus einer schönen Nacht heruntergekommenen Sterne, die aufgeregt dort laufenden Menschen, diese alten Frauen mit ihren Strickjacken über ihren Schultern, diese Kinder, die im Chor Kürbiskerne aßen, çit çit çit çit, dieser Teegeruch aus den Samowaren der Cafés, diese kleinen Jungen, die auf ihre älteren Schwestern aufpaßten, die singenden Stimmen aus den Casinos, die aus ihren Körpern mit so tiefer Schwermut die Sehnsucht rausholten, das war für mich Bursa. Und jetzt wollten wir zu den Affen gehen. Ein Affenmann und -frau hatten sich gestritten, die Frau und der Mann saßen in ihrem Käfig Rücken an Rücken, die Frau hatte ein Stück Spiegel in der Hand, sie nahm den Spiegel hoch und schaute im Spiegel, was ihr Mann gerade machte. Wenn der Mann sich zu ihr bewegte, versteckte sie den Spiegel und machte ein beleidigtes Gesicht, dann guckte sie wieder im Spiegel, was ihr Mann machte. Dann kam die Nacht, die Lichter gingen aus, die Buden schlossen zu. Es war dunkel, und es entstand ein ganz großes Loch. Die Menschen waren schnell weg, und viele fühlten erst jetzt ihre Fußschmerzen. Ein paar kleine Hunde gingen zwischen den Buden vorbei, die Kinder wollten nicht mehr laufen, Ältere nahmen sie im Dunkeln auf ihre Schultern, sie schliefen schon. Mein Bruder Orhan und ich liefen Richtung unserer Steppe, und wir hofften, daß unsere Eltern vielleicht auch ins Kino gegangen waren. Nach drei Stunden kamen wir zu unserer Steppe. Ich sah in der Steppe im Gaslampenlicht den hin und her gehenden Schatten meines Vaters. Mein Vater brauchte mich nicht lange schlagen. Nach einem Schlag küßte ich den Boden. Großmutter sagte: »Mustafa, bedank dich bei Allah, daß sie zurückgekehrt sind.« Dann bin ich krank geworden. Der Schmerz war so, als ob man mir mit einer Rasierklinge mein Fleisch abschnitt. Wenn ich an meinen Mustafa denken und weinen wollte, fand ich den Weg zu meinen Tränen nicht mehr. Mein Körper war nicht mehr mein Körper. Ich dachte, die im Zimmer festsitzende Steppenhitze sei selbst der Schmerz. Ich sah vom Bett aus die Hügel, auf denen die Amerikaner Golf spielen sollten. In der Abendzeit sah ich ein paar Männer, die sich über den ganzen Hügel verstreut bückten und etwas hochhoben. Mein Vater fragte mich jeden Abend: »Meine Tochter, warum bist du krank geworden. Um deinen unheiligen

Vater traurig zu machen?« Ich wußte keine Antwort. In der Wohnung bewegten sich die Menschen, sie setzten sich, sie standen auf, drehten den Wasserhahn auf, machten die Türe auf und zu. Auch die Männer auf dem Golfhügel bewegten sich, liefen dahin und dorthin. Für mich gehörten diese Männer und meine Familie zusammen. Ich dachte an meinen Mustafa. Er lief mir, wie immer, zwischen den zwei Brücken von Bursa mit seinen Schulbüchern unter dem Arm entgegen, aber durch meine Krankheit konnte ich ihm nur sehr langsam entgegenlaufen und ihn nicht in den Augen behalten. So fing ich an, sein Gesicht zu vergessen.
Großmutter saß in einem Stuhl vor dem Fenster, sie sagte: »Die Nachbarn klopfen nie an unsere Tür, weil ihre Zunge unsere Zunge nicht versteht. Sie sollen aus Albanien hierhergekommen sein.« Dann sagte sie immer: »Da ist ein dünner Baum, was für ein Baum ist das denn wohl?«
Am nächsten Tag sagte sie noch mal: »Da ist ein dünner Baum, was für ein Baum ist das denn wohl?«
Sie erzählte mir von dem Mädchen der albanischen Nachbarn. Sie wäre etwas älter als ich, sie hinge entweder auf die Wäscheleine vor dem Haus Wäsche auf oder spielte allein vor dem Haus. Sie hätte keinen Hals, ihr Kopf stände direkt auf ihren Schultern wie bei einer schlecht genähten Puppe. Wenn sie ihre Hände hochhöbe, um Bettwäsche aufzuhängen, verschwände ihr Kopf ganz zwischen ihren Schultern.
Ich wurde gesund, ging zum Fenster und merkte, daß es so ein Mädchen und so einen Baum nicht gibt. Ich sagte: »Großmutter, so ein Mädchen und so einen Baum gibt es nicht.« Sie antwortete mir: »Ich habe dich belogen, du bist nicht die einzige im Haus, die was von des Teufels Arbeiten versteht.« Es war aber richtig, daß unsere einzi-

gen Nachbarn aus Albanien waren, es war auch richtig, daß ihre Zunge unsere Zunge nicht verstand. Sie schauten in unsere Gesichter und bekamen große Augen, wenn wir uns trafen. Die albanischen Nachbarn hatten eine Tochter in meinem Alter, aber sie saß immer zu Hause, weil sie bald sterben mußte. Meine Mutter sagte: »Sie hat an den Nieren Tuberkulose.« Ich und Großmutter gingen einmal zu ihr. Weil wir gekommen waren, stand sie auf, über dem Tisch stand der Petroleumofen, und briet im Stehen für uns aus Teig eine Süßigkeit. Sie sagte: »Das ist Lokma, ein Happen Süßigkeit.« Ich schaute in ihr Gesicht, ich wollte sehen, warum sie sterben mußte. Sie tat mit einem Löffel Teig in das Öl und erzählte meiner Großmutter halb in Türkisch, halb in Albanisch, wie sie diese Süßigkeit machte. Das Steppenhaus roch zwei Tage nach Süßigkeiten, dann starb sie. Ihr Vater und zwei Männer der Bürgermeisterei trugen ihren Sargfür-die-Armen über die Steppe weg.
Bismillâhirahmanirrahim,
Elhamdü lillâhirabbil âlemin. Errahmanirrahim,
maliki yevmiddin. Iyyakena'büdü ve iyyake neste'in. Ihdinessıratel müstekıym; Siratellezine
en'amte aleyhim gayril mağdubi aleyhim
veleddâllin. Amin.
Bismillâhrirahmanirrahim
Kül hüvallahü ehad. Allahüssamed.
Lem yelid velem yüled. Velem yekûn
lehu küfüven ehad. AMÎN.
Mein Allah, gib bitte diese Gebete für die Seele dieses albanischen Mädchens, das die Süßigkeiten am Petroleumofen gebraten hat.
Für die Mutter meiner Mutter, die so jung gestorben ist, für die tote Tochter der Frau auf der heiligen Brücke in Bursa, die meine Großmutter gesehen hat, für die vom

Sultan geköpften Sultansmoscheebauarbeiter, den heiligen Karagöz und Hacivat, die so komische Sachen sagten, daß vor Lachen kein Bauarbeiter weiterbauen konnte, für die gestorbenen beiden Schwestern der Frau, die meine Großmutter auf der Straße in Bursa gesehen hat, für den toten Mann der Frau mit Kind in Bursa, deren Milch sich aus Kummer zurückgezogen hat, für die tote Mutter und den Vater und die Schwester des bettelnden Mannes vor der Moschee in Bursa, für den toten Mann der Frau am Park in Bursa, für die tote Mutter und den Vater der Frau am heiligen Brunnen in Bursa, die meine Großmutter getroffen hat, für die tote Mutter und den Vater der Männer vom Läusebazar in Bursa, für die tote Mutter und den Vater der wartenden Männer, die so aussahen, als ob sie nie eine Mutter und einen Vater gehabt hätten, für die tote Mutter und den Vater der buckligen Hure in Bursa, die den Kohlen mit einer Zeitung Wind gab, für die alte Hure Fatma und die andere kleine Frau, die in Bursa mein Taftkleid gewaschen und gebügelt hat, für die tote Mutter und den Vater von Onkel Recep, der mich in Bursa in seinen Halbschuhen bis zum Hakenbrunnen gebracht hat und »Geh nach Hause« gesagt hat, für die tote Mutter und den Vater der verrückten Saniye, die, 200 Gramm Käse in ihrer Hand hochhaltend, in unserer seelenlosen Gasse in Bursa vor den Zuckerfabrikantenhäusern spaziert ist, für die tote armenische Frau, die mir eine Dattel gegeben hat und in İstanbul im Hauseingang gestorben ist, für den toten Atatürk, der den Molière hat übersetzen lassen, für den toten Molière in Bursa, für die tote Isadora Duncan, für die toten Liebespaare, die sich in Bursa von der heiligen Bergspitze runtergeworfen haben, für die tote Mutter und den Vater des gefalteten Şavkı Dayı, der, um ins Paradies zu gehen, die Granatäpfel, ohne daß die Stücke runterfielen, in unserer halbfertigen Villa gegessen hat, für die tote Mutter und den Vater des Friedhofsnarren Musa, der mir in İstanbul seine Ware gezeigt und gefragt hat: »Ist das schön?«, für alle Toten, die ich mit meiner Großmutter auf dem İstanbuler Friedhof gesehen habe, für die toten Mütter und Väter der Soldaten, die ich im Zug gesehen habe, für die toten acht Kinder meiner Großmutter in ihrem Dorf in Kapadokia, die, bevor sie starben, abgelehnt hatten, die Wassermelonen zu essen, für die toten Mütter und Väter der Steinbrucharbeiter im Berg, für den toten Vater der hinkenden Hure, die ihren toten Vater durch ein Fenster gesehen hat und mir den Hula-Hoop-Ring geschenkt hat, für die toten heiligen Männer mit staubigen Grabsteinen an der heiligen Moschee in Bursa, für die tote Mutter und den Vater des Mannes mit Brille im Hırthurt-Bazar in Bursa, der seinen rechten Fuß über seine Schuhe gelegt hat, für die tote Mutter und den Vater der verrückten Ayten, die in Bursa abends mit ihrer Trommel und ihren Steinen vor dem Puffhaus, in dem ihre Schwester wohnte, pinkelte, für die Bräute und Bräutigame, die in ihrer Hochzeitsnacht in dem nachtsgelandeten Haus gestorben sind, deren Namen die Mutter der sehr frühen Morgenzeit nicht in ihrem Kopf behalten konnte, für den schönen Banditen Ayvaz, für die tote Mutter und den Vater der Baumwolltante, der ihre Haare über Nacht weiß geworden sind, weil ihr Bruder in İstanbul gestorben ist, für die toten Väter und Mütter der Frauen aus dem Sultansbad in Bursa, für den toten 23jährigen Leutnant, der an Tuberkulose gestorben ist, den Ehemann von Tante Sıdıka, der es ein bißchen besser geht als einem Schwiegersohn, der bei seinen Schwiegereltern wohnen muß, und die immer die Photos des Demokratischen Partei-Ministerpräsidenten in Zeitungen durchlöcherte und auf unserer steilen Gasse in Bursa im

Vorbeigehen zu meiner Mutter rief: »Fatma Hanım«, für die tote Großmutter und den Großvater des albanischen Mädchens, das heute im Sarg auf der Steppe weggegangen ist, für den sechshundertvierundzwanzigsten Soldaten, der im Ersten Weltkrieg gestorben ist, für den sechshundertfünfundzwanzigsten toten Soldaten, der im Fluß gestorben ist, für den sechshundertsechsundzwanzigsten toten Soldaten, für den sechshundertsiebenundzwanzigsten toten Soldaten, für den sechshundertachtundzwanzigsten toten Soldaten, für den sechshundertneunundzwanzigsten toten Soldaten, für den sechshundertdreißigsten toten Soldaten, der sitzend unterm Regen gestorben ist.
Nachdem der Sarg des albanischen Mädchens in die Steppe weggetragen worden war, sah ich außer meinem Vater keine anderen Menschen in der Steppe gehen oder kommen. Der Steppenwind brachte nur kaputte Zeitungsblätter, diese Zeitungsblätter blieben an den dornigen Wüstensträuchern hängen. Ich ging zu diesen Blättern, bückte mich zu ihnen, ich las sie, immer blieben sie unvollendet, weil sie kaputt waren. Mir gefiel es, von einem zerrissenen Zeitungsblatt zum anderen zu gehen und zu lesen, als ob die halben Geschichten zusammengehörten. Wenn ich zu weit in die Steppe ging, rief meine Mutter vom Fenster: »Meine Tochter, lies nicht das schmutzige Zeitungspapier, was werden die Fremden über uns sagen.« Ich fand das komisch, es gab keine Fremden, die über uns etwas hätten sagen können. Wenn unsere albanischen Nachbarn etwas über uns gesagt hätten, hätten wir sie nicht verstanden, außerdem schauten sie nie aus dem Fenster.
Bald kam der zweite Tote in der Steppe vorbei. Wir hörten eines Morgens ein lautes Geräusch, so als ob man acht Meter Stoff zerreißen würde. Meine Mutter, Groß-

mutter, Ali, mein kleiner Bruder Orhan und meine Schwester, die Schwarze Rose, hatten Teegläser in der Hand, die Gläser fielen gleichzeitig aus unseren Händen und gingen kaputt. Der Tisch fing an zu wackeln, meine Großmutter und Mutter standen auf, hielten ihre Hände vor ihre Brüste, fingen an, Gebete zu sagen, ihre Augen zu. Sie sagten: »Zelzele Zelzele« (Erdbeben Erdbeben). Auch wir standen auf, machten die Augen zu und fingen alle an, »Bismillâhirrahmanirrahim« zu sagen und zu wackeln.
Irgendwann machten wir die Augen auf und sahen, daß wir in der Welt die einzigen waren, die noch wackelten, und nicht die Tische oder die Lampen. Mutter sagte: »Aus dem Haus gehen.« Mutter, Großmutter, mein kleiner Bruder Orhan und meine kleine Schwester Schwarze Rose gingen alle aus dem Haus in Richtung Schnellstraße. Wir drehten uns zu unserem Steppenhaus um – das Haus stand ganz da. Großmutter sagte: »Zelzele değildi« (Es war kein Erdbeben).
Dann habe ich wieder die Soldaten gesehen. Die Soldaten standen auf der Schnellstraße, ein Lastwagen stand da, ein Auto hatte kaputte Fenster, an denen das Blut trocknete, ein Fahrrad lag umgekippt am Rande der Schnellstraße. Den Toten sahen wir nicht, er war schon weg, es war ein Arbeiter er wollte mit seinem Fahrrad zur Fabrik fahren. Er hatte keinen Vater, keine Mutter, nur eine Tante und einen Onkel. Wegen des Lastwagens hatte er nicht gesehen, daß ein Auto kam. Er und das Auto stießen zusammen, er ging durch ein Fenster in das Auto rein, aus dem anderen Fenster des Autos wieder raus. Das berichtete uns ein Soldat, dann nahm der Soldat noch das auf der Straße liegende Bein mit rotem Strumpf von dem toten Arbeiter in die Hand und lief mit dem Bein auf die andere Seite der Schnellstraße.

Mutter sagte: »Es war kein Erdbeben, vielleicht hat der Tod geschrieen, weil der Mann zu jung war, wer weiß, vielleicht will der Tod, daß wir für ihn weinen.« Zuerst fing die Schwarze Rose an zu weinen, sie ging vor uns her, ihr Kleid hatte hinten eine Masche. Ich sah nur diese Masche und weinte um sie. Die Schwarze Rose ging irgendwohin in der Steppe, die Steppe war so groß, daß ihre kleinen Füße nirgendwo ankommen würden. Die mit dem Steppenwind hin und her fliegenden Zeitungsstücke fingen auch an, hinter uns Weinenden herzukommen. Wir weinten hinter der Schwarzen Rose, die Zeitungsstücke setzten sich manchmal auf die Dornen, dann gingen sie wieder zwischen unseren Beinen, neben unseren Beinen. Als es dunkel wurde, sahen wir die Zeitungsstücke nicht mehr, aber sie faßten weiter unsere Fußgelenke und Knie an. Weil im Dunkeln die Masche von Schwarzer Rose nicht mehr zu sehen war, fing ich an, ein sehr altes, trauriges Lied zu singen, damit das Weinen weiterging:
»Mey içerken düştü aksin camıma
şimdi girdin bir avuç sen kanıma«
(Als ich trank, legte sich dein Schatten auf mein Glas, jetzt bist du eine Handvoll in meinem Blut).
Weil das Lied ein sehr langsames Lied war, lief der weinende Chor auch sehr langsam hinter mir her. Die Nacht in der Steppe war kalt, die Nacht hat ihre Sterne, und sie sahen so aus, als ob sie mehr in der Wärme stehen würden als wir. Mutter sagte: »Unsere Toten stehen oben im Himmel.« Jetzt weinten wir um die über uns stehenden Toten. Die Toten liefen mit uns, gaben unserem Weinen Licht, und ich sah Alis weinende Augen hinter seinen Brillengläsern und weinte noch mehr. So kamen wir weinend zu unserem Steppenhaus, gingen durch das Loch ins Haus. In der Wohnung saß mein Vater mit seinem we-

gen der Steppenhitze rasierten Kopf allein am Tisch. Er sah uns im Halbdunkel und sagte: »Weint ihr? Weint ihr um mich, euren schicksallosen Vater?« Meine Mutter sagte: »Ja, Mustafa, wir weinen um dich.« Auch wir sagten: »Ja, Mustafa, wir weinen um dich.« Mustafa sagte: »Weint nicht, sonst weine ich auch, ich bin noch nicht gestorben, ich lebe.« Wir setzten uns zu Mustafa an den Tisch, wir guckten alle, weinend, in Mustafas Augen. Er hatte ein Grübchen an seinem Kinn, das sein Kinn in zwei Hälften teilte. Ich schaute auf dieses Loch und weinte noch mehr. So weinten die Stimmen der anderen Weinenden noch lauter. Mustafa wackelte mit seinem Kopf nach links und rechts und lächelte. Draußen über der Steppe standen die Sterne, jetzt mit dem Mond, und schauten auf uns, auf die für Mustafa weinenden Menschen, und schauten sich an.

In diesem Vorstadtgymnasium hatte ich keine Freunde. Alle Kinder kamen mit Schlamm bis zum Hals zur Schule, und während des Unterrichts trocknete der Schlamm, und sie gingen mit getrocknetem Schlamm weg. Die Lehrer fragten, was unsere Väter machten. Als ich sagte: »Mein Vater ist Bauunternehmer«, sagten sie: »Oh, dann ist er reich«, und sie wollten von mir die höchste Schulhilfe, 20 Lira, für die Schule haben. Mein Vater hatte das Geld nicht, und die Lehrer fragten mich, wann das Geld käme. Ich fragte zu Hause jeden Tag meine Mutter, wann das Geld käme. Meine Mutter sagte einmal: »Deine Lehrerin soll nicht so viel fragen. Sie soll ihr Kinn mit der Hand festhalten.« Beim nächsten Mal, als eine Lehrerin mich fragte, wo die 20 Lira sind, antwortete ich: »Meine Lehrerin, meine Mutter sagt: 'Deine Lehrerin soll nicht so viel fragen, sie soll ihr Kinn mit der Hand festhalten.'« Die Lehrerin wollte mit meinem Vater sprechen. Vater kam mit seinem Hut in die Schule. Die Lehrerin sagte zu

ihm: »Ach, Mustafa Bey, wenn Sie gesehen hätten, wie ich rot geworden bin vor allen Schülern.« Mein Vater mußte 20 Lira finden, damit er den Mund der Schule zumachen konnte. Wir lebten von den kleinen Schulden, die mein Vater noch machen konnte, ich weiß nicht, wie. Mein Schulkittel war der alte, kleine Kittel aus Bursa. Weil er so kurz war, trug ich darunter einen Rock meiner Großmutter. Der Winter kam, und der Weg vom Steppenhaus zu diesem Vorstadtgymnasium wurde zu gefrorenem Schlamm. Ich hatte keine Schuhe, ich trug die Gummigaloschen meiner Großmutter, die zu groß für mich waren. Der Schlamm war so hartnäckig wie Fichtenharz, und die Galoschen blieben darin stecken. Ich ließ die Galoschen dort und ging nach Hause zurück, meine Mutter sagte mir wieder, sie könnte mir Schuhe kaufen, wenn Herrn Alikans Puff geöffnet würde. Ich ging zurück zu den Galoschen, die im Schlamm steckten.
In der Schule sprach nur ein Mädchen mit mir, sie war die Tochter des Moschee-Hodscha. Sie hatte rote Bakken, ein schönes, breites Gesicht, lockige, rötliche Haare. Wenn ihr Vater aus dem Minarett den Mittags- und Nachmittagsgesang sang, drehten wir beide in der Klasse unsere Köpfe zum Fenster in Richtung Moschee.
Ich hatte viele Haare und steckte sie mit Nadeln hoch. Die Gymnastiklehrerin, eine junge Frau, die immer in Sporthosen rumlief, kam einmal auf dem Schulkorridor auf mich zu, nahm meine Haare in die Hand, zog daran, dabei gingen die Nadeln und viele Haare von meinem Kopf ab. Die Schüler auf dem Korridor gingen wie die Nadeln von ihren Plätzen, stellten sich an die Wände, als wollten sie sie wegschieben, und schauten mit großgewordenen Augen auf mich und auf die meine Haare hinter sich herziehende Gymnastiklehrerin. Die Schüler schlugen ihre Wimpern sehr schnell nieder, als ob die

Augen rennen müßten, um dem Bild zu folgen. Ich aber sah das alles als ganz langsame Bilder, der Mund der Gymnastiklehrerin kam langsam in meine Nähe, er vergrößerte sich so, daß die Wände zurückweichen mußten. Das große Mundfleisch sprach, und sie beschwor, daß ich von ihr am Ende des Jahres in der Prüfung etwas erleben würde. Ich erzählte das zu Hause. Großmutter sagte: »Uiiy, was wollte sie von dir, die Unbarmherzige. Keine Angst haben, Schwester, ich bete, und Allah wird ihren Mund schief machen, so kann sie in der Prüfung nicht sprechen.« Es wurde wirklich so. Als die Jahresabschlußprüfung kam, gab es auch andere Lehrer in der Prüfung, und die Gymnastiklehrerin hatte ihren Kopf auf den Tisch gelegt und stöhnte ständig, weil sie Magenschmerzen hatte. Die anderen Lehrer gaben mir gute Noten, und ich rettete mich vor der Rache der Gymnastiklehrerin. Und habe nie verstanden, warum sie Rache geschworen hatte. Die Tochter des Moschee-Hodscha sagte mir, diese Frau wäre eine zu Hause sitzengebliebene Jungfrau. »Sie denkt nicht mehr mit dem Herzen, sondern mit ihrem Arsch«, sagte sie. Sie sagte auch, daß sie mit ihrem Vater, dem Moschee-Hodscha, gebetet hätte, daß die Lehrerin sich an diesem Prüfungstag ihre Beine kaputtmachen sollte.
Der Weg von der Schule zu unserem Steppenhaus war einfach, Schmutz, Staub, halbfertige Baustellen, dann die Steppe. Einmal aber merkte ich, daß mir ein Mann folgte. Er lief parallel zu mir und tat so, als ob er nachdenklich laufen würde, wenn ich aber anfing, schnell zu gehen, ging er auch schnell, ich fing an zu rennen, er rannte auch, ich ging zu den halbfertigen Baustellen, trat mit meinen Füßen in den dort liegenden Zement und Sand. Durch das viele Rennen ging das Gummi, das den Rock meiner Großmutter festhielt, kaputt. Ich mußte

meinen Rock festhalten und dabei rennen. Irgendwie rannte ich viel schneller als der Mann, er blieb stehen und gab mir mit seinem Arm ein Zeichen. Das bedeutete: Also, du willst mich nicht, ich bin sehr traurig. Großmutter sagte, wahrscheinlich wäre er hinter mir her gegangen, weil er wissen wollte, wo ich wohnte, er wollte mich heiraten und wollte Brautschauerinnen zu uns schicken. Ich ging am nächsten Tag denselben Weg mit einem großen Kopftuch auf dem Kopf und zog mit den Fingern meine Augen herunter, damit er mich nicht wiedererkennt. Ich sah ihn, und er schaute mich nicht an. So konnte ich mich auf den Wegen leicht retten, aber mein Bruder Ali nicht. Er ging jeden Tag über eine andere Steppe, die nach der Schnellstraße anfing, zu einem Gymnasium. Er wurde einmal auf dieser anderen Steppe von drei Jungen geschlagen, weil er eine Brille trug. Die Jungen sagten zu ihm: »Du Hanıms Sohn (Damensohn), komm mal her«, und sie schlugen ihn und machten seine Brille kaputt. Als Ali zum zweiten Mal auf der anderen Steppe geschlagen worden war, sagte meine Mutter: Jetzt würde sie ihre Fahne hochziehen. Sie schrieb ihrem Vater nach Anatolien in einem Brief, daß es uns sehr schlechtginge. Sie sagte zu uns: »Ich kann nicht in dieser letzten Höllengasse meine Kinder sterben lassen.« Sie sagte, sie wollte nicht, daß unser Vater vor ihrem Vater mit einem gebückten Kopf herumlaufen müßte, aber sie hätte auch niemanden in dieser Welt, an den sie ihren Kopf anlehnen könnte, außer ihren Vater. Sie schrieb in dem Brief, daß mein Vater keine Arbeit hätte und daß sie niemanden in dieser Welt hätte als Allah und ihn, der ihre Stimme hören und an dem sie ihren Kopf anlehnen könnte. Großvater Ahmet schickte Antwort, daß er bald kommen würde. Und schrieb ein Datum, an dem er kommen würde. An diesem Tag kam er nicht, ich und meine Mutter gingen zu einem Zauberer. Er verbrannte das Papier, auf dem wir die Frage gestellt hatten, wann der Großvater käme, und er tat es in ein Glas Wasser, schaute in das Wasser, sagte: »Ihr seid besorgt wegen eines älteren Mannes, er kommt in drei Zeiten, in drei Stunden, drei Tagen oder drei Monaten, in einer dieser drei Zeiten wird er kommen.« Mein Großvater kam nach drei Tagen mit zwei sehr großen Holzkoffern im Steppenhaus an. Zehn Jahre hatte ich ihn nicht gesehen, er sagte mir wie damals: »Stadtmädchen, Stadtmädchen, kennst du deinen Großvater?« Aus dem Koffer kamen getrocknete Pflaumen, Weizengrütze, Hirse und Weizen. Großvaters Jacke, Weste, Hose waren dieselben wie vor zehn Jahren. Ich roch an seiner Jacke und Weste, auch sie rochen nach Pflaumen, Pfirsichen und Getreide, ich roch heimlich an seinem Kopf, er roch auch nach Pfirsichen und staubiger Hirse. Da dachte ich, daß auch er mal einen Vater und eine Mutter gehabt hatte, und wenn ich für die Toten betete, wollte ich von diesem Tag an auch für seinen gestorbenen Vater und seine Mutter beten.

Weil mein Großvater Ahmet nicht auf dem Stuhl sitzen wollte, hockte er auf seinen Beinen auf dem Boden. So saßen auch Großmutter, Vater und Mutter um ihn herum auf dem Boden. Wir Kinder saßen auch auf der Erde, die Stühle blieben leer stehen. Es war wieder wie in der Moschee. Er redete, und die anderen, die auf ihren Knien saßen, wackelten etwas und hörten ihm zu. Wenn er schwieg, schauten alle auf die Erde wie mein Koran-Hodscha in der Moschee in der Kleinstadt, als ob sie gerade ein Tier, das auf den Rücken gefallen ist und sich nicht retten kann, sehen würden. Die Steppe war wie immer still, in unserer Wohnung war viel Bewegung. Wir machten fünfmal am Tag mit dem Großvater unser Namaz. Es gab keine Moschee in der Steppe, aus deren Gesang wir unsere Gebetzeiten genau hätten hören können. Großvater schaute auf die Sonne und sagte: »Jetzt ist die Zeit fürs Nachmittagsgebet, was meinst du, Fatma?« »Wahrscheinlich, Vater«, antwortete meine Mutter. Mein Vater machte auch Namaz. In allen Zimmern bückten wir uns, setzten wir uns mit den Gebetswörtern auf die Erde, Allahs und Mohammeds Namen kamen laut aus den Zimmern. So waren die Zimmer wieder eine Moschee. Ich hörte einmal zwischen Mittag- und Nachmittagsgebet meinen Großvater, als er im Sitzen schlief, furzen. Dann aber machte er sein Namaz-Gebet, ohne sich noch einmal zu waschen. Ich sagte meiner Mutter, daß mein Großvater gefurzt hatte, Mutter sagte selig: »Armer Mann, alter Mann.« Mein Großvater Ahmet und meine Mutter Fatma saßen oft zusammen und sprachen leise und mit vielen Pausen. Wenn ich mich zu ihnen setzte, verstand ich sie nicht. Sie sagten, sie würden von früher, von den Toten, die ich nicht kenne, reden. Irgendwas hatte Großvaters Seele zwischen den Zähnen. Er fragte sehr oft meine Mutter: »Fatma, meine Tochter, ob sie mir verziehen hat.« Dann kamen viele Tränen aus seinen Augen und mischten sich mit seinem Nasenschleim, tröpfelten zwischen seine Beine auf den Boden, er benutzte kein Tuch, er ließ alles heruntertropfen, er weinte wegen der Mutter meiner Mutter, weil er in seiner Jugend ihre Haare mit dem Schwanz seines Pferdes September zusammengebunden und sie, auf der steinigen Erde schleifend, mit dem Pferd September hinter sich hergezogen hatte. Was mich etwas erstaunte, war, daß meine Mutter ihn nie fragte, warum er es gemacht hatte. Sie sagte immer: »Vater, sie hat mir gesagt, sie hat dir vergeben, als sie wußte, daß sie stirbt. Sie lag im Bett und sagte: 'Fatma, meine Tochter, sag ihm, ich habe ihm verziehen, er ist frei.'« Erst dann nahm mein Großvater sein

Tuch aus seiner Tasche, trocknete sein Gesicht und ging wieder zum Gebetsteppich. Meine Mutter sagte: »Was ist aus diesem Mann, der wie ein Berg war, geworden. Er ist zergangen.« Sie sagte: »Früher war er wie freies Weideland, früher war er so prunkvoll, früher war er ein Mann wie ein Felsen, früher hat er, auf seinem Pferd reitend, links und rechts auf die Gendarmen, die ihn verhaften sollten, gepinkelt.« Für meinen Vater und meine Großmutter war mein Großvater Ahmet ein unbarmherziger Bandit. Mutter sagte: »Er war doch barmherzig, er hat noch einmal geheiratet, weil er eine junge Armenierin vor dem Massaker retten wollte. Mein Vater hat sie auf einer Brücke gesehen, sie wollte sich gerade ins Wasser werfen. Weil meine armenische Mutter vor Angst glaubte, daß die Erde aus Feuer wäre, kam sie nie heraus in den Garten, blieb immer im Haus, in schattigen Ecken. Glaubt mir, mein Vater hat ihre Füße mit kaltem Wasser gewaschen, um das Feuer wegzunehmen.«
Mein Vater sagte: »Meine Tochter, deine Mutter ist in ihren unbarmherzigen Vater verliebt, wir können nichts machen, wir sind für sie die barfüßigen Bauern. Ihr Vater ist ein Ağa.« Mutter und Vater rauchten heimlich in der Toilette. Mein Großvater Ahmet sprach Gedichte von einem Dichter, Ebus Salts Sohn Ümmeyye, der vor unserem Propheten Mohammed geboren war und schon in der Sahara zu den Arabern gesprochen hatte. Er stand vor dem Fenster, hinter ihm draußen die Steppe bewegte sich sehr langsam, als ob auch sie meinem Großvater zuhören würde. Die Steppe hörte ihm zu, nur die Golfspieler auf dem Steppenhügel hatten ein anderes Tempo als seine Wörter. Er sprach: »Oh, mein Herz, nimm das Licht von deinen Augen nicht weg, vergiß nicht den Tod, vergiß nicht das Wiederkommen nach dem Tod. Die vergangene Zeit, die kommende Zeit lügt, glaub der

Zeit nicht, denn du lebst in einer Welt, die die in ihr lebenden Menschen betrügt. Oh, Mensch, du weinst für die Sterbenden. Die Toten liegen in ihren Gräbern, haben ihr Eigentum, dieses weiße Tuch, laß die Toten, laß sie schlafen, denn es wird ein Tag kommen, und sie werden gerufen. Sie werden wach werden wie aus dem Schlaf. Wo man sie hingerufen hat, gehen sie hin, manche werden nackt sein, manche werden in Kleidern sein, manche werden alte Kleider haben, manche werden neue Kleider haben.«
Und dann erzählte Großvater von noch einem Dichter, von Abdullahs Sohn Camud. Er hatte zu den Arabern auf einem roten Kamel sitzend gesprochen, »Hey Menschen, kommt, hört, lernt, erstaunt: Wer lebt, lebt seine Zeit, wer stirbt, geht in die Ewigkeit. Es geschieht, was geschieht, es regnet, Gras wächst, Kinder kommen, nehmen die Plätze von Müttern und Vätern ein, dann verschwinden sie. Ein Geschehen rennt hinter dem anderen Geschehen her. Seid Ohr, im Himmel gibt es eine Nachricht: 'Vergeßt den Tod nicht.' Schaut, die Erde mit ihren Toten warnt euch. Diese Welt ist ein Teppich, so groß wie eine Hand, der Himmel ist eine hohe Decke, die Sterne laufen, die Meere stehen still. Wer kommt, bleibt nicht, wer geht, kommt nicht wieder. Sind sie dort, wo sie hingehen, glücklich? Warum bleiben sie da? Oder fallen sie dort in einen tiefen Schlaf? Oh, Menschen, wo sind eure Väter und Großväter, wo sind die Sippen, die aus glänzenden Steinen Paläste bauten, wo ist der Pharao, der sprach, er ist der größte Allah? Waren die Pharaonen nicht einmal mächtiger als ihr? Diese Welt hat sie in ihrer Mühle zermalmt, zu Staub gemacht, im Wind zerstreut, die glänzenden Steine sind runtergefallen. Da liegen sie still, die Hunde laufen zwischen ihnen. Glaubt den Pharaonen nicht, geht nicht denselben

Weg wie sie. Alles verschwindet, der Todesfluß hat einen Eingang, der Todesfluß hat keinen Ausgang. Klein, groß, alles geht weg. Ich habe verstanden: Was allen passiert ist, wird auch mir geschehen.«
Dann sagte Großvater: »Mein Hals ist trocken, bring mir Wasser, Stadtmädchen.« Als ich lief, sagte Großvater Ahmet: »Meine Tochter, lauf, aber tritt mit deinen Füßen nicht so fest auf die Erde, dein Schmuck wackelt, das gibt den Männern Wollust.« Mein Busen sollte nicht wackeln. Er erzählte, als unser Prophet Mohammed lebte, kamen viele Männer in sein Haus, sie störten Mohammed und seine Frauen. Als er seine jüngste Frau Zeynep heiratete, blieben die Männer zu lange in seinem Haus, Mohammed schämte sich, etwas zu sagen, aber Allah hat ihn nicht allein gelassen. Es kam ein Koranvers auf die Erde: Ey, Gläubige, geht nicht während der Essenszeiten in das Haus des Propheten, wenn ihr nicht erwartet werdet. Nur wenn ihr erwartet werdet, geht in das Haus des Propheten, nach dem Essen geht gleich weg, verweilt nicht mit Sätzen dort. Wenn ihr von des Propheten Gemahlinnen etwas verlangt, verlangt es hinter einem Vorhang, das wird eure und ihre Herzen sauberhalten.
Großvater Ahmet sagte: »Die Moslemfrauen trugen damals keine Kopftücher, aber nachdem die Männer wieder zu lange bei ihm geblieben waren, kamen neue Koranverse auf die Erde, damit die Männer Mohammeds Gemahlinnen von Mohammeds Odaliks (Mätressen) unterscheiden konnten. Mit den Odaliks konnte man grobe Scherze mit dem Mund und mit der Hand machen, die Gemahlinnen mußten Tücher über ihren Köpfen bis hin zu ihren Schultern tragen. Die Odaliks nicht. Was die Frauen vor den fremden Augen bedecken sollten, waren ihr Busen, ihre Haare, weil das ihr Schmuck war.« Ich sagte zu Großvater Ahmet, daß mein Vater,

wenn er mir meinen Rücken sauberrieb, meine Busen sehe. Großvater Ahmet sagte, eine Frau dürfte ihren Schmuck ihrem Ehemann, ihrem Vater, ihrem Schwiegervater, ihren Söhnen, den Söhnen des Ehemannes, ihren Brüdern, ihren Neffen, ihren Cousins, ihren Hausdienern, den Männern, die keine Männer mehr sind, und den Kindern, die noch keine Männer sind, zeigen. Aber trotzdem sollte ich die Erde nicht so fest mit meinen Füßen treten, daß mein Schmuck wackelt. Großvater Ahmet erzählte meinen Brüdern, was sie machen müßten, wenn ihnen eines Tages ihre Ehefrauen nicht gehorchen würden. Wenn sie sich weigerten, ins Bett zu kommen, wenn sie sich weigerten, sich für den Mann zu schmücken, wenn sie sich weigerten, sich für den Mann zu waschen, müßten sie ihren Frauen sagen: Habe Angst vor Allah, höre meine Worte mit deinem ganzen Körper, ich will, daß du schöne Sachen ißt und trinkst, das schaffe ich für dich heran, sei mir gehorsam, dein Gehorsam ist Allahs und seiner Propheten Wunsch. Wer seinem Ehemann entgegentritt, tritt Allah und seinen Propheten entgegen. Wenn diese Worte nicht helfen, sollte der Ehemann sein Bett wechseln. Er schläft dann nicht im Bett seiner Ehefrau, er legt sich in ein anderes Bett im Zimmer. Wenn das auch nicht hilft, verläßt er das Schlafzimmer mit seinem Bett, schläft in einem anderen Zimmer, er geht nicht in das Schlafzimmer seiner Frau. Wenn das auch nicht hilft, schlägt er seine Frau. Er darf nicht ihren Kopf schlagen, er darf nicht ihr Gesicht schlagen, er darf nicht ihre Knochen kaputtmachen, er darf nicht ihr Fleisch zerstückeln. Er darf an ihren groben Stellen hauen, am besten auf die Hüften. Wenn das auch nicht hilft, sollte der Ehemann seine Augen zumachen und »Ja-Geduld-mein-Allah« sagen. In einem Koranvers ist für die Männer geschrieben: »Die Peitsche darfst du nicht in einem Haus fehlen lassen. Du mußt sie in deinem Haus an eine Stelle an die Wand hängen, die alle Hausbewohner gut sehen können.« Manchmal, beim Essen, nahm mir Großvater mit seiner Hand das Obst weg und aß es selbst, ganz langsam, dann sagte er: »Mädchen sein, heißt Geduld haben.« Großmutter sagte mir heimlich: »Der unbarmherzige Ahmet Aǧa.«

»Wo ist Großvater, Großmutter?«
Großmutter sagte: »Draußen«.
Ich guckte aus dem Fenster und sah meinen Großvater in der Steppe hin und her laufen, beim Gehen stampfte er mit seinem rechten Fuß auf die Steppenerde, und dann legte er sich auf die Steppe und hörte der Erde zu.
»Was macht er, Großmutter?«
Großmutter sagte: »Was weiß ich, er führt vielleicht seine Hoden spazieren«.
Großvater Ahmet kam und flüsterte: »Nehmt den Spaten, die Schaufel und kommt.«
Meine Mutter, Großmutter, Ali, Orhan, Schwarze Rose und ich gingen hinter dem Großvater her in die Steppe.
Großvater sagte leise:
»Wir müssen unsere Augen aufmachen, es muß hier einen Schatz geben«. Wir gruben in der Steppe und paßten auf, daß die Golfspieler auf dem Hügel nicht merkten, daß wir einen Schatz suchten. Wir sprachen sehr leise, schnitten mit unseren Mündern und Augen Grimassen, bald hatten wir ein paar kleine Gruben, nichts war drin. Nur eine kleine Schlange kam aus der Steppenerde heraus und lag da, als ob auch sie der Erde zuhören würde. Großvater flüsterte: »Manchmal kann sich ein Schatz unseren Augen als Schlange zeigen«. Großvater klatschte in seine Hände, auch wir klatschten in unsere Hände über der still daliegenden Schlange, damit sie

sich uns als Schatz zeigte. Die Schlange ging als Schlange weg. Wir standen weiter in den Gruben, und irgendwann fingen wir an zu gähnen, wir gähnten, die Steppe gähnte, wir gähnten, die Steppe gähnte. Ich sah die Golfspieler weiter auf den Hügeln Golf spielen. Die Stimmen ihrer Golfbälle kamen bis zu unseren Gruben, plop plop plop.
»Warum suchen die Golfspieler keinen Schatz?«
»Weil es den Schwänzen und Hoden der Golfspieler gutgeht, deswegen«, sagte meine Mutter.
Großvater Ahmet gab Geld, Vater und Mutter suchten in Ankara in der Republikhauptstadt eine Wohnung, damit wir nicht mehr so sonderbar in Allahs Steppe weiterleben müßten. Mutter ging mit mir in ein Schuhgeschäft, ich sah weiße Schuhe mit Absätzen. Mutter fragte mich: »Sag die Wahrheit, meine Tochter, sitzen deine Füße gut drin?« Die Schuhe waren eng, ich hatte aber Angst, daß sie mir keine Schuhe kaufen würde und daß ich weiter in Großmutters Gummigaloschen herumlaufen müßte. Ich sagte ganz schnell: »Gut, gut.« Ich wußte nicht genau, ob sie zu eng waren. Sie fragte mich: »Wirklich?« Ich schwor: »Vallahi Billahi, es sollen meine beiden Augen blind werden, ich lüge nicht.« Meine Mutter sagte: »Wenn du lügst, sollen dir deine Sünden in den Nacken fallen«. Meine Mutter kaufte die zu engen Schuhe, so hatte ich wieder keine Schuhe zum Anziehen.

Wir zogen von der Steppe in die Republikhauptstadt Ankara. Wir kamen in einer Straße an, die Möbelträger trugen die Sachen in die neue Kellerwohnung. Auf der Straße sah ich drei Mädchen in meinem Alter, wir fingen sofort an, wieder Seksek zu spielen. Ich hüpfte über die mit Kreide auf die Erde gezeichneten Quadrate, irgendwann schaute ich hoch und sah plötzlich, am Ende der Straße auf einem geometrischen Hügel, das Atatürk-

Mausoleum. Sehr gerade stehende Säulen, so ein Gebäude hatte ich in meinem ganzen Leben noch nicht gesehen. In dem Moment passierte mit mir etwas Komisches. Ich spielte weiter auf der Straße, die Bewegungen der Mädchen und der vorbeifahrenden Autos wurden langsamer, wenn ein Auto oder Militärjeep vor uns vorbeifuhr, sah ich nur seine sich langsam drehenden Räder und wollte mich unter diese Räder legen. Zu Hause konnte ich nicht auf dem Stuhl sitzen, ich mußte mich auf den Boden legen. Ich erkannte meine Mutter, aber nicht mich. Ich fragte meine Mutter: »Mutter, wer bin ich?«
»Du bist meine Tochter.«
»Mutter, wie heiße ich?«
Sie sagte mir, wie ich heiße. Ich fragte wieder:
»Wie heiße ich? Wer bin ich? Wie alt bin ich?«
Meine Mutter und mein Bruder Ali saßen um mich herum, beantworteten mir immer die drei gleichen, sich wiederholenden Fragen: »Wer bin ich? Wie heiße ich? Wie alt bin ich?« Weil ich aber mit ihren Antworten den Weg zu mir nicht fand, kamen auch mein Großvater, mein Vater, Großmutter, mein Bruder Orhan und Schwarze Rose und standen über mir. Mutter und Ali standen auf und erzählten den anderen, was ich sie bis jetzt gefragt hatte. Die anderen fingen auch an, mir meine drei Fragen zu beantworten. Eine nackte Glühbirne hing über mir und über ihnen, die ungeöffneten Umzugspakete lagen in diesem Kellerzimmer, die Kleinen gingen und brachten den Älteren ein Glas Wasser, weil ihre Münder vom vielen Antworten trocken geworden waren. Irgendwann fragte ich nicht mehr, denn diese Fragen verloren ihr fragende Stimme und klangen in meinen Ohren wie die Antworten der anderen, die für mich keine Antworten waren, weil sie mir nicht die Augen über mein Leben öffneten. Alle setzten sich zu Tisch und aßen irgendwas,

ein Stuhl am Tisch war leer, und alle schauten, während sie sehr langsam aßen, zu diesem leeren Stuhl, nicht mehr zu mir. Mein Vater sprach zu dem Stuhl: »Wenn du gesund bist, bringe ich dir Pokern bei«. Ich hing mich an das Wort Pokern, als ob es ein über mir hängendes dickes Seil wäre, und ich zog mich an diesem Seil hoch und setzte mich zwischen die ungeöffneten Möbelpakete und schlief dort ein.

Am nächsten Tag wußte ich nicht, wo wir waren, aber ich wußte wieder, wer ich war. Meine Mutter fragte mich: »Meine Tochter, was ist mit dir passiert?«
»Ich weiß es nicht.«
Unsere neue Straße hatte den Namen Grabmalstraße. Meine Mutter sagte: »Heute steigen wir zum Atatürk hoch. Großmutter, zieh dich schön an.« Beide Frauen zogen ihre schönen Kleider an, Großvater ging zum Barbier, ließ sich rasieren und von meinen Brüdern die Haare abschneiden. Erst dann gingen wir einen bergigen Weg hoch, der am Ende unserer Grabmalstraße anfing. Als wir oben ankamen, sahen wir als erstes die Soldaten. Zwischen zwei Säulen ein Soldat, dann wieder zwischen zwei Säulen ein Soldat, dann wieder zwischen zwei Säulen ein Soldat. Großvater sagte: »Dieses Gebäude ist eine Ketzeridee, ein unbarmherziges Gebäude.« Atatürks Marmorsarg stand in einem Raum aus Marmor, man mußte ein paar Marmortreppen hochsteigen, um zu diesem Marmorsarg zu gehen. Die Soldaten, die an seinem Marmorsarg standen, hatten Helme, die ihre Augen fast zudeckten. Weil sie so lange, ohne sich zu bewegen, dastehen mußten, hatten sie sich ein anderes Gesicht gemacht als ihr eigenes. Dieses Marmorzimmer war nicht für Atatürk gemacht. Das Zimmer war so gemacht, daß wir sahen, wie alt unsere Kleider und Schuhe waren. Wir standen am Marmor still, ich fing an zu zäh-

len, wie viele Falten meine Mutter und Großmutter an ihren Kleidern hatten. Großvaters Kostüm hatte viele glänzenden Stellen vom Zuvieltragen. Ich zählte auch die Wunden an den Beinen meines kleinen Bruders. Wir sahen aus wie Vögel, die teilweise ihre Federn verloren hatten. Dann gingen wir wieder die Marmortreppen herunter. Irgendwie schmissen uns die nagelneuen Kleider der Wachsoldaten aus dem Marmorraum. Unsere Sultans hatten niemals solche Gebäude bauen lassen, ihre Zimmer waren wie für Nomaden gemacht. Wenn sie gestorben waren, standen ihre Särge einfach in einem Zimmer, mit sehr schönen grünen Tüchern bedeckt.
Wenn man hereinging, trockneten die Toten mit diesem grünen Todestuch den Lebenden zuerst die Schweißperlen ab, dann küßten sie deren Wimpern, ihre Grübchen. Auf die Knochen der Lebenden setzte sich der Tod so leicht wie die Schmetterlinge, und der Tod küßte mit seinem nach Weisheit riechenden Mund die Haare der Lebenden. Mit jedem Lebenden ging ein wenig Tod mit raus auf die Straße, wo die Frauen ihre zwischen den Häusern über die Straße aufgehängte Wäsche einsammelten. Beim Vorbeigehen setzte sich der Tod auf die halbnackten Arme der Frauen und ging auf ihren Armen und ihrer frisch gewaschenen, sauberen Wäsche in die Häuser.
Großvater sagte: »Fatma, meine Tochter, wäre er je gestorben, wenn er gewußt hätte, daß er in einem Vogelschnabel aus unbarmherzigem Stein begraben würde? Wie wird seine Seele, wenn die Toten auferstehen, seinen Körper wiederfinden, wenn die Erde ihn nicht hat zu Erde machen können?« Der Marmorsarg war so sauber, die Marmorwände waren so sauber, die Wachsoldatenhelme waren so sauber. Die Spitzen ihrer Mauser glänzten stumpf, die Knöpfe ihrer Jacken glänzten

stumpf, die Kanten vom Marmorsarg waren so glänzend scharf, die Wände trafen sich an den vier Ecken so gerade. Wenn nur eine kleine Spinne oder Fliege hierhergekommen wäre. Es kam keine Fliege, es lief keine Spinne vorwärts oder rückwärts, die Schweißperlen aus meiner Hand liefen zum Marmorboden herunter, ich hielt meine Hand fest, ich wollte nicht, daß sie runterfielen.
Ich wollte wieder hören, wie ich heiße. »Wer bin ich? Wie alt bin ich?«.
In einem anderen Steinraum zeigten sie Atatürks Sachen in einem Glaskasten. Seine Teetasse, seine Rasierpinsel, seine Hüte, seine Jacken, Hosen, seine Orden, seine Armbanduhr, seine Schuhe. Die Schuhe hatten Falten. Das war schön. Ich merkte, daß er feinere Knochen am Fuß gehabt hatte als ich. Seine Rasierpinsel liebte ich auch. Dieses unbarmherzige Säulenmausoleum hatte einen Steingarten. Die Soldaten standen dort, ihre Beine offen, aber keine Kinder konnten unter ihren Beinen durchlaufen. Die Menschen kamen, die Menschen gingen Treppen hoch, die Menschen liefen in dem Garten aus Stein herum. Sie waren nicht wie die Menschen auf einem Friedhof. Dort schauen die Menschen auf die anderen Menschen, die zwischen den Gräbern gehen oder auf der Erde sitzen und sich überlegen, wie alt waren die Toten, als sie starben, waren sie jünger als sie selbst, waren sie älter als sie selbst. Jeder sieht jeden, und die Schatten von den Friedhofsbäumen verbinden die Lebenden mit den Toten. Großvater Ahmet sagte: »Laß uns ein bißchen lüften.« Wir liefen von Atatürks Mausoleum über unsere unbarmherzige Grabmalstraße in Richtung Stadtzentrum. Großvater Ahmet furzte beim Gehen ein paarmal, sagte: »Ich furze auf sein Grab.« Dann faßte er beim Gehen meine untersten Wirbelsäulenknochen und sagte: »Stadtmädchen, Stadtmädchen, dieser Kno-

chen, den du hier hast, ist dein Lebensknochen, in dieser Welt und in der anderen Welt.« Dann erzählte er: »Wenn der Mensch begraben wird, wird die Erde ihn zwischen ihre Zähne nehmen, und der Tote wird seine Tränen nicht auf das Gesicht der Erde, sondern in sein eigenes Herz laufen lassen. Dann wird die Erde zu ihm sprechen: 'Glaubst du nicht, daß Allah dich wiedererschaffen kann, der dich aus einem kleinen Samen geschaffen hat?' Dann wird die Erde den Toten bis auf diesen letzten Wirbelsäulenknochen essen. Den wird die Erde nicht in ihren Mund nehmen und zermahlen. Dieser einzige Knochen wird nie verfaulen, weil er ein Stück von Allah ist, deswegen wird der Mensch am Jüngsten Tag wieder aus ihm wach werden. Dieser letzte Knochen hat kein Knochenmark«, sagte Großvater und ließ erst dann meinen letzten Knochen los.

Dann habe ich die große Straße gesehen, die anderen sahen sie auch, wir senkten alle gleichzeitig unsere Köpfe, als ob gerade ein Flugzeug über unsere Köpfe fliegen würde und unsere Köpfe abschneiden und zu unseren Füßen fallen lassen würde. Es war aber kein Flugzeug, es lief nur ein einziger Offizier auf dieser großen Straße. Als wir aneinander vorbeigingen, schaute er nicht auf unsere Gesichter, ich sah wieder alle Falten und die glänzenden Stellen unserer Kleider und fing wieder an, sie zu zählen.

Eine Weile liefen wir, unsere Köpfe vor unseren Füßen, bis zum Ende der Straße, bis zu einer runden schwarzen Mauer. Unsere Körper und Köpfe liefen dort in einen Gasgeruch hinein und blieben auch darin. Wir bewegten uns nicht. Ich sah meinen Großvater an: Er nahm aus seiner Jackentasche Tabak und legte ihn auf Zigarettenpapier. Seine Bewegungen kamen mir sehr langsam vor, ich wartete auf die Streichholzflamme, durch die

auch wir in die Luft fliegen würden. Das Streichholz ging an, Großvater rauchte seine Zigarette zu Ende, wir alle schauten auf seinen Mund. Als er zu Ende geraucht hatte, fragte er meine Mutter: »Fatma, bu ne bu siyah duvar« (Was ist diese schwarze Mauer?). Meine Mutter sagte: »Ein Gaskessel, Ankaras Gas kommt von hier.« Wir liefen von dieser schwarzen, runden Gaskesselmauer wieder mit gebückten Köpfen in Richtung unserer unbarmherzigen Grabmalstraße über die große Straße zurück. In der Nähe unserer unbarmherzigen Grabmalstraße gab es ein Gebäude. Amerikanische Soldaten tranken dort und sangen in der Abendzeit: »Johnny Guitar, oh my Johnny, oh my Johnny.« Mein Großvater sagte: »Fatma, meine Tochter, ich darf den Zug nicht verpassen. Wenn ich hier sterbe, geben sie meinen Tod den Hunden. Ich muß gehen.«
Großvater stieg in den schwarzen Zug von der Republikhauptstadt Ankara nach Anatolien. Er fuhr, wir kehrten zu unserer unbarmherzigen Grabmalstraße zurück. Unsere Wohnung an der unbarmherzigen Grabmalstraße zwischen Erdgeschoß und Keller war dunkel und groß.

Bismillâhirahmanirrahim
Elhamdü lillâhirabbil âlemin. Errahmanirrahim, Mâlüki yevmiddin.
Iyyakena'büdü ve iyyake neste'in. Ihdinessıratel müstekıym; Sıratellezine en'amte aleyhim gayril mağdubi aleyhim veleddâllin. Amin.
Bismillâhirrahmanirrahim:
Kül huvallahü ehad. Allahüssamed. Lem yelid velem yüled.
Velem yekûn lehu küfüven ehad. Amin.

Als ich die Toten, die ich bisher hatte, zählen wollte, kam

mein Großvater Ahmet mit Aprikosen- und Grützengeruch zu mir, stand da mit gebücktem Kopf, schaute in meine Augen. Auch ich schaute in seine Augen und sagte: »Mein Allah, gib meine Gebete der Seele meines toten Großvaters Ahmet«. Erst dann hob mein Großvater seinen gebückten Kopf und rauchte eine Zigarette.
Aus Anatolien kam aber ein Brief, in dem er selbst schrieb, daß er gut angekommen war. Aber ich betete in der Nacht die arabischen Gebete nur für seine tote Seele. So wohnte mein Großvater Ahmet bei mir, rauchte und furzte und roch weiter nach Aprikosen- und Grützenstaub und Furz. Auch ich fing an, von Kopf bis Fuß nach Furz und nach Aprikosen- und Grützenstaub zu riechen. Ich setzte mich in ein Zimmer, dann stand ich auf und ging in ein anderes Zimmer, setzte mich dort lange hin, dann ging ich wieder in das erste Zimmer, das Zimmer roch noch immer nach Furz und Aprikosen- und Grützenstaub. Ich brachte den Aprikosen-, Furz- und Grützenstaubgeruch meines Großvaters spazieren. Ich ging vom Atatürk-Mausoleum bis zu Ankaras Gaskessel. Nach ein paar Stunden ging ich wieder zum Atatürk-Mausoleum und zu Ankaras Gaskessel, alles dort roch weiter nach Aprikosen-, Furz- und Grützenstaub. In unserer Kellerwohnung an unserer unbarmherzigen Grabmalstraße bemerkte niemand diesen Geruch, nur meine Mutter. Meine Mutter lief hinter mir her, roch im Gehen an mir. Wenn ich mich hinsetzte, setzte sie sich neben mich. Ohne zu sprechen schaute sie auf mich, ihre Augen halb geschlossen, nickte sie sehr lange mit ihrem Kopf, ihre Hände lagen auf ihren Schenkeln, offen, als ob sie gerade etwas halten würden oder ein langsam laufendes Tier dort spazierengingen, vielleicht eine Seidenraupe oder ein Spinnenkind. So hielt auch ich meine Hände auf, die Tiere aus ihrer Hand liefen zwischen

unseren Händen. Manchmal nahm meine Mutter meine Hand in ihre Hand, dann roch sie in ihrer Hand. Dann kam mein Vater, machte die Elektrik an, sah uns, sagte: »Hey, ihr sitzt da, als ob ich gestorben wäre.«
Dieser Aprikosen-, Furz- und Grützenstaubgeruch meines Großvaters wohnte bei mir, bis ein verbrannter Kohlen- und Hackfleischgeruch in unsere unbarmherzige Grabmalstraße und in unsere Kellerwohnung kam. Der verbrannte Kohlen- und Hackfleischgeruch kam aus dem Radio. Ein Militärflugzeug war inmitten von Ankara abgestürzt, ein Vater sagte im Radio: »Ich wollte Hackfleisch kaufen und es mit ihm zu seiner Mutter schicken. Ich sagte: Mein Sohn, ich gehe in die Moschee, geh, kauf du Hackfleisch. Ich kam aus der Moschee... er soll unter dem linken Flügel des Flugzeugs viele Meter mitgeschleppt worden sein, das Hackfleisch hatte sich mit seinem Fleisch vermischt. Das haben mir die Polizisten erzählt«.
Als das Radio schwieg, ging der Aprikosengeruch durch das Fenster der Kellerwohnung weg, der verbrannte Kohle- und Hackfleischgeruch saß in der Kellerwohnung.
»Bismillâhirrahmanirrahim.
Mein Allah, gib bitte diese Gebete für die Seele dieses kleinen Jungen, der beim Hackfleischkaufen unter einem Militärflugzeugflügel gestorben ist. Und für die Seele des albanischen Mädchens, das die Süßigkeiten am Petroleumofen gebraten hat. Für die Mutter meiner Mutter, die so jung gestorben ist, für die tote Tochter der Frau auf der heiligen Brücke von Bursa, die meine Großmutter gesehen hat, für die durch Sultans Mund geköpften Sultansmoscheebauarbeiter, den heiligen Karagöz und Hacivat, die so komische Sachen sagten, daß kein Bauarbeiter weiterbauen konnte vor Lachen, für die ge-

storbenen zwei Schwestern der Frau, die meine Großmutter auf der Straße in Bursa gesehen hat, für den toten Mann der Frau mit Kind in Bursa, deren Milch sich aus Kummer zurückgezogen hat, für die tote Mutter und den Vater und die Schwester des bettelnden Mannes vor der Moschee in Bursa, für den toten Mann der Frau am Park in Bursa, für die tote Mutter und den Vater der Frau am heiligen Brunnen in Bursa, die meine Großmutter getroffen hat, für die toten Mütter und Väter der Männer am Läusebazar in Bursa, für die toten Mütter und Väter der wartenden Männer, die so aussahen, als ob sie nie eine Mutter und einen Vater gehabt hätten, für die tote Mutter und den Vater der buckligen Hure, die in Bursa den Kohlen mit einer Zeitung Wind gab, für die alte Hure Fatma und die andere kleine Frau, die in Bursa mein Taftkleid gewaschen und gebügelt haben, für die tote Mutter und den Vater von Onkel Recep, der mich in Bursa in seinen Halbschuhen bis zum Hakenbrunnen gebracht hat und »Geh nach Hause« gesagt hat, für die tote Mutter und den Vater der verrückten Saniye, die 200 Gramm Käse in ihrer Hand hochgehalten und in Bursa in unserer seelenlosen Gasse vor den Zuckerfabrikantenhäusern spaziert ist, für die tote armenische Frau, die mir eine Dattel gab und in İstanbul im Hauseingang gestorben ist, für Molière und für seine gestorbene Mutter und seinen Vater, für die tote Isadora Duncan, für die toten Liebespaare, die sich in Bursa von der heiligen Bergspitze runtergeworfen haben, für die tote Mutter und Vater des gefalteten Şavkı Dayı, der in unserer halbfertigen Villa alle Stücke der Granatäpfel, um ins Paradies zu gehen, gegessen hat, ohne eins fallenzulassen, für die tote Mutter und den Vater des Friedhofsnarren Musa, der mir in İstanbul seine Ware gezeigt hat und gefragt hat: »Ist das schön?«, für alle Toten, die ich mit meiner Großmutter auf dem İstanbuler Friedhof gesehen habe, für die toten Mütter und Väter der Soldaten, die ich im Zug gesehen habe, für die acht toten Kinder meiner Großmutter, die, bevor sie gestorben sind, abgelehnt haben, in ihrem Dorf in Kapadokia die Wassermelonen zu essen, für die toten Mütter und Väter der Steinbrucharbeiter im Steinberg, für die toten heiligen Männer mit staubigen Grabsteinen im heiligen Moscheehof in Bursa, für die tote Mutter und den Vater des Mannes mit Brille im Hırthurt-Bazar, der in Bursa seinen rechten Fuß über seine Schuhe gelegt hat, für die tote Mutter und den Vater der verrückten Ayten, die abends in Bursa mit ihrer Trommel und Steinen vor dem Puffhaus, in dem ihre Schwester wohnte, pinkelte, für die tote Mutter und Vater der Baumwolltante, deren Haare über Nacht weiß geworden sind, weil ihr Bruder in Istanbul gestorben ist, für den toten 23jährigen Leutnant, der an Tuberkulose gestorben ist, den Ehemann von Tante Sıdıka, der es ein bißchen besser geht als einem Schwiegersohn, der bei seinen Schwiegereltern wohnen muß, die immer in den Photos des Demokratischen Partei-Ministerpräsidenten in der Zeitung Löcher gemacht hat und auf unserer steilen Gasse in Bursa im Vorbeigehen meiner Mutter zugerufen hat: »Fatma Hanım«, für den schönen Banditen Ayvaz, für alle Frauen im Sultansbad von Bursa, für die Bräute und Bräutigame, die in der Hochzeitsnacht in den nachts gelandeten Häusern gestorben sind, deren Namen die Mutter der sehr frühen Morgenzeit nicht in ihrem Kopf behalten konnte, für den eintausendneunhundertzweiundvierzigsten toten Soldaten, der im Fluß gestorben ist von vier Millionen toten Soldaten im Ersten Weltkrieg, für den eintausendneunhundertdreiundvierzigsten toten Soldaten von vier Millionen Soldaten, die im Ersten Weltkrieg gestorben sind.«

Ich suchte unter den Toten, die ich zählte, Atatürk. Ich sah ihn auch kurz, aber er konnte sich nicht mehr zwischen die Toten legen und auch nicht hinsetzen.
Ein Mädchen aus der unbarmherzigen Grabmalstraße erzählte, daß Atatürk in Wahrheit nicht in dem Marmorsarg wäre, sondern im Keller des Atatürk-Mausoleums in einem normalen Sarg läge und manche Soldaten seine Leiche sogar den Menschen zeigen würden. Wenn man die Leiche sehen wollte, müßte man das einem Soldaten sagen, und er zeigte sie dann, man müßte aber mit ihm in den Keller gehen.
Ein anderes Mädchen aber sagte: »Das ist Lüge, im Keller gibt es keinen Atatürk, da zwicken die Atatürk-Wachsoldaten den Mädchen ihre Schachteln oder ihre Brüste.« Ein Mädchen wurde sogar im Atatürk-Keller von einem oder zwei Soldaten schwanger, und das schwangere Mädchen erzählte den Menschen, daß sie von Atatürk schwanger geworden wäre, wie unsere heilige Mutter Meryem. Ich ging nicht, um Atatürk zu sehen, in den Atatürk-Keller.
Ich blieb in unserer Kellerwohnung an der unbarmherzigen Grabmalstraße. Aus dem Dunklen kam eine fremde Stimme. Ich dachte, in der Kellerwohnung in der unbarmherzigen Grabmalstraße gibt es einen Geist, der halb Mann, halb Frau und ein Riese ist. Es war mein Bruder Ali. Ali hatte eine andere Stimme gekriegt, er wollte nicht mehr neben mir auf der Straße laufen. Er sagte zu meiner Mutter: »Mutter, sage deiner Tochter, sie soll nicht mehr neben mir laufen.« Mutter sagte: »Geh nicht neben dem Jungen her.« Ali sagte: »Ich habe Angst, daß sie auf meinen Kopf fällt, weil kein Mann sie nimmt.« Mutter sagte: »Er hat Angst, daß dich kein Mann nimmt und du ihm auf den Kopf fällst.«
Ali sagte: »Sie läuft wie ein Kamel.«

Mutter sagte: »Du läufst wie ein Kamel.«
Ich sagte: »Ich verstehe selbst, was er sagt.«
Ali sprach aber weiter zu meiner Mutter. Meine Mutter saß auf einem Stuhl zwischen Alis Stuhl und meinem Stuhl und übersetzte mir Alis Sätze.
Ali sagte: »Sie schlingert hin und her und läuft gegen meine Beine.«
Mutter sagte: »Du schlingerst hin und her und läufst gegen seine Beine.«
Ali sagte: »Andere Kinder nennen sie Bohnenstange.«
Mutter sagte: »Andere Kinder nennen dich Bohnenstange.«
Ali sagte: »Ab heute soll sie auf der Straße so tun, als ob sie mich nicht kennen würde.«
Mutter sagte: »Ab heute sollst du auf der Straße so tun, als ob du ihn nicht kennen würdest.«
Ali sagte: »Sie soll auch ihren Buckel nicht rausdrükken.«
Mutter sagte: »Du sollst auch deinen Buckel nicht rausdrücken.«
Ali sagte: »Tamam mı?«
Ich sagte: »Tamam.«
Aber Ali wiederholte: »Tamam mı?«
Mutter fragte mich: »Tamam mı?«
»Tamam«, sagte ich. Dann standen beide auf, Mutter und Ali, und gingen aus dem halbdunklen Zimmer. Ali war sehr schön, ein paar Mädchen aus der unbarmherzigen Grabmalstraße gaben mir ihre Tagebücher zum Lesen, Ali las mit, die Mädchen schrieben über ihn, Ali sagte mir, welches von diesen Mädchen ich von ihm grüßen sollte. »Tamam mı?«, fragte er wie immer. Ich sagte: »Tamam, aber dann kann ich neben dir laufen.« Er sagte: »Nein, aber vier Meter hinter mir, tamam mı?« »Tamam«, sagte ich und ging von da an vier Meter hinter ihm her.

Als wir aber so vier Meter voneinander entfernt auf der Straße gingen, drehte sich Ali immer zu mir um, er lachte. Ich tat so, als ob ich ihn nicht sehen würde, aber mein Rock lachte ihm zu, er lachte auch, und er lief, seine Augen und Wangen zu mir gedreht, weiter.
In einer ausgefallenen Stunde sagten die Mädchen in der Klasse: »Alain Delon ist meiner.« Eine andere sagte: »Wieso ist er deiner, er ist meiner.« Ich weiß nicht, wie sie ihn zwischen sich teilten, aber weil sie Alain Delon liebten, liebte ich seinen Film-Gegner Robert Hussein. Aber mit einem Auge sah ich einen Jungen aus unserer Klasse auf einem kleinen Zettel vierzig Minuten lang, ohne seinen Kopf hochzuheben, etwas schreiben. In der Pause brachte das dicke Mädchen, die Klassensprecherin, mir den Zettel und sagte:
»Jemand hat es dir geschickt.« Auf dem Zettel stand:
»Hey, Blume der Wankelmütigkeit,
ich weiß, du liebst mich auch.
Setz dich in der nächsten Stunde neben mich,
damit ich weiß, daß du mich liebst.
Von deinem Feuer bin ich zu Kohle geworden.«
Ich sagte zu der Klassensprecherin:
»Ich weiß, wer dieser junge Eşşekoğlueşşek (Eselssohnesel) ist. Ich werde es dem Direktor sagen.« In der nächsten Stunde sah ich, daß die dicke Klassensprecherin, sie saß zwischen mir und den Jungen, mit den Jungen Briefe wechselte. Die Klassensprecherin las seinen Brief und schmiß ihn auf den Boden. In der Pause nahm ich den Zettel des Jungen vom Boden. Auf ihm stand stand:
»Sag der Dirne,
wenn sie das macht,
dann werde ich ihre ganze
vergangene und kommende Sippe ficken.«
Großmutter sagte: »Wahrscheinlich standen sich dein

Herz und sein Herz nicht Gesicht zu Gesicht gegenüber.«
Eines Tages kamen meine Tage. Ich sagte es meiner Mutter: »Mutter, Blut läuft.« Wir standen im dunklen Korridor, und Mutter haute mit ihrer Hand leicht in mein Gesicht. Dann sagte sie: »Das ist so. Deine Tante ist gekommen.« Wenn ein Mädchen zum erstenmal ihre Tage bekam, schlug seine Mutter ihm leicht auf die Wange. Ich mußte von da an, wenn wieder Blut kam, sagen: »Mutter, meine Tante ist gekommen.« Meine Tante kam und ging. Mutter nähte mir aus Baumwolle Tücher und hing Wäscheleinen in einem sehr kleinen Zimmer auf. Dort lagen nur Wassermelonen und Zuckermelonen, ich mußte meine Tantentücher in diesem Zimmer, getrennt von der anderen Wäsche, weit weg von den Augen unserer Männer, hängen. Als die Tantentücher in diesem sehr kleinen Wassermelonenraum hingen, fing ich an, darin zu schlafen. Ich machte in der Nacht Kerzen an, saß im Bett, schrieb Sätze, hing die Blätter zwischen die nach Soda riechenden Tantentücher an die Wäscheleine, die Wäsche roch sauber, ich roch nach Melonen. Ich roch mich gerne, roch das Papier gerne, ich ließ mir in dem Barbierladen, in den mein Vater ging, meine Haare nicht auf 0, aber sehr kurz, auf Nr. 1 schneiden. In der Nacht zog ich ein nasses Nachthemd an, damit ich wach blieb. Wenn die Papierblätter an der Wäscheleine hingen, legte ich mich ins Bett und sang ein klassisches türkisches Lied, immer dasselbe Lied, da in diesem Lied eine Stelle war, die in meinem Innern kurz cızzzzz machte, lief ein Schmerz in meinem Körper, dann hörte ich wieder meine Stimme. Ich war aber nicht die einzige, die meine Stimme hörte, der Sohn unseres Nachbarn, ein Arbeiter der früh aufstand, schlief hinter der Melonenzimmerwand. Er rief einmal laut: »Genug bei Allahs Liebe, ge-

nug.« Ich sang dann ohne Stimme, mit vielen Falten im Gesicht, und fühlte in mir dieses cızzzzz genauso. Eines Nachts kam mein Vater ins Melonenzimmer, sagte nichts, machte die Kerzen ph ph aus und ging weg. Meine Mutter sagte mir, ich müßte aufhören, sonst würde ich von diesem Kummer wieder Tuberkulose bekommen. »Meine Tochter, du wirst deine Lunge rausspukken.« Einmal kam mein Vater und sagte: »Bist du verliebt oder was? Steh auf.« Er nahm mein Bett, ich mußte von da an im Zimmer neben ihrem Schlafzimmer schlafen. Wie mein Bruder Ali wollten auch meine Mutter und mein Vater auf der Straße nicht mit mir laufen. Weil ich auf der Straße mit vielen Falten im Gesicht sang und nach dem Rhythmus des Liedes lief, mußten sie öfter stehenbleiben und auf mich warten. Mein Vater fragte mich: »Meine Tochter, sage mir, bist du närrisch? Wenn du närrisch bist, bringe ich dich zum Doktor Mazhar Osman.« Dieser Doktor Mazhar Osman war ein berühmter Irrenarzt. Mein Vater konnte ihn aber nicht bezahlen, er sagte es nur so. Ich mochte den Namen von Doktor Mazhar Osman. Vom vielen Hören seines Namens glaubte ich bald, er wäre ein Verwandter von uns. Eines Tages kam ein sehr schöner Mann in unsere unbarmherzige Grabmalstraße. Ich dachte, es wäre Doktor Mazhar Osman. Es war der Neffe meiner Mutter, der Parlamentarier der Republikanischen Volkspartei war. Seine Wimpern waren so lang, daß ich nur schwer seine Augenfarbe sehen konnte. Seine Mutter war die Schwester der jung gestorbenen Mutter meiner Mutter. Weil es von dieser Großmutter keine Photos gab, wollte ich sie mir durch ihn vorstellen. Er gab meiner Mutter Geld, meinem Vater Rat. Mein Vater saß nicht wie er selbst vor ihm, er saß wie eine Frau vor einem Mann, mit leiser Stimme, die Hände über seine Beine gelegt. Die Sätze dieses Onkels machten ihn etwas müde, er stand auf und sagte: »Ich mache Tee, bleibt sitzen, stillt euch eure Sehnsucht etwas.« Die Verwandten meines Vaters konnten niemandem Rat geben. Sie erzählten mit blassen Photos in der Hand von ihren Söhnen, die zum Militärdienst gegangen waren. Auf diesen Photos zeigten die Söhne, die Faust unter dem Kinn, Uhren am linken Arm, die sie von Photographen geliehen hatten. Vielleicht sagte mein Vater deswegen manchmal: »Ach, meine Tochter, eure Mutter hat mich nie verstanden.«

Dieser Onkel nahm mein Gesicht in seine Hand und sagte: »Maşallah Fatma, hast du dieses olivenaugige Mädchen in die Welt herausgeholt.« Mutter sagte: »Aber Bruder, sie öffnet, wie die Verrückten, ihre Augen so weit.« Der Onkel sagte, daß nicht ich, sondern der junge Wind in mir das mache, oder ich machte es vielleicht, um mich vor bösen Blicken zu schützen. Und er erzählte mir, er hätte als Kind so lange Wimpern gehabt, sie gingen bis zu seinen Wangen, daß seine Mutter Angst gehabt hätte, die bösen Blicke der Menschen würden ihn deswegen töten. Er liebte seine Mutter sehr, eines Tages hatte er eine Schere genommen und vor dem Spiegel alle seine Wimpern abgeschnitten. Ich las dem Onkel die Sätze aus dem Wassermelonenzimmer vor. Meine Mutter schämte sich, sie sagte: »Diese närrischen Wörter werden ihren dünnen Körper noch dünner machen.« Der Onkel sagte: »Aman Fatma, bist du närrisch? Kauf ihr Bücher der klassischen Dichter.« Und dann schrieb er den Namen von einem Dichter auf. Ich stand auf und schaute auf das Papier, was für einen Namen er geschrieben hatte. Er gab den Zettel mit einer Hand meiner Mutter, mit der anderen Hand legte er Geld auf den Stuhl, auf dem ich bis jetzt gesessen hatte. Dann stand er vor mir, schlug seine Wimpern zweimal herunter, ich sah nur seinen Mund.

Er ging, sein Mund blieb in der Kellerwohnung, und das Geld blieb lange auf dem Stuhl, auf dem ich gesessen hatte. Mein Vater kam rein, sah das Geld, setzte sich erst auf einen Stuhl, dann schaute er zu meiner Mutter, dann drehten sie beide ihre Köpfe zu mir und schauten lange nicht in meine Augen, sondern auf meinen Körper. Ich sah meine Hände, sie gingen zum Stuhl, nahmen das Geld des Onkels und gaben es meiner Mutter. Dann legten die Hände sich an die Wände, die Hände waren zu heiß.

Mutter kaufte mir von dem Onkelgeld ein Buch von diesem klassischen Dichter aus der Osmanischen Zeit und ein Kleid, einen Mantel und ein paar Schuhe. Ich schämte mich sehr wegen dieser neuen Sachen, ich dachte, alle Leute, die alte Sachen anhaben, werden auf meine neuen Schuhe schauen, deswegen zog ich den Mantel umgekehrt an. Zu Hause trat ich auf die Schuhe, damit sie schief wurden und Falten kriegten. Mutter erzählte mir, ihre Wangen rot, daß sie beinahe diesen Onkel geheiratet hätte. Ihre Tante wollte sie für ihn als Frau nehmen. Aber mein Großvater Ahmet Ağa hatte geschworen, daß in seiner Familie die Kinder keine Verwandten heiraten. Ich freute mich, daß dieser Onkel nicht mein Vater war. Ich lag mit meinen Gedanken im Bett, das Bett war sehr klein. Ich hörte die Stimme des Onkels, er sprach draußen mit seiner Frau und den Kindern. Dort wo sie sprachen, war es hell, bei mir war es schattig. Mein Onkel stand an der Tür, schaute mich lange an, ich tat so, als würde ich schlafen, und als er sich in mein Bett legte, tat ich weiter so, als ob ich im Schlaf meine Arme um seinen Hals schlang. Wir küßten uns, und ich blieb im Schlaf. Ich küßte so viel mit dem Onkel, daß ich vergaß, die Toten zu zählen. In der Nacht aber wurde ich wach und betete für die Seelen der Toten.

Dann nahm ich einen Spiegel mit ins Bett. Mein Mund im Spiegel war der Mund meines Onkels. Ich küßte den kalten Spiegel, aus ihm kamen Hauchdämpfe. Ich legte mich auf den Boden, bewegte mich auf meinem Bauch wie eine Schlange über den Steinboden. Großmutter sagte: »Legst du deine Dämpfe in die Kälte?« Großmutter und Mutter saßen im Zimmer, ich sah in meinem Schulbuch nur einen Mund – seinen Mund. Ich küßte die Buchstaben. Meine Schachtel zuckte zwischen meinen Beinen wie der Körper des von Staatshand vergifteten Straßenhundes in Bursa. Ich küßte den Rauch des heißen Brots und küßte das heiße Brot, faßte eine heiße Glühbirne an, biß in die Tischkante, aß den Kalk von den Wänden, aß einmal eine Zigarette meiner Mutter, aß Papier, biß in die runden Melonen, aß einmal von einer armen Schnecke das Schneckenhaus, das sie hinterlassen hatte, aß Seife, aß die großen Buchstaben aus den Zeitungen, ich aß auch den Brief meines Großvaters. Als ich meinen Weltatlas auch aufgegegessen hatte, versuchte ich, den mittleren Finger meiner Schwester Schwarze Rose zu essen, sie gab ihn mir zum Lutschen und lachte dabei. Als Schwarze Rose, wenn sie mich sah, anfing, mir ihren mittleren Finger von sich aus zu geben und hinter mir herzulaufen, sagte Großmutter zu meiner Mutter: »Fatma, wann werden wir sie verheiraten?« Mutter antwortete ihr: »Deine Zunge soll eine Biene stechen, Großmutter.« Großmutter aber sagte weiter: »Sie ist unbändig geworden. Ihr Feuer sollte jemand löschen, vielleicht der Neffe des Obstladenbesitzers.« Meine Mutter sagte: »Leg dich neben einen Esel, Großmutter.« Manchmal zählte meine Mutter von eins bis zehn, und nach jeder Zahl kam beim Reimen das Wort Ware oder Schachtel. Wir lachten zu dritt sehr lange darüber, auch meine Brüder liebten diese Zahlverse sehr. Unser Lachen löschte etwas mein Feuer.

Mein Onkel kam wieder zu uns. Meine Mutter und er setzten sich vor die großen Schüsseln auf den Boden und machten ihr traditionelles Essen aus Weizengrütze. Mein Onkel schob seinen Ärmel hoch, und mit seinen beiden Fäusten zerquetschte er die Weizengrütze und das Hackfleisch. Durch diese Bewegungen rutschte sein Hemdsärmel wieder runter, er sagte zu mir: »Olivenäugiges Mädchen, schieb meinen Ärmel wieder hoch.« Ich schob seinen Ärmel hoch, wie ich es auch bei meiner Mutter machte, wenn sie Bouletten machte. Da wurde mein Onkel zu einer Frau, von ihm kam jetzt ein Tantengeruch. Ich setzte mich neben diese Tante und half ihr. Die Tante gab mir etwas von der zerquetschten Weizengrütze und von dem Hackfleisch in meinen Mund, es schmeckte gut. Dann fingen er und meine Mutter an, von ihren Toten zu reden, und beide seufzten wie zwei alte Frauen, da wurde er zu meiner Großmutter, zur Mutter meiner Mutter, die so jung sterben mußte.
Als meine Großmutter fuhr er mit dem Bus weg.
Ich ging mit meiner Mutter, mit meinem Vater, mit meinem Feuer zu einer Hochzeit. Ich saß am Tisch und sah die Kapelle. Der Junge, der das Saxophon spielte, gefiel mir sehr. Er guckte immer in meine Augen und konnte dabei gleichzeitig auf dem Saxophon blasen. In einer Pause lief er an unserem Tisch vorbei und lächelte mich an. In der Nacht, ich lag in meinem Bett, dachte ich an ihn, ich sah vor meinen Augen, wie er mich anschaute, wie er lief, dann wollte ich auf die Toilette gehen, ich wollte aber nicht aufstehen und die Bilder verlieren. Ich pinkelte lange in mein Bett, es war naß, in der Nässe dachte ich weiter an ihn.
Oben wohnten die Zwillingstöchter eines Richters. Sie waren älter als ich, ich erzählte diesen Zwillingsschwestern von dem Saxophonspieler. Sie hörten mir zu und ki-

cherten. Am nächsten Tag sagten sie mir, sie hätten den Saxophonisten getroffen. Er hieße Kenan, er studierte in der Kapitänsschule, und er liebte mich auch. Ich sollte ihm mit ihnen zusammen einen Brief schreiben. Ich schrieb ihm Sätze und gab sie den Zwillingsschwestern, den Töchtern des Richters. Sie brachten mir einen Brief des Saxophonspielers, der mich bald sehen kommen würde, aber er müßte erst auf einem Schiff ein Schulpraktikum am Meer machen. Ich schrieb im Wassermelonenzimmer Sätze für den auf dem Meer fahrenden Kapitänsschüler und Saxophonspieler Kenan auf die Blätter und hing die Blätter nicht mehr zwischen Tantentücher, ich legte sie unter die Wassermelonen und roch am nächsten Tag an ihnen. Die Sätze für den Kapitänsschüler und Saxophonspieler rochen nach Wassermelonen.
»Wie wird er mich finden, wenn er zurückkommt?« Die Zwillingsschwestern sagten mir, ich sollte auf den Straßen rumlaufen, mit den Bussen fahren, er würde es genauso machen, um mich zu treffen. Die Zwillingsschwestern sagten: »Du sollst auch deine Haare ein paar Tage nicht kämmen, du mußt sie offenlassen und damit herumlaufen.«
»Warum?«
»Das ist das Zeichen«, sagten sie. »Wenn der Kapitänsschüler dich sieht, bedeutet das für ihn, daß du wegen ihm ein paar Nächte nicht geschlafen hast.« Ich sollte aufpassen: Wenn ich ihn sah und wenn er einmal mit seinem linken Auge zwinkerte, bedeutete das, daß er mich um 13 Uhr treffen wolle, und wenn er mit seinem linken Auge zweimal zwinkerte, bedeutete das, daß er mich um 14 Uhr treffen würde.
»Das ist die Zunge der Liebe«, sagten die Zwillingsschwestern. Sie sagten, daß die Zunge der Liebe sehr alt wäre. Weil früher die Liebenden miteinander nicht so leicht

hätten sprechen können, hätten sie eine Pantomime erfunden. Früher konnte ein Mann seine Geliebte sogar verstehen, wenn sie im Schleier lief. Wenn sie unter dem Schleier die Haare hochgesteckt trug, bedeutete das, daß sie zu einem fernen Ort gehen würde. Wenn sie aber die Haare unter dem Schleier nicht hochgesteckt hatte, bedeutete das, daß sie bald nach Hause zurück müßte. Wenn sie, wie eine Hausdienerin, schlechte Kleider trug, bedeutete das, daß sie ihm folgen würde. Wenn sie ihren Kamm am Kopf links oder rechts trug, bedeutete das, daß sie ihre Mutter oder Schwiegermutter besuchen müßte. Wenn die Frau ihren Fächer vor ihre linke Wange tat, bedeutete das: Obwohl es ihr schlechtgeht, denkt sie sehr viel an ihn. Wenn sie ihren Regenschirm aufmachte, bedeutete das, er solle ihr nicht folgen. Wenn sie ihren Kragen hochschlug und lief, bedeutete das, daß sie ihn ein anderes Mal treffen könnte. Wenn sie in Wochentagen mit schönen Kleidern herumlief, bedeutete das, daß sie für ein paar Tage auf das Meer hinausfahren würde. Wenn die Frau ihr Taschentuch nur an ein Auge brachte, bedeutete das: Wo habe ich dich gesehen, hätte ich dich doch lieber nicht gesehen, meine Augen sollen blind werden. Wenn sie das Taschentuch zu ihrer Stirn brachte, bedeutete das: Paß auf, man beobachtet uns, ich brenne, wann wird dieses Feuer gelöscht werden, ach, ich will nicht, daß dieses Feuer gelöscht wird. Wenn sie das Taschentuch an ihre Nase brachte, bedeutete das: Ich will weinen, ich kann nicht weinen, ach, du Unbarmherziger, ich habe dir viel zu erzählen, du denkst, ich bin dir untreu.

Ich fuhr herum, ich fuhr in Bussen. Als ich aber in den Bussen fuhr, kriegte ich jedesmal Sehnsucht nach meiner Mutter und dachte mir im Bus Lügengeschichten aus, die meine Mutter zum Lachen bringen könnten. Ich kam nach Hause, klingelte, meine Mutter machte die Tür auf. Wenn sie aber in der Hand eine aufgeschlagene Zeitung hatte, die sie gerade las, ging sie ohne Willkommen zu sagen zurück zum Stuhl. Dann weinte ich und schloß mich in der Toilette ein. Am nächsten Tag machte sie die Tür mit großer Zeremonie auf und sagte: »Hey, meine Tochter ist da. Soll ich sie essen, soll ich sie abküssen.« Das gefiel mir auch nicht, ich schloß mich wieder in der Toilette ein. Ich lief wieder in den Straßen herum, damit der Saxophonspieler und Kapitänsschüler Kenan mich sah. Die Zwillingsschwestern gaben mir noch einen Brief von ihm, er würde noch lange auf dem Meer bleiben. Ich hatte mich aber daran gewöhnt, herumzulaufen und in den Bussen zu fahren. Es gab in den Bussen auch Männer, die meine Hüften zwickten und ihre Körper hinter mir an mir rieben. Ich erzählte das den Zwillingsschwestern, sie sagten: »Die Männer folgen immer den Mädchen. Wenn sie von einem Mädchen unbedingt ein Rendezvous kriegen wollen, folgen sie ihnen sogar bis zu ihrer Wohnungstür, und das Mädchen muß, um sich zu retten, dem Mann ein Rendezvous geben.« Mir folgte kein Mann bis zur Wohnungstür. Entweder stiegen sie aus dem Bus, oder sie blieben im Bus und ich stieg aus. Während der Saxophonspieler Kapitänsschüler Kenan noch auf dem Meer war, hatte ich viele Lügengeschichten erfunden und erzählte sie sofort, wenn meine Mutter mir die Tür öffnete, damit ich mich nicht wieder in der Toilette einschloß. Ich hatte aber vor Allah Angst und sagte immer: »Mutter, es ist Lüge, aber ich erzähle es dir.« Meine Mutter hörte mir zu, lachte und sagte: »Wie kannst du so viel Lügen aus dir herausholen. Oder liegt die Lüge auf der Straße?« Eines Abends ging ich mit meiner Mutter und mit meinem Vater wieder zu einer Hochzeit. Und sah dort den Saxo-

phonspieler und Kapitänsschüler Kenan spielen. Ich schaute ihn so tief an, daß er mich zu einem Tanz einlud. Er fragte nach meinem Namen und sagte: »Schöner Name.« Und ich sagte: »Und Sie heißen Kenan.« Er sagte: »Nein, ich heiße Sedat.«
Er nahm von mir ein Rendezvous. Ich verstand, daß die Zwillingsschwestern sich über mich lustig gemacht hatten. Diesmal in der Nacht konnte ich gar nicht schlafen, ich konnte nicht mehr träumen, es war mir nur sehr kalt. Der nächste Tag war ein Sonntag, es war sehr schwer, aus der Wohnung herauszugehen, noch dazu machte meine Großmutter ihr traditionelles Festessen. In den kleingeschnittenen Blätterteig setzte ich mit ihr stundenlang Hackfleich, das kochte sie, dann kam viel Knoblauch mit Yoghurt darauf. Ich mußte mitessen. Wir aßen das sehr oft, aber ich dachte zum erstenmal an den Knoblauch. Ich ging zu den Zwillingsschwestern und sagte ihnen, daß sie mich belogen hätten. Sie kicherten im Chor und sagten im Chor: »Du hast uns so viel von diesem Saxophonjungen erzählt, wir haben geglaubt, wir würden ihn kennen.« Ich ging zu einem anderen Mädchen, das auch oben im Haus wohnte. Sie hatten einen Balkon. Wir machten einen Plan. Sie würde auf dem Balkon stehen und auf die unbarmherzige Grabmalstraße gucken. Wenn sie dort unten einen Tango pfeifen hörte, würde sie nach mir rufen und fragen: »Kommst du zu uns?« Ich würde auf den Treppen mit den Füßen Geräusche machen, aber aus dem Haus gehen. So machten wir es. Ich nahm aus dem Wassermelonenzimmer die Blätter, die unter den Wassermelonen lagen und auf denen ich für den aufs Meer fahrenden Saxophonspieler Kapitänsschüler Kenan Sätze geschrieben hatte, und ging lange hinter dem Saxophonspieler Sedat her. Der Wassermelonen- und Knoblauchgeruch gingen Arm in Arm

zwischen uns, dann saßen wir in einem Café und tranken Tee. Ich saß dem Saxophonspieler Sedat gegenüber und brachte mein Taschentuch, wie ich es von den Zwillingsschwestern, den Töchtern des Richters, gelernt hatte, zu einem Auge, was bedeuten sollte: Wo habe ich dich gesehen, hätte ich dich lieber nie gesehen. Meine Augen sollen blind werden.
Der Saxophonspieler erzählte mir, daß er das Gymnasium verlassen hätte und Hochzeitssaxophonist werden wolle. Ich brachte mein Taschentuch an meine Stirn, was bedeuten sollte: Ich brenne, wann wird dieses Feuer gelöscht werden, ach, ich will auch nicht, daß dieses Feuer gelöscht wird.
Plötzlich sagte ich laut: »Ach, ich will auch nicht, daß dieses Feuer gelöscht wird.«
»Bitte, was hast du gesagt?«
Ich sagte irgendwas. Er fragte mich noch mal: »Bitte, was hast du gesagt?« Weil ich aber wegen des Knoblauchgeruchs in mich hineinsprach, brachte ich mein Taschentuch jetzt vor meinen Mund, spielte, als ob ich Husten hätte, und hoffte, daß der Saxophonspieler denken würde, ich hätte wegen der Liebe Tuberkulose. Er fragte nicht mehr. Ich zog meine eine Augenbraue höher und legte meinen Kopf nach hinten, was bedeuten sollte: Was ist denn mit mir los, du siehst, was mit mir los ist, Erbarmen! Weil er einfach dasaß und mich anschaute und keine Pantomime machte, brachte ich meine Faust auf meine Stirn, meine unteren Zähne vor meinen oberen, und atmete aus meinem Mund tief aus. Mit dem Atem vergrößerte sich mein Wassermelonen- und Knoblauchgeruch in der Luft zu einem Ballon. Wir saßen da eine Weile in diesem Ballon aus Wassermelonen- und Knoblauchgeruch. Ich bewegte mich fast nicht mehr, damit dieser Ballon nicht noch größer wird. Der Saxophonspie-

ler nahm die unter meinen Händen auf dem Tisch liegenden Wassermelonenzimmerblätter und fragte: »Hast du sie geschrieben?« Ich antwortete: »Ja, ich habe sie dir zum Lesen gebracht.«
Er sagte: »Gut, ich werde sie lesen und dir Noten geben.« Dann rollte er die Wassermelonenzimmerblätter zu einem Rohr und stand auf.
Ich erzählte meiner Großmutter, daß ich einen Jungen liebte, der Klarinette spielte, weil sie ein Saxophon nicht kannte. Großmutter löste ihr Kopftuch vom Kinn, das Kopftuch hing über ihrer Schulter, die Wangen rosa, und ihr Mund bewegte sich so, als ob ich ihr gerade einen süßen Bonbon zum Lutschen in den Mund gegeben hätte. Großmutter sagte: »Ist er schön?« »Sehr schön.« Großmutter sagte: »Wenn er schön ist, nehmen wir ihn als Mann zu dir, du bist auch schön. Zwei Nackte gehören ins selbe Bad.« Ich sagte: »Nein, Großmutter, wir trinken nur Tee.«
Als alle in den Betten waren, standen mein Bruder Ali und ich auf dem dunklen Korridor. Ali lief ein bißchen wie ein am Fuß verbrannter kleiner Hund hin und her und sagte: »Schwester, ich werde dir ein Geheimnis sagen, aber das sagst du den anderen nicht.« Weil er aber dann schwieg, schwieg ich auch, unter meinen Füßen war der Boden kalt, um uns war es auch dunkel, dann sagte ich: »Bruder, wenn du mir dein Geheimnis sagst, sage ich dir auch ein Geheimnis.« Ali erzählte, daß er zu einem Fallschirmkurs gegangen und dreimal von einem Turm mit einem Fallschirm auf die Erde gesprungen wäre. Dann war Pause. Ali sagte: »Schwester, was ist dein Geheimnis.« Bevor ich aber meinen Mund aufmachte, kam aus der dunklen Küche meine Mutter. Sie hatte dort gestanden und alles gehört. Sie stand mit ihrem ganzen Körper vor mir und sagte: »Wenn man ein Mädchen mit

ihrem Herz freiläßt, geht sie entweder mit Trommlern oder mit Klarinettisten weg.« Ich fragte meine Großmutter, ob sie meiner Mutter etwas gesagt hätte: »Greisin, hast du etwas gesagt?« Großmutter sagte: »Schwester, ich hab nichts gesagt. Ich hab nur gesagt, daß das Mädchen den Jungen liebt und daß wir dich zu ihm geben sollten.« Meine Mutter sprach nicht mit mir. Sie schickte mich außerhalb der Republikhauptstadt Ankara zu einer Wäscherin, die in unserer unbarmherzigen Grabmalstraße bei reichen Frauen ihre Wäsche wusch, in ein Slumviertel, damit ich von Armut erzogene Menschen sähe und merkte, wie viele Ecken diese Welt hätte.
Die Sonne kam zuerst mit mir, aber am Anfang der Slumhügel drehte die Sonne mir den Rücken zu und ging weg. Die Slumhäuser lagen im Schlamm. Weil der Schlamm hier geboren und hier alt geworden war, sahen die Häuser aus wie halb im Schlamm begrabene Grabsteine. Weil die Häuser keine Nummern hatten, ging ich in jedes Haus rein und fragte, wo die Tante Wäscherin wohnte. Alle Häuser rochen nach Menschen, ich mußte in jedem Haus den Geruch wie einen Vorhang mit meiner linken Hand etwas zur Seite ziehen. Dann war aber ein zweiter Vorhang da. Mücken und Fliegen. Ich zog auch diesen Vorhang auf die Seite, damit ich die Augen und Münder der Menschen im Dunklen sehen konnte. Sie saßen da, als ob sie in getrockneter Scheiße standen oder saßen, aber weiter essen und trinken mußten. Eine Frau sagte mir, die Wäscherin würde in dem Haus, das nach getrockneten Blumen roch, wohnen. Ich ließ die Vorhänge wieder fallen. Vor einem Haus roch es wirklich nach getrockneten Blumen. Die Tante Wäscherin war mit einem Polizisten verheiratet, der hinter den Straßenverkäufern hergehen und sie mit dem Obst und den Blumen, die sie schwarz verkauften, verhaften mußte. Er

hatte schon viel Obst und Blumen verhaftet, das verfault und getrocknet vor dem Haus lag. Die Tante Wäscherin hatte eine Tochter in meinem Alter und auch einen sehr schönen Maurer-Geliebten. Weil der Ehemann aber immer das Obst und die Blumen verhaften mußte, sah ich diesen Blumenpolizisten nie, der Geliebte aber kam ins Haus und trug den getrockneten Obstgeruch in seinen Kleidern und in seinem Schnurrbart. Die Tante Wäscherin, ich und die Tochter der Tante Wäscherin saßen um den nach trockenem Obst riechenden Maurer und rochen an seinem Schnurrbart. Dann gab die Tante Wäscherin zuerst Rakı in seinen Mund, dann ihren kleinen Finger. Der Maurergeliebte sagte, ihren Finger in seinem Mund, zu mir und der Tochter von Tante Wäscherin: »Schlaft, die jungen Melonen werden nur mit Schlaf süß.« Bevor ich schlief, zeigte die Tochter der Tante Wäscherin mir ein wie ein unaufgeblasener Luftballon aussehendes Plastikstück, in dem eine Aubergine war. Sie sagte: »Das heißt Präservativ, und mit der Aubergine drin ist es der dritte Mann meiner Mutter.« Wir gingen mit Tante Wäscherin und ihrem Maurergeliebten alle zusammen ins Kino. Der Maurergeliebte kaufte eine Loggia, in dieser Loggia küßten sie sich ständig. Ihr dicker Mund und der Mund mit dem Schnurrbart des Maurergeliebten gefielen mir sehr. Ich drehte meinen Kopf vom Film ständig zurück zu ihnen. Sie sagten: »Guck, guck hier«, und küßten sich. Irgendwann drehten ich und die Tochter der Tante Wäscherin unsere Stühle zu ihnen, bis der Film hinter uns zu Ende ging. Als ich wegging, sagte die Tante Wäscherin zu mir: »Sag das nicht deiner Mutter, meine Schöne, tamam mı?«
»Tamam«, sagte ich vom Busfenster aus.
Ich stieg am Rande der Hauptstadt aus, von da aus sah ich noch die Slumhäuser. Ich sah, daß meine Füße wie-

der in Richtung Slumhäuser liefen. Ich wollte, daß die Wäscherin meine Mutter ist. Meine Füße wären auch zu ihr zurückgekehrt, aber ich sah die Schnürsenkel meiner Schuhe, die sich gelöst hatten und runterhingen. Weil die Schnürsenkel vor mir herliefen, lief ich hinter ihnen her in Richtung meiner Mutter. Die Bettler und Zigeuner saßen an diesem langen staubigen Weg und schauten von unten hinter mir her. Ich dachte immer, sie schauen auf meine schiefen Beine. Ich kam nach Hause, meine Mutter gab mir ihre Hand zum Küssen. Großmutter sagte: »Was du gesehen hast, kannst du in deinem Bauch behalten. Aber erzähle, was du dort gegessen hast.« Ich hatte vergessen, was ich gegessen hatte, aus meinem Mund rutschte das Wort Aubergine raus. Mutter und Großmutter sagten: »Aubergine ist eine feine Sache.«
Der Saxophonspieler kam nicht mehr. Ich erinnerte mich inzwischen, daß ich ihn auf den Wassermelonenblättern, die ich für ihn geschrieben hatte, mit dem Namen Kenan, der Kapitänsschüler, angesprochen hatte, von dem mir die Zwillingsschwestertöchter des Richters erzählt hatten. Er hieß aber in Wahrheit Sedat. Ich dachte, wenn er kommt, erzähle ich ihm alles. Der Saxophonspieler kam erst nach einem Monat. Eines Nachts pfiff wieder ein Tango, ich ging zu diesem Tango. Der Saxophonspieler stand im Dunkeln am Ende der Straße. Im Dunklen gab er mir die Wassermelonenzimmerblätter, die er wie ein Rohr gerollt hatte. Ich brachte sofort mein Taschentuch an meine Nase, was bedeuten sollte: »Ich will weinen, ich kann nicht weinen, ach du Unbarmherziger, ich habe dir viel zu erzählen, du denkst, ich bin dir untreu.« Der Saxophonspieler sagte »Gute Besserung« und ging weg. Im Mondschein sah ich, daß die Blätter aus dem Wassermelonenzimmer sehr viele Flecken von

Tee und Öl hatten, und sie rochen nach müden Zimmern. Ich legte die Blätter wieder unter die Wassermelonen. Als die Blätter unter den Wassermelonen schliefen und mein Vater die Miete nicht mehr zahlen konnte, kamen wieder Männer vom Staat zu uns nach Hause, aber sie fanden nichts zum Mitnehmen und gingen weg und ließen ein Wort in der Kellerwohnung: Gefängnis.
In der Nacht stopfte mein Vater Wäsche in einen Koffer. Ich sah ihn auf der unbarmherzigen Grabmalstraße weggehen. Sein Koffer ging auf, er sammelte seine rausgefallene Wäsche unter der flackernden Straßenlampe, dann ging er weg.
»Die Männer sind da«, sagte Großmutter. Meine Mutter sagte zu den Männern: »Ich habe eine Seele, und die wird Allah nehmen. Wenn Sie Allah sind, nehmen Sie meine Seele, mein Mann ist weg.« Als die Männer sahen, daß mein Vater abgehauen war, nahmen sie die Wohnungstür mit. Wir packten in der türlosen Kellerwohnung unsere Sachen und warteten, daß Mustafa kam und wir ihm folgen könnten. Wir saßen alle auf den gepackten Sachen und schauten in Richtung Türloch. Draußen im Hauseingang ging das Licht an, wir standen auf: »Jetzt kommt Mustafa!« Mustafa kam nicht, dann ging das Licht wieder aus. Das Licht ging wieder an, meine Mutter stand auf, sagte: »Bismillâhirrahmanirrahim«, Mustafa kam nicht. Andere Menschen stiegen die Treppen hoch. Das Türloch war niedrig. Ich sah durch das niedrige Türloch die Menschen, die die Treppen hochgingen, nur als Körper ohne Köpfe. Die Zwillingsschwestertöchter vom Richter kamen als vier Beine mit ihren sehr ähnlichen Körpern, ohne Köpfe, mit gleichen Schuhen gingen sie die Treppen hoch. Hinter ihnen kamen zwei Männer ohne Köpfe. Dann ging das Licht aus. Am Morgen sahen wir die gleichen Füße und Köpfe oh-

ne Körper die Treppen heruntergehen. Von manchen dieser kopflosen Körper fielen Wassertropfen auf die Treppen. Die Tropfen fielen aus ihren Haaren, die wir nicht sehen konnten, und machten die Treppe naß. Großmutter erzählte, wenn Mann und Frau in der Nacht miteinander gerungen hätten, müßten sie sich, bevor die Sonne kommt, von Kopf bis Fuß waschen, sonst würde der Teufel einen Fuß vor sie stellen. Während wir auf Mustafas Ankommen warteten, wußte ich, welche Männer mit ihren Frauen in der Nacht Liebe gemacht hatten. Mustafa kam nicht. Mustafa kam nicht. Eines Morgens kam ein Uringeruch zur Tür. Da stand ein in einer Hose steckender dicker Körper ohne Kopf, mit einem sehr großen Radio. Der Körper hatte eine Hose an wie die Hosen der Kolonialherren in Afrika in den Filmen. Eine Frau kam in dieser Hose und Uringeruch rein und sagte: »Nasılsınız« (Wie geht es euch?). Sie wartete aber nicht auf unsere Antwort, sie antwortete selbst, wie die Tante Sıdıka in Bursa: »İç güveysinden hallice, nicht« (Es geht euch ein bißchen besser als dem Schwiegersohn, der bei seinen Schwiegereltern wohnen muß, nicht)? Sie sagte dann: »Mir geht es auch so.« Dann sagte sie »Pst«, damit wir alle schwiegen, sie drehte den Knopf von ihrem großen Radio lauter, hörte sich die Nachrichten an. Es waren Nachrichten über die vom Militär verhafteten Abgeordneten und Minister der Demokratischen Partei. Als sie die Nachrichten zu Ende gehört hatte, sagte sie wieder »Pst«, und dieses »Pst« hörte nicht auf, bis ihre Hose ein bißchen naß wurde. Sie lachte und sagte: »Ich pinkele auf diese Nachrichten.« Dann sagte sie, daß sie diese Hose so lange nicht ausziehen würde und so lange reinpissen würde, bis die unschuldigen Politiker aus dem Gefängnis freigelassen würden, dann erst würde sie ihre Hose ausziehen. Ich sah meine Mutter, sie hatte ihren

Mund aufgemacht, vielleicht um zu sagen: »Wir wählen die Republikaner.« Die Frau mit der verpinkelten Hose sagte, bevor meine Mutter etwas sagen konnte: »Fatma Hanım, meine Haare sind nicht in der Mühle weiß geworden. Man nennt mich Rezzan.« In dem Moment ging draußen am Treppeneingang das Licht an. Es kamen zuerst ein dicker Hund, dann große dicke Kinder und ein dicker Mann in unsere Kellerwohnung. Sie stellten sich vor diese Frau Rezzan und sagten zu ihr im Chor: »Wir sind da.« Und dann fingen sie an, unsere in der Kellerwohnung gepackt und ungepackt stehenden Sachen aus der Wohnung rauszutragen. Als die Kellerwohnung leer war, gingen wir hinter der Frau Rezzan und dem dicken Hund her und kamen zum Nebenhaus, das neben unserer Kellerwohnung war, gingen die Treppen hoch, der dicke Hund ging vor uns her bis zur 3. Etage, blieb dort stehen und ging in die Wohnung rein, aber Frau Rezzan ging bis zur 4. Etage, wir gingen hinter ihr her. In der 4. Etage standen unsere Sachen aus der Kellerwohnung. Frau Rezzan sagte: »Ich wohne unter euch«, und ging.

Die Tante Rezzan hatte diese Wohnung für uns mit ihrem Geld gemietet. Sie sagte zu uns: »Die Menschlichkeit ist nicht gestorben, wir leben.« Diese 4.-Etage-Wohnung an der unbarmherzigen Grabmalstraße hatte einen Balkon. Mutter, Großmutter, Ali, Orhan, ich und meine kleine Schwester Schwarze Rose standen dort nebeneinander und warteten, daß Mustafa kommt. Mustafa kam, sah uns auf dem Balkon nebeneinander stehen, sagte: »Wohnt ihr da? Wollt ihr Obst?« Wir nickten, er kaufte in dem Obstladen, der gegenüber diesem 4.-Etage-Balkon war, Obst und legte es in den Korb, den wir vom Balkon runterließen.

Diese 4.-Etage-Wohnung hatte viele Zimmer, aber in

den ersten Tagen schliefen wir alle, Vater, Mutter, Ali, Orhan, Großmutter, Schwarze Rose, ich in einem Zimmer. Weil wir in unserer Kellerwohnung, nachdem die Männer vom Staat die Wohnungstür mitgenommen hatten, von den Treppen gelernt hatten, daß, wenn Männer und Frauen in der Nacht Liebe machten, sie sich, bevor die Sonne kam, von Kopf bis zum Fuß waschen mußten, versteckten Ali und ich öfter die Badetasse, die meine Eltern brauchten, um aus dem Eimer Wasser zu holen. Im Dunklen kam unser Vater und suchte nach der Badetasse. Wir hatten die Tasse in unserem Bett. Er sagte zu uns: »Habt ihr keine Angst vor Allah?« Wir schwiegen im Chor.
Eines Morgens mußte mein Bruder Ali sich auch vom Kopf bis Fuß waschen, weil der Teufel bei ihm vorbeigekommen war. Meine Mutter guckte in sein Bett auf die Bettwäsche und sagte: »Ali, hat sich heute nacht der Teufel als Frau verkleidet und dich betrogen?« Ali lachte und sagte: »Ja.« Dann mußte Ali sich immer morgens, wenn der Teufel ihn als Frau verkleidet besucht hatte, bevor die Sonne kam, von Kopf bis Fuß waschen. Wenn plötzlich mein Körper zuckte, öffnete meine Mutter weit ihre Augen und sagte: »Was ist, ging der Teufel bei dir vorbei.«
Wenn mein Körper zuckte, machte ich sofort meine Arme auf, um den Teufel zu fangen, aber ich sah nur meine leeren Hände in der Luft.
Eines Abends kam mein Bruder Ali mit seinem Literaturlehrer und einem Freund, sie schlossen sich ins Schlafzimmer meiner Mutter ein, sie tranken dort Rakı und dichteten laut. Dieser Literaturlehrer war ein kleiner, dünner Mann. Meine Mutter sagte: »Wenn dieser Mann seine Frau liebt, denkt seine Frau wahrscheinlich, ein Schmetterling hat sich auf sie gesetzt.« Ali erzählte dann,

sein anderer Freund sei Kommunist und schizophren. Ich fragte Ali: »Was ist schizophren?« Er sagte: »Schizophren ist schizophren.« Ich versuchte immer, mich diesem kommunistischen, schizophrenen Freund im Nachthemd zu zeigen. Er kam öfter aus dem Schlafzimmer meiner Eltern, ein Rakıglas in der linken Hand, mit der rechten zog er die Vorhänge zu. Wenn er mich anschaute, sah es so aus, als ob seine Augen durch mein Gesicht hindurchgingen. Ich dachte, er sähe jemanden hinter mir. Ich drehte mich um mich selbst, es war niemand da. Ich fragte ihn, was ein Kommunist wäre. Er lachte und sagte: »Ein Kommunist ist jemand, der dir deine Mutter wegnimmt.« Er sagte dann: »Schwester, laß uns unsere Schuhe tauschen.« Ich und er hatten die gleiche Schuhgröße. Wir tauschten hinter den geschlossenen Vorhängen unsere Schuhe. Ich lief in seinen Schuhen, und wenn meine Mutter mich zum Obstladen schickte, sagte ich mir, während ich die Treppen herunterging: »Ich bin Kommunist und schizophren, und ich werde jetzt Quitten und Tomaten kaufen.«

Die Tante Rezzan aus der 3. Etage, die meiner Mutter und meinem Vater geholfen hatte und für uns die Miete zahlte, war eine sehr große und dicke Frau und liebte die Demokratische Partei. Sie kam immer, wenn es Nachrichten gab, mit ihrem großen Radio. Aus dem Radio kamen die öffentlichen Gerichtsprozesse der Militärputschrichter gegen die Demokratischen Partei-Abgeordneten. Der Ministerpräsident der Demokratischen Partei sagte immer »Ich erinnere mich nicht, Herr Richter«, wenn der Richter ihn fragte, was er dazu sagen wollte. Die Titel der Prozesse waren: Hundeprozeß – Babyprozeß. Im Hundeprozeß ging es darum, daß dieser Ministerpräsident der Demokratischen Partei, als er an der Macht war, vom afghanischen Schah als Geschenk einen

Afghanenhund bekommen hatte und warum er diesen Hund als Geschenk angenommen hatte. Und im Babyprozeß ging es darum, daß dieser Ministerpräsident, als er an der Macht war, verheiratet gewesen war und eine Geliebte gehabt hatte, eine berühmte Opernsängerin. Diese Opernsängerin hatte ein Kind von ihm abgetrieben. Der Ministerpräsident der Demokratischen Partei sagte immer: »Ich erinnere mich nicht, Herr Richter.« Tante Rezzan weinte und sagte zu meiner Mutter: »Ist das Sünde, Fatma Hanım?« Sie wusch mich genau wie die Frauen in Bursa, die wollten, daß ich für sie träumte. Sie wollte, daß ich träumte, was mit diesem ehemaligen Ministerpräsidenten passieren würde. Ich sollte aber nicht nur für sie träumen, auch für ihre Schwester. Sie hatte eine alte Schwester, sie war eine Jungfrau, und ihre Nase hing tiefer herunter als ihr Mund. Sie lebte mit ihrem alten Vater in einem Kino. Sie zeigte dort mit ihrem alten Vater Filme und schrieb seit zehn Jahren Briefe an einen Amerikaner. Er schrieb ihr auch Briefe. Wenn er aber in die Türkei kommen wollte, schrieb sie immer, daß ihr Vater im Todesbett läge. So kam der Amerikaner nicht, um sie zu heiraten, aber wenn sie zu lange bei ihrer Schwester gesessen hatte, sagte sie: »Ich gehe nach Hause, vielleicht ist ein Brief aus Amerika da.« Ich mußte auch für sie träumen und öfter bei ihr übernachten, damit sie mich waschen und mich mit Gebeten ins Bett legen konnte. Ihren Vater liebte ich sehr, er war alt und hatte eine dicke Nase. Sie sah auch sehr alt aus, so alt, daß sie die Frau ihres Vaters hätte sein können. Ich saß mit dem alten Mann im Vorführraum, er bewegte sich zwischen den Maschinen, und ich konnte durch ein Loch die Filme sehen. Ich gewöhnte mich an das Geräusch der Filmmaschine, die neben mir lief, und irgendwo in der Ferne auf einer Leinwand lief der Film. Mir

machte der Film nur mit diesem Geräusch der Filmmaschine und dem Geruch dieses alten Mannes Spaß. Dieser alte Mann war so süß, wenn ich morgens aufstand und seiner Tochter meinen Traum erzählte, in dem ich den Amerikaner nicht sah, weinte sie nicht, fing aber schnell an zu reden. Dann stand der alte Mann auf, ging zu ihr, massierte ihre Schulter, sagte zu ihr nicht Tochter, sondern einen abgekürzten Namen wie »Ma« und küßte ihr mit seiner dicken Nase Blumenmuster auf ihre Kleider. Ich wollte auch nicht, daß der Amerikaner, den ich von einem seiner Jugendphotos kannte, hierher käme. Dieser Vater und die Tochter gehörten zusammen, und kein anderer Mann konnte so süß sein wie dieser alte Mann. Sie hatten so viel Staub in ihren Räumen und so wenige Sachen. Meine Mutter sagte: »Diese Familie kommt aus einer Sultanssippe, sie sind unsere Aristokraten.«
Unsere aristokratische Nachbarin aus der Sultanssippe, die Tante Rezzan, die immer eine Hose trug, die wie die Hosen der Kolonialisten in Afrika in den Filmen waren, sagte in der 3. Etage zu meiner Mutter:
»Die Demokraten wollten unser Bestes, sie haben auch Kinder.«
In der 4. Etage sprach der Literaturlehrer meines Bruders Ali und seines kommunistischen schizophrenen Freundes. Er sagte: »Die Demokratische Partei wollte vor dem Militärputsch mit der Inflation den Gewinn der Kapitalisten dicker werden lassen.«
Ich ging zur 3. Etage. Tante Rezzan sagte zu meiner Mutter: »Die Demokraten wollten nur den Wohlstand dieses Landes, Fatma Hanım, jetzt essen ihre Mütter Gift.«
Ich ging zur 4. Etage. Der Literaturlehrer von Ali sagte: »Die 1926 verstaatlichte türkische Petrolindustrie wurde 1954 ausländischen Privatfirmen gegeben.«
Ich ging zur 3. Etage. Die Tante Rezzan von der Sultans-

sippe sagte zu meiner Mutter: »Mit der Hand des Staates werden die Menschen nie reich werden, der Staat hat eine geizige Hand.«
Ich ging zur 4. Etage. Der Literaturlehrer von Ali sagte: »Die Offiziere waren sehr arm, manche Generäle aßen im Keller trockenes Brot, das sie in ihrem Tee naß machten.«
Ich ging zur 3. Etage. Die Tante Rezzan aus der Sultanssippe sagte: »Ach, Fatma Hanım, sie verkaufen uns an die Russen.«
Ich ging zur 4. Etage. Jetzt sprach der schizophrene kommunistische Freund. Er sagte: »Die revoltierenden Offiziere haben den Putsch gemacht, aber sie haben keine Theorie und werden die Macht nicht in die Hände der Arbeiterklasse geben.«
Ich ging zur 3. Etage. Die Tante Rezzan aus der Sultanssippe sagte: »Fatma Hanım, die Offiziere werden ihre Taschen vollmachen und dann auf unsere Köpfe scheißen.«
Ich ging zur 4. Etage. Der kommunistische Freund sagte: »Das revoltierende Militär redet wie vor 90 Jahren die Jungtürken unter der Sultansregierung.«
Ich ging zur 3. Etage. Die Tante Rezzan aus der Sultanssippe sagte nichts. Sie saß da, die Hand meiner Mutter in ihrer Hand, und weinte. Sie ließ ihren Nasenschleim auf ihre Hose runtertropfen, die Hose nahm ihn auf, und dort trocknete er schnell.
Ich ging zur 4. Etage. Der Literaturlehrer und kommunistisch-schizophrene Freund meines Bruders sagten: »Sie sind naiv, der CIA wußte schon lange, daß es einen Putsch gegen die Demokratische Partei geben würde.«
Ich ging zur 3. Etage. Tante Rezzan weinte nicht mehr, aber nickte ständig mit ihrem Kopf. Meine Mutter schaute auf ihr Gesicht.

Ich ging zur 4. Etage. Der Literaturlehrer meines Bruders und sein kommunistisch-schizophrener Freund sagten: »Vielleicht hatte der CIA seine Finger in diesem Militärputsch.«

Ich ging zur 3. Etage. Tante Rezzan hatte das Radio nicht mehr in ihrer Hand. Sie lag auf dem Boden, das Radio saß auf einem Stuhl und sprach: »Der Ministerpräsident und zwei Minister der Demokratischen Partei sind zum Tode mit dem Strick verurteilt.«

Man erhängte sie und trug ihre Leichen mit dem Müllwagen weg. Meine Mutter kam mit der Zeitung ins Zimmer, sie lief an dem Stuhl, auf dem meine Großmutter saß, vorbei, Großmutter nahm aus ihrer Hand die Zeitung. Meine Mutter merkte nicht, daß sie keine Zeitung mehr in der Hand hatte, sie lief, als ob sie noch die Zeitung in der Hand hätte, bis zum anderen Stuhl, setzte sich hin und sagte zur Wand: »Astılar« (Man hat sie aufgehängt).

Großmutter hatte die Zeitung umgekehrt in der Hand und fing an zu weinen und sagte: »Aboooo, was machen jetzt ihre Mütter?« Tante Rezzan aus der Sultanssippe weinte nicht. Sie kam mit sehr alten Hausschuhen an ihren Füßen zu uns, sie hatte ein sehr schönes Kleid angezogen, sie saß auch auf einem Stuhl und sagte zu meiner Mutter: »Jetzt sind sie im Himmel.« Ich sah ihre müden Haare und sah, daß ihre Haare weinten. Sie sagte: »Wir gehen zu meinem Vater ins Kino. Großmutter, komm mit.« Großmutter sagte: »Kann der Bruder den Bruder töten, wie Kabil und Habil? Ich scheiße auf diese Welt, ich komme mit.«

Mein Vater sagte über den erhängten Ministerpräsidenten: »Er war ein Heiliger.«

Ich fing wieder an, ununterbrochen sauberzumachen. Wenn unsere Wohnung sauber war, ging ich zur 3. Etage zu Tante Rezzan aus der Sultanssippe und machte auch bei ihr in jedem Zimmer sauber. Ich ging in den Zimmern hin und her, weil mein Herz sich hopp hinsetzte, hopp hochging. Einmal kriegte ich in einem Zimmer das Gefühl, daß ich laufen mußte. Ich lief durch die Zimmer zum Schlafzimmer meiner Eltern und sah, daß mein Bruder Ali mit offenen Augen auf dem Boden lag. Ich schrie, er sagte nur: »Ich bin sehr müde, schrei nicht, tamam mı?« Ich sagte: »Tamam« und schrie weiter. Die Tante Rezzan aus der Sultanssippe hatte einen Arztfreund beim Militärkrankenhaus der Hauptstadt Ankara. Er kam mit einer Tasche zu uns, er kontrollierte meinen Bruder, mein Bruder Ali war herzkrank. Er hatte als Kind Rheuma an den Beinen gehabt, und dieses Rheuma war zu seinem Herz gelaufen. Mutter sagte: »Ich bin schuldig, ich habe ihn mit seinen Gummistiefeln im Schnee Olivenöl kaufen geschickt. Die Augen der Armut sollen blind werden, İnşallah.« Der Doktor sagte: »Ali wird nicht sterben, aber er wird eines Tages am Herzen operiert werden müssen.« Ich blieb immer wach, ich dachte, wenn ich schlafe, würde mein Bruder Ali in unserer unbarmherzigen Grabmalstraße sterben. Ich machte weiter sauber, ich fing sogar, wenn ich im Kino saß, an, die auf dem Tisch stehenden Sachen im Film aufzuräumen, und machte mir zu Hause einen Kopf darüber, wer die Sachen, die die Schauspieler einfach liegengelassen hatten, aufräumte und wusch. Die Tante Rezzan von der Sultanssippe holte den Militärarzt noch mal, weil dieses unaufhörliche Saubermachen in ihrer Wohnung sie sehr irritierte. Der Arzt untersuchte mich und sagte, ich hätte eine Überfunktion der Schilddrüse. Er gab mir Beruhigungstabletten. In diesen Tagen kam der Film »Porky and Bes« ins Kino, mein Vater hatte sehr schwer Karten gefunden. Er sagte, er wollte, daß auch ich diesen Film sä-

he, aber es hätte nur getrennte Karten gegeben, und er könnte mich nicht allein zwischen den hungrigen Wölfen sitzen lassen. Ich schluckte anstatt einer halben Tablette zwei Tabletten, machte in der Küche den Gashahn auf, steckte den Schlauch in meinen Mund und schlief ein. Jemand schlug mich auf meine Wangen, es war mein Bruder Ali mit meiner Großmutter. Er sagte immer wieder: »Sag mir, wie heißt du, Schwester, sag deinen Namen.« Ich schlief wieder ein. Am nächsten Tag sah ich vom Bett aus meine Mutter, die in einer Angst da saß und nicht mit mir sprach. Sie hatte Angst vor mir. Nachdem ich wieder ins Leben gekommen war, war mir alles noch fremder und noch staubiger. Ich putzte die Haustreppen bis nach unten, und wenn die Menschen wieder auf den Treppen liefen, putzte ich sie noch mal mit Seifenwasser. In der Wohnung mußten alle aufstehen, wenn ich sagte: »Steht auf, ich will das Bett in Ordnung bringen, die Tischdecke vom Balkon ausschütteln.« Ich ging hinter jedem sich bewegenden Körper und hinter allen Füßen her, wenn sie eine Seife in die Hand nahmen und sich ihre Hände wuschen. Dann wusch ich die Seife und das Waschbecken und auf dem Boden die Linien, über die sie gelaufen waren.
Wenn ich mich in der 4. Etage kurz hinsetzte, um in dem ins Zimmer hineinwachsenden Sonnenlicht besser den Staub zu sehen, hörte ich das Ssıısss von Tante Rezzans Schnellkochtopfgeräusch aus der 3. Etage. Ich dachte, wenn sich die Menschen hier in der 4. Etage bewegen, wird unten der pfeifende Kopf des Schnellkochtopfes hochgehen und uns in tausend Stücke teilen. Ich verbot den Menschen in der 4. Etage zu laufen. Sie hörten auch auf mich. Sie setzten sich hin und schauten wie ich auf den Boden. Als ich den pfeifenden Kopf von Tante Rezzans Schnellkochtopf aus der 3. Etage klaute und in

einem Blumentopf unter der Erde versteckte, holte die Tante Rezzan aus der Sultanssippe wieder den Militärarzt. Der Arzt sagte, sie müßten mich operieren, da mich die Schilddrüse sonst vergiften könnte.
Bevor ich ins Krankenhaus ging, ließ ich mir von meiner Großmutter, Mutter, meinem Vater, meinen Brüdern und meiner Schwester Schwarze Rose schwören, daß sie alles sauber und ordentlich halten würden: »Sagt Vallahi Billahi, schwört.« Jeder schwor mir mit Vallahi Billahi. Ich ging zur 3. Etage zu Tante Rezzan von der Sultanssippe, damit sie auch schwor. Sie sagte: »Vallahi Billahi, ich kann nicht beschwören, daß ich die Wohnung sauberhalte, ich kann es nicht.« Meine Mutter schwor für sie, daß sie die Wohnung von Tante Rezzan sauberhalten würde. Ich nahm die Schnellkochtopfpfeife mit und ging in das Militärkrankenhaus.
Die Militärärzte kamen zu mir ans Bett und hörten sich mein Herz an. Manche sagten »Bismillâhirrahmanirrahim«, manche sagten: »Entschuldige mich, meine Schwester«, weil meine Brüste nackt waren. Am Ende ihrer Entschuldigungen fragten sie meinen Vater, der mit meiner Mutter auf dem danebenstehenden Bett saß, was für einen Kummer ich in diesen jungen Jahren gehabt hätte, daß sich so eine Krankheit an mich geklebt hätte. Mein Vater sagte nichts. Meine Mutter stand auf und antwortete:
»Vallahi Billahi, ich weiß es nicht, vielleicht hat unser Weggehen aus Bursa unser Grab gegraben.«
Die Militärärzte schauten weiter meinen Vater Mustafa an. Mustafa stand auf und sagte: »Sie hat ihren Kopf erkältet, meine Löwentochter.«
Die Militärärzte schauten ihn und meine Mutter an und wackelten mit ihren Köpfen nach links und rechts, die Köpfe wackelten so lange, bis meine Mutter sagte: »So

eine Krankheit kommt in unserer Familie zum erstenmal vor.«
Die Militärärzte sagten: »Ihr Herz ist wegen der Überfunktion der Schilddrüse einen Zentimeter größer geworden.« Sie sagten diese Sätze, als ob sie etwas fragten. Mein Vater sagte: »Ihr Herz ist sehr sauber.«
Die Militärärzte schauten meinen Vater an, als ob er eine fremde Sprache gesprochen hätte. Dann fingen sie an, miteinander eine fremde Sprache zu sprechen. Meine Mutter und mein Vater wurden von dieser Sprache müde, die Haare meiner Mutter kriegten Locken, meinem Vater wuchs sein rasierter Bart, und er sah wie ein Gefangener in einem Film aus. Beide setzten sich wieder auf das Krankenhausbett. Ich stand auf. Ich dachte, wenn ich stehe, kann ich ihre Fremdsprache verstehen. Ihre Sprache aber ging nur zwischen ihren Mündern, wie ein gemeinsamer Kaugummi, den sie, bis er verfaulte, zusammen kauen würden. Ich fing an, die Haare und Schuppen auf ihren Kleidern zu zählen. Dann gingen sie weg. Mutter, Vater und ich schauten lange in Richtung Tür und warteten. Es kam ein Arzt herein. Mein Vater stand auf, der Arzt sagte: »Wir werden Ihre Tochter einen Monat lang mit Tabletten beruhigen und dann operieren.« Vater sagte: »Herr Doktor...« Der Doktor sagte: »Ich bin kein Doktor, ich bin der Mittagessenverteiler.« Mein Vater und meine Mutter gingen weg. Das Krankenbett blieb kurz leer, dann kam ein seit zwei Tagen schlafendes Mädchen herein, sie hatte Tabletten genommen. Sie hatte zwei Tage geschlafen, dann schlief sie gar nicht mehr. Ich wachte durch ihre Schlaflosigkeit auf. Sie lag mit offenen Augen da, ich winkte mit meinen Händen über ihre Augen, sie sah mich nicht. Ich dachte, ihre Schlaflosigkeit ist jetzt ihr Schlaf. Als das Bett wieder leer wurde, kamen die Militärärzte, manche sagten wieder

»Bismillâhirrahmanirrahim«, weil sie wieder meine nackte Brust anfaßten, sie hörten sich wieder mein Herz an. Als sie gingen, kam eine neue Frau in das leere Bett. Der Mittagessenverteiler sagte mir, während er Makkaroni auf meinen Teller legte: »Sie wird sterben, in ihrem Blut gibt es Krieg.« Tagsüber saß sie in ihrem Bett, als ob sie aus Watte wäre. Sie hatte eine sehr weiche Stimme. Ihr Mann blieb an der Zimmertür stehen und sprach von dort aus mit seiner Frau. Wenn er näher gekommen wäre, wäre sie durch seinen Wind vielleicht aus dem Bett hochgeflogen. In der Nacht aber wuchs ihr Körper und stieß an die Wände, an die Tür und das Fenster und an meinen Körper und Kopf und drückte alles an die Wände und platzte. Ihr Blut lief aus ihrem Körper und lief im Zimmer vom Boden bis zur Decke hoch, sie saß in ihrem eigenen Blut im Bett und schaute auf den Krieg, der in ihrem Blut stattfand. Am Morgen war das Zimmer wieder ohne Blut, und sie saß wieder, aus Watte, im Bett. An einem Morgen wachte ich in ihrem Blut auf, ihr Bett war leer, sie hatten sie schon weggebracht, aber ihr Blut blieb im Zimmer, wahrscheinlich hatte sie keine Zeit gehabt, ihr Blut, das sie sich in der Nacht wie einen Großleinwandfilm anschaute, zu Ende anzugucken und es wieder in ihren Körper reinzuziehen.
Die Militärärzte kamen zu mir ans Bett und liefen in ihrem Blut. Sie sagten wieder »Bismillâhirrahmanirrahim« und faßten meine Brust an, hörten sich mein Herz an. Als sie gingen, schaute ich auf das Blut und wartete darauf, daß es auch hinter den Ärzten mit aus dem Zimmer ging. Das Blut schaute auf mich und blieb da. Ich stand auf und ging aus dem Zimmer in den Korridor. Die Ärzte liefen mit einem Kittel über ihren verschiedenen Militärkostümen, Himmel, Erde, Marine. Ich lief hinter ihnen her, stand vor den Krankenzimmern. Wenn

die Militärärzte kurz vor den offenen Krankenzimmertüren standen oder reingingen, standen im Zimmer sitzende Krankenbesucher oder Kranke auf. Die Ärzte fragten sie kurz etwas, sie antworteten leise oder nickten lange, die Ärzte liefen raus aus dem Zimmer, die Kranken nickten weiter und blieben stehen. Auch auf dem Korridor. Die Kranken saßen auf einem Stuhl oder hockten auf den Füßen vor den Wänden, die Militärärzte liefen energisch als Gruppe vorbei. Ihr Gang machte einen Wind auf dem Korridor. Mit diesem Wind standen die Sitzenden auf. Wenn ein Kranker lief und ein anderer Kranker ihm half, blieben auch sie stehen. Es war wie eine Militärparade auf der Straße. Die schönen Leutnants und Obersten zogen vorbei, die Zivilisten standen am Rande des Korridors und guckten sich die Parade an. Nur klatschte hier keiner in die Hände. Ich ging hinter der Parade her, meine Brustwarzen gingen rasch mit. So kannte ich bald alle Kranken dieses Korridors. Die Kranken glaubten, ich wäre auch eine Ärztin. Die Ratten liefen mit oder überquerten schnell den Korridor und liefen in die Zimmer, jemand schrie aus einem Zimmer: »Die Ratte ist vorbeigekommen«, auch aus dem anderen Zimmer kam eine Stimme: »Keine Angst, hier gehen sie auch immer vorbei.« Dann kamen sie zu mir, sagten: »Haben Sie die Ratte gesehen?« Die Ärzte sagten mir: »Schwester, wie bist du neun Monate lang geduldig im Bauch deiner Mutter geblieben. Du bist so ungeduldig«, und sie schickten mich in den Keller zum Zimmer Nr. 082. An der Tür, vor der ich stand, hing ein Schild: Psychologe. Ich ging im Nachthemd herein, es war kein Mensch im Zimmer, nur ein leerer Stuhl. Ich blieb lange stehen und schaute lange auf den Stuhl, der Stuhl schaute auf mich, ich wurde müde und setzte mich auf ihn. Dann kam der Psychologe mit einem Stuhl rein, drehte seinen Stuhl vor mir

um und setzte sich darauf. Er wartete, irgendwann fragte er: »Wie alt bist du?« Ich sagte, wie alt ich bin. Mit einer Lampe schaute er sich meine Augen, meine Ohren an, hörte sich meinen Herzschlag an, nicht mit Herzhörer, er legte sein eines Ohr auf meine Brust. Dann guckte er mich lange an.
»Was haben Sie?«
Ich wußte es nicht. Ich sprach nicht. Die Stühle schweigen. Plötzlich biß der Psychologe in meine Unterlippe. Ich stand auf, er stand auch auf, mit meiner Unterlippe. Ich lief zur Tür, er setzte sich auf den Stuhl, auf dem ich gesessen hatte, sagte: »Ihr Problem kommt vom Jungsein.«
Dann habe ich auf diesem Krankenhauskellerkorridor wieder die Soldaten gesehen. Sie lagen als halbe Soldaten in den Betten. Ihre Mütter oder Frauen putzten ihre Scheiße, gaben ihnen Essen in den Mund, auch sie sahen wie halbe Menschen aus.
Der Mittagessenverteiler sagte mir: »Hier ist Neurologie, wer hier reinkommt, geht als Toter raus.«
Auf diesem »Wer hier reinkommt, geht als Toter raus«-Korridor liefen keine Ärzte entlang, dort gingen die Mütter und Frauen der halben Soldaten nebeneinander, standen vor den Krankentüren, nickten mit ihren Köpfen zu den Zimmern und gingen zur nächsten Tür, nickten auch vor diesen Türen mit ihren Köpfen.
Unseren Korridor in der ersten Etage nannten die Kranken »Kılı kırkyaran koğuşu« (Der Saal derer, die ein Stück Haar in 40 Teile teilen).
Der Mittagessenverteiler gab dem Korridor einen anderen Namen: »Der Saal der Melancholie.«
Es gab leise und laute Melancholie. Die laute Melancholie hatte ein junger Mann, ein Unteroffizier. Er redete in seinem Zimmer Tag und Nacht:

»Ich will schweigen, heute schweigen
schweigen, ohne traurig zu werden,
ein großer Vogel kam vom Himmel herunter
das ist das Schweigen, das du siehst im Himmel.«
Ein pensionierter Schiffskapitän gehörte auch zur lauten Melancholie. Der Mittagessenverteiler erzählte: »Dieser Kapitän hat, als er noch nicht pensioniert war, eine Waschmaschine gekauft und versucht, in der Waschmaschine die Wäsche mit der Hand zu waschen. Ein Matrose, der ihm den Boden saubermachte, sah das und lachte, bis seine Knöpfe aus der Soldatenjacke, pat patta pat, rausflogen. Und als ein neuer Offizier auf sein Schiff, in sein Bataillon kam, drückte der neue Offizier vor den Augen der Matrosen dem Kapitän seine Hand sehr kräftig und ließ nicht mehr los. Der Kapitän schrie und sagte: 'Ah, Mensch, laß meine Hand los.' Der neue Offizier drückte weiter seine Hand und sagte: 'Mein Kapitänoberst, ich bin nicht zum Militär gekommen, um eine Frauenhand zu drücken, sondern die Hand eines Obersten.'«
Dieser Kapitän sagte immer: »Die Wäsche wurde doch sauber.« Und dann erzählte er, wie viele Minuten er braucht, um ein Hemd zu bügeln. Der redende Unteroffizier und der Kapitän wohnten in einem Zimmer. Ihre Sätze mischten sich miteinander.
»Ich will schweigen, heute schweigen
Die Wäsche wurde doch sauber
Schweigen, ohne traurig zu werden
Erst den Rücken des Hemdes bügeln
Ein Vogel kam aus dem Himmel herunter
Ein Winterhemd braucht acht Minuten
Das ist das Schweigen, das du im Himmel siehst
Ein Sommerhemd braucht fünf Minuten.«
Auf unserem Ein-Stück-Haar-in-40-Stücke-teilender-Korridor gab es auch leise Melancholie. Da war ein Mäd-

chen. Der Mittagessenverteiler sagte: »Sie hat ihre Knochen am Fuß mit einem Bügeleisen kaputtgeschlagen, weil ihre Liebe keinen Spiegel hatte. Sie war von einem Mann verlassen worden, gegen ihre Liebe stand kein Ebenbild.«

Eine Frau, die in einem Rollstuhl saß, weil ihr Mann sie nicht liebte, nannte der Mittagessenverteiler »Die beinlose Melancholie.«

Wenn tagsüber die Militärparade vorbei war, kam die beinlose Melancholie, die Liebe-ohne-Spiegel-Melancholie, der Kapitän der Wäsche, die Schweigen-des-Unteroffiziers-Melancholie zusammen, und wir machten unsere Ein-Stück-Haar-in-40-Stücke-teilende-Parade auf dem Korridor. Ich ging als Ärztin voran. Weil der Mittagessenverteiler mich bei ihnen als »das Mädchen mit dem sauberen Herz« bekannt gemacht hatte, wollten die anderen Melancholien, daß ich für sie träumte, wie es ihnen ergehen würde. Ich kriegte aber Schlaftabletten, und es war schwer, in den Händen der Schlaftabletten zu träumen. Weil ich so schnell lief, schmiß mich die Melancholie-Parade bald als Vorangehende heraus und fand ein neues Haupt, das war ein alter Mann. Er war wie der gefaltete Şavkı Dayı, der immer die Granatäpfel, um ins Paradies zu gehen, ohne ein einziges Stück herunterfallen zu lassen, gegessen hatte, in seiner Mitte in zwei Teile gebogen. Er war ein Hirte in den Bergen und hatte seinen Militärdienst nicht gemacht. Die Männer vom Staat hatten ihn in den Bergen geschnappt. Sie trennten ihn von seinen Schafen und brachten ihn zum Militär. Er fing dort aber an, Erde zu essen und die Generäle als seine Schafe zu zählen, und in der Nacht ging er in der Kaserne wach durch die Betten und zählte die Soldaten wie seine Lämmer.

Er kam aus dem Halbe-Soldaten-Keller-Korridor zu unserem Ein-Stück-Haar-in-40-Stücke-teilenden-Korridor und suchte in den Blumentöpfen Erde, um sie zu essen. Er lief langsam, so liefen unsere beinlose Melancholie, die Liebe-ohne-Spiegel-Melancholie, die Kapitän-der-Wäsche-Melancholie, die Das-Schweigen-des-Unteroffiziers-Melancholie gerne hinter diesem in der Mitte gebogenen alten Hirten her. Sie blieben auch vor den Krankentüren stehen und schauten sich die in den Betten liegenden Melancholien an, als ob diese Melancholien ihre schlafenden Kinder wären. Dann sagten sie leise zusammen: »Er hat geschwitzt. Haben Sie seine Schweißperlen gesehen.« Dann antworteten sie wieder zusammen: »Eee, ist das eine leichte Arbeit, ein Stück Haare in 40 Stücke teilen?« Vor einem Zimmer gingen sie, ohne reinzugucken, vorbei. Sie sagten: »Da liegt der Mann mit der Nadelsprache.« Ihre Melancholien wollten seine pickende Sprache nicht hören. Unsere in der Nacht laufenden Melancholien gaben den in den Zimmern stehenden und liegenden Melancholien die Hand, so kamen auch andere Melancholien aus den Zimmern. Eine nannte der Mittagessenverteiler Mit-dem-Fuß-die-Tür-öffnende-Melancholie. Das war eine alte Frau, sie gab niemandem die Hand. Sie hielt ihre Hände in einer Spiritustasse, und sie öffnete die Türe mit ihrem Fuß. Die andere nannte der Mittagessenverteiler die Schere-Melancholie. Sie steckte die Schere in ihr Kleid wie eine Pistole, sie suchte mit ihrer Schere einen Mann. Sie hatte gehört, wenn eine Frau im Dunklen mit einer brennenden Kerze vor einem Spiegel steht, kommt irgendwann der Mann, den sie heiraten wird, im Zimmer vorbei. Wenn sie diesen Mann im Spiegel sähe, sollte sie sich schnell umdrehen, und bevor dieser Mann im Spiegel verschwände, ihm von seinen Haaren etwas abschneiden. Sie hatte aber noch keine Haare abgeschnitten.

Der Kapitän der Wäsche und der Unteroffizier des Schweigens ließen ihre Haare von ihr abschneiden. Während sie dem Unteroffizier des Schweigens die Haare abschnitt, blieben ihre Gesichter lange zusammen im Spiegel. Sie glaubte, der Unteroffiziers des Schweigens würde sie bald heiraten. Deswegen gab sie mir ihre Schere, damit ich in der Nacht vor einem Spiegel meinen zukünftigen Ehemann sehen könnte. Ich machte das nicht, aber behielt die Schere. Bald blieb die Laufende-Melancholie-Parade ohne das Haupt, weil der alte Hirte in unserem Korridor alle Erde in den Blumentöpfen aufgegessen hatte. Er ging zu den anderen Korridoren, um Erde zu suchen, so zogen sich unsere Melancholien ein paar Tage in die Zimmer zurück und saßen da. Dann kam aber ein neuer, sehr langsam laufender Mann, das war ein junger Arzt. Er hatte sich ein Bein gebrochen, er lief auf Krücken.
Der Mittagessenverteiler sagte: »Der Staat hat ihn zum Praktikum in ein Krankenhaus an der syrischen Grenze geschickt. Wer will denn dorthin, wo keine Vögel fliegen, deswegen hat er sich absichtlich sein Bein gebrochen.« So gingen in der Nacht unsere Melancholien hinter seinen Krücken her. Er war sehr schön. Die Melancholien nannten ihn »der schönaugige Doktor.« Der schönaugige Doktor hielt sehr oft an und sprach mit mir. Da hielten die anderen auch an, unsere Melancholieparade sah wie eine hinkende Parade aus. Und die hinter ihm herhinkende Parade sagte mir leise: »Der schönaugige Doktor hat sein Bein absichtlich kaputtgemacht, um am Abend mit dir zusammensein zu können.« Am Abend gingen sie hinter uns her, als ob unser Ein-Stück-Haar-in-40-Stücke-teilender-Korridor aus sehr dünnem Stoff gewebt wäre, sehr leise, die Krücken fühlten es auch und machten keine Geräusche mehr.

Mein Körper kriegte sein Krückentempo, die Militärärzte fanden, daß ich ruhiger geworden war, und sagten: »Operation.«
Sie gaben mir keine Narkose. Während der Halsoperation mußte ich sprechen, damit sie sehen konnten, wo meine Stimmbänder waren und sie meine Stimmbänder nicht wegschnitten. Ich dachte mit offenen Augen, wenn sie mich sprechen lassen, sage ich diese Sätze: »Ich liege hier und warte auf den Tod. Er soll durch ein nahes Fenster reinkommen, Großmutter, Mutter, Vater, ihre Körper berühren mich. Die Besoffenen gingen Arm in Arm vor den Türen, vor unseren Türen.«
Irgendwann sagten die Ärzte: »Sprich, wir sind bei den Stimmbändern.« Ich konnte nichts sagen. Die Wörter versteckten sich vor mir, die Militärärzte sagten: »Guck, guck, dein schönäugiger Doktor ist auch hier.« Er schaute in seiner Arztmaske von oben auf mich herab, über seinem Kopf der Operationsspiegel. Weil ich aber weiter nicht sprach, sagte er zu mir: »Wiederhole, was ich dir sage.« Dann sagte er:
»Ya Ya Ya, Şa Şa Şa
Halk partisi çok yaşa«
(Hoch, hoch, hoch
es lebe die Republikanische Volkspartei).
Ich wiederholte seinen Satz »Es lebe die Republikanische Volkspartei.«
Mit meinen geretteten Stimmbändern ging ich aus dem Militärkrankenhaus und aus dem Saal der Ein-Stück-Haar-in-40-Stücke-Teiler nach Hause in unsere unbarmherzige Grabmalstraße.
»Wo ist mein Vater, Mutter?«
»Er ist in der Stadt, dort, wo der Ararat-Berg ist.«
Mein Vater hatte an der persischen Grenze beim Ararat-Berg eine Arbeit gefunden.

Meine Mutter setzte mich in den Schwarzen Zug, damit ich zu meinen Vater fuhr, um ihm zu helfen. Ich schwieg drei Tage lang im Zug und in den Bussen, als ob alle Menschen im Krankenhauskorridor sitzende Menschen wären. Als der Bus anfing, höher zu steigen, stieg auch die Luft in meinem Bauch höher. Eine alte Frau, die neben mir saß, drehte Tabak in Zigarettenpapier und sagte: »Siehst du, dein Bauch sieht den Ararat-Berg früher als deine Augen.«

Das Dorfhaus aus Kuhscheiße, in dem mein Vater wohnte, hatte keine Nachbarn, es stand einfach da, gegenüber dem Ararat-Berg. Mein Vater sagte: »Keine Angst kriegen, meine Tochter, hier wohnt auch eine Schlange.«

Er ging jeden Morgen, bevor die Sonne kam. Ich stand auf, wir kochten zusammen Tee, er nahm einen Schluck Tee, dann sagte er: »Ich gehe«, und er ging. Ich wußte nicht, wohin er ging, ich wußte nur, daß er im Offiziershäuserbau arbeitete. Abends kam er und saß da, und kein Messer konnte seinen Mund aufmachen. Auch meinen Mund machte kein Messer auf. Ich saß tagsüber gegenüber dem Ararat-Berg, er hatte Schnee auf seinem Kopf, und vor dem Haus war es so heiß, daß ich mich fast nicht bewegte, damit sich auch die Hitze nicht bewegte. Am Abend kam mein Vater, brachte Tomaten und Paprika und andere Sachen, ich kochte sie im Dunklen, er aß und schwieg, ich aß und schwieg, draußen der Berg schwieg, die Hitze und dann die Kälte schwiegen, unsere Betten schwiegen. Ich lag in der Nacht wach und wartete auf die Schlange, die auch hier wohnte. Sie kam nicht. Manchmal kam Staub von der Decke, die aus Ästen gebaut war, herunter, aber sehr leise. Ich liebte das Messer. Wenn ich mit ihm die Köpfe der Paprika abschnitt, sprachen die Paprika, die Toma-

ten auch – etwas beleidigt, aber sie sprachen. Der Gasofen, dem ich Luft gab, sprach auch. Aber dann war er nur eine stille Flamme im Dunklen. Fünf Monate lang schwiegen wir, mein Vater und ich. Da wir uns so an das Schweigen gewöhnt hatten, sagte er auch eines Tages nicht – aber sein Hut sprach zu mir –, ich solle hinter ihm hergehen. Ich ging, dann habe ich wieder die Offiziere gesehen. Sie standen vor den fertig gebauten Offiziershäusern. Die Häuser sahen krank aus. Wenn ein Vogel sich auf sie setzen würde, würde eine Hälfte auf die linke, die andere Hälfte auf die rechte Seite fallen. Mein Vater setzte mich in einen Hausflur. In dem Hausflur standen nebeneinander Stühle, auf dem ersten Stuhl saß die Frau des ersten Offiziers, und in der Rangfolge ihrer Männer saßen die Frauen auf den Stühlen. Auf dem letzten Stuhl saß ich und schaute auf diese Frauen. Auch ihre Körper waren in der Rangfolge ihrer Männer. Die erste Frau auf dem ersten Stuhl war die etwas dickere Frau, die letzte, die neben mir saß, war dünn wie eine Nadel. Sie sprachen fast nicht, nur ihre Köpfe und Haare paßten auf die Kopfbewegungen der auf dem ersten Stuhl sitzenden Frau auf, um sie nachzumachen. Ich sah die Stuhlbeine und die Beine der Frauen und wußte irgendwann nicht mehr, ob die Frauen die Stühle sind oder die Stühle die Frauen. Der erste Stuhl sagte etwas, und die anderen Stühle nickten. Dann standen die Stühle auf, weil ein Offizier sagte: »Wir gehen ins Kino.« Auch im Kino saßen sie in der Rangfolge ihrer Männer und warteten auf den Film, aber die Elektrik kam nicht. Im Dunklen standen die Stühle wieder auf und gingen ins Dunkle hinaus.
Am nächsten Tag ging ich, wieder hinter dem Vaterhut, zum Bus, und wir fuhren vom Ararat-Berg zur Republikhauptstadt Ankara zurück.

Vater sprach nach fünf Monaten die ersten Sätze:
»Fatma, wo ist Ali?«
Mutter sagte:
»Er ist in der Schweiz.«
Mein Bruder Ali hatte, während ich bei meinem Vater am Ararat-Berg war, eine Prüfung gemacht und vom Staat ein Stipendium gekriegt, um in der Schweiz Ökonomiewissenschaft zu studieren. Mit dem Geld, das der Staat ihm vorauszahlte, hatte er für meine Mutter ein neues Kleid und Ohrringe gekauft und ihr gesagt:
»Ich werde dich retten, Mutter.«
Meine Mutter lief in diesem braunen Rock und Pullover und mit den weißen Ohrringen und deckte den Tisch. Ich saß da, als ob ich mit fremden Leuten an einem Tisch war, und sprach nicht. Am Morgen merkte ich, daß meine Füße nicht mehr am Boden waren. Ich nahm meine Großmutter auf meinen Rücken, aber sie wollte von meinem Rücken herunter. Sie sagte: »Du machst mir angst.«
Ich ging wieder in das Gymnasium, es war die gleiche Schule, der gleiche Garten, aber irgendwas war zu groß. Waren die Schüler zu groß, waren die Lehrer zu groß? Die Kreide war zu groß. Die Namen, die die Schüler auf ihre Tische gekritzelt hatten, waren auch zu groß. Beatles, Beethoven. Ich saß da und sah meine Hände und Knie. Die Knochen meiner Hände und Beine sahen so aus, als ob sie von sehr unterschiedlichen Körpern zusammengeflickt worden waren. Ein Mädchen stand auf und antwortete dem Lehrer. Sie sah für mich so aus wie zwei Mädchen gleichzeitig. Auch der Lehrer war zwei Lehrer, nur ein Junge saß allein vor dem Fenster, er hatte wie Ali eine Brille. Ich guckte in den hinter ihm stehenden Himmel und wartete, daß ein toter Vogel vom Himmel herunterfiel. Keiner sah mich. Sie sprachen zu zweit

über meinen Kopf hinweg. Ich bewegte meine Hände in der Luft, keiner sah das. Ich stand auf und ging, keiner sah das. Ich dachte: »Wenn mich keiner sieht, komme ich nicht wieder.« Draußen vor einer Wand saß ein blinder Mann. Mein Schatten fiel auf ihn, ich dachte an Ali und weinte. Ich ging zu dem schizophrenen kommunistischen Freund meines Bruders Ali. Er machte die Tür auf, sagte: »Du bist ein mir von Ali hinterlegtes Gut. Dein Bruder hat dich mir überlassen.« Wir saßen in seinem Zimmer. Ich saß auf einem Stuhl, im Zimmer war sein Bett. Es war gemacht, er nahm die Bettdecke hoch und zeigte mir den Boden unter seinem Bett. Er hatte seit Monaten dort hingepinkelt und in seinem Urin viele Zigaretten ausgemacht. Ich sprach nicht, er sagte: »Die Bauarbeiter beobachten uns.« Er legte sich ins Bett und schlief mit offenen Augen ein. Ich ging zum Barbier, ließ meine Haare auf Nr. Eins rasieren. Der Barbier fragte mich im Spiegel, während er meinen Nacken rasierte: »Wie alt sind Sie?« – »Siebzehn.« Er sagte: »Sie haben sehr schöne Haare« und fegte die Haare in die Ecke. Meine Mutter sagte mir: »Meine Tochter, rette uns.« Und sie brachte mich zu einem Schreibmaschinenkursus. Ich lernte 10-Finger-Tippen. Es war gut, nur die Maschine sprach, dann war die Stunde zu Ende. Ich schaute aus dem Fenster. Auf dem Boulevard sammelten sich alle Vögel, weil es in der Republikhauptstadt nur auf dieser Straße Bäume gab. Die Vögel zwitscherten und schissen auf die Köpfe und Kleider der Menschen, die auf dem Boulevard spazierten. Ein Mädchen lief immer mit dikken Büchern unter ihren Armen, die Vögel schissen auf sie und ihre Bücher. Am nächsten Tag lief sie wieder mit den beschissenen Kleidern und Büchern über den Boulevard.
Zu diesem 10-Finger-Tipp-Kurs kamen auch zwei Uni-

versitätsschülerinnen. Sie sagten: »Das Mädchen mit den Büchern ist verrückt, sie glaubt, sie sei Studentin.« Sie erzählten von Mozart. Der Name machte mir Angst: Wie schrieb man Mozart? Oder sie sagten: »Wir produzieren zu Hause Staub, wie auf Man-Ray-Photos.« Oder sie standen am Fenster zum Boulevard, eine Flasche in der Hand, eine sagte: »Wenn ich jetzt die Flasche aus dem Fenster in die Menschenmenge werfe ...«
Großmutter sah mich in meiner Angst nach Hause kommen. Sie sagte zu mir: »Schwester, trink Wasser und hebe mit deinem Finger den Gaumen hoch, damit die Angst aus dem Mund rausfliegt.« Der 10-Finger-Tipp-Kurs war zu Ende. Meine Mutter ging mit mir in die Bankgebäude zu den Direktoren, sie sagten, sie solle mich wieder in die Schule schicken.
Mein Vater sagte: »Es gibt einen letzten Stein, an dem ich meinen Kopf anlehnen kann.« Das war ein kleiner reicher Mann in İstanbul. Den hatte mein Vater vor zwanzig Jahren gekannt. Mein Vater sagte: »Er war damals İstanbuler Bürgermeister, Küçük Vali, man nannte ihn Kleiner Bürgermeister. Er hat so vielen Armen die Bäuche satt gemacht, was wird ihm schon passieren, wenn er noch einen Bauch satt macht.« Mein Vater ging mit meiner Mutter und Orhan und mit der Schwarzen Rose nach İstanbul, um seinen Kopf an diesem letzten Stein anzulehnen.
Ich aß etwas und wartete. Ich saß mit Großmutter, ich wusch das Geschirr und wartete. Ich wusch mich von Kopf bis Fuß, setzte mich auf den Balkon, schaute in das Gesicht des Himmels, ich versuchte in den Himmel zu klettern, der Himmel war steil. Vom vielen Sitzen wollte ich nicht mehr aufstehen. Mein Körper kam mir vor wie aus Glas. Wenn jemand an ihm geklopft hätte, hätte er komische Stimmen zurückgegeben. Ich fing an, auf dem

Balkon zu wohnen. Weil ich immer auf dem Balkon saß, drehten ein paar Männer, wenn sie beim Obstladen gegenüber Obst kauften, ihre Köpfe immer zu mir herum. Einen nannte ich Maydonoz (Petersilie). Maydonoz kam 20mal am Tag zum Obstladen, Maydonoz wurde meine Zeit. Wenn meine Großmutter fragte: »Ist es schon Mittag«, sagte ich: »Nein, Großmutter, noch nicht, Maydonoz ist erst 7mal gekommen.« Als er einmal zum 21. Mal kam, zog ich den Mantel und das Kopftuch meiner Großmutter an, setzte mir ihre Brille auf, nahm ein Stück Holz und schwang das Holzstück in der Luft zu Maydonoz. Maydonoz lachte. Sein Schnurrbart lachte mir zu. Ich blieb noch ein paar Wochen auf dem Balkon wohnen und schwang das Holzstück zu Maydonoz. Wenn Maydonoz lachte, lachte auch ich in Großmutters Mantel und Brille, wie Großmutter. Großmutter schrie: »Steh auf, dein Vater ist da.« Unten auf unserer unbarmherzigen Grabmalstraße stand der Pontiac mit meinem Vater. Mein Vater sagte: »İstanbul wartet mit vier Augen auf euch. Küçük Vali hat uns seine Hand gegeben.« Ich und Großmutter stiegen in den Pontiac ein und fuhren aus der unbarmherzigen Grabmalstraße weg.

Als wir durch Izmit fuhren, stand an der Kurve ein Schild, Sätze von einem Dichter:
»Wenn du nach Izmit reinkommst,
wirst du das Meer sehen,
erstaune dich nicht.«
Dann habe ich wieder das Meer gesehen. Mein Vater sagte zu den Wellen, wie vor sechzehn Jahren:
»Das Meer ist wie eine Frau.
Wann sie hochkommt,
wann sie sich zurückzieht
weiß ein Mann nie.«

Am nächsten Morgen, als ich wach wurde, schaute das Meer in das Zimmer. Großmutter sagte: »Kämme deine Haare, dann zeig dich dem Meer, das öffnet dein Kismet.«
Mein Vater, meine Mutter und meine Großmutter trugen auf ihren Wimpern das Salz des Meeres, das Meer hatte eine große Zunge. Es leckte alle Menschen, nahm ihren Geruch auf seine Zunge, mischte ihn mit seinem und gab ihn den Menschen zurück. Das Meer machte auch die Armen schön. Die armen Kinder und Väter warfen sich in ihren zu großen Baumwollunterhosen ins Meer, sie saßen darin, und für das Abendessen war Allah zuständig. Wenn meine Schwester Schwarze Rose aus dem Haus ging, um auf der Straße zu spielen, sagte meine Mutter zu Schwarzer Rose: »Meine Tochter, gehe nicht weit weg, bleibe unter meinen Augen.« Schwarze Rose sagte: »Ich bleibe am Meer.« Mutter sagte: »Gut, meine Tochter mit gutem Charakter, aferin« (Bravo).
Man konnte jeden in Ruhe am Meer lassen.
Ich ging zum Hafen.
Wie viele Schiffe kommen heute an, wie viele gehen heute weg? Es war Lodos (Südwestwind).
Ein Schiff wartete am Hafen, durch den Lodoswind drehte sich das Schiff mal nach links, mal nach rechts. Ich sah im Schiff einen alten Mann, er hatte seine Jacke auf den Schiffsboden gelegt, saß auf seiner Jacke über seinen Knien und versuchte, in dem sich hin und her drehenden Schiff die Richtung von Mekka zu finden, um sein Mittagsnamazgebet nicht zu verpassen. Wenn das Schiff sich aber links drehte, unterbrach er sein Gebet, legte die Jacke wieder Richtung Mekka und setzte sich in diese Richtung, aber das Schiff drehte sich wieder, er unterbrach wieder sein Gebet und legte die Jacke wieder in Richtung Mekka.

Auf dem Weg nach Hause ließ ein Mann einen Drachen vom Balkon fliegen.
Ich kam ins Haus und sagte:
»Mutter ich werde als Arbeiterin nach Deutschland gehen.«
Mutter sagte:
»Spuck schnell aus, sag nicht so große Worte, die kann man nicht runterschlucken.«
Ich sagte:
»Ich werde nach Deutschland gehen.«
Mutter sagte: »Wenn du gehst, hast du nicht mal ein Gehirn, das man über einen Schwanz schmieren kann.«
»Ich werde gehen.«
Mutter sagte:
»Trennungsschmerz sind vierzig Nägel, die in einen Körper geschlagen werden.«
»Ich werde gehen.«
Mutter sagte: »Sus, Sus, Schweig! Ich werde jetzt, ich schwöre, den Höllenlärm schlagen.« (Vallahi billahi kıyametleri kopanrım). Sie sagte es noch viermal:
»Vallahi billahi kıyametleri kopanrım.
Vallahi billahi kıyametleri kopanrım.
Vallahi billahi kıyametleri kopanrım.
Vallahi billahi kıyametleri kopanrım.«
Sie schlug aber keinen Höllenlärm, durch den Lodoswind schlug das Meer an das Fenster, zog sich zurück, holte Atem, kam, schlug seinen Kopf wieder an das Fenster. Ich saß vor diesem Fenster und sagte: »Ich werde gehen.«
Ich hatte das Meer hinter meinem Rücken, seine Stimme mischte sich in meine und zog das Wort »Gehen« in die Länge, als ob es der Chor dieses Wortes wäre. Zwischen die Stimmen des Meeres kamen die Stimmen der Möwen. Die Möwenstimmen waren die verlängerte Stimme meiner Mutter. Meine Mutter und ich sprachen nicht

mehr. Draußen sprachen das Meer und die Möwen und schlugen einen Höllenlärm. Wir saßen so, bis es dunkel wurde. Mein Vater kam herein, drehte an der Elektrik. Meine Mutter sah ihn, faßte den Kragen ihres grünen Pullovers mit ihren Händen und zerriß ihn von oben bis unten, sehr langsam. Ihr Mund war offen, aber es kam kein Geschrei raus, ihr Mund bewegte sich, als ob sie schreien würde. Mein Vater sagte: »Meine Tochter, meine Arbeiten sind auf gutem Weg, wenn du Geld willst, gebe ich es dir, nimm.« Mutter sagte: »Nimm das Geld, nimm das Wort Deutschland nicht mehr in den Mund.« Dann kam aus Mutters Mund die Stimme meines Großvaters. Er sprach: »Anstatt mir vom Metzger etwas zu borgen, schneide ich mir mein eigenes Schwanzfleisch ab und esse es.« Ich sagte: »Ich möchte von Deutschland aus zu Ali gehen.« Bei dem Wort »Ali« guckten alle zu mir. Auch das Meer war jetzt ruhig, es guckte sie auch an. Die Schiffe, die auf ihm fuhren, kämmten mit ihren langen Lichtern die Zimmerdecke. Vater sagte: »Das Meer hält einen Spiegel zu uns.« Mein Vater gab meiner Mutter eine Zigarette, mir auch eine. Während er Feuer gab, sagte er: »Meine Tochter, ich habe die Ehre, deiner ersten Zigarette Feuer zu geben. Laß uns ein bißchen lüften.« Wir, Vater, Mutter, Großmutter, Orhan, meine Schwester Schwarze Rose und ich liefen neben dem Meer her. Ich war da, aber sie sprachen ohne mich anzugucken über mich.
Großmutter sagte: »Ihre Füße sind von der Erde weggeflogen. Sie muß fliegen, sonst kommen ihre Füße nicht mehr zurück auf die Erde.«
Vater sagte: »Ich glaube an meine Tochter, sie ist meine Löwentochter.« Mutter sagte: »Ich kann sie in der Mitte eines Soldatenheeres als einziges Mädchen allein lassen, ich finde sie da, so wie ich sie dagelassen habe.«

Orhan sagte: »Sie wird Ali sehen.«
Dann weinten sie ein bißchen.
Großmutter sagte: »Sie soll sich in Alamania ein bißchen lüften, dann kommt sie wieder zurück.«
Ich ging in İstanbul zur deutschen Vermittlungsstelle. Eine türkische Frau saß an einem Tisch. Ich stand nahe der Tür, wie im Zimmer eines Schuldirektors, sie fragte mich, ob ich Abitur gemachte hätte. Ich log, sagte ja. Sie sagte: »Gut, wir schicken besondere Leute mit Abitur nach Berlin. Sie werden sehen, dort werden Sie nur Türken mit Kultur treffen, wir werden uns in Berlin sehen. Ich arbeite dort als Vermittlerin und Dolmetscherin. Alles Gute.« Und sie zwinkerte mir mit ihrem rechten Auge zu.
Man mußte, um nach Deutschland zu gehen, zu ärztlichen Kontrollen: Urin lassen, Blut geben, die Zähne zeigen. Wenn die Zähne innen leer waren, mußte man sie schnell füllen lassen. Dafür gab es Schnellzahnärzte, die das auf der Straße vor der deutschen Vermittlungsstelle auf einem Stuhl machten. Vor dieser İstanbuler Deutschland-Vermittlungsstelle gab es Urinverkäufer und Gesundheitspulververkäufer. Das verkauften sie den Bauern, die, um nach Deutschland zu gehen, das erste Mal aus ihren Dörfern in die Stadt gekommen waren. Alle Menschen, die sich vor diesem Gebäude sammelten, hatten Angst vor ihrem eigenen Urin. Die Bauern kauften Urin von den Urinverkäufern, weil sie glaubten, dieser Stadturin wäre besser als ihr Urin. Die Urinverkäufer gossen den Urin in eine Plastikpistole und gaben sie den Bauern, damit die Bauern den Urin mit den Plastikspritzpistolen leichter in die Vermittlungsstelle reinschmuggeln konnten. Wenn sie bei dem richtigen Arzt in der Vermittlungsstelle hinter einem Vorhang Urin lassen mußten, spritzten sie aus der Pistole, die sie in ihrer Unterhose hatten, den Urin heimlich in das ärztliche Urin-

glas und gaben ihn dem Arzt. Viele dieser Bauern durften nicht nach Deutschland, weil der fremde Urin in der Pistole krank war.
Es gab keine Frauen, die Frauen Urin verkauften, die Frauen gaben der deutschen Vermittlungsstelle ihren eigenen Urin. Die Menschen warteten vor dem Gebäude und im Garten des Gebäudes. Während sie warteten, daß einer ihre Nummer vorlas, erzählten sie über Deutschland.
»In Deutschland bezahlt jeder sein eigenes Essen.«
»In Deutschland machen die Deutschen am Mittwochabend und Samstagabend Liebe.«
Die Frauen erzählten auch: »Wenn du in Deutschland deine Tage kriegst, arbeitest du nicht, du kriegst frei.«
Einmal schrieen die Menschen vor der deutschen Vermittlungsstelle: »Tollwut, der Mann hat Tollwut.«
Ein Mann hatte gegenüber der deutschen Vermittlungsstelle in einem Café seit vielen Tagen gewartet, daß er an die Reihe kam, um nach Deutschland zu gehen. Er hatte in diesem Männercafé tagelang Tee getrunken, immer Tee, wahrscheinlich war er auch hungrig gewesen. Er fing an zu Gähnen, er gähnte und gähnte, dann kriegte sein Unterkiefer Krämpfe. Er konnte seinen Mund nicht mehr zumachen. Die Spucke lief aus seinem Mund, er bekam Angst und lief zur Straße zu einem Schnellarzt, der gerade auf dem Stuhl einem Mann die Zähne füllte. Und der Arzt sah seine Spucke und schrie: »Tollwut, der Mann hat Tollwut.«
Es gab noch einen Mann, der seit langem auf die Antwort der Behörde wartete – der ist von einem Löwen gegessen worden. Dieser Mann war von sehr weit her gekommen, er wollte nach Libyen arbeiten gehen und wartete auf eine Antwort. Weil er kein Geld hatte, um in einem Hotel zu schlafen, schlief er immer in den Parks,

an ruhigen Orten. Eines Abends kletterte er in einem Lunapark über einen Gehegezaun und legte sich auf einen stillen Boden und schlief. Es war das Gehege der Löwen. Gegen Morgen kam ein Löwe und aß den Mann, man fand in seiner Hosentasche 20 Kuruş, und an seinem Kragen hing eine Medaille aus dem Koreakrieg, sein Name war Mehmet Turgut.
Die Männer vor der deutschen Vermittlungsstelle sagten: »Der Löwe hat die Koreamedaille nicht gegessen.«
Ich ging zur deutschen Vermittlungsstelle und kam zurück, ging wieder hin. Ich hatte guten Urin. Mein Weg war frei. Wenn eine guten Urin hatte, sagte der Frauenchor: »Sie hat guten Urin.« Ich traf in İstanbul die erste Deutsche – Helga.
Helga wollte zum Topkapı-Museum, ich ging die steile Straße mit ihr bis zum Topkapı hoch, Helga sagte: »Thank you, thank you« und gab mir als Geschenk ihr benutztes Flugticket.
Eines Tages warteten Frauen in der deutschen Vermittlungsstelle auf ihre Pässe. Eine dieser Frauen sagte zu einem Mann, der auch dort wartete und von ihr etwas wollte: »Mein Sohn, dein Vater hat auch nicht den Boden der Schachtel gefunden, würdest denn du ihren Boden finden?« Sie guckte dann in meine Augen und sagte: »Kız (Mädchen) tamam mı?«
»Tamam«, sagte ich und lachte.
Ihr Name war Pakize. Pakize hatte eine junge Freundin, Fahriye. Ihr Urin war auch gut. Wir kriegten unsere Pässe und konnten nach fünf Tagen mit demselben Zug nach Deutschland fahren. Ich unterschrieb einen Vertrag, in Berlin bei Telefunken zu arbeiten. Tante Pakize und Fahriye sagten zu mir: »Kız gel (Mädchen, komm) wir trinken zusammen Tee.« Wir gingen die steile enge Straße herunter und kamen zur Wäsche. Die Wäsche

hing zwischen den Häusern bis zum Boden herunter. Wir bückten uns bis zum Boden und gingen unter der Wäsche durch, kamen sofort wieder zu anderer Wäsche, bückten uns wieder bis zum Boden und gingen unter der Wäsche durch, kamen sofort wieder zu anderer Wäsche. Dann haben die Pferde geschrieen. Sie kannten die Tante Pakize. Tante Pakize zeigte mir ein Holzhaus, das man mit einer Schulterbewegung auf die Seite umwerfen konnte. Sie sagte: »Hier wohne ich.«
An der Hauswand stand eine Handschrift:
»Ich ficke die Mutter von dem, der
hier Müll ablädt – Meldung bei mir,
Pakize.«
Tante Pakize wohnte im Zigeunerviertel, und ihr Holzhaus hatte zwei Türen, weil sie eine Hure war. Wenn die Polizei durch eine Tür kam, konnte sie durch die zweite Tür abhauen.
Tante Pakize, Fahriye und ich saßen und tranken Tee. Irgendwann klopfte es an der Tür, güm güm güm, Tante Pakize ging zur Tür, sagte: »Was güm güm gümst du an meine Tür?« Ein Mann wollte zu ihr rein, Pakize sagte: »Ich habe meine Tage, geh heute, komm morgen.« Der Mann schlug die Tür weiter, güm güm güm, Pakize rief, schwor: »Vallahi Billahi, ich habe meine Tage.« Weil der Mann das nicht glaubte, holte die Tante Pakize ihre blutigen Tagetücher und zeigte sie dem Mann. Der Mann ging. Als ich ging, sagte Tante Pakize: »Komm morgen mit deiner Mutter, wir trinken Tee.« Meine Mutter kam mit mir zu Pakize. Als wir vor der Wäsche standen, sagte meine Mutter:
»ÇAMAŞIRLARA GELDİK« (Wir sind zur Wäsche gekommen).
Wir bückten uns und gingen unter der Wäsche zur Tante Pakize. Meine Mutter und Tante Pakize waren etwa

gleich alt. Mutter sagte, obwohl sie vielleicht älter als Pakize war, zu ihr: »Pakize Abla – ältere Schwester Pakize.« Weil sie zu ihr »Pakize Abla« sagte, sagte auch ich »Pakize Abla« zu ihr. Meine Mutter erzählte der Pakize Abla von ihrem Vater, daß er von seinem Pferd herunter, rechts und links, auf die Gendarmen gepinkelt hatte. Sie saßen da wie zwei große Vögel, und einer nahm ein Wort aus dem Mund des anderen und fing an zu erzählen. Pakize Abla erzählte von ihrem Vater:

»Auf einem schmalen Pfad lief mein Vater, der Pfad war sehr schmal, eine Seite der Abgrund, die andere Seite ist der Berg. Aah, mein Vater guckt, was sieht er? Da kommt ihm ein Bär entgegen. Ooyy, der Bär wird mich in Stücke reißen. Was soll er machen, er läuft weiter, der Bär kommt, sie treffen aufeinander, keiner kann weiterlaufen, der Pfad ist zu schmal. Der Bär drückt sich mit seinem Rücken gegen den Berg und macht den Weg frei, mein Vater läuft an dem Bär vorbei. Mein Vater ging ganz schnell den Pfad runter, dann dreht er sich um, was sieht er: Auch der Bär läuft schnell in der entgegengesetzten Richtung weg.« Meine Mutter sagte: »Pakize Abla, meine Tochter ist das dir von mir hinterlassene Gut.« Meine Mutter sagte zu mir: »Wir erzählen deinem Vater von Pakize. Dein Vater liebt die Huren, er sagt, sie sind unsere Prophetinnen.« Dann sagte sie: »Deine Mutter liebt die Huren auch.«

Meine Mutter und ich gingen, bevor ich mich nach Deutschland auf den Weg machte, auch zu unserer heiligen Mutter Meryem. Wir steckten an ihrem Grab Kerzen an und beteten, daß Mutter Meryem hilft, daß mein Weg wie ein klares Wasser verläuft und ich Ali wiedersehe. Meine Mutter betete als letzten Satz: »Meine Tochter, İnşallah, in Deutschland soll, was du in die Hand nimmst, zu Gold werden. Amin.«

Einen Tag, bevor ich in den Deutschlandzug einstieg, ging Großmutter mit mir zu einem İstanbuler Friedhof.
Bismillâhirrahmanirrahim
Elhamdü lillâhirabbil âlemin. Errahmanirrahim, Malüki yevmiddin.
Iyyakena'büdü ve iyyake neste'in. Ihdinessıratel müstekıym;
Siratellezine en'amte aleyhim gayril mağdubi aleyhim veleddallin. Amin.
Bismillâhirrahmanirrahim:
Kül hüvallahü ehad. Allahüssamed. Lem yelid velem yüled.
Velem yekûn lehu küfüven ehad. Amin.
Großmutter und ich liefen von einem Toten zum anderen, wie vor sechzehn Jahren hielten wir unsere Hände offen vor unserer Brust, als ob wir gerade zwei kleine Wassermelonen tragen würden, wir trugen beide drinnen die Schatten der Friedhofsbäume und der vorbeifliegenden Vögel von einem Tod zum anderen, dann kam wieder der kleine Wind, nahm im Vorbeigehen unsere Schweißperlen mit, wir setzten uns auf unsere Totenerde, die Sonne auf unseren Beinen. Großmutter nahm eine Pflanze, zerdrückte sie zwischen ihren Fingern und roch daran, dann legte sie ihre Hand wieder auf die Erde, dann kamen die Stimmen der Jungen, die in der Nähe auf der Straße spielten. Die Stimmen gingen hoch in den Himmel, dann landeten sie wie die Sterne auf unseren Füßen auf dem Friedhof. Ich sah auch ihren Ball hoch in den Himmel fliegen und dann wieder herunterkommen. Lautlos. Langsam mischten sich unsere Schatten mit Totenschatten, Ameisen kamen, setzten sich auf unsere Beine, dann kamen die Friedhofskatzen mit ihren überfahrenen Beinen, zerkratzten Mündern, blinden Augen, blutenden Nasen, abgeschnittenen Schwänzen, mit ih-

ren fleischlosen Körpern legten sie sich auf diese toten und lebendigen Schatten, saßen da mit ihren Mündern ohne Zunge.

Großmutter sagte: »Siehst du die Sultansmauer da, mein Großvater soll der Dorfmoschee-Hodscha gewesen sein, Eyüp Dede. Schon als Kind soll er seine beiden Hände aus der Windel rausgenommen und auf seine Schenkel geschlagen und heilige Sätze gesagt haben. Der Sultan soll als ein armer Mann zu unserem Dorf gekommen sein. Früher sollen Sultane so etwas gemacht haben, sich unter die Menschen mischen. Mein Großvater Eyüp Dede soll ihm gesagt haben: 'Du wirst in einen Krieg gehen und gesund wieder herauskommen'. Der Sultan soll auch wirklich in einen Krieg gegangen sein, danach soll er seine Männer zu meinem Großvater geschickt haben. Wer weiß, vielleicht wollte er ihm seine Hand küssen, ich weiß es nicht, aber das Herz meines Großvaters soll in diesem Moment zerbrochen sein, und er soll gestorben sein. Das Dorf soll in seiner Mitte in zwei Teile gesprungen sein. In unserem Dorf sagte man zu diesem Riß SULTANRISS.«

»Großmutter, ich kenne diese Geschichte.«

»Woher kennst du sie denn? Hast du meinen Großvater im Traum gesehen?«

»Meine Mutter hatte sie mir erzählt.«

»O«, sagte Großmutter.

»Der Mund deiner Mutter soll gesund bleiben. Das hat sie gut gemacht.«

Ich merkte auf dem İstanbuler Friedhof, daß meine Großmutter auch einmal ein Kind gewesen war. Ich hatte immer gedacht, sie wäre als alte Frau geboren. Auch sie hatte einen Großvater, und ich hatte bisher noch nie für ihre Großväter, meine Ururgroßvätersseelen gebetet.

Großmutter sagte:

»Öpüşelim (Laß uns küssen).
Schwester gib mir einen Kuß.«
Dann sagte sie: »Gib mir eine Zigarette mit Mund. Mein Herz ist wieder hochgekommen.«
Ich gab ihr eine Filterzigarette, Großmutter blieb auf dem Friedhof. Sie sagte: »Geh, ich komme nach.«
Ich kam nach Hause, sie kam nicht, die Dunkelheit kam herunter, sie kam nicht. Ich fing an zu weinen.
»Mutter, wo ist Großmutter?«
Sie sagte: »Sie wird kommen.«
Ich weinte weiter. Meine Mutter sagte: »Guck, guck«, sie fing an, wie Großmutter zu reden. Sie erzählte mir ein Märchen: Das Märchen von der Frau Scheiße, und sie machte Großmutter nach. Dann erzählte sie mir, wie sie meine Großmutter zum ersten Mal gesehen hatte.
»Ich hatte deinen Vater geheiratet, ich war sehr klein, weißt du. Mein Vater kam mit mir und deinem Vater bis zum Dorf deines Vaters. Ich sagte: 'Vater, du wirst auch hier bleiben, nicht?' Mein Vater sagte mir: 'Meine Tochter, ich bleibe bei dir.' Wir hatten noch Schnee an unseren Schuhen. Wir sind ins Haus deiner Großmutter gekommen. Mein Vater und dein Vater sind zur ersten Etage hochgegangen, da war ein Zimmer mit viel Teppichen, Männer saßen da und tranken Kaffee. Mich haben sie unten gelassen. Ein großes Zimmer. Viele Frauen saßen da auf dem runden Ofen aus Erde. Auch deine Großmutter saß mit den Frauen auf diesem Ofen, sie hatten Bettdecken über den Beinen, der Ofen war rund, sie saßen da, und eine erzählte ein Märchen, dann nahm eine andere das letzte Wort aus ihrem Mund und fing an, ein anderes Märchen zu erzählen, dabei haben sie auch gestrickt. Es war ein Stuhl im Zimmer. Ich setzte mich auf ihn, ich war sehr jung, dreizehn Jahre alt, meine Füße erreichten nicht mal den Boden. Die Frauen er-

zählten die Märchen, und zwischendurch schauten sie auf mich und sagten: 'Sehr jung, dieses Lämmchen'.«
Großmutter kam vom Friedhof und hörte meiner Mutter zu, sie sagte dann: »Hatten sie so etwas gesagt, ich muß alles vergessen haben.«
Mutter nahm einen Stein in die Hand und sagte: »Schau, bis du wiederkommst, werde ich einen Stein auf meine Brust drücken.«
Ich stieg in den Zug nach Deutschland ein, auch viele andere Frauen stiegen ein. Es gab nur einen einzigen Mann, der einstieg, es war der Zugleiter. Er verteilte an uns einen Plastikkrug mit Wasser, ein Paket Essen, 112 DM, die ein Teil unseres Monatslohns waren, und ein Buch. Das Buch hieß: »Handbuch für die Arbeiter, die in der Fremde arbeiten gehen.«
Es war ein Hurenzug. Pakize Abla und Fahriye Abla kannten alle Huren. Als wir im Zug Platz suchten, sagte Pakize: »Hier setze ich mich nicht hin. Da sitzt die Nutte, die ihre Haare mit Männersamen kämmt.« Auch viele andere Huren wollten sich nicht in unser Abteil setzen, sie sagten über Pakize Abla: »Diese Nutte schmiert Männersamen auf ihr Brot und ißt es.«
So teilte sich der Zug auf in Huren, die ihre Haare mit Männersamen kämmten, und die, die Männersamen aufs Brot schmierten und aßen.
Zwischen den Huren gab es auch eine Opernchoristin und zwei Universitätsschülerinnen, die lesbisch waren. Sie konnten sich in jedes Abteil setzen, weil sie nur Zuhörerinnen waren. Eine dieser Universitätsschülerinnen las aus dem Buch: »Ein Handbuch für die Arbeiter, die in der Fremde arbeiten gehen« vor. Die Huren waren sehr laut, die älteren bohrten in der Nase, die jüngeren schnitten schon Tomaten und Gurken, die Messer gingen zwischen ihren Händen weiter, der Boden war naß

und roch nach Gurken und Tomaten und Hurenschimpfwörtern, dazwischen las die Universitätsschülerin aus dem Buch.
»Liebe Brüder, Schwestern, Arbeiter!
Die Toiletten in Europa sind anders als bei uns. Wie ein Stuhl. Bitte, liebe Gastarbeiter, ihr sollt nicht darauf stehen, ihr sollt euch unbedingt darauf setzen. Für die Sauberkeit benutzt man nicht Wasser, Blätter, Erde oder Stein, sondern ganz feines Toilettenpapier.« Eine Hure sagte: »Oder einer leckt dem anderen den Arsch.« Die Universitätsschülerin las weiter. »In Europa trägt man kein Kopftuch. Wenn türkische Frauen ein Kopftuch tragen, wird Europa sie nicht lieben. Bitte, liebe Schwester, Arbeiterin, trage kein Kopftuch. Wenn es unbedingt sein soll, tragt es bitte so, wie europäische Frauen Kopftücher tragen.«
Der Zug fuhr noch lange sehr dicht an den alten İstanbuler Häusern vorbei. Drinnen saßen alte Menschen und schauten auf den Zug, als ob er ein kleiner, gewöhnlicher Wind für sie wäre.
Im Zug suchte eine alte Hure die Richtung Mekka, um ihr Abend-Namaz-Gebet zu machen. Ich saß zwischen Pakize und Fahriye Abla und betete für meinen Urgroßvater und für den Ururgroßvater mit dem Sultanriß die Gebete. Ich wollte alle Nächte, in denen ich vergessen hatte, für sie zu beten, einzeln zählen. So kamen wir bis nach Jugoslawien.
Plötzlich hielt der Zug in Jugoslawien an, draußen flog kein Vogel, es war wie in der Steppe.
Der Zugführer kam und sagte: »Bitte nicht aus dem Zug aussteigen, ich muß einen Krankenwagen holen.«
Eine der Universitätsschülerinnen hatte eine Tablette genommen, und es ging ihr sehr schlecht. Der Zugführer und ein anderer Mann trugen das Mädchen aus

dem Zug heraus und liefen eine Weile in der Landschaft herum.
Der Hurenzug blieb drei Stunden dort stehen. Der Mond kam. Nach drei Stunden kam der Zugführer und der andere Mann mit dem Mädchen zurück. Sie war wieder gesund. Alle Huren kamen zu ihr, fragten: »Was hattest du genommen?«
Sie sagte: »Eine Tablette gegen Kopfschmerzen, ich glaube, sie heißt Aspirin.«

Ich danke Nazım Hikmet für ein Zitat auf Seite 43
und Ahmet Rasim für seine Anregung zur
Liebespantomime auf Seite 333.
Die Gedichte »Giderayak« (S. 13),
»Kitabe-i Seng-i Mezar« (S. 13),
»Kurt« (S. 357) und (Gemliğe girerken« (S. 367)
sind dem Gedichtband »Bütün Şürleri« von Orhan Veli
entnommen. (Adam Yayınları, İstanbul,1962)
Mit freundlicher Genehmigung